정주영에 대한
인문학적 탐구

巨人(거:인)의

길

정주영에 대한
인문학적 탐구

巨人 (거:인)
의
길

김선태 지음

1판 2쇄 발행 | 2016. 12. 15.
발행처 | **Human & Books**
발행인 | 하응백
출판등록 | 2002년 6월 5일 제2002-113호
서울특별시 종로구 경운동 88 수운회관 1009호
기획 홍보부 | 02-6327-3535, 편집부 | 02-6327-3537, 팩시밀리 | 02-6327-5353
이메일 | hbooks@empas.com

값은 뒤표지에 있습니다.
ISBN 978-89-6078-422-2 03320

정주영에 대한
인문학적 탐구

巨 (거:인)
人
의
길

김선태 지음

Human & Books

나로서 최선을 다하는 그 혼신의 집중과 정열과 전심전령을 소진하는 질주의 기나긴 행로만이 있었다.

－정주영, 「새봄을 기다리며」 중에서

가난한 농부의 아들로 태어나 도시라는 사막 한가운데서 살아남고자 몸부림치는 과정에서 무시무시할 정도로 빠르고 정교한 야생의 사고를 키운 인물. 20세기 한국을 대표하는 초유의 기업인이자 산업화의 선두주자. 맨손으로 전인미답의 길을 걸어 미증유의 거대 시장을 발굴해낸 불도저 같은 개척자.

자신이 세운 기업 '현대'를 통해 한국 경제 성장의 한 축을 떠맡아 오직 앞으로만 나아간 기업인. 평생 부를 쌓으며 달렸으되 부에 안주하지 않고 부를 통한 보국안민의 길을 걸었던 인물. 아산(峨山) 정주영(鄭周永)을 가리키는 수식어는 이 밖에도 많다. 이러한 성취를 가능케 한 그의 내적 동력은 무엇이었을까. 그를 불굴의 개척자로 이끈 내면의 동기는 무엇이었을까.

정주영이 평생에 걸쳐 사업에 헌신하면서 확립한 진리 가운데 하나는 "신념을 가지고 노력하면 누구나 성공할 수 있다"는 것이다. 여기에는 단서가 붙는데, 신념은 확고해야 하고 노력은 최선을 다한 것이어야 한다. 확고함과 최선을 객관적으로 측정할 수는 없으므로 신념을 가지고 노력해도 실패한 경우 그 신념이 확고하지 않았다거나 노력에 최선을 다하지 않았기 때문이라고 말하기는 어렵다.

말은 누구의 말이건 그 자체로 판단될 수 없으며, 그것은 그 말의 맥락에서 판단되어야 제대로 이해될 수 있는 것이다. 그렇다면 정주영이 말하는 확고한 신념과 최선의 노력의 실체와 정도는 그의 삶 속에서만 제대로 이해될 수 있다. 정확히는 그가 자기 삶의 과정에서 내면화한 동기들이 있고, 그에 따라 정주영만의 신념 체계가 형성되고 그에 따라 보통 사람의 상상을 뛰어넘는 노력이 뒤따를 수 있었던 것이다.

우리가 정주영의 삶을 중요하게 생각하는 이유는 그가 개인으로 판단될 수 없는 일종의 대표성을 지닌 인물이기 때문이다. 그는 그에 대한 사람들 개개인의 호불호를 떠나 한국 산업화 과정에서 핵심적 역할을 수행한 인물로서, 종종 한국 자본주의의 개인적 담지자로 이해된다. 더욱이 이러한 이해의 배경에는 1934년 쌀가게 복흥상회에 취업한 뒤부터 1998년 1,001마리의 소떼를 몰고 북한을 방문하여 금강산 관광을 성사시키기까지 무려 50여 년에 걸쳐 수없는 성취를 이룬, 부인할 수 없는 업적이 자리 잡고 있다.

이 글이 던지는 첫 번째 의문은 이렇다. 정주영의 거듭된 성공은 어떻게 가능했을까? 다른 사람이라면 그와 같은 상황에서 그처럼 행동할 수 있을까? 정주영만이 그와 같이 행동할 수 있었다면, 그것도 한두 해가 아니라 수십 년에 걸쳐 종종 그렇게 할 수 있었다면, 대체 그만이 지닌 능력은 무엇인가? 이것을 한꺼번에 대답할 수는 없으므로 결국 그의 일생을 살펴 그만의 어떤 탁월성을 찾아보지 않을 수 없다.

이 글의 두 번째 의문은 정주영의 내면과 관계된 것이다.

어떤 사람의 기이한 행동을 이해하려면 삶이 그의 내면에 새겨놓은 것이 무엇인지 이해해야만 한다. 그렇지만 사람의 내면을 이해하기란 쉬운 일이 아니고 어떤 면에서는 그 시도조차 무모하게 보일 수 있다. 이런 시도와 관련해 러시아의 대문호 도스토예프스키가 『카라마조프가의 형제들』에서 드미트리의 입을 빌려 한 말이 인상적이다.

　인간은 광활해, 너무나 광활해. 나 원 참, 도대체 알 수가 없다니까. 이성의 눈에는 치욕으로 보이는 것도 마음의 눈에는 끊임없이 아름다움으로 보이니까.

도스토예프스키에게 인간은 혼돈 상태의 소우주다. 거기다 인간의 이성이란 것이 보잘것없어서 이성적 판단이 내면의 진실을 곡해하는 경우가 얼마든지 생길 수 있다. 그에게서 심오한 감화를 받은 니체는 위의 주장을 이어 말하듯 말의 한계에 대해 설명했는데, 이때 니체는 무릇 진실이란 곧 그 말의 발화자의 진실에 불과하다고 말하는 것이다.

도스토예프스키와 니체가 말한 것처럼, 우리가 어떤 사람의 내면을 살핀다 해도 대개는 우리가 보고 싶은 면만 보고 그치는 경우가 다반사이다. 정주영과 같이 보통 사람의 상상을 뛰어넘는 족적을 이룬 경우에야 더 말할 필요가 없다. 그럼에도 그 삶에서 일관된 모습을 발견하고 그 성취에서 필연적인 조건을 찾아 이를 가능케 할 그 내면의 일부라도 끄집어낼 수 있다면, 우리는 그로부터 단순하면서도 확고한 교훈을 얻을 수 있다.

앞으로 보겠지만 정주영은 주위 환경의 수많은 변화에도 불구하고 대부분 적극적이고 능동적으로 대처하여 성공을 이끌어냈다. 때로는 혼자만의 사색과 대비로 기회를 움켜쥐거나 역경을 극복해냈다. 그가 일으킨 거대한 변화를 사람들은 우연이라 부르기도 하고 신화라 부르기도 하지만, 어떻게 부르든 그 변화의 동기는 정주영 자신의 내면에서 비롯된 것이지 외부에서 주어진 것이 아니었다.

인간의 마음이라는 도구의 구조와 작용은, 꿈 또는 이 밖의 개개의 일을 아무리 신중히 연구해도 해명되지도 않고 구명되지 않으며, 도리어 이 목적을 위해서는 인간 내면에서 일어나는 일련의 일을 비교·연구할 때에 필요하다고 판명된 것을 모두 수집해야 할 것이다.

인간의 심리는 무한히 복잡하고 오묘한 것이어서 일찍이 프로이트는 『꿈의 해석』에서 위와 같이 적었다. 이러한 생각을 뒷받침하기 위해 그는 니체의 천재적 직관을 인용한다.

프리드리히 니체는, 꿈속에는 한 조각의 원시적 인간성이 계속 작용하고, 우리들은 이것에 거의 도달할 수는 없다고 말했다. 이 말이 참으로 적절한 것임을 우리는 알 수 있다.

다시 도스토예프스키로 돌아가 보자. 『카라마조프가의 형제들』 제5권 '대심문관' 편은 그가 "이 소설의 정점"이라 말할 정도로 중시한 곳이다. 여기서 그는 예수를 심문하는 늙은 추기경의 입을 빌려 인간적인 삶의 의미에 대해 이렇게 설명한다.

인간 존재의 비밀은 그저 살아가는 데 있는 것이 아니라 무엇을 위해 살아가느냐에 있다. 무엇을 위해 살 것인가 하는 확고한 신념이 없다면, 인간은 비록 자기 주변에 빵이 널려 있어도 살기를 원치 않고, 지상에 남기보다는 차라리 자살을 택할 것이다.

우리가 정주영의 내면을 살피고자 한 이유가 여기에 있다. 그가 때로 감당하기 어려운 위기를 극복하고 때로 무모하다 싶은 도전을 감행하면서 자신의 역사를 차곡차곡 써나가 시대의 한 획을 그은 것은 대부분 그 자신의 확고한 신념과 노력 덕택이지, 그에게 남다른 학식과 배경이 있어서도 아니었고, 누가 곁에서 그를 가르쳤거나 이끌어서도 아니었다.

그렇다면 그와 같은 신념은 대체 어떻게 가능했던 것일까? 그것은 다른 어디에서도 연원을 찾을 수 없는 것이며, 오직 그의 삶 가운데서 그가 스스로 다지고 체화하고 내면화한 가치에서만 찾을 수 있을 뿐이다. 필자가 이 글을 쓰게 된 동기가 여기 있다. 정주영의 삶의 궤적을 좇아 그의 내면을 다소나마 이해한다면, 아마도 정주영이 남긴 다음과 같은 말을 이해하는 데 조금이라도 보탬이 되지 않을까 하여.

"확고한 신념 위에 최선을 다한 노력만 보탠다면 성공의 기회는 누구나 공평하게 타고난다."

우리가 정주영의 내면을 이해한다면 우리 자신에게는 어떤 일이 일어날까? 아쉽게도 우리는 다른 사람의 내면에 간직된 지혜와 경험을 빌리거나 나누어 가질 수 없다. 하지만 "스승은 법문에 들게 하며, 수행은 각자가 행한다"는 중국 속담처럼, 우리가 깊이 파고들어 이해하고자 노력한다면 그 내면의 일부나마 우리의 지혜와 경험으로 만들 수 있을 것이다.

　지난 80년대 말부터 최근까지 18년간 일상을 차지하던 일에서 벗어나니 비로소 아산(峨山)을 돌아볼 여유가 생겼다. 책이 나오기까지 많은 분들에게 도움을 받았다. 휴먼앤북스 하웅백 대표는 집필 기간 내내 막힘없는 조언자이자 둘도 없는 말벗이 되어 주었다. 출판사 직원들의 애정 어린 수고를 잊을 수 없다. 책이 나오기까지 여러 번거로운 일들을 항상 시원시원하게 해결해 준 점, 이 자리를 빌려 인사를 전한다. 특이한 경우지만 북촌학당 남경우 선배는 이 글에 관해 들어본 적도 없지만 꼭 필요할 때 불러내 술을 권했다. 그로 인해 필자의 생활 리듬이 흐트러지지 않았으니 감사할 따름이다. 그 밖에도 고마운 분들이 많은데 일일이 거명하지 못해 죄송하다. 딸 수연이는 필자에게 무한한 에너지를 제공하는 삶의 원천이니, 더 이상 미더울 수가 없다.

2015년 10월

김 선 태

차 례

-제1부-

효자
가출하다

1. 고향과 아버지

    정주영은 1915년 11월 25일에 강원도 통천군 송전면 아산리, 북한 지명으로는 강원도 통천군 노상리에서 아버지 정봉식과 어머니 한성실 사이에서 6남2녀 중 맏이로 태어났다. 통천은 화진포와 고성을 지나 해금강 쪽에 있는 바닷가 마을이었는데 당시에 감나무가 많이 자랐다고 한다. 아산이라는 그의 아호는 자신의 출생지 옛 지명에서 따온 것이다. 통천 송전소학교를 졸업하였고 그와 함께한 동창생은 27명이다. 소학교 졸업이 정주영의 최종 학력이다.

    정주영이 태어난 해에 부친 정봉식은 32세, 모친 한성실은 22세였다. 이 시기는 1910년 일제가 조선을 강제 합병하여 무단통치를 실시하고, 1914년 제1차 세계대전이 일어나 국제사회가 혼란의 와중에 있던 때였다. 특히 일본은 식민지 조선에서 토지조사사업을 펼치며 사회사업령을 발포하는 등 조선 사람에 대한 수탈 정책을 강화해 백성들의 고통이 해마다 늘어나고 있었다.

    정주영 집안이 통천에 자리 잡은 것은 그가 태어나기 20여 년 전으로 거슬러 올라간다. 1894년 증조부가 조부 3형제를 이끌고 아산에 와 정착했고, 정주영의 아버지 형제자매가 일곱인데, 아버지가 장손이었다. 50호 남짓한 가구가 모여 사는 아산에 정착했지만 정주영의 조부는 태생이 선비라 살림에는 무관심했고 동네 아이들 모아 가르치는 것으로 소일하는 터였다.

집안을 먹여 살리는 일은 주로 정주영의 아버지 몫이었다. 하지만 그가 가진 땅은 몇천 평 정도였고 그나마 토질이 나빠 소출이 적은 데다 먹여 살려야 할 형제자매 식구들은 너무 많았다.

부친은 농사철에는 쉴 새 없이 농사일에 매달렸고, 농한기에는 땅을 골라 논밭을 만들고 정리하느라 쉴 틈이 없었다. 깨어 있는 대부분의 시간 동안 일을 해서 형제자매들을 뒷바라지했지만 워낙 가진 것이 없다 보니 살림은 늘 빠듯했다.

그러면서도 가족 부양을 오로지 자신의 책임으로 알았고, 틈만 나면 정주영에게 "맏아들이라면 당연히 형제와 부모자식을 모두 책임져야 한다"고 가르쳤다. 부친은 자신은 물론 동생 식구들까지 돌봐야 하는 데다 자식들이 점점 커가니 혼자로서는 역부족이 되었다. 그러다 열 살이되어 소학교에 들어간 맏이 정주영을 들로 산으로 끌고 다니며 논일 밭일에 화전까지 온갖 잡일을 거들게 했다.

어머니는 어머니대로 집안일에 농사일에 길쌈질에 쉴 틈 없이 보냈고, 봄여름이면 누에를 치고 산골짜기를 뒤져 산뽕을 따러 다녔다. 가끔 어머니는 감자를 푹 쪄서 으깬 다음 고추장을 넣고 비벼 내놓았는데, 정주영은 노년이 되어서도 그때 먹은 '감자비빔밥'을 잊지 못해 "참 맛있었다"며 회상하곤 했다.

부지런함으로 말하자면 어머니가 아버지보다 더했다는 평도 있다. 어머니가 시집갈 당시 부친은 여섯 동생을 건사하고 있었다. 남편의 힘으로는 대가족을 먹여 살리기가 빠듯하니 자연 마누라가 팔을 걷어붙였다. 먼저 시작한 일은 누에치기였는데, 근처에서 나는 뽕이 모자라 어머니는 발이 부르트도록 이 산 저 산을 헤집고 다니며 산뽕을 땄다. 그래도 밥술 뜨기가 어려워지자 틈나는 대로 삼베를 짰는데 밤새는 일이 허다했다. 그렇게 1년 내내 쉬는 모습을 보인 적이 없는 어머니였다.

정주영은 이처럼 일밖에 모르는 부모 밑에서 동네 아이들처럼 제대로 놀지도 못하고 자랐다. 다만 별일이 없는 겨울이 되면 지쳐 쓰러질 때까지 뛰어놀며 아이들과 떠들고 다녔다. 그렇지만 일찍부터 할아버지에게 한문을 배운 데다 머리도 뛰어나 소학교인 송전공립보통학교에 입학해서는 2학년을 뛰어넘어 3학년에 진학했고, 그래서 5년 만에 학교를 졸업했다.

통천의 겨울은 눈이 많이 내렸다. 한번 내리면 1미터 넘게 쌓이는 일이 허다했다. 이처럼 많은 눈이 내리니 통천 사람들은 눈이 내리는 동안에는 쓸지를 않았다. 후일 정주영은 주위의 비난이나 매도가 심할 때면 어린 시절 눈 내리던 통천의 겨울을 생각하며 입을 다물고 침묵으로 답하곤 했다. '어떤 진실도 이해를 구할 수 없는 때가 있다'고 생각하면서……. 어쨌든 겨울에 그처럼 놀아도 어릴 때 할아버지에게 제대로 배운 한문 실력 덕에 소학교에서는 배울 게 별로 없었다.

열네 살이 되어 소학교를 졸업하자 아버지는 정주영에게 본격적으로 농사일을 가르쳤다. 아버지는 특히 땅을 개간해 농토를 갖고 싶어 했는데 그 통에 정주영은 돌밭을 일구느라 허리가 부러질 지경이 되기도 했다. 한 뼘이라도 더 땅을 얻고자 했던 아버지의 집념은 아들 정주영의 마음에 땅에 대한 깊은 애착을 심어주었다. 하지만 당시는 그렇게 일해도 먹고살기가 힘들다는 것이 문제였다. 땟거리가 떨어져 부부가 말다툼하다 아버지가 밥상을 들어엎는 경우가 많았다. 마을 전체의 사정이 비슷한 데다 야속하게도 3년에 2년은 흉년이 들어, 겨울이면 콩죽이나 도토리죽으로 끼니를 때우는 집이 허다했다.

정주영은 나이가 들면서 점점 아무리 뼈가 빠지게 일해도 가난한 농사꾼 신세에서 벗어나지 못할 것이라는 생각을 갖게 되었고, 그런 생각을 하면 하루하루를 견디기 힘들었다. 밤낮 죽어라 일만 하는데도 끼니를 제대로 때우기가 어렵다니. 아침을 늦게 먹은 뒤 점심을 거르고 저녁은 콩죽을 먹고 자는 일이 다반사였다. 열심히 일을 해도 죽밖에 먹지 못하는 신세니 어린 마음에 어디 밥이라도 실컷 먹을 수 있는 곳을 찾아가고 싶다는 생각이 자연스럽게 싹텄다.

그렇게 힘든 시절이었으면서도 정주영에게 고향은 또한 그의 인생을 늘 값지게 만든 행복의 뿌리였다. 고향은 그에게 "해 질 녘 농촌 마을에서 피어오르는 굴뚝의 연기를 보는 것이 어떤 아름다운 경치를 보는 것보다도 좋았고, 늦가을 벼를 베어 쌓아둔 농촌의 논둑만 보아도 가슴이 설렐 정도로 행복을 느낄 수 있는" 곳이었다.

고향이 정주영에게 유독 중요한 이유는 그곳이 아버지를 생각하게 해주었기 때문이다. 후일 정주영이 수없이 말했듯 그에게 아버지는 삶의 원천적인 동기이며, 그를 사업가로 이끈 내면의 뿌리다. 정주영은 아버지에게서 가족을 향한 무한한 헌신을 배웠다. 정주영의 아버지는 가난한 농사꾼으로서 형제, 식구를 먹여 살리기 위해 잠자는 시간을 빼고 오로지 일에만 매달렸던 근면하고 성실한 가장으로 아들에게 영원히 기억된 존재였다.

맏아들인 부친이 스스로 책임을 지고자 매일 노동하는 모습은 아들 정주영의 가슴에 평생 지워지지 않는 우상으로 새겨졌다. 쉬지 않고 일해도 흉년이 들면 초근목피로 끼니를 때우기 일쑤였지만 낙담한 적이 없었다. 더우나 추우나 빈 땅 일구기를 멈추지 않았고, 애지중지 키워낸 소와 돼지를 팔면 한 푼도 쓰지 않고 전답을 더 사기 위하여 장롱 속에 깊이 묻어두곤 했다. 그렇게 해서 조금씩 모은 땅이며 소를 결혼하는 동생들에게 툭툭 아낌없이 떼어주던 솔선과 책임의 표본이었다.

아버지는 또한 가난하고 힘들다고 불평하고 낙담하여 세상을 원망하느라 허송함이 없었던 낙천적인 농민이자 자부심을 잃지 않은 노동자였다. 심지어 걸핏하면 가출하는 아들을 찾아내서는 화내고 탓하는 대신, 눈물을 보이며 맏이의 책임감으로 자신의 업을 이어달라며 달래고 설득한 정 많은 부친이었다.

이런 아버지의 애정은 어린 정주영이 가족과 고향을 사랑하게 된 원인이기도 했으며, 후일 정주영에게 체화된 특유의 낙천성이 바로 그 애정으로부터 비롯되었음을 알 수 있다. 어린 시절의 행복했던 수많은 경험들은 그로 하여금 아무리 어렵고 힘든 상황에서도 긍정적인 면을 찾아내는 능력을 기르게 했고, 그 능력은 고스란히 그의 탁월한 사업 수완으로 이어졌다. 아래의 회고에서 이런 면이 잘 드러난다.

아주 피곤하게 일을 하고 나면 잠을 달게 잘 수 있어 좋고, 일을 많이 하면 배가 고파지니까 밥맛이 좋지요. 오랫동안 뙤약볕 아래서 일을 하다가 잠시 나무 그늘로 들어서 쉴라치면 서늘한 바람이 마치 극락 같은 행복감을 안겨다 줍니다.

지난날을 돌아보면 생활도 어려웠고 일도 많았지만, 매일매일을 희열과 흥분 속에서 살았지요. 궂은일이면 궂은일대로 그것을 극복하는 기뿜으로 살아왔고, 좋은 일이면 좋은 일대로 그것을 즐기는 마음으로 살아왔습니다.

구두코가 닳도록 끌고 다닌 것으로 대표되는 정주영의 유명한 절약 정신은 어린 시절 내내 아버지를 통해 체득한 것이었다. 정주영의 양친 모두 검소하기로 유명했지만 특히 부자가 함께 일하는 시간이 절대적으로 많았기 때문이다. 정주영의 아버지는 무엇 하나 허투루 버리는 법이 없었다.

아버지에게는 아들이 감히 넘볼 수 없는 근면함과 검소함이 있었다. 일이 없을 때면 삼태기를 들고 나가서 쇠똥, 개똥을 주워 거름으로 썼다. 거름이 귀한 시절이라 그랬지만 멀리 나갔다가도 소변이 마려우면 참았다가 집에 와서 해결할 정도였다. 일하는 동안에는 말도 아껴, 정주영은 새벽부터 밤까지 함께 일하는 동안 아버지로부터 서너 마디를 제대로 들은 적이 없었다.

가족을 위해 자신의 모든 것을 일에 바쳤으나 자신을 위해 아무것도 하지 않은 부친의 모습은 정주영의 내면 가장 깊숙한 곳에 자리 잡았다. 동서고금을 통틀어 현자들은 성실함의 중요성을 강조해왔다. 벤저민 러디어드는 성실함이 인간의 의무라고까지 주장한다.

인간은 부자가 되거나 위대해질 의무는 없다. 현명해질 의무도 없다.
그러나 모든 인간은 성실할 의무가 있다.

정주영에게 아버지의 성실함은 단순한 성실함이 아니라 목적이 분명한 성실함이었기에 그 영향이 더욱 깊고 강했다. 새뮤얼 스마일스가 말한 것처럼 목적이 분명한 성실함은 그 목적이 자신이 옳다고 믿는 것들을 명확히 인식하고 올바른 규율 위에 구축되는 한 인생을 개척하는 데 언제나 도움이 되기 때문이다. 목적이 분명한 성실함은 사람을 바른길로 걷게 하고, 시련을 극복하는 에너지로 작용하며 주저 없이 단호하게 행동하도록 격려해준다. 그렇게 아버지는 정주영의 삶과 사고를 규정한 동기가 되었다.

정주영의 어린 시절에서 부친의 영향은 절대적이었을 뿐만 아니라, 이후 그가 사업가로 성장하는 데서 남들이 갖기 어려운 장점을 계발하는 데 결정적인 밑거름이 되었다. 그런데 이는 일반적인 부자 관계에서 매우 보기 드문 경우다. 정신분석학의 대가 지그문트 프로이트가 말하는 오이디푸스 콤플렉스의 예에서 이를 알 수 있다. 프로이트는 『꿈의 해석』에서 그리스 신화의 오이디푸스 왕 이야기를 꺼내면서 저 유명한 '오이디푸스 콤플렉스'를 소개한다. 간단히 정리하면 이렇다.

오이디푸스는 "아버지를 죽이고 어머니를 아내로 맞아들일 것"이라는 신탁으로 인해 태어나자마자 강에 버려지지만 극적으로 구조되어 이웃나라의 왕자로 자란다. 장성한 그는 고향으로 가다 우연히 만난 친부 라이오스 왕과 심한 말다툼을 벌인 끝에 그를 죽인다. 이어 괴물 스핑크스의 수수께끼를 풀어 그의 해악을 끝내고 그 공으로 친어머니인 줄 모른 채 이오카스테 왕비를 아내로 맞아 2남 2녀를 둔다. 하지만 오이디푸스는 다시 신탁을 통해 자신의 숨겨진 과거를 알게 되고 두려움 속에 두 눈을 찌른 뒤 고국을 떠난다.

이 이야기를 소개하면서 프로이트는 오이디푸스와 같은 친부 살해의 동기가 실은 우리 안에 원천적으로 내재된 것이라고 주장한다.

그의 운명이 우리들에게 감명을 주는 것은 그것이 실은 우리의 운명일지도 모르며, 우리들이 태어나기도 전에 내려진 신탁은 오이디푸스에 대해서와 마찬가지로 우리들에게도 저주를 내리고 있기 때문이다. 최초의 성적 대상을 어머니에게서 구하고, 최초의 증오를 아버지에게 돌리는 것은 어쩌면 우리 모두에게 해당하는 섭리인지도 모른다.

—『꿈의 해석』(선영사, 2011), 332쪽

프로이트는 '친부 살해와 근친혼 욕구'로 요약되는 오이디푸스 콤플렉스가 특히 어린아이들의 성장 과정에서 결정적인 국면을 맞는다고 설명한다. 이 콤플렉스를 어떻게 해결하느냐에 따라 인생의 행복과 불행이 결정될 수도 있다고 보았기 때문이다.

이로 인해 소년들에게서 일반적으로 나타나는 아버지에 대한 대립적 자세, 저항적 태도를 제대로 극복하지 못하여 이후 성인이 되어서도 지속적으로 일탈과 심리적 장애를 겪는 사례는 셀 수 없이 많다. 사춘기의 아이들에게 이 상태는 위험하며 불안한 것이다. 프로이트의 설명처럼

마법의 숲 속을 홀로 헤매는 동화의 주인공처럼 그는 그곳에 미련을 두거나 뒤돌아보지 않고 부모 집을 떠날 수 있어야만 험난한 횡단을 무사히 끝낼 수가 있다.

—『정신분석 혁명』(문예출판사, 2000), 273쪽

정주영은 이런 점에서 행운아라고 말할 수 있다. 그는 부유하거나 학식이 뛰어나거나 권력을 가진 아버지를 두지 않았다. 대신 그는 근면성실하며 솔선수범하고 책임감 넘치며 낙천적이며 자부심을 지닌, 그리고

아들에게 배려와 인정을 보여준 아버지를 두었다.

이런 부친 슬하에서 자란 정주영이므로 그에게 프로이트가 말하는 오이디푸스 콤플렉스의 흔적은 거의 찾아볼 수 없다. 오히려 그는 이미 소년 시절에 아버지가 지닌 강인하고 진취적인 성품을 고스란히 물려받아 내면에 간직했다. 그것은 막 세상으로 나아가고자 한 정주영이 이후 평생 꺼내 쓸 수 있었던, 다른 사람들이 갖지 못한 대단히 귀중한 자산이었다.

······새벽 4시면 어김없이 날 깨웠다. 눈을 비비고 일어나 어둠 속에서 아버지를 따라나서면 찬 바람 몰아치는 산기슭 비탈진 산자락. 별 기구도 없이 호미 하나로 먼동이 터오기까지 개간을 했다. 풀뿌리를 뽑아 던지고 돌을 뽑아 던지면서 한 뼘씩 한 뼘씩 시앗 뿌릴 땅을 정성껏 넓혀 나갔다.

해가 오르면 다른 농사일을 해야 했다. 돌밭을 일궈 곡식 심는 땅으로 만드는 개간을 통해 아버지는 생산의 뜻을 내게 가르치셨다. 몇 뼘 땅 얻는 데 겨울이고, 추위고 가릴 것 없이 척박한 땅과 싸워······.

흙의 소중함을 깨닫는 데 다른 것이 필요 없고 오직 땀이 필요했다. 실천은 가치를 깨닫는 데 무엇보다 앞서는 방법이다. 바로 이것이 바다를 막아 아버지의 뜻을 수천만 배로 확대한 순수한 동기다.

－『아산 정주영과 나』(아산사회복지사업재단, 1997), 268쪽

우리 전래 동화 중에 이런 이야기가 있다. 어떤 부지런한 농부가 아들 셋을 출가시켰는데, 만년이 되어 세 아들의 며느리들을 시험해보고 싶어졌다. 부자 농부는 먼저 첫째 며느리에게 벼 낟알 하나를 주며,

"이 낟알은 귀한 것이니 잘 간직하거라."

하고 말했다. 맏며느리가 머리를 조아려 받아 나와 보니 달랑 벼 낟알 하나였다. 맏며느리는,

"우리 아버님이 이제 망령이 든 게지."

하고 주저없이 낟알을 내던져버렸다.

부자 농부는 다음으로 둘째 며느리를 불러 같은 말로 당부하며 낟알을 주었다. 공손히 받아 들고 나온 것이 낟알임을 안 둘째 며느리는 혀를 차며,

"우리 아버님은 장난도 심하시지."

하고 낟알을 홀랑 까먹어버렸다.

다음으로 농부는 막내며느리를 불러 똑같이 말하고 낟알 하나를 주었다. 막내며느리는 낟알을 받아 들고 방에 들어가 곰곰 생각해보았다.

'아버님이 이것을 주셨을 때는 필시 무슨 깊으신 뜻이 있을 것이야.'

며느리는 이리저리 생각하다 마당 구석에 낟알을 두고는 그 옆에 올가미를 놓고 그 끝에 끈을 매달아 담벼락 뒤로 가서 기다렸다. 한참 있다 참새 한 마리가 낟알을 보고 내려앉았는데, 막내며느리는 이때다 하고 줄을 당겨 참새를 잡았다.

마침 이웃집에서 약에 쓰려고 참새를 구하러 다녔는데, 며느리는 참새를 주고 달걀을 얻었다. 그걸 양계장 둥지에 고이 놓아두었더니 암탉이 품어 병아리가 되었다. 이 병아리가 마침 암탉이라 잘 길렀더니 다 커서 병아리를 열심히 낳았고, 그놈들을 길러 닭이 여러 마리가 되었다.

막내며느리는 닭들을 팔아 이번에는 암퇘지 한 마리를 사 길렀다. 그놈을 또 길러 새끼를 치며 역시 다 키워 이번에는 돼지 여러 마리로 송아지 한 마리를 샀다.

그 송아지가 커서 어미 소가 되고, 어미 소가 또 송아지를 여럿 낳으니 그녀는 소들을 팔아서 논 서 마지기를 살 수 있었다.

시간은 흘러 3년이 되었다. 어느 날 부자 농부가 며느리 셋을 모두 불러 모아, 3년 전에 준 낟알을 어떻게 했는지 물었다. 첫째 며느리는 낟알을 받았는지 안 받았는지 기억조차 할 수 없었다. 둘째 며느리는,

"아버님이 귀하게 주신 낟알이라 버리기 아까워 까먹었습니다."

하고 대답했다. 이번에는 셋째 며느리에게 물었는데, 그녀는 논 서 마지기 문서를 내놓으며 그 내력을 소상히 고했다. 다 듣고 난 뒤 시아버지가 말하기를,

"보아라. 세 며느리에게 똑같이 낟알 하나씩을 주었는데, 맏이는 그날로 잊어먹었고, 둘째는 즉시 먹어버렸으되, 셋째만은 낟알로 살림을 일구어 논 서 마지기를 만들어냈다. 이런고로 이제부터 이 집 살림은 막내가 맡아 마땅하다."

하고 전 재산을 막내 부부에게 물려주었다는 이야기다.

정주영의 아버지는 아들에게 근면성실한 농부의 성품이라는 낟알 하나를 물려주었고, 정주영은 그 낟알을 굴리고 불려 한국을 대표하는 기업으로 일구어냈다. 전래 동화에 나오는 부자 농부와 막내며느리의 관계가 연상되는 대목이다.

2. 독서와 효심

정주영은 소학교 들어가기 전 여섯 살부터 아홉 살 때까지 동네 아이들과 함께 서당에서 마을 훈장인 할아버지에게 한학을 배웠다. 가구 수 50호에 지나지 않는 마을에서 할아버지는 서당을 열고 아이들을 가르쳤는데, 정주영은 회초리로 맞는 게 무서워서 죽어라 하고 책을 외웠다.

서당 분위기가 엄했던 것은 당시가 3·1 독립만세운동이 일어난 지 얼마 되지 않은 1921년, 정주영이 여섯 살 되던 해에 한학을 배웠다는 사정과 무관하지 않다. 일제에 대한 저항감이 팽배한 분위기에서 학문을 익히는 것은 독립을 위해 필수적이라는 생각이 집안 어른들 사이에서 깊이 새겨져 있었을 것이다.

엄격한 분위기에서 열심히 외우며 공부한 덕에 정주영은 소학교 들어가기 전 3년 동안 꽤 많은 분량의 서적을 익혔다. 먼저 『천자문』과 함께 기초 한문을 연마했고, 이어 『동몽선습』, 『소학』, 『대학』, 『맹자』, 『논어』를, 그리고 무제시, 연주시, 당시 같은 고시도 익혔다.

정주영은 이 시절 서당에서 한학을 배우면서 『논어』보다 『맹자』에 더

끌린 듯하다.

아버지는 공자보다도 맹자를 더 좋아한다는 말씀을 하신 적이 있다. 전통적으로 전체주의가 강한 동양에서는 개인주의를 찾아보기 힘들지만 아버지는 서양식의 합리적 개인주의를 신봉했다. 아버지는 '자유'를 소중하게 생각했다. 생각이 자유로워야 기존 인습의 한계를 깰 수 있고, 그래야 새로운 것을 창조할 수 있다고 확신했다.

―정몽준,『나의 도전 나의 열정』(김영사, 2011), 112쪽

비록 아들의 회고임을 감안하더라도 정주영이 상대적으로 딱딱하고 권위적으로 느껴진 공자에 비해 자유분방하게 느껴진 맹자의 글을 더 좋아했다는 사실이 흥미롭다. 이는 산간벽지 농촌 아이 정주영이 접하기 쉬운 사례나 이해하기 쉬운 비유가 『맹자』에서 종종 등장하는 것과 관계가 있을 것이다.

가령 『맹자』 양혜왕 편에서 천하를 통일할 수 있는 군주는 사람 죽이기를 싫어하는 이라고 하면서 예를 들어 이르기를 "한여름에 날씨가 가물면 벼 싹이 말라 죽었다가 하늘이 뭉게뭉게 구름을 일으켜서 줄기차게 비가 쏟아지면 벼 싹이 활발하게 일어나게 될 것이니, 군주가 이 비와 같다면 천하의 백성들이 따를 것"이라고 했다.

또 군주가 나라 다스리는 일을 가정의 일에 비유하여 "내 집 어른을 어른으로 섬겨서 그 마음이 다른 집 어른에게 미치게 하며, 내 집 어린이를 어린이로 사랑하여 그 마음이 남의 집 어린이에게 미치게 한다면 천하 다스리기란 마치 손바닥 위에 놓고 움직이는 것처럼 쉬울 것"이라고 이른다.

공손추 편에서 조장의 유례를 설명한 유명한 대목도 이와 같다. 송나라 농부가 자기 벼의 싹이 자라나지 못함을 답답하게 여겨 억지로 벼를 잡아 올려놓고 집에 와서 몹시 피로하다고 말하므로, 그 아들이 달려가 보니 벼 싹이 다 뽑혀 말라 있었다는 이야기다. 자신의 수양이 부족함을 모른 채 남에게 이익을 주기는커녕 도리어 해를 끼치는 사람을 경고한 이 사례를 정주영은 단박에 이해했을 것이다. 『맹자』로부터 마음을 수양하여 의리와 정도로 호연지기를 길러야 함을 이해하는 데 다소 어려움을 겪었을지 몰라도 그 취지는 충분히 짐작했을 것이다.

"어깨를 으쓱거리면서 남의 비위를 맞추어 웃는 것이 여름철에 밭에서 김매는 일보다 더 괴롭다"는 대목이나 "풍년에는 아이들이 대부분 선량하게 되고 흉년에는 아이들에 대부분 포악하게 되니, 이는 하늘이 다른 재질을 준 것이 아니라 환경이 그들을 함정에 빠뜨린 탓이다. 대개 종류가 같은 것은 대부분 서로 같은 법이니 성인도 나와 같은 유형의 사람일 뿐이다"라는 대목을 읽었다면 이내 그 말을 깊이 새겨두었을 것이다. 추측건대 이런 연유로 『맹자』는 정주영이 인의예지의 성품을 갖추는 데 상당한 밑거름이 되었을 것이라 볼 수 있다.

다시 정주영의 부친으로 돌아가면 그가 "당대 가장들에 비해 상대적으로 가부장의 권위를 크게 내세우지 않았고 자신에게 비교적 관대했다"는 정주영의 회고에 비추어보면, 정주영은 남달리 자유로운 생각을 펼치기 좋은 환경에서 자랐다고 볼 수 있다. 어쨌든 정주영은 글을 잘못 외우거나 숙제를 제대로 하지 못하면 어김없이 회초리를 드는 할아버지식 교육 덕에 충분한 기초 지식을 쌓은 셈이다. 그 덕에 소학교에 들어가자 또래들보다 실력이 월등히 뛰어나 대뜸 1학년에서 3학년으로 월반했고, 성적은 서예와 노래를 빼면 늘 맨 앞이었다.

정주영이 소학교에 들어가자 아버지는 본격적으로 농사일을 시켰다. 학교 수업을 빼면 거의 대부분의 시간을 논밭에서 보내게 되었으니 어린아이 정주영일지언정 시름은 깊어져만 갔다. 어떻게 해서든 도시로 나가 일은 하더라도 제대로 밥이나 먹고 쉬기나 했으면 좋겠다는 바람이 떠날 날이 없었다.

겨울에 농사가 끝나면 고저 장터로 나무를 팔러 가요. 고저가 송전 밑에 있는데 한 20리 되죠. 소에다 나무를 잔뜩 싣고 가는 거예요. 거기 가서 나무를 잘 팔면 한 50전, 그렇잖으면 45전 받죠. 겨울에 해가 짧다고 아버지가 점심 값을 어디 주나요. 45전이나 50전 중에 1전만 쓰라고 해요. 그걸로 그때 눈깔사탕 두 알을 사지요. 그걸 입에 넣고 빨면 빨리 녹으니까, 그냥 입에 넣고만 집으로 돌아오는 겁니다. 침이 나오면 넘기기만 하고요.

그런 와중에도 정주영이 바깥세상과 소통하는 끈이 있었으니 동네 구장집에 배달되던 송전 마을 유일한 신문, 동아일보가 그것이었다. 정주영은 신문을 통해 세상 돌아가는 일을 어림짐작이나마 할 수 있었고, 특히 당시 대중적인 연재물이었던 『마도의 향불』이나 『흙』 같은 소설은 그로 하여금 도시를 향한 주체할 수 없는 동경을 이끌어냈다. 소학교 학생 정주영에게 같은 농촌 출신으로 도회지에 나가 변호사가 되어 귀향한 주인공 허숭은 우상과 같은 존재였다. 소설 『흙』에 대해 정주영은 이렇게 회고한다.

"나는 그때 신문 연재소설이 작가가 꾸며 쓰는 얘기가 아니라 매일매일 실제 일어난 일인 줄 알았고, 『마도의 향불』도 『흙』도 전부 사실로 믿었을 정도로 어리숙하고 순진했다. 『흙』의 주인공 허숭 변호사에 감동해서 나도 도회지로 나가 막노동으로라도 돈을 벌어 고학으로 변호사 시험을 쳐 허숭 같은 훌륭한 변호사가 돼보고 싶다는 꿈도 꿨다."

그는 변호사의 꿈을 실현하고자 가출하여 도시로 나갔을 때 『법제통신』이나 『육법전서』 같은 법률 서적을 사서 공부를 했고, 보통고시를 두 번이나 쳤다. 시험에는 낙방했지만 당시 익힌 법률 지식은 이후 그에게 커다란 지적 자산이 되어주었다. 정주영은 외국 회사와 계약을 체결할 때 법률고문 없이 혼자 처리하는 경우도 있었는데, 어릴 때 배운 법률 지식의 바탕이 그때까지 머리에 남아 있어 가능했던 것이다.

소설 『흙』의 주인공 허숭이 정주영에게 미친 영향은 무엇일까? 소설의 내용과 정주영의 처지, 그리고 줄기찬 가출 끝에 마침내 도시로 나가게 된 이후의 경과를 연결하면 몇 가지 중요한 단서를 찾을 수 있다.

『흙』의 주인공 허숭은 몰락한 지식인의 아들로 먹고살기 힘든 고향 농촌을 떠나 머리만 믿고 상경하여 전문학교를 다닌 끝에 고등 문관 시험에 합격한다. 그 덕에 그는 농촌 촌놈 신세에서 벗어나 꿈에도 그리던 변호사가 되고 거부 윤 참판의 사위가 되는 행운도 거머쥔다.

여기까지는 소설 초반부의 상황인데, 그 정황이 정주영의 동경을 불러일으키기에 더없이 적당하다. 머리만 좋으면 서울로 올라가 얼마든지 출세할 수 있다는 사실, 그러면 아버지 밑에서 죽어라 농사일을 거들지 않아도 배불리 먹고 지낼 수 있다는 사실, 운이 좋으면 반듯한 도회지 처녀를 만나 유복한 가정을 꾸릴 수 있다는 사실, 이 모든 것이 정주영이 꿈에도 바라는 바였다.

더하여 당대 최대 문사 이광수의 손끝에서 펼쳐지는 소설의 탁월한 전개는 정주영으로 하여금 그 상황이 실재인 것처럼 믿게 만들고도 남음이 있었다. 소설 초반부, 허숭이 자책하는 장면을 보자.

그것은 사실이다. 조상 적부터 해먹던 땅파기가 싫어서 아니꼽게 놀고
먹어보겠다고 시골 남녀 학생들이 서울로 모여드는 것은 사실이었다. 선
조 대대로 피땀 흘려 갈아오던 논과 밭과 산 — 그 속에서는 땀만 뿌리
면 밥과 옷과 채소와 모든 생명의 필수품이 다 나오는 것이다 — 을, 혹
은 고리대금에 저당을 잡히고, 혹은 팔고 해서까지 서울로 공부하러 오
는 학생이나, 자녀를 보내는 부모나, 그 유일한 동기는 땅을 파지 아니하
고 놀고먹자는 것이다.

늦깎이로 소학교에 다니며 쉴 틈 없이 농사일에 매달렸고, 그럼에도
걸핏하면 끼니를 걱정했던 어린 정주영에게 이광수의 『흙』이 보여준 도
회지는 그야말로 신세계였고, 굳이 변호사가 되기 위해 공부할 여건이
되지 않는다 해도 문제 될 것이 없었다. 도회지로 나가는 것 자체가 그
에게는 무한한 가능성의 시작이었다. 최악의 경우라 하더라도 일만 하
면 적어도 먹고살 걱정은 덜 수 있는 곳이 도시다.

정주영의 생각이 여기에 미칠 것은 당연지사니 그가 가출을 결행하기
에는 이 책 한 권의 영향이 결코 작지 않았을 것이다. 다른 측면에서 보
면, 이 소설은 변호사 허숭이 우여곡절 끝에 부인과 함께 귀농하여 꿈
에도 바라던 협동조합을 일으켜 아름다운 내가 흐르는 고향 살여울 마
을을 가난에서 구제하는 것을 뼈대로 하고 있다.

소년 정주영도 허숭처럼 도시로 나가 성공하여 아름다운 감나무 숲
이 우거진 고향 아산으로 금의환향하겠다는 꿈을 꾸었을 것이다. 이 꿈
이 그로 하여금 반드시 도시로 나가도록 만든 동기였고, 이후 그가 펼쳐

나갈 원대한 포부의 몇 안 되는 초석 중 하나였음은 의심할 여지가 없다.

후일 정주영은 북녘 땅인 고향 아산 대신 서산에 거대한 농장을 일구어 돌아가신 아버님께 바침으로써, 부자가 되어 시골로 돌아가겠다던 어린 시절의 꿈을 이루고 효도의 일념을 지켰다.

정주영 삶의 뿌리가 된 효심

정주영은 훈장인 할아버지로부터 『소학』이라든지 『동몽선습』 같은 책을 통해 사람의 도리에 대해 정식으로 배웠다. 하지만 당시 정주영이 처한 환경에 비추어볼 때 책들의 내용은 그에게 너무 먼 이야기였다. 심지어 고전의 시대가 정주영 자신의 시대보다 나아 보이기까지 했다. 예를 들어 『소학』 입교 편과 『동몽선습』 앞머리에 공통적으로 나오는 삼강오륜의 저 유명한 구절에 대해서도 그렇다.

맹자가 말씀하시기를 사람에게는 도가 있으매 배불리 먹고 따뜻이 입고 편안하게 살면서 가르침이 없으면 곧 머슴에 가깝기 때문에 성인이 이를 근심하사 설로 하여금 사도를 삼고 백성들에게 인륜으로써 가르치게 했다. 아버지와 아들은 친함이 있으며 임금과 신하는 의리가 있어야 하며 어른과 아이는 차례가 있어야 하며 남편과 아내는 구별이 있으며 벗과 벗은 신의가 있어야 한다고 가르쳤다.

이 말을 배우면서 배불리 먹지도 못하고 따뜻하게 입지도 못한 채 허구한 날 들에 나가 논밭일을 해야 하는 정주영의 머리에는 무슨 생각이 떠올랐을까. 책을 벗 삼아 배우고자 하는 생각보다, 옛날 사람들이 지금보다 잘 살았으니 자신도 먹고 입을 걱정 없이 살았으면 좋겠다는 생각이 가득했을지 모른다.

학습의 역효과라고나 할까. 그럼에도 당대 어린이들의 인성 형성에 한학이 미친 영향은 매우 컸는데, 특히 『소학』이 일러준 행동의 지침을 그는 평생 소홀히 한 적이 없는 듯하다. 『소학』은 "여섯 가지 행실, 즉 부모에게 효도하고 형제간에 우애하며 친척과 동성 간에 화목하며 외척 간에 친하게 지내고 친구 간에 믿음을 지키고 가난한 자들을 불쌍히 여길 것"을 몸으로 익혀 행하라고 가르친다.

정주영은 일생에 걸쳐 대체로 『소학』의 육행에서 벗어나는 길을 가지 않았다. 뼛속까지 가난한 농부였던 정주영의 아버지가 아들에게 자신의 삶으로, 실천으로 인간의 도리를 가르쳤다면 할아버지는 그 연장선상에서 손자에게 평생 지녀야 할 행동의 지침을 가르쳤고, 그 양쪽의 가르침이 정주영의 사고를 빈틈없이 규정하게 된 결과다.

대개 진실한 마음을 지닌 사람이라면 그 내면에 연민하는 마음이 자리 잡을 때 그로부터 어떤 위대함이 싹튼다. 정주영은 가족을 위해 묵묵히 희생하면서도 가난을 벗어나지 못해 고통스러워하는 아버지를 보며 연민의 정을 키웠다.

정주영의 마음에 자리 잡은 연민의 정은 효심이 되어 평생 아버지라는 존재를 잊지 않게 했고, 아버지로부터 물려받은 성실함, 책임감, 근면함, 낙천성, 희생정신까지 내면화하게 했다. 우리에게 종종 신화처럼 채색되어 들리곤 하는 정주영의 불굴의 면모는 대부분 그의 효심에서 자라난 것이라고 짐작해 틀림이 없을 듯하다.

공자께서 가르치시기를 부모 생존해 계시거든 멀리 떠나가지 말며 떠나가면 반드시 가는 곳을 정해두라 하셨다.

-『논어』 이인(里仁) 편

어쨌든 착한 소년 정주영은 지긋지긋한 가난의 굴레를 벗어던지고자 기어코 『소학』의 가르침에 반하고 말았다. 얼마 뒤 그는 아버지에게 가는 곳을 숨긴 채 "도시에 나가 최소한 굶고 살지는 않아야 하겠다"는 작은 꿈을 안고 가출했다. 이후 정주영의 삶은 그 작은 꿈을 거대한 성취로 키우기 위한 줄기찬 도전의 나날이 되었다.

3. 탁월한 내면과 포부

아리스토텔레스의 '성격적 탁월성'

대부분의 사람들은 일상적으로 어떤 삶을 사는 것이 좋을지 생각하고 이에 기초하여 매 순간의 선택을 진행한다. 그렇다면 삶에서 '좋음'이란 무엇인가?

오늘날까지 윤리학의 고전으로 불리는 명저 『니코마코스 윤리학』에서 아리스토텔레스는 '좋음'이란 모든 행위와 선택에 있어서 그 목적인 바, 왜냐하면 사람들은 모두 이것을 위해서 다른 나머지 일들을 하기 때문이라고 설명한다.

좋음과 행복은 차이가 있다. 아리스토텔레스는 사람이 목적으로 삼을 수 있는 것으로 명예, 즐거움, 지성, 행복 등을 드는데, 그중에서 가장 완전하며 따라서 가장 선택할 만한 것이 행복이라고 말한다. 하지만 개개인이 추구하는 '좋음'은 사람마다 다른데, 이는 개인이 자신의 성격적 탁월성 가운데 가장 뛰어난 점에 따라 자신의 좋음, 즉 완전한 삶을 추구하기 때문이다.

아리스토텔레스의 표현을 빌리면 인간적인 좋음은 성격적 탁월성에 따른 영혼의 활동이다. 그는 그러한 탁월성으로 용기, 절제, 온화, 자유인다움, 통이 큰 것, 원대한 포부, 진실성, 재치, 사랑하는 마음, 수치를 아는 삶, 의분 등을 든다. 만약 탁월성이 여럿이라면 그중 최상이라 여기는 탁월성에 따르는 활동이 그가 추구할 수 있는 가장 좋은 삶이다.

『니코마코스 윤리학』에 근거, 아리스토텔레스 식 분류법에 따라 정주영의 성격적 탁월성을 살펴보면 감정의 영역에서 용기, 절제, 이상의 영역에서 호방함(megaloprepeia), 원대한 포부, 관대함, 생활의 영역에서 진실성, 재치, 우애를 들 수 있다. 그 가운데 정주영에게 최상의 성격적 탁월성은 '원대한 포부'라 하겠다.

그는 무엇을 하든 더 큰 성취를 이루고자 했으며 이를 위해 주어진 성취에 만족하지 않았고 눈앞의 어떤 어려움도 마다하지 않았다. 그의 생애 전체를 통하여 이런 성격적 탁월성은 언제나 관철되었다고 볼 수 있다. 적어도 노년에 이르러 정계 입문과 은퇴라는 부침을 겪기 전까지는.

정주영이 어린 시절부터 어떤 형태로든 원대한 포부를 품었다고 보기는 어렵다. 그럴 수밖에 없는 것이 성격이 예외 없이 습관을 통해 형성되기 때문이다. 희랍어로 '성격'과 '습관'은 철자가 매우 유사한데, 아리스토텔레스에 따르면 이는 성격적 탁월성이 본성적으로 생겨난 것이 아니라 습관의 결과로 생겨나는 것임을 말해주는 근거다. 습관은 능력을 만들고 능력은 활동으로 이어지며 활동은 성격을 형성하는데, 이로써 형성된 성격적 탁월성은 그가 지닌 최상의 품성이자 그가 선택하는 모든 행위의 궁극적 목적, 즉 텔로스(telos)가 된다.

정주영은 농촌에서 벗어나 도시로 나가고자 했고, 노동자에서 벗어나 경영자가 되고자 했으며, 자동차 수리업에서 건설업으로, 이어 조선업으로 중공업으로 나아갔으며, 그 사업의 무대 또한 좁은 국내에 머물지 않고 아시아로 중동으로 중국과 러시아로 지칠 줄 모르고 뻗어나갔다. 그 과정에서 그는 점점 더 많은 습관을 쌓으며 원대한 포부라는 성격적 탁월성의 밑거름을 차곡차곡 다져나갔던 것이다.

원대한 포부가 왜 탁월한가? 그것은 지나치지도 모자라지도 않는 것이므로, 양극단을 피해 합리적 선택을 취하는 것, 즉 중용의 도리를 따르는 것이므로 탁월하다. 예를 들어 포부가 모자라면 소심함으로 흐르고 포부가 지나치면 허영으로 흐른다. 극단으로 흐르면 그 끝에서 멈추게 되지만 사람이 그 유혹에 빠지기 쉬운 이유는 중용을 유지하는 일이 지극히 어렵기 때문이다.

정주영에게 이런 극단적인 면모가 없었다는 말은 아니다. 다만 적어도 '경영자' 정주영에게서는 이 양극단의 모습을 찾기 어렵다. 그는 자기가 할 수 있는 곳에서 늘 최선을 다했고, 그 목표를 성취하면 더 높은 곳을 향해 늘 최선을 다해 나아갔다. 그가 늘 중용을 취했던 것은 아니다. 그도 어떤 때는 소심함으로 기울고 어떤 때는 지나침으로 기울었고 그로 인해 실패도 맛보았고 시련도 겪어야 했다. 인간 정주영으로서 이런 모습은 불가피한 것이었다.

하지만 그 과정은 대부분 그가 중용의 길을 찾아가는 가운데 불가피하게 마주친 시행착오들에 불과했을 뿐 그의 성격적 탁월성, 즉 원대한 포부를 가로막는 걸림돌이 되지 않았다.

때문에 그는 일말의 소심함도 허영심도 없이 자신의 포부를 키우고 실천했다. 아리스토텔레스가 인용한 시구처럼 그는 자신의 또 다른 성격적 탁월성인 '용기'와 '절제'의 힘을 빌려, "배를 저 물보라와 큰 파도 바

같으로 멀어지게" 하려고 평생 노를 저었던 것이다.

포부가 큰 사람의 특징에 관해 아리스토텔레스의 정의 가운데 몇 가지 주목할 점을 들면, 무엇보다 그러한 사람은 명예를 중시하고 불명예를 수치스럽게 여긴다. 작은 것을 위해 위험을 무릅쓰지는 않지만 큰 것을 위해서는 기꺼이 위험을 무릅쓴다. 위험에 처해서는 자신의 생명을 아끼지 않는다. 다른 사람의 도움을 요청하기는 꺼리지만 남들을 돕는 데는 앞장선다. 다른 사람들이 이미 가장 잘하고 있다고 생각하는 일에는 나서지 않는다.

호불호를 숨기지 않으며 자신의 감정을 굳이 숨기려 하지 않는다. 친구가 아닌 한 다른 사람에게 의존하지 않는다. 어지간한 일은 대단하게 여기지 않기 때문에 쉽게 경탄하지 않는다. 다른 사람에 대해 이러쿵저러쿵 평하기를 싫어하고, 자신이 칭찬을 받는 일에 대해서도 타인이 비난을 받는 일에 관해서도 크게 신경 쓰지 않는다.

심지어 적이라 하더라도 험담하는 법이 없는데, 이는 그가 오만함을 싫어하기 때문이다. 또 그러한 사람은 일에 관해 불평하거나 부탁하는 일을 경멸하며 이득을 챙기려 고심하기보다 차라리 이득이 없지만 고귀한 것을 얻으려 고심한다.

반면 허명을 좇거나 매사에 소심한 사람들이 이런 성격을 지니지 못한다는 것은 그러한 인생의 자명한 귀결이다. 지금으로부터 2300여 년 전에 아리스토텔레스가 '큰 포부'라는 성격적 탁월성을 지닌 사람에 대해 묘사한 이들 일련의 특징들은 대부분 정주영의 삶의 궤적에서 고스란히 드러난다.

그러면 정주영의 원대한 포부는 무엇일까. 어릴 적 정주영의 꿈은 도시로 나가 소설 『흙』의 주인공 허숭처럼 변호사로 성공하는 것이었다.

그러다 쌀집을 넘겨받고 아도서비스라는 회사를 창업하는 과정에서 그의 꿈은 알게 모르게 크게 비약한다.

정주영의 동생 희영이 전한 바에 따르면 그 내력은 이렇다. 서울에서 조금씩 자리 잡기 시작하던 어느 날 정주영은 고향에서 어머니를 모셔와 서울 구경을 시켜주게 되었다. 당시 전차를 타고 가다 정주영이 대뜸 조선총독부 앞에 내리더니 "어머니, 저게 조선총독부예요. 저는 장안에서 제일 큰 부자가 되어 저보다 큰 건물에서 살 거예요" 하고 어머니에게 말하더라는 것이다. 사업을 시작할 무렵 정주영의 가슴속에는 이미 대사업가로 성공하겠다는 꿈이 움트고 있었던 것이다.

후일 그가 사업에서 성공에 성공을 거듭함에 따라, 장안 제일가는 부자가 되겠다던 어릴 적 꿈은 장차 한국을 넘어서 세계적인 사업가가 되겠다는 포부로 자라날 터였다. 끝없는 가난과 노동의 고통으로 가득 찬 삶이 주는 불안에서 벗어나고자 몸부림치며 키운 꿈이 기어이 한국을 대표하는 사업가로 결실 맺게 될 터였다.

사실 모든 인간은 삶이 주는 불안을 벗어나기 위해 노력한다. 대부분의 경우 그 노력은 개인적인 해결책을 모색하는 것으로 끝나지만 더러는 가족 차원의 해결책을 모색하기도 하고 더러는 민족 차원의 해결책을 모색하기도 한다. 그리고 더 근원적으로 파고드는 일부 사람들은 인류 차원의 해결책을 모색하는데 그것은 대개 철학과 종교로 귀결되어 인류의 정신적 유산으로 이어지기도 한다.

특이하게도 일부 역사가들이 '축(軸)의 시대'라 부르는 기원전 800년에서 기원전 200년 사이에 인류 역사상 가장 뛰어난 지성들이 동서양에서 연이어 나타났다. 히브리의 이사야와 예레미야는 그전 시대에 살았지만 에제키엘(에스겔)은 그들의 사상을 이어받아 축의 시대의 예언자로서 성서의 기초를 닦았다.

아리스토텔레스와 그의 스승인 플라톤, 플라톤의 스승인 소크라테스는 이 시기에 활약하며 서양 지성의 기초를 다졌다. 인도에서는 고타마 싯다르타가 생로병사의 윤회를 벗어나는 길을 제시하여 불교를 창시했다. 같은 시기 자이나교가 거의 동시에 등장해 오늘날까지 영향력을 잃지 않고 있는 것도 기이한 일이다. 중국에서는 노자와 공자가 나타나 각각 도교와 유교 사상을 확립했으며, 페르시아 지방에서는 현자 조로아스터가 등장했다.

이들은 공통적으로 현존 세계의 주어진 질서에 근본적인 회의를 품었다. 그들은 인간으로서 지향할 수 있는 가장 높은 목표와 가치를 추구하며, 사람들이 삶에서 불가피하게 맞닥뜨리는 불안으로부터 벗어날 수 있는 길을 각자의 방식대로 제시했다.

그들이 남긴 정신적 유산은 세기를 더할수록 공고해져 오늘날 적게는 수억에서 많게는 수십억에 이르는 사람들에게 영향을 미치고 있다. 왜 하필 그 시기에 그러한 현자들이 한꺼번에 나타났는지는 의문이지만 한 가지 사실은 분명하다.

적어도 인류는 삶이 주는 근원적 불안에 대해 아직까지 그 이상의 심원한 해결책을 가지고 있지 못하며, 그들이 제시한 해결책을 대하는 사람들의 태도 역시 역사적·문화적 한계에서 크게 벗어나지 않으며, 여전히 대부분의 사람들은 개인적인 해결책을 모색하는 데 그친다는 사실이다.

정주영도 처음에는 개인적인 해결책을 찾으려고 집을 뛰쳐나갔지만, 일제하에서 가족을 위한 해결책으로 자신의 포부를 끌어올렸으며, 다시 전쟁과 산업화를 거치면서 그 포부를 민족을 위한 해결책으로 격상

시켰다. 다만 그의 해결책은 저 현인들과 비견할 바가 아니고 이론적으로 확립된 것도 아니다. 그가 제시한 것은 자신과 같은 가난한 농군의 아들도 세상에 나아가 노력하면 성공할 수 있다는, 언뜻 단순한 해결책이었다.

어쨌든 그의 어떤 성공도 어린 시절 그의 내면에 자리 잡은 작은 포부에서 시작된 것이고, 해를 거듭하면서 점점 커진 포부가 마침내 시대를 앞선 사고로 발전했다는 점을 인정한다면, 우리는 정주영의 내면에 하나둘 형성되어 그의 성공을 뒷받침해준 어떤 '성격적 탁월성'을 파헤쳐볼 충분한 이유가 있다고 믿는 것이다.

시대를 앞선 사고는 그 영향력이 넓고 깊으며 오래 이어지기 마련이다. 예를 들어 미술 분야에서 활동한 초현실주의 화가 르네 마그리트는 천재적 사고가 미치는 초월적 영향력의 단면을 보여준다. 1898년 벨기에에서 태어난 마그리트는 입체주의와 미래주의의 영향 아래서 자랐다. 그러던 그가 초현실주의의 영향을 받은 것은 20대 중반 무렵. 마그리트는 꿈과 무의식의 세계를 탐구하면서 주류 미술계를 떠났지만 그의 사고는 훨씬 나아갔다.

이른바 자동기술법에 따라 추상화에 매달리던 초현실주의 화풍과는 달리, 마그리트는 일상에 존재하는 사물이나 사람들을 그리면서 그 대상들에 모순과 역설, 신비감을 부여했다. 현실의 존재를 도무지 말이 되지 않는 형상으로 그려내는 그의 작품들은 한편으로 감상자를 당황하게 만들면서, 동시에 감상자에게 새롭게 사고하는 법을 가르친다. 아니, 영감을 불어넣는다고 하는 편이 옳겠다.

"보이는 것이 보이지 않는 것보다 우월하다고 생각하지 않고 그 역도 마찬가지"라고 주장한 그는 이후 현실과 추상을 아우르는 독보적인 예술 세계를 창조했다. 마그리트의 위대성은 "그림이란 보는 것만이 아니라 생각하는 것이며, 그 생각 또한 감상자 스스로 창조하는 것"임을 깨닫게 한 데 있다. 때문에 마그리트는 미술 분야를 넘어서 비틀스의 음악, 「매트릭스」 같은 영화 등 다양한 현대 문화에 영감을 미치는 존재가 되었다.

4. 문학을 동경한 소년

1970년대 막바지 무렵 현대그룹이 100명가량의 문인을 울산에 초대한 일이 있다. 명목은 2박3일 일정의 산업 시찰이었지만, 정주영 회장이 문인들에게 자동차 공장과 조선소 등 '현대'의 위용을 보여주고 이야기도 나누고 싶어 한다는 비서실의 귀띔이었다.

초청 다음 날 저녁 그곳 영빈관에서 열린 환영식에서 정주영은 인사말을 통해 어렸을 적 동아일보에 연재되던 이광수의 『흙』을 읽으면서 자신도 꼭 작가가 되려고 마음먹었었다고 회고했다.

"사업에 뛰어드느라 그 꿈은 일찍 접었지만, 어렸을 때 품었던 문학에 대한 동경 때문에 지금도 문인들을 보면 부럽고 존경스럽다"며 허리를 깊이 숙였다.

문인들이 단체로 울산을 방문한 것은 그때가 처음이 아니었다. 울산의 현대조선소가 완공된 직후인 1975년 한국여류문학인회 회원 60여 명이 산업 시찰을 위해 포항을 거쳐 울산을 방문했을 때도 정주영 회장은 만사를 제쳐놓고 문인들을 반갑게 맞았다.

영빈관에 마련된 만찬회장에서 손소희 회장이 문인 한 사람 한 사람씩 우스갯소리를 섞어가며 소개하자 정주영은 수첩에 뭔가를 메모까지 해가며 기억해두느라 애쓰는 모습을 보였다. 특히 손소희가 박정희 시인 차례에 "문인극 할 때 술집 작부 역할을 아주 잘했던 시인"이라고 소개했을 때 정주영은 파안대소하며 손뼉을 치기도 했다.

정주영에게 문학은 무엇이었을까? 문학은 정주영의 삶에 어떤 영향을 주었을까? 조심스럽지만, 문학은 그에게 평생 마르지 않는 질박함과 섬세함의 원천이 되었을 것이라는 결론을 내리는 데 큰 무리가 없어 보인다.

정주영은 훗날 회고한 것처럼 소설 『흙』을 읽으면서 문학에 대한 동경을 키웠다. 사업에 대한 열정 탓에 작가의 꿈은 일찍 접었지만 문학에 대한 애정은 식지 않아서 많은 시와 소설을 읽었고 거기서 다양한 영감을 얻었다. 몇 편의 시를 통해 추측할 수 있다.

모윤숙이 쓴 『렌의 애가』는 죽음을 앞둔 '렌'이라는 화자를 내세워 연인 '시몬'에게 유언을 남기듯 고백하는 편지 형식으로 이루어진 자전적 산문집이다. 예수의 제자 시몬 베드로를 지칭하는 '시몬'이라는 이름은 원래 모윤숙 시인이 사모했던 춘원 이광수를 연상케 하는 측면이 크다. 두 사람은 진실을 배신한 탓에 끝 모를 자책과 고뇌에 빠져들었다는 공통점이 있다.

어쨌든 어린 시절 소설 『흙』에 심취했던 정주영이기에 『렌의 애가』에 대한 그의 애정은 각별했다. 정주영은 이 산문집을 통째 외우기도 했는데, 그 일부를 실제로 모윤숙 앞에서 암송하여 모윤숙으로부터 "나도 모르는 구절을 다 외우고 있다"는 칭찬을 들었을 정도다. 『렌의 애가』는 일제 식민 통치가 극성을 부리던 1937년에 출간되었지만 그 내용은 사모하며 동시에 존경하는 연인 시몬을 향한 젊은 여성 렌의 고결한 서정적 고백으로 일관되어 있다. 예컨대 이렇다.

> 오직 그대 내 등불 가까이 오라
> 내 등불 가까이 오라
> 침묵의 흰 하늘 그 달빛 비치는
> 수림의 언덕 사이로 그대여 오라
> 물먹은 보리수 그늘 아래 표류하는 혼!
> 어둠에 고달프리
> 오직 그대 내 등불 가까이 오라

이 시가 출간된 1937년은 정주영이 서울의 쌀가게에서 능력을 인정받아 비로소 도시에 정착하게 되는 때이며, 그 이듬해는 쌀가게 운영을 물려받아 처음으로 자신의 회사를 갖게 되는 때다. 농민의 아들 정주영에서 사업가 정주영으로 변신하여 비로소 도시의 삶에 뿌리내리기 시작한 때에 출간된 『렌의 애가』는 정주영에게 두고두고 자신의 성취를 추억할 수 있는 동기가 되어주었을 것이다.

김남조의 「후조」를 보자. 모윤숙과 더불어 김남조 시에 대한 정주영의 애정은 각별했던 듯하다. 정주영은 두 시인의 시집을 늘 가까운 데 두었는데, 아마도 수십 번을 반복해 읽은 시들이 많았던 듯하다.

「후조」를 읽으면서 정주영은 자신 또한 철새와 같은 삶을 살지 않았나 생각했을 것이다. 그로부터 불가피하게 고독과 맞닥뜨리게 되고, 그 고독을 이겨내는 정열의 의지를 다시 불태우려 했을 것이다. 비록 철새와 같은 삶일지라도 그칠 줄 모르고 타오르는 정열은 삶을 비교할 수 없이 풍요롭게 만든다는 신념을 지닌 탓이다.

> 당신을 나의 누구라고 말하리
> 나를 누구라고 당신은 말하리
> 마주 불러볼 정다운 이름도 없이
> 잠시 만난 우리
> 오랜 이별 앞에 섰다
> 갓 추수를 해들인
> 허허로운 밭이랑에
> 노을을 등진 긴 그림자 모양
> 외로이 당신을 생각해온
> 이 한철
> 삶의 백 가지 간난을 견딘다 해도 못내 이것만은 두려워했음이라
> 눈 멀듯 보고지운 마음 신의 보태심이 없는 그리움의
> 벌이여 이 타는 듯한 갈망
> ……

　정주영과 여러 차례 대화를 나눈 적 있는 김남조 시인은 후일 "오늘 그분은 휴화산의 적막이며 거인의 침묵이다"라는 말로 그의 영면을 안타까워했다.

　문학이나 문인에 대한 정주영의 관심은 언제나 보통 이상이었다. 그룹 내 측근들에 따르면, 널리 알려진 소설은 줄거리를 훤히 꿰고 있을 뿐만 아니라 몇몇 시인의 시를 암송해 들려준 적도 여러 차례였다는 것이다. 이따금 좋아하는 몇몇 문인을 초대해 식사를 하면서 이야기를 나

눈다는 사실은 1970년대 이후 널리 알려져 있었다.

비교적 자주 만난 문인들은 구상·이병주·한운사·김주영 그리고 모윤숙·김남조·정연희·김양식·김수현 등이었다. 구상과는 인생의 문제, 신앙의 문제에 대해 꽤 깊이 있는 이야기를 나누었고, 김수현은 정주영이 자서전을 낼 때 최종 감수자 역할을 맡는가 하면 정주영으로 추정되는 인물을 주인공으로 하는 드라마를 쓰기도 했다.

정주영 자신도 기회가 닿으면 글을 쓰고 싶어 했다. 또 직접 쓴 글을 기고하기도 했다. '새봄을 기다리며'라는 제목으로 1981년 2월 25일자 서울신문에 실은 긴 산문시가 대표적이다. 그중 정주영의 심경 고백이 담긴 부분을 간추려내면 다음과 같다.

어린 날의 순박한 자연은 어느새 멀리 뇌리에서 사라져버리고 고향을 등진 도시의 유랑민처럼 거북한 긴장 속에서만 살아왔던 일을 되돌아본다. 이러한 세월이 제2의 천성으로 화하여 다년간의 생활 감정도 이런 습관에 이어져서 바람직하지 못한 개별의 나를 형성해놓았다.

오늘의 현실은 4·4 분기제의 소득 확대 추구를 위한 치열한 적자생존의 투쟁으로 채워지는 4계절뿐이다.

기업인에게는 환희의 4계절이나 낭만적 4계절은 연분에 닿지 않고 대자연이 가까이 있음을 알고는 있으면서도 심정(心情)에 다가서지 않아 멀고 먼 데에 있는 것과 같은 실정이다.

가난하고 어리석은 젊은 계절에 궁핍에서 헤어나기 위하여 굶주림과 헐벗음을 딛고 일어서기 위하여, 그리고 구멍가게에서 벗어나 한 사람의 기업인으로서 불안한 첫발을 내디뎠을 때, 또한 그 일을 기점으로 하여 내 생애의 발목이 잡힌 후 오늘날까지 모험과 투쟁 속을 헤쳐나왔다.

나로서 최선을 다하는 그 혼신의 집중과 정열과 전심전령(全心全靈)을 소진하는 질주의 기나긴 행로만이 있었다.

(……)

천지가 새봄이다.

이제부터 기업의 단하(壇下)에서 봄을 만끽하고 싶다. 경제단상(壇上)에서 호기 있게 일하는 연출자들의 화려한 무대를 바라보면서 오랜만에 심정의 여유를 가지고 이 봄을 즐기리라.

봄눈이 녹은 들길과 산길을 정다운 사람들과 함께 걸으면서 위대한 자연을 재음미하고 인정의 모닥불을 피우리라.

천지의 창조주 앞에 경건한 찬미를 바치리라.

인생은 여러 가지이다.

온화한 삶과 질풍처럼 달리는 삶이 있으나 그 궁극의 염원은 한 가지라고 말할 수 있다. 평화와 자족을 느끼는 마음이다.

봄이 온다. 마음 깊이 기다려지는 봄이 아주 가까이까지 왔다.

정주영은 여유가 있을 때나 없을 때나 문인들과 함께 있는 순간, 함께 하는 자리를 즐겼다. 시인 구상에 따르면, 1985년 여름 강원도 주문진에서 해변 시인학교가 열렸는데 이날 정주영이 예고도 없이 나타났다. 그는 자연스레 수강생의 일원이 되어 시 강의도 듣고 낭독회에도 참석하고, 주최 측이 요청한 특강을 받아들여 자신이 좋아하는 한시를 풀어 강연하기도 하다가 바닷가 주막으로 가 밤새 술판을 벌이다 돌아갔다. 그 후에도 10여 년간 그는 여름이면 거의 거르지 않고 해변 시인학교에 들러 시인들과 어울렸다.

정주영을 몇 차례 만나본 소설가 박경리는 그가 예리하고 풍부한 감성을 지녔을 뿐 아니라 소년과 같은 순진함을 지닌 위인이라고 평가한다. "감성이 예리하고 풍부하다는 것을 성공한 사람들의 공통점으로 생각한다"는 그녀는 감성이 출발점이 되어 그것이 사물을 굴절시키지 않고 빛과 같이 심성에 반영할 때 사물의 본질을 파악하는 능력이 생겨나는데, 정주영이 그와 같은 사람이라고 말한다.

더욱이 정주영은 극도의 소박함을 지녔다고 박경리는 기억한다. 그녀는 1993년도 늦가을에 처음 정주영을 만났는데, 그 첫인상이 "산전수전 다 겪은 당대의 대재벌이 너무나 평범하고 소박한 촌부 같"아서 당황했으며, "낯가림 심한 아이처럼 섬세하고 희미한 표정의 흔들림은 마치 소년과 노년이 공존해 있다는 인상이었다"고 기억한다. 노자 『도덕경』 제55장에서 "덕이 두터운 사람은 갓난아이와 같아, 독충이나 독사도 물지 않고 사나운 새나 맹수도 해치지 않는다"고 이르는데 이와 비슷한 맥락일 것이다.

두 번째로 만났을 때 그녀는 "정 회장이 따뜻하고 겸손했다"고 술회한다. 그리고 그와 같은 의외의 겸손이 "자신감에서 오는 것인지도 모른다"며, 왜냐하면 반대로 "권위 의식에 사로잡힌 사람일수록 어느 한구석에 열등한 결핍증이 있기" 때문이라는 것이다.

재벌 정주영에 대하여 아는 것이 별로 없다고 단서를 달면서도, 박경리는 개인 정주영에 대해 이렇게 평가한다.

한 개인으로서 내가 느낀 것은 감성이 풍부하고 예리하다는 점이다. 그것은 느낌이며 바로 그 바탕에 의해 그분은 비범할 수 있었을 것이다.
    ─『아산 정주영과 나』(아산사회복지사업재단, 1997), 161~164쪽

문인과의 교류가 많았던 정주영은 스스로 기업인과 문인의 만남을 주선하기도 했다. 그 최초의 만남이 1979년 10월 열린 '문인들과의 간담회'로 대기업 대표들과 구상, 모윤숙, 김남조, 백철, 조연현, 이어령, 유종호, 송지영 등 문인들이 상대방의 입장을 이해하고자 대담을 나눈 일이다. 이 자리에서 정주영은 청년 시절 모윤숙의 시를 좋아해 몇 편을 외워두었다며 즉석에서 시를 암송했는데 그중에는 모윤숙 자신도 기억하지 못하는 시가 있었다.

　여성지 일로 많은 명사들을 만나 대담을 나누었던 김남조 시인은 후일 정주영 회장에 대해 이렇게 회고했다.

　그때는 바쁜 분들이라 약속 시간 정하기도 힘들고 사진 찍는 데 시간을 많이 빼앗긴다고 생각했는데 이제 와 보니 참 좋은 이야기를 많이 나눴네요. 정주영 씨는 젊은 시절 모윤숙 시인 팬이었다며 『렌의 애가』를 암송해서 놀라기도 했습니다.

─『주간경향』, 2004. 11. 19.

　문인들과 만난 자리에서 정주영은 기회를 잡으면 쉬지 않고 노래를 불렀다. 한번은 그가 농으로 "음치의 3대 조건이란 첫째 앙코르가 안 나와도 마이크를 놓지 않고, 둘째 청중을 무시하고, 셋째 곡을 무시하는 것"이라 말했는데, 그가 노래를 부를 때면 꼭 이랬다고 지인들은 증언한다.

　주위 사람들이 그가 음치는 아니라고 하자, 정주영은 나름의 음치 탈출 비결을 이렇게 털어놓았다. 세상에 자신처럼 열심히 노래 공부 한 사람도 없을 거라고. 처음 노래를 배울 때 가사는 다 외우는데 곡이 되지 않았다. 그래서 사우디 현장에서 넓은 사막을 달릴 때, 카세트를 수십 개 가지고 가서 차 속에서 수십 수백 번도 더 노래를 따라 불렀다고 한다. "판 벌여놨는데 노래하랄 때 안 하면 그 판이 깨지기 때문에" 이처럼 노래를 필사적으로 배웠다는 것이다.

5. 네 차례의 가출과 신념

모험이 없으면 발전도 없다. 성패는 일하는 사람의 자세에 달린 것.
아무라도 신념에 노력을 더하면 뭐든지 해낼 수 있다.

청개구리 한 마리가 버드나무 가지에 올라가고 싶어 몸을 날려 뛰었
으나 나뭇가지가 너무 높아 닿지 못하고 실패했다. 그러나 청개구리는
낙심하지 않고 열 번, 스무 번, 서른 번 뛰어오르기를 계속해 성공했다.
이 이야기는 정주영이 다니던 보통학교 교과서에 실렸다고 하는 '청개구
리의 교훈'이다. 이 이야기가 발단이 되었는지 어느 날 정주영은 가출을
결심했고, 번번이 실패하면서도 그때마다 다시 가출을 시도해 마침내
집을 떠나 도시로 나가는 데 성공했다.

때는 전 세계에 불어닥친 대공황의 여파에 일본 또한 경기 침체에 빠
져든 무렵으로, 많은 일본 기업들이 넘쳐나는 자본의 배출구를 조선으
로 정해 조선인들의 초저임금을 착취하며 새로운 자본 축적을 시도하고
있었다. 특히 식민지 조선에서 철도와 건설 붐이 일어났는데, 마침 정주

영의 고향과 비교적 가까운 함경도 해안 도시에서 항만 시설을 확충하느니 철도를 가설하느니 하며 많은 공사가 진행되었다.

그러던 1931년 청진의 개항 공사와 제철 공장 건설 공사장에 인부가 필요하다는 광고가 동아일보에 대문짝만 하게 났다. 당시 열여섯 살이던 정주영은 이 기사를 보고 동네 형을 꼬드겨 둘이 달랑 47전을 들고 첫 가출을 감행했다.

차비를 아끼려 걷고 또 걸었는데 배는 고프고 길은 먼 데다 밥 빌어먹는 일까지 쉽지 않아 종내 200리를 걸어 원산으로 가 철도 공사판에서 흙을 나르며 막노동을 했다. 하지만 두 달 만에 그를 찾은 아버지에게 끌려 집으로 돌아갔다. 농사가 천직인 아버지에게 정주영은 무모한 아들이자, 자신의 업을 물려주어야 할 장남이니 가출은 있을 수 없는 일이었다.

정주영은 같은 해 겨울에 두 번째 가출을 시도했다. 한 번 도시로 나가본 자신감이 있는지라 이번에는 친구 둘을 모았다가 한 친구가 중도 하차하여 둘이 서울로 향했다. 그러던 중 지나가던 사기꾼에게 넘어가 가던 길을 되돌아가 금강산 초입 여관에서 돈을 떼이고 다시 서울로 향했다.

하지만 딱히 묵을 곳이 없었던 정주영은 작은할아버지가 사는 김화(金化) 두목리로 향했는데, 이때 공짜 배를 탔다가 뱃사공에게 따귀를 얻어맞는 경을 치기도 했다. 그렇게 해서 정작 작은할아버지 집에 찾아가니 이미 아버지가 들러서 손을 써둔 뒤였다. 중도 하차한 친구를 만나본 아버지가 정주영이 그리 갈 것이라 예측했던 것이다. 정주영은 꼼짝없이 당숙의 손에 이끌려 집으로 되돌아갔다.

눈 녹고 봄이 오자 정주영의 마음은 다시 들썩였다. 어느 날 구장 댁에서 얻어 본 동아일보 광고란에서 정주영은 평양 부기학원 입원생 모집 광고를 보았다. 6개월 속성과를 졸업하면 회계원이나 경리원으로 취직할 수 있다는 내용이었다. 이 광고가 정주영의 가슴에 다시 불을 지폈다. 즉시 부기학원에 편지를 써 입학 안내서를 부탁했고 한 달 뒤 회신을 받았다.

얼마 뒤 동아일보에서 경성 부기학원 광고문도 보았는데 대략 내용이 같았다. 정주영은 기왕 가는 거 서울로 가야겠다 맘먹고 기회를 노렸다. 집 나가기야 별것 아닌데 부기 학원에 다닐 돈이 문제였던 것이다. 그런데 일이 되려고 그랬던지 집에서 키우던 황소가 팔렸고, 아버지는 이 돈을 방 안 궤짝에 넣어두었다. 거기다 작은아버지가 송아지 판 돈 30원을 들고 왔는데, 아버지는 이 돈도 궤짝에 넣었다. 당시 농촌에서 소 판 돈은 큰돈으로 주로 논밭을 사는 데 쓰였다.

하지만 그런 사정 고려할 겨를이 없었던 정주영이라, 어느 날 밤 궤짝을 열어 70원을 몽땅 들고 송전역으로 내달아 서울행 기차에 올라타고 말았다. 이렇게 야반도주한 그는 서울 덕수궁 근처 경성실천부기학원에 입학했다.

가진 돈을 학원에 맡기고 학원에서 숙식을 하며 낮에는 부기를 배우고 밤에는 숙소에 틀어박혀 독서에 몰두했다. 얼마 안 되는 돈으로 고르고 골라 산 책이 『나폴레옹전』, 『링컨』, 『삼국지』 등이었다. 책 살 돈이 없어 같은 책을 수없이 반복해 읽다 보니 내용을 다 외울 지경이었다. 정주영이 주로 관심을 가진 책이 위인전이었는데, 특히 나폴레옹의 강인한 정신력과 링컨의 끈질긴 도전 정신은 후일 정주영의 사고에 상당한 영향을 미친 것으로 보인다.

그렇게 두 달이 흘렀는데 어찌 된 영문인지 이번에도 아버지가 그를 찾아냈다. 종손이자 장남인 아들을 잃을 수 없다는 막중한 책임감에서 비롯된 집념의 결실이었다. 부기학원에서 온 봉투엔 서울 학원과 평양 학원 안내서가 함께 들어 있었는데 정주영이 서울 것만 들고 오고 평양 것은 그냥 집에 두고 왔던 것이다.

아버지는 평양을 돌아서 같은 이름의 서울 부기학원에 찾아온 것이다. 이때 아들을 찾은 아버지는 야단 대신 사정을 했다. 큰돈을 훔쳐 나간 터라 정주영은 흠씬 맞을 줄 알았는데 아버지는 그를 나무라는 대신 달랬다. 장손이자 장남인 네가 집안을 일으켜 세워야 한다면서.

"아버지는 평생 나한테 칭찬을 한 번도 해본 적이 없어요. 뭘 못하면 야단이나 치지. 말할 수가 없이 엄했어요.

그런 양반이 나한테 그냥 온갖 지혜를 다 동원해서 사정이야. 너는 맏아들이니까 말이야, 농사를 지어야 될 거 아니냐, 네가 이러면 그 수많은 동생 어떡할 거냐, 나도 이제 나이가 많은데 일을 하면 얼마나 하겠느냐, 네가 열심으로 일해서 논 사고 땅 사고 집 지어 동생들 세간 내야 할 거 아니냐, 이러면서 통사정이야.

대한문 앞에서 쭈그리고 앉아서 두어 시간 사정을 하는데도 내가 죽어도 못 가겠다고 했더니, 하다 하다 안 되니까."

이번에는 죽어도 내려가지 않겠다고 버티던 정주영이었지만 아버지의 눈물에 결국 넘어가 항복하고 말았다. 그런 아들이 안됐던지 곧장 내려 갈 기세였던 아버지는 창경원에 가서 동물 구경을 하고 가자고 했다.

"그때 전차 값이 5전인가 했는데 그걸 아끼자고 걸어서 갔어요. 그런데 가서 보니 '대인 10전, 소인 5전'이라고 써 붙여져 있잖아요. 아버지가 그걸 보시더니, '응, 돈을 내게 돼 있구먼' 해요. 공짜 줄 알고 구경을 온 건데 말이야.

그걸 보고 아버지는 '나는 시골서 호랭이 많이 봤으니까 너나 보고 와라.' 이래요. 그래서 나도 안 보겠다고 했더니 할 수 없었던지 표 두 장을 사더라고요."

이렇게 해서 돌아갈 때만 해도 정주영은 가출 결심을 접는 듯했다. 그해 정주영은 어느 때보다 열심히 아버지를 도왔다. 그런데 이번에는 흉년이 그의 마음을 흔들어놓았다. 여느 해보다 서리가 일찍 내리는 바람에 농사가 엉망이 된 것이다.

생활이 궁핍해지자 부모님이 다투는 일도 잦아졌다. 그런 부모님을 안타깝게 보는 사이 정주영은 네 번째 가출을 결심했다. 그런데 이번에는 돈 걱정을 하지 않아도 됐다. 이웃 마을에 사는 지주 집안의 아들이자 소학교 친구인 오인보를 꼬신 덕이다. 오인보는 어려서 결혼을 했는데 부인이 무서워서 살 수 없다고 했다. 정주영은 이번에는 자신의 행선지를 감춘 채 오인보와 함께 서울행 밤차를 탔다.

서울에 내리자 친구에게 궁핍한 꼴을 보이기 싫어 여비 50전을 빌려서는 인천으로 향했다. 아는 사람도 없고 주소지도 불분명한 인천 부둣가로 가면 아버지가 찾아낼 수 없으리라 생각한 때문이기도 했다.

인천에서 할 일이라고는 고된 막노동뿐이었지만 정주영은 '사람이 할 수 있는 일이라면 무엇이든지 하겠다'는 결심으로 무슨 일이건 닥치는 대로 해냈다. 오히려 일만 하면 돈도 벌고 밥도 먹을 수 있다는 것이 즐거울 따름이었다. 아버지는 더 이상 아들을 찾아내지 못했다.

마지막 가출에서 정주영은 후일 두고두고 되새기는 교훈 하나를 얻는데, 종종 빈대의 교훈이라 불리는 이 사건을 그는 자서전에 유일한 에피소드로 기록하고 있다. 이는 정주영의 신념 형성에 기여한 사건이자, 견문에 대한 그의 태도를 보여주는 사건으로 음미할 대목이다.

정주영이 네 번째 가출하여 인천 부둣가에서 막노동으로 연명할 무렵의 일이다. 그곳 합숙소는 그야말로 빈대 지옥이었다. 하루는 다 같이 꾀를 써 밥상 위에 올라가 자기 시작했는데 잠시 뜸한가 싶었더니 빈대들은 이내 밥상 다리로 기어올라 물어뜯었다. 다시 머리를 써서 밥상 다리 네개를 물 담은 양재기 넷에 담가놓고 잤다. 빈대가 밥상 다리를 타려다 양재기 물에 빠져 죽게 만들자는 꾀를 낸 것이다.

쾌재를 부르며 편안히 잔 것이 하루나 이틀쯤이었을까, 빈대는 다시 물어뜯기 시작했다. 불을 켜고 도대체 빈대들이 무슨 방법으로 양재기 물을 피해 올라왔나 싶어 살펴보니 놀라운 장면이 펼쳐졌다. 빈대들이 벽을 타고 천장으로 올라간 다음, 사람을 목표로 삼아 떨어져 목적을 달성하고 있었다.

하물며 보잘것없는 빈대도 목적을 이루기 위해 저토록 머리를 쓰고 저토록 죽을힘을 다해 원하는 바를 끝내 이루지 않는가.

빈대한테서도 배울 건 배우자. 무슨 일이든 중도에 절대 포기하지 않고 죽을힘을 다해 노력한다면 이루지 못할 게 없다.

마침내 가출에 성공한 때가 열아홉 무렵. 그는 여러 공사판을 전전했는데 그중에는 안암골 보성전문학교 신축장, 후일 고려대가 될 곳의 공사판 일도 포함된다.

언젠가 정주영은 전숙희 펜클럽 회장과 담소하다 고려대 이야기가 나오자 대뜸, "뭐 고려대학이오? 그거 내가 지었어요" 하고 말했다. 놀란 전숙희가 "네? 그럼 회장님이 설립자이신가요?" 하고 묻자 이내 껄껄거리며 "고려대학을 지을 때, 그 하얀 돌 더미를 한 장 한 장 내가 이 어깨에 가마니를 펴고 엎어 날라다 지었어요. 그러니까 틀림없이 내가 지은 겁니다" 하고 답했다. 등짝만 한 돌을 들고 비탈길을 오를 때면 다리가 벌벌 떨렸던 때를 회상하며 꺼낸, 눈물겨운 경험이 담긴 이야기였다.

그는 어린 시절 고향을 떠나기 전 마을 뒷산에 조그마한 소나무 한 그루를 심어놓고 왔다고 했다. 그 소나무가 잘 자랐다면 지금은 거목이 되어 있겠지만 정주영이 그 소나무를 다시 보지는 못했던 것 같다. 어린 소나무를 심으면서 정주영은, 도시에 나가 반드시 성공한 다음 되돌아와서는 그 소나무에게 혼자 실컷 무용담을 털어놓으리라 생각하지 않았을까.

정주영은 네 번째 가출 만에 도시에 정착하는 데 성공한다. 그 여정을 돌아보면 처음에는 통천에서 원산을 거쳐 고원으로 가려다 실패했고, 두 번째는 금강산을 거쳐 김화로 가려다 붙잡혔으며, 세 번째는 서울까지 가는 데 성공했지만 아버지의 눈물에 뜻을 접었다. 네 번째는 아예 연락이 닿지 않도록 인천 공사판으로 갔다가 서울로 올라가 닥치는 대로 밑바닥을 전전한 끝에 비로소 번듯한 쌀가게에 정착할 수 있었다.

이렇게 해서 통천에서 서울까지 약 200킬로미터 거리를 정주영은 3년에 걸쳐 1500킬로미터를 돌아 서울에 입성했던 것이다. 후일 정주영이 보여주었던 타의 추종을 불허하는 집요함과 끈기가 이 과정에서 형성되었다 해도 틀림이 없겠다.

석가의 출가, 정주영의 가출

기원전 6세기 말경 히말라야에 접한 고대 도시 카필라바스투에서 샤카족 청년 왕자 고타마 싯다르타가 부왕 몰래 집을 나섰다. 부왕은 아들의 생활에 부족함이 없도록 모든 배려를 아끼지 않았고 고타마 자신에게는 아름다운 왕비와 갓 태어난 아들 라홀라가 있었다. 하지만 고타마는 더 이상 집에 머물지 않기로 결심했다.

자신의 경험과 당시의 전통적인 사상을 바탕으로, 그는 부족과 왕국 심지어 가족까지 인간에게 짐 지워진 괴로움의 악순환이라 생각했다. 인간의 삶은 무엇이건 고통인데, 이는 인간 자신이 행한 업(카르마)의 결과이고, 그것은 또한 윤회를 통해 끊임없이 반복된다는 것을, 스물아홉의 삶을 통해 그는 확신했다.

그는 이 고통을 극복하고자 했고 그러자면 육체적 안락이 보장되는 자신의 왕국과, 핏줄을 통해 자신을 옥죄는 가족 곁에 더 이상 머물 수 없다고 판단했다. 심지어 그는 자신의 아들에게 '라홀라'라는 이름을 지어주었는데 이는 족쇄라는 뜻이다.

어떤 식으로건 삶 가운데 희망이 있을 것이라고 생각한 그는 그 희망을 찾아 집을 떠났다. 경전에 따르면, 그는 떠나기 전에 이렇게 자문했다고 한다.

내가 이 굴레로부터 벗어나 태어남도 늙음도 아픔도 죽음도 슬픔도 썩는 일도 없는 지극한 자유를 찾으러 나선다면 어떨까?

비록 이러한 질문에 대한 답을 구하기 위해 집을 떠났지만 싯다르타가 해답을 구하기까지는 수많은 기존의 전례를 통과해야 했다.

그는 먼저 '집 없는 상태'를 구했고 동시대의 수도자들처럼 비구(빅쿠, bhikkhu)의 생활을 통해 '거룩한 삶'에 다가갈 수 있을 것이라 생각했다. 다른 수도자들처럼 고타마도 지나가는 비구승에게 "당신의 스승은 누구인가" 하며 묻고 다녔고, 이내 당대에 유행한 샴카 철학의 대부 알랄라 칼라마를 찾아갔다.

그는 칼라마 수하에서 대번에 수제자의 반열에 올랐지만 샴카의 명상법과 요가 수행은 그를 만족시키지 못했다. 칼라마를 떠난 그는 다음으로 우드라카 라마풋타라는 스승을 찾아가 그 밑에서 극단의 금욕 수행에 정진했다.

처절한 요가 수행으로 거의 죽음 문턱에까지 이른 뒤 그는 이 고행역시 부질없다는 결론을 내렸다. 더 이상의 스승도 없었고 그의 비상한능력에 감탄하던 동료들도 그를 떠났다. 완전히 혼자 남은 싯다르타는오늘날 부다가야라고 알려진 숲의 보리수 아래 정좌하고 명상에 들어갔다.

열반의 경지를 얻기 전에는 일어나지 않겠다고 결심한 그에게 마침내깨달음의 순간이 찾아왔다. 이후 그는 샤카족의 말 없는 이 또는 깨달음을 얻은 이라는 뜻을 가진 샤카무니(Sakyamuni)라는 이름을 얻고 포교를 시작했다. 이것이 불교의 시작이며 불가에서 기원전 528년이라고 알려진 해에 일어난 일이다.

전혀 다른 이유지만 어찌 보면 비슷한 상황에서 정주영의 가출이 시도되었다. 소학교에 들어가면서 본격적으로 아버지의 농사일을 거들어야 했던 정주영에게 고향의 생활은 가난이 주는 고통의 연속이었다. 정주영이 보기에 농민의 아들로 태어나 평생 논밭이나 매다 죽어야 하는그 삶에는 희망이 없었다.

하지만 도시의 삶은 달라 보였다. 도시에서는 일만 열심히 한다면 최소한 굶주릴 염려는 없었다. 거기다 신문을 통해 접한 소설 『흙』의 주인공 허숭처럼 공부를 잘해 변호사가 된다면 집안을 일으킬 수도 있다는 데 생각이 미쳤다.

고타마 싯다르타는 인간사의 보편적인 고통을 벗어나 수도자의 길에서 희망을 찾기 위해 가족과 왕국을 떠나야만 했다. 정주영은 가난의 고통에서 벗어나 도시의 삶에서 희망을 찾기 위해 가족과 농촌을 떠나야만 했다.

고타마 싯다르타가 목숨을 건 수행을 통해 진여의 경지에 올랐다면 정주영은 헌신적인 노동을 통해 내면의 기초를 다져 점차 성공의 길로 접어들었다. 가난한 농군의 아들이 짧은 노동자 시기를 거쳐 한국을 대표하는 기업가로 성장하는 과정에서, 가출은 최상의 그리고 불가피한 선택이었다.

정주영의 잇따른 가출 시도는 운명의 굴레에 맞서고자 한 그의 자기 의지가 얼마나 강했는지 보여준다. 강인한 자기 의지에 관해 문학사에서 자주 언급되는 대목으로, 도스토예프스키의 소설 『악령』의 한 장면을 들 수 있다.

이 책에서 니힐리즘에 빠진 표트르 스테파노비치는 순진한 시골 청년 다섯을 모아 5인조 비밀 혁명 조직을 구성한다. 그리고 자신의 사상에 이의를 제기하는 샤토프를 밀고자로 몰아붙인 뒤, 나머지 조직원과 함께 그를 살해하여 모두 공범으로 만든다.

이어 그는 자살에 인생의 희망을 걸고 있는 건축 기사 키릴로프에게 살인 누명을 덮어씌워 완전 범죄를 만들고자 획책한다. 표트르 스테파노비치의 유도 신문에 넘어간 키릴로프는 결국 자기가 샤토프를 죽였다는 유서를 쓰고 만다.

두 사람의 대화 과정에서 키릴로프는 자살 결심에 이르게 된 이유를 설명한다. 이 세상에 신은 없으며 인간은 자기 의지에 의해 스스로를 구원할 수 있는 존재이다. 자기 의지에 의해 살 수 있는 존재라면 자기 의지로 죽을 수도 있다. 심지어 자살은 인간이 자신의 지배자이며, 따라서 신은 존재하지 않는다는 주장의 결정적 증거가 될 수 있다.

신이 있다면 모든 것이 그의 의지이고 나는 그의 의지에서 벗어날 수 없어. 신이 없다면 모든 것이 나의 의지이고 나는 자기 의지를 천명할 의무가 있어. 난 자기 의지를 천명하고 싶어. 혼자라도 좋아. 그러나 해낼 거야. 어떤 이유도 없이, 오직 자기 의지를 위해서 하는 건 나 하나뿐이야…….

인간이 지금까지 그토록 불행하고 가련했던 것은 자기 의지의 가장 중요한 지점을 천명하는 걸 두려워했기 때문이다. 그렇지만 나는 자기 의지를 천명할 것이고 그리고 구원하리라. 내가 시작할 것이고 내가 끝낼 것이고 내가 문을 열 것이다. 그리하여 내 신성의 자질은…… 자기 의지다!

키릴로프는 '기왕 자살하는 김에' 자신이 샤토프를 죽였다고 스스로 적은 뒤 권총으로 자결한다. 이는 당대 러시아 사회주의 운동의 사상적 기반이 된 니힐리즘이 파멸적 결과를 가져올 수밖에 없음을, 표트르 스테파노비치의 만행이라는 형태로 작가가 보여준 상징적 사건이다.

어쨌든 자기 의지를 증명하기 위해 자살을 택하는 키릴로프의 마지막 순간은 문학사상 자기 의지가 가장 인상적으로 언급된 장면 중 하나로 보인다.

그 동기야 전혀 다르지만, 네 차례에 걸쳐 가출을 시도하여 마침내 고향을 벗어나는 소년 정주영에게서도 그처럼 강인한 자기 의지를 엿볼 수 있다. 우여곡절 끝에 도시로 나간 정주영의 내면은 농촌에 머물 때의 그것과는 완전히 다른 무엇으로 채워져 있었으니, 강인한 자의식의 힘이 그에게 '성공을 향한 무한한 의지'를 심어주었을 터다.

-제2부-

근검과
신용

1. 경일상회와 성실

몸과 마음을 다해 끊임없이 그리고 치열하게 노력하면 목적을 달성할 수 있다.

때는 1933년, 봄에 가출한 정주영은 열아홉 살의 나이로 인천에서 부두 하역이나 이삿짐 나르기 등 이런저런 막노동을 했는데 여름이 되도록 돈이 모이질 않았다. 이래서는 안 되겠다고 생각한 정주영은 아무래도 서울로 가는 게 낫지 싶어 어느 날 인천을 떠났다.

걸어가는 도중에 소사를 지나다 어느 농가에서 품앗이 일을 했는데 몸에 밴 농사일이라 쉽게쉽게 해내니 소문을 듣고 이 집 저 집에서 불러댔다. 그렇게 한 달쯤 일하니 제법 돈이 모였다.

그 돈을 들고 서울로 가서 다시 막노동판을 찾아다니다 안암동 보성전문학교 교사 신축 공사장에서 돌과 목재를 지어 날랐다.

한편 그렇게 일하면서 다른 한편 짬 날 때마다 더 나은 일거리를 찾았는데, 그러다 원효로 풍전 엿 공장에 들어가 잔심부름을 했다. 품삯은 쌌지만 고정직이라 일자리 날릴 걱정을 하지 않아서 좋았다. 그렇게 1년을 일했는데 여전히 돈이 모이지 않아 다시 여기저기 알아보던 끝에 복흥상회라는 쌀 소매상 문을 두들기게 되었다.

가게 주인 이경성이 자전거는 잘 타느냐고 물었다. 그때 정주영은 자전거 타본 기억이 가물가물했지만 주저 없이 잘 탄다고 자신 있게 대답했다. 주인은 그를 힐끗 보고 "응, 가랑이는 길구먼" 하고는 여기서 일하라 했다. 그렇게 해서 정주영은 쌀가게 배달원이 되었는데, 하루 세끼 공짜로 먹고 월급이 쌀 반 가마니라 대우도 그리 나쁘지 않았다.

복흥상회는 규모가 꽤 커서 직원이 여럿 있었기 때문에 정주영은 기장하는 일과 가게 내의 소소한 잔심부름을 맡아 처리했고 처음부터 배달을 맡지는 않았다.

취직한 지 사흘째 되는 날, 비가 오는데 주인이 쌀 한 가마와 팥 한 말을 자기 집에 배달하고 오라고 했다. 자전거라곤 제대로 타본 적이 없는 정주영은 여러 번 비틀거리다 빗길에 넘어지고 말았다. 자전거의 핸들이 휘었고 쌀가마도 흙으로 뒤범벅이 됐다. 그런데 이미 정주영의 사람됨을 알고 있던 주인은 오히려 고생했다고 칭찬까지 해주었다.

정주영은 그날 밤부터 사흘 동안 한두 시간만 잠을 자고 밤을 새우다시피 하며 자전거에 쌀을 싣고 타는 연습을 했다. 그 결과 그는 선수가 되어 쌀 두 가마씩 싣고 서울 장안을 누빌 수 있게 됐다. 그러면서 성실하고 부지런하게 일해서 주인한테 신용을 착실하게 얻었다.

정주영은 매일 새벽 남들이 자는 시간에 일어나 가게 마당과 집 앞을 쓸고 물까지 뿌렸다. 주인이 가르치는 것은 하나도 빼놓지 않고 익히고 기억했으며, 부기 학원을 다니며 익힌 회계 실력을 발휘해 주인집 식구들이 하지 못하던 회계장부 정리를 시원하게 해냈다.

장부 정리를 맡으면서 그는 또한 두서없이 어질러진 창고를 쌀이면 쌀, 잡곡이면 잡곡 이렇게 종류별로 말끔하게 정리했다. 그렇게 정리하니 주인이 한눈에 봐도 재고가 파악되었다. 감동한 주인은 정주영에게 새 자전거를 사주었고 아들 대신 정주영에게 장부와 창고를 맡겼으며 나중에는 일체의 경리 일을 전담시켰다. 나중에는 주인 대신 정주영이 거래처에 주문을 받으러 다니기도 했다.

정주영은 또한 성실함을 통해 즐거움을 얻을 줄 알았다. 그래서 그는 늘 부지런하면서 늘 쾌활했다. 이러한 정주영의 자세가 복흥상회 주인의 눈이 들었다. 정주영이 어릴 적 즐겨 읽었다는 『맹자』 진심 편에서 아래와 같이 이르는데 당시 그의 성실함과 쾌활함이 꼭 이와 같아 보인다.

천하의 온갖 이치가 나에게 갖추어져 있는 것이다. 내 몸을 돌이켜보아 성실함에 힘쓰면 즐거움이 이보다 더 클 수 없다. 나를 미루어보아 남에게 행하면 인(仁)을 찾는 데 이보다 가까울 수가 없다.

취직할 당시 정주영의 급료는 쌀 18가마였는데 당시 관행에 따라 연말에 1년치 쌀을 한꺼번에 받았다. 애초 구두쇠였던 정주영은 가끔 고향에 다녀오는 때 말고는 거의 돈을 쓰지 않았다.

정주영은 일을 마치고도 공사판을 다닐 때 그러했듯 틈틈이 와세다 대학에서 출간한 통신 강의록으로 사법 시험을 준비하거나 신소설을 읽는 재미에 빠져들었다.

이윽고 3년이 지나자 1년치 급료가 쌀 20가마나 되었다. 그제야 정주영은 아버지께 편지를 써 소식을 알렸다. 내내 찾아다니고 원망한 아들이지만 큰돈을 벌었다는 말에 아버지는 가출한 아들을 오히려 자랑스러워해, 다음과 같이 격려하는 답장을 써 보냈다.

네가 출세를 하기는 한 모양이구나. 이처럼 기쁜 일이 어디 있겠느냐.

아버지의 이러한 격려가 정주영에게 커다란 힘이 되었음은 명백하다.

정주영의 가출은 가난에서 비롯한 것이지만 그는 가난으로 인해 부모를 탓하거나 낙담하지 않았다. 오히려 가난하면서도 집안의 가장이자 형제의 맏이로서 자신의 책임을 다하려 한 아버지에게서 인간의 도리를 배웠다.

그리고 가출할 때마다 찾아와서는 자신을 탓하지 않고 집안을 걱정하는 아버지에게서 자식을 향한 무한한 사랑을 느꼈다. 그는 가난을 이기기 위해 가출했지만 그의 목표는 부자가 되어 다시 집으로 돌아가 가정을 행복하게 만드는 것이었다.

가정을 위해 헌신한다는 점에서 정주영은 아버지의 뜻을 이어받았다. 그렇지만 도시로 나가 돈을 벌어야 가정을 행복하게 만들 수 있다고 생각함으로써 정주영은 아버지와 다른 자신만의 길을 택했다. 하지만 젊은 정주영에게 언제나 궁극적 목표는 가난을 극복해 가정으로 회귀하는 것이었고, 이는 그가 평생에 걸쳐 일관되게 유지한 삶의 기조였다.

1938년 스물세 살의 나이에; 그리고 고향을 떠난 지 5년 만에 정주영은 주인으로부터 아들 대신 쌀가게를 물려받았다. 상호도 경일상회로 바뀠다. 그때까진 기껏 가정집에 쌀을 배달하는 것이 고작이었는데, 정주영은 가게를 인수하면서 배화여고, 서울여상 같은 대량 소비처로 거래를 넓혔다.

그러나 호황은 오래가지 않았다. 2년 후인 1940년에 중일전쟁이 터지자 일제가 전시 체제의 일환으로 쌀 매매를 배급제로 바꾸었다. 그 바람에 정주영은 손도 못 써보고 가게를 닫았다. 하지만 그동안 번 돈으로 고향에 논 2000여 평을 사놓았다.

경일상회를 운영하는 사이 결혼도 했다. 1936년 1월을 전후해 정주영은 고향 면장집에 가서 면장 딸이자 친구의 여동생인 후일의 신부를 처음 대면했다.

당시 소녀 변중석은 윗마을 총각이 서울서 선을 보러 내려왔다는 부친의 말에 방에서 나오지도 못한 채 앉아만 있었다. 남자는 여자 뒷모습만 보고, 여자는 남자 얼굴도 제대로 보지 않고 이뤄진 맞선이었다. 다음 날 정주영은 메밀국수를 사서 동네 사람들에게 대접했다.

둘은 한 달 보름 뒤, 정월 초여드렛날 결혼식을 올렸다. 그날 눈이 많이 내렸다. 신랑은 원래 당나귀를 타고 식장까지 가야 하는데 눈이 쌓이자 그냥 당나귀를 끌고 식장에 도착했다. 두 사람의 소박하고 단출한 결혼식이 이렇게 이루어졌다.

쌀가게를 물려받은 것은 정주영의 삶에서 중요한 전환점이었다. 그가 타고난 근면성실함을 인정받아 얻은 최초의 사업체였기 때문이다. 그가 자신의 사업 역정을 회상할 때 빠지지 않고 언급하는 대목이기도 했다.

옆도 뒤도 안 보고 그저 죽자고 일을 했더니 쌀가게 주인이 되었고 또 정신없이 일만 했더니 건설 회사도 만들게 되었고, 그렇게 평생을 살다 보니까 오늘에 이르렀다.

−1988년, 한겨레신문과의 인터뷰에서

이미 살폈듯이 이 시기에 정주영의 내면에는 성실함이 굳건히 뿌리내리고 있었다. 그의 마음에서 '적당히'라는 단어는 이때 이미 사라지고 없었다. 그가 말한 것처럼 사람은 보통 적당히 게으르고 싶고, 적당히 재미있고 싶고, 적당히 편하고 싶어 하지만, 채 스물이 되지 않은 나이에 정주영은 그렇게 하는 것이 자신의 삶을 망칠 뿐이라는 사실을 깨달았고, 시간을 낭비하는 것만큼 우매한 짓이 없음을 알았다.

"시간을 아껴 얻은 생각과 경험은 장소를 차지하지 않고도 저장이 가능하며, 어디에 가지고 다녀도 돈이 들지 않는다"는 말이 있다. 영국 제독 넬슨은 "내가 성공할 수 있었던 이유는 뭐든지 약속된 15분 전부터 일을 시작한 덕분이다"라며 시간의 중요성을 강조했다.

정주영에게 시간은 한순간도 낭비되어서는 안 될 자기 삶의 일부분이었고, 이런 신념은 그의 전 생애를 통해 일관되게 유지되었다. 예를 들어 그는 후일 현대그룹을 이끌면서 수십 년간 "새벽 4시 기상, 5시에 현안 점검, 6시 식사, 7시 사내 회의"라는 일정을 변함없이 지켜냈다.

경일상회의 경험을 통해 정주영의 가슴속에는 이미 "지극히 정성을 다하면 못 이룰 일이 별로 없다"는 신념이 자라나고 있었다. 노력하는 사람이 좋은 운을 만든다. 인간의 노력의 결과는 기하학적으로 집대성된다. 더 바쁠수록 더 일할수록 힘이 나는 건 신이 인간에게 내린 축복의 하나일 것이다.

정주영이 자주 들춰보곤 했다는 『명심보감』에 특히 근면성실을 강조하는 성현들의 말이 많이 실려 있는 것도 주목할 만하다.

『공자』의 삼계도에 쓰여 있다. "일생의 계획은 어릴 때에 있고, 1년의 계획은 봄철에 있고, 하루의 계획은 새벽에 있다. 어려서 배우지 않으면 늙어서 아는 것이 없고, 봄철에 밭을 갈지 않으면 가을철에 바랄 것이 없고, 새벽에 일어나지 않으면 그날에 할 일이 없다."

순자가 말했다. "발걸음이 쌓이지 않으면 천 리에 이르지 못하고, 작은 흐름이 모이지 않으면 큰 강을 이루지 못한다."

정주영은 1986년 사우디 지사에서 직원들에게 한 강연을 통해 "생각은 행동이 되고, 행동은 습성을 만들고, 습성은 성품을 만들고, 성품은 인생의 운명을 결정한다"고 말했다. 그가 말한 성품 가운데 가장 기본이 되는 것이 근검과 성실임은 두말할 필요가 없다. 그에게 근검은 부의 근원이다.

부의 근원은 근검이다. 사람이 부지런히 일하면서 저축하면 자연히 신용이 생기고 자신도 모르게 성취감이 쌓여가서 사람이 크게 되고 나중에는 기적 같은 큰일도 다 이루어낼 수 있다.

　　　　　　　　　　　　　　　　　　　　　－1984년, 현대그룹 간부 특강에서

또한 그에게 성실함은 운명을 만드는 힘이다.

사람은 누구나 나쁜 운과 좋은 운을 동시에 가지고 있다. 운이란 시간을 말하는 것인데, 하루 24시간 1년 사계절 중에서 즐겁게 일할 수 있는 시간이 좋은 운이다. 이것을 놓치지 않고 열심히 일하는 사람에게는 나쁜 운이 들어올 틈이 없다.

　　　　　　　　　　　　　　　　　－1991년, 광주 문화방송 시민 교양 강좌 중에서

정주영에게 성실하다는 것은 시간을 낭비하지 않는 것이다.

아무 생각 없이 60년을 사는 사람이 있는가 하면, 생각을 하며 사는 사람은 보통 사람의 열 배, 백 배의 일을 해낼 수 있다. 시공을 같이하더라도 정신적으로 육체적으로 고양된 삶을 사는 사람은 물질적으로나 정신적으로나 열 배, 백 배를 산다는 말이다. 노는 자리에 가서 노는지 마는지, 일하는 시간에 일하는지 마는지, 자는 시간에 자는지 마는지 하는 사람을 질타하는 이유도 바로 이 때문이다.

−1980년 12월, 현대그룹 사보 인터뷰에서

같은 생각을 자서전 『시련은 있어도 실패는 없다』에서는 "사람은 보통 적당히 게으르고 싶고, 적당히 재미있고, 적당히 편하고 싶어 한다. 그러나 그런 '적당히'의 그물 사이로 귀중한 시간을 헛되이 빠져나가게 하는 것처럼 우매한 짓은 없다"고 강조했다.

이런 생각을 정주영은 자신뿐 아니라 자신과 함께 일하는 모든 사람에게 한결같이 강조했으며 늘 스스로 모범이 되었다. 그가 철저히 근검하고 성실한 삶의 자세를 유지했기 때문에 그 곁에 있는 누구도 그를 본받지 않을 수 없었다. 자녀들에게는 더욱 엄격했다. 그는 단호하게 이렇게까지 말했다.

자식에게 상속해야 하는 것 중에 가장 소중한 것은 재물이 아니라 근면성이다.

−『아산 정주영과 나』(아산사회복지사업재단, 1997), 309쪽

2. 아도서비스와 홀동광산

『채근담』에 이렇게 이른다.

작은 일이라도 소홀히 하지 않고, 남이 보지 않는 곳에서도 속이고 숨기지 아니하며, 망해가는 때에도 태만하거나 포기하지 않는다면, 이런 사람이 비로소 진정한 영웅이다.

애플 창업자 스티브 잡스는 시리아인 아버지에게서 태어났다. 하지만 부친이 집안에서 결혼 허락을 받지 못하자 핏덩이인 아기를 입양시켰고, 잡스는 양부모 슬하에서 자랐다. 양아버지인 폴 잡스는 가난한 목수였지만 잡스를 훌륭하게 키워냈다.

특히 잡스는 양아버지로부터 "훌륭한 목수는 보이지 않는 곳에도 좋은 재료를 써서 최선을 다한다"는 가르침을 감명 깊게 받아들이고 스스로 실천에 옮겼다. 예를 들어 컴퓨터를 만들 때 누구도 보지 않는 박스 내부를 외관 못지않게 중시하여 제작에 완벽을 기했다.

이런 잡스의 성격은 제품 디자인에 대한 집요한 완벽주의로 이어졌고 그것이 아이팟, 아이폰, 아이패드같이 혁신적인 제품을 성공으로 이끄는 데 크게 기여했음은 물론이다. 아이패드를 만들 당시 양아버지의 가르침을 그대로 이어받아 잡스는 종종 다음과 같이 강조했다.

보이지 않는 곳까지 아름답게 만든다.

작은 일에 소홀히 하지 않고 남이 보이지 않는 곳에 정성을 다하라는 『채근담』의 가르침과 일치하는 말이다. 이 말은 청년 정주영에게도 적용된다.

복흥상회를 통해 첫 서울 직장 생활을 하면서 정주영은 남이 가르쳐주지 않은 원칙 하나를 세웠다. 그것이 한순간에 만들어진 것인지 오랜 세월을 통해 체화된 것인지는 불분명하지만 이 시기에 형성되었음은 분명하고, 이후 정주영이 사업에 임하는 태도를 보면 그 원칙이 예외 없이 관철되었다는 점도 부인하기 어렵다. 정주영 자신의 말로 표현하면 이렇다.

더 하려야 더 할 게 없는, 마지막의 마지막까지 다하는 최선.

이러한 원칙을 몸으로 실천한 결과, 정주영은 주인의 신뢰를 얻어 복흥상회를 인수해 자신의 회사로 만들었다. 가게 주인이 자기 아들을 놔두고 가게를 점원에게 넘기는 것은 그때건 오늘날이건 쉽게 상상할 수 있는 일이 아니다.

이어 총독부가 배급령을 실시한 탓에 쌀가게를 닫게 되자 남은 밑천

1500원으로 정주영은 다른 일거리를 찾아 나섰다. 그러다 인수한 것이 자동차 수리를 하는 아도서비스 공장이었다.

때는 1940년 3월, 그가 서울 최대의 경성서비스 공장 직공이던 이을학을 만난 것이 자동차 수리 공장에 진출하는 계기가 됐다. 이을학은 자동차 수리업이 소자본으로 큰돈을 벌 수 있을 뿐 아니라, 자기가 기술을 가진 직공들을 모아줄 수도 있는데, 다만 인수 자금 3500원이 문제라고 했다.

그 말에 귀가 솔깃해진 정주영은 평소 알고 있던 삼창정미소의 오윤근을 찾아가 부탁했다. 정주영이 쌀가게를 하면서 외상값을 어김없이 갚았다는 사실을 알고 있던 오윤근은 선뜻 3000원을 내놓았고, 정주영은 가진 돈에다 오인보에게서 빌린 돈을 합쳐 5000원에, 지금의 애오개 고갯길에 있던 아도서비스를 인수했다. 영어 'After Service'를 일본 발음으로 읽어 아도서비스가 된 듯하다.

이때 만난 김영주는 후일 정주영의 핵심 기술자이자 충직한 부하로서, 그리고 정주영의 동생 희영의 남편이 될 정도로 각별하여 평생의 동반자가 되어주었다. 1989년 한국프렌지 회장을 지낸 김영주는 아도서비스에 들어갈 당시를 이렇게 회상한다.

내가 설립자를 처음 만난 건 일제 치하이던 1940년대 초였다. 당시 설립자는 서울 신설동에서 아도서비스라는 자동차 정비 공장을 운영하고 있었다. 그리고 나는 운전기사였다. 나보다 다섯 살 위인 설립자는 20대 후반, 나는 20대 초반인 한창 나이일 때였다. 일제 강점기의 운전기사는 요즘과 달리 인기 있는 직업이었다. 지금의 항공기 조종사보다 숫자가 적을 때여서 임금이 무척 높았다. 그만큼 낭비벽이 있는 직업이기도 했다. 오죽하면 '기생들이 가장 좋아하는 사람들이 운전기사'라는 말이 돌았을까.

그때 내가 소속돼 있던 운수 회사가 아도서비스와 거래하고 있어서 차에 이상이 생기면 그곳에 가서 정비를 받곤 했다. 정비소에 차를 맡긴 운전기사들은 영화를 보러 가거나, 술을 마시거나, 도박을 하기 일쑤였다. 정비가 끝나면 청구서 금액을 실제보다 부풀려 만든 뒤 그 차액을 정비소와 나눠 갖는 부조리도 다반사로 저질렀다.

나는 이런 짓들이 천성적으로 싫었다. 두주불사(斗酒不辭)이긴 했지만 하루 일과가 끝난 뒤 내 돈으로 사 마시는 술이 좋았다. 정비소에 차를 수리하러 가면, 나는 기술자들 곁에 붙어 서서 귀찮을 정도로 이것저것 물었다.

나는 기계에 관심이 많았다. 고향인 전남 화순에서 소학교를 마치고 남선탄광이라는 회사에 들어가 운전을 배울 때도 운전 기술만이 아니라 자동차의 작동 원리까지 알고 싶어서 틈만 나면 엔진을 들여다봤다. 그렇게 기계에 대한 호기심이 높던 차에 정비 기술자들을 만났으니 물고기가 물을 만난 격이었다.

이런 나를 설립자는 유심히 지켜보고 있었던 듯하다. 하루는 설립자가 "나와 함께 일하지 않겠느냐?"고 물었다. 설립자에 대해선 주위의 칭찬이 자자했다. '부지런하고 신용 있는, 훗날 반드시 큰일을 할 젊은이'라는 평가가 많았다. 나 또한 설립자를 범상치 않은 인물로 여기고 있었다. 설립자에게는 호탕하면서도 치밀하고, 열정적이면서도 합리적이며, 아랫사람의 마음을 얻는 탁월한 능력이 있었다.

정비 기술자와 동업해서 아도서비스를 운영하던 설립자는 그 동업자와 손을 뗀 뒤 나를 데리고 일하면 되겠다고 판단한 것 같았다. 언젠가

부터 설립자는 나를 '기계 박사'로 부르고 있었다. "엔진 소리만 듣고도 차의 아픈 부위를 짚어내는 자동차 귀신"이라는 칭찬도 해주었다. 비범한 인물에게 듣는 칭찬도 과분한 판인데, 함께 일하자고 하니 안 따를 이유가 없었다. 설립자와의 동행은 그때부터 시작되었다.

—『아산사회복지재단 사보』, 2009년 겨울호

아도서비스는 문을 열자마자 고장 난 차들이 모여들어 일은 순풍을 타는 듯했다. 그런데 무슨 날벼락인지 불과 5일 뒤에 직원의 실수로 불이 나 공장은 물론 손님의 차들에 부속품까지 홀라당 타버리고 말았다.

빚에 빚을 더해 복구할 수도, 갚을 길도 없어진 정주영은 오윤근을 찾아가 하소연했다. 이대로 주저앉으면 영감님 돈을 영영 갚을 길이 없으니 자신의 신용을 보고 돈을 더 빌려달라고 사정한 것이다.

오윤근은 이 말을 한 번 더 믿기로 했고, 정주영은 다시 3500원을 빌릴 수 있었다. 불이 날 당시 정주영은 하늘이 무너지는 심정이었지만 이미 시작한 사업이니 무슨 수를 써서라도 다시 일으키리라 마음먹었다. 그는 불난 사실을 아내에게조차 알리지 않고 돈을 구하러 뛰어다녔던 것이다.

오윤근에게 다시 빌린 돈으로 정주영은 신설동 뒷골목 터에 공장을 옮겨 세워 무허가로 자동차 수리를 시작했다. 당시 자동차 수리비 바가지 씌우기가 만연했는데 정주영은 수리 기간을 대폭 단축하여 인기를 얻었고, 그 때문에 아도서비스는 찾아드는 고객으로 문전성시를 이루었다.

이렇게 된 데는 고객의 요구를 꿰뚫어보는 정주영의 안목이 한몫했다. 당시 서울 시내를 달리는 자동차라 해봐야 수십 대에 불과했고, 그들은 고관대작이거나 부유층 신분의 사람들이었다. 그러므로 자동차가 고장이 나면 그들은 어쩔 줄 몰라 했는데, 다른 자동차 수리 공장들은 이를 악용하여 수리 시간을 길게 끌어 돈을 벌었다.

하지만 정주영은 고객들 입장에서 무엇보다 시간이 중요할 것이라 판단했고, 고장 난 차가 들어오면 다른 공장에서 열흘 고칠 일을 사흘 만에 고쳐 내놓았다. 그걸로 큰 인기를 끈 아도서비스에는 주문이 밀려들었다. 이 경험은 정주영에게 사업을 성공시키려면 기존의 방법으로는 되지 않고 새로운 방법을 생각해내야 한다는 점을 각인시켰다.

다만 이 공장이 무허가였던 터라 동대문경찰서 순경에게 매일같이 시달리게 되었는데, 정주영은 물러서지 않고 오히려 관할 경관인 일본인 보안계장 곤도의 집에 날마다 찾아가 빌고 또 빌었다.

보안계장은 매일같이 찾아와 머리를 조아리며 사정하는 정주영에게 한 달 만에 두 손을 들어, 그다음부터 단속을 면하게 해주었다. 그는 그 뒤 정주영에게 여러 가지 조언을 하여 사업이 잘되도록 도와주기까지 했는데, 이때를 두고 정주영은 훗날 웃으며 "그때는 어쩔 수 없이 사탕발림으로 위기를 모면했다"고 회고했다.

이 일은 복흥상회에서 보여준 성실성이 진실됨과 결합하면서 정주영의 내면 깊이 체화되어 또 다른 형태로 발휘된 것으로 볼 수 있다. 후일 정주영이 다음과 같이 한 말이 이를 뒷받침한다.

우리 인생에서는 어떠한 일이든 올바른 일은 다 이룰 수 있다. 나는 스물 대여섯 살 때 진실과 성실이 모든 것을 초월해서 이길 수 있다는 생각을 내 마음에 확고히 굳혔다.

－문원택·이준호·김원석, 『헨리 포드에서 정주영까지』

(한국언론자료간행회, 1998), 278쪽

후일 현대그룹 하기 수련회장에서 정주영은 당시를 회상하며, 자신은 보통학교밖에 나오지 못했으나 여러분은 모두 대학을 나온 사람들이니 무슨 일이든 할 수 있다고 격려하기도 했다. 그러나 정주영이 젊은 시절 실제로 보여준 성실과 진실의 중요성을 사원들이 깨치지 못했다면 그러한 격려도 무의미해지고 말았을 터였다.

아도서비스가 안정을 되찾자 정주영은 낮에는 사장으로 주문을 받거나 회계 처리를 하고, 밤에는 기술자 옆에 붙어 수리 기술을 배웠다. 그는 항상 직원들과 함께 일했고 근무 시간이 끝나서도 밤잠을 설쳐가며 수리 기술을 배우고 실습했다.

얼마 안 가 정주영은 스스로 "자동차에 들어가 있는 기계의 모든 기능을 완벽하게 이해했다"고 말할 정도로 자동차 부품에 대해 꿰고, 다양한 쇠의 재질을 척 보면 분간하는 경지에 올랐다. 자신이 세운 원칙을 경영뿐만 아니라 노동에까지 철저히 적용한 것이다. 이와 같은 '철저한 최선'은 이후 평생 정주영이 관철한 경영 철학이자 인생철학이다.

최선을 다하면 종종 천재성을 넘어서는 성과를 만들어낸다. 많은 석학들이 이를 인정하고 있다. 베이컨은 학문의 중요성을 누구보다 강조한 철학자이지만 실제에서 배우는 일이 학문보다 중요함을 더욱 강조했다. "어떤 학문도 사용 방법에 대해서는 가르쳐주지 않는다. 세상을 잘 관찰하면 학문의 도움이 없어도 학문보다 우수한 지혜를 얻을 수 있다"고 그는 말했다. 나아가 그는 실재의 문제를 해결하는 데 최선을 다하는 것만큼 확실한 방법은 없다고 믿었다.

가장 가까운 길은 대부분 최악의 길이다. 때문에 최선의 길을 가고 싶으면 시간이 걸리더라도 돌아가야 한다.

근대 물리학의 아버지로서 의심할 여지 없는 천재였던 뉴턴도 이를 알고 있었다. 만유인력과 같이 세상을 바꾼 위대한 발견을 해낸 비결을 묻자 뉴턴은 "자나 깨나 그 문제를 생각하고 있었기 때문"이라고 대답했다. 뉴턴은 최선의 중요성을 강조하며 자신의 연구 방법에 대해 다음과 같이 말했다.

나는 연구 과제에 대해 어떤 상황에서도 생각을 놓지 않는다. 그렇게 하면 어둠 속 여명이 점차 밝아지듯이 문제의 본질이 점차 선명하게 떠오른다.

'철저한 최선'은 『중용』에서 말하는 성(誠)의 경지와 통한다. 『중용』은 사람의 도(道)로서 성(誠), 즉 열렬함을 아래와 같이 강조한다.

열렬함은 하늘의 도이나 그 열렬함에 이르는 것은 사람의 도이다.

성, 즉 열렬함의 경지에 오른다는 것은 선함을 가려내어 그것을 굳게 잡는 것이다. 정주영에게 선함은 사업의 성취다. 그는 열렬함이 있었기에 자신에게 주어진 사업을 널리 배우고, 따져가며 깊이 묻고, 신중하게 생각하고, 밝게 가려내며, 독실하게 행하여 성취를 이루었다.

일단 배우기 시작하면 능하기 전에는 멈추지 않는 것, 일단 묻기 시작하면 알기 전에는 그치지 않는 것, 일단 생각하기 시작하면 깨치기 전에는 그만두지 않는 것, 일단 가려내기 시작하면 밝히기 전에는 멈추지 않는 것, 일단 실천하기 시작하면 '마지막의 마지막'에 이를 때까지 쉬지 않는 것, 이것이 정주영이 체화한 열렬함의 실체였다.

그 결과 그는 주어진 일에 대해 처음에는 알지 못해도 나중에는 그 일을 완벽하게 꿰찰 수 있었고, 처음에는 어설프게 시작해도 나중에는 그 분야를 호령하기에 이르렀다.

정주영은 1940년 아도서비스를 통해 자동차 수리업을 시작해 1946년 이를 현대자동차공업사로 키우고, 건설업에 몰두하느라 몇 년을 보낸 뒤 1967년 다시 현대자동차주식회사를 설립하여 기술도 없이 자동차 생산에 뛰어들었다.

한동안 포드사에 시달리던 끝에 과감히 손을 털고 일본 회사와 합작하여 1976년 최초의 국산 차 포니를 만들어내고, 이를 한국 자동차 산업의 선두 주자로 키워냈다.

그렇게 해서 현대자동차주식회사를 1990년대 말 IMF 금융 위기 속에서 유일한 토종 자동차 회사로 살려내기까지 수십 년의 세월이 걸렸다. 마지막의 마지막까지 다하는 최선의 열렬함이 있었기에 가능한 결실이었다.

우여곡절 끝에 새로 문을 연 아도서비스는 날개를 단 듯 돌아갔다. 그렇게 3년 동안 돈을 벌어 정주영은 오윤근 영감에게 빌린 돈에 이자까지 제대로 갚아서 자신의 신용도 지키고 오 영감의 체면도 살려냈다.

하지만 이 사업도 오래가지 않았다. 태평양전쟁을 일으킨 일본이 철을 확보할 목적으로 1942년 5월 기업정리령을 발표하더니, 아도서비스를 종로의 대기업인 일진공작소에 강제 합병시켰기 때문이다. 말이 합병이지 흡수나 다름없어 일체 권한을 빼앗긴 정주영은 며칠 구석에서 왔다 갔다 하다 손을 털고 나와버렸다.

그래도 그간 모아둔 돈이 있어 정주영은 다른 일거리를 찾아 뛰어다녔는데, 마침 황해도 수안군에 있는 홀동금광의 광석을 진남포 제련소로 운반하는 일거리가 눈에 띄었다.

정주영은 이 일을 따내 트럭 10여 대를 이용해 광석을 평양까지 수송했다. 처음에는 수입이 넉넉지 않았는데 이때 정비 기술자 겸 운전사로 일한 김영주의 헌신이 빛을 발했다.

당시 차가 수안에서 평양을 오갔는데 길이 멀고 험한 데다 운전사의 위세가 높다 보니 한 번 평양으로 올라간 운전사들이 사나흘 놀다 내려가는 일이 다반사였다. 하지만 김영주는 잠시도 쉬지 않고 광석을 실어 나르는 '당일치기 운전'을 단행했다. 그러자 다른 기사들도 따르지 않을 수 없어 정주영은 큰 이문을 남길 수 있었다.

정주영이 이 일에 관심을 보인 또 다른 이유가 있었는데, 그것은 광석 운송이 일종의 군납 활동과 비슷해서 청년들의 경우 징용을 면제받을 수 있다는 점이었다. 당시 일본 아오야마 학원에 유학하던 둘째 동생 정인영이 징용을 피해 자신의 집에 은신하던 중이었다. 정주영은 동생 인영이 문제로 크게 속앓이를 하던 중이었는데, 동생을 데리고 홀동광산 일을 하니 이 문제가 해결되었던 것이다.

하지만 그런 약점을 알고 있던 금광 소장의 까다로운 지시를 견디다 못한 정주영은 2년 만에 계약 권리를 모두 넘기고 홀동광산을 떠나고 말았다. 그때 5만 원을 챙겨 나왔는데, 하늘이 도왔는지 3개월 뒤 해방이 찾아왔다.

홀동광산이 문을 닫은 것은 물론이고, 막 이북 지역에 진주한 소련군은 광산에서 일하던 인부들을 전쟁 포로로 간주하여 대부분 끌고 가버렸다. 정주영은 전 재산을 잃는 것은 물론 전쟁 물자 운반 책임자라는 이유로 시베리아에 끌려갈 수도 있었을 위기에서 벗어난 것이다.

해방이 되고 한 달쯤 뒤 정주영은 서울로 올라가 잠시 조선제련이라는 적산 회사에 취직했다가 그만두었는데, 그때부터 몇 개월 정도가 정주영 인생에서 유일한 무직 기간이었다.

정주영은 해방이 되기까지 서울 돈암동의 스무 평 남짓한 사글세 집에서 동생 식구들과 함께 살았다. 그 덕에 군대를 끌려가지 않고 공부에 매달릴 수 있었던 동생 정인영은 인쇄소 문선공으로 일하면서 야학을 다녔고, 그는 정미소에 일터를 얻었다.

형제 가족들은 저녁 한 끼만 더운밥을 지어 먹고 아침 점심은 찬밥으로 때웠다. 밥 지을 땔나무 값을 아끼기 위해서였다. 이를 두고 정주영은 "우리 형제들은 30년 전에 이미 열 관리 훈련을 해두었다"고 너스레 치곤 했다.

밖에 돌아다녀도 할 일이 없으니 자연히 정주영의 관심사는 집안 식구들에게 향하게 되었는데, 당시 정주영의 집에는 부모님과 동생 가족 등 20여 명이 살고 있었다. 식구들을 불러들인 정주영이 가장이 되어 온갖 집안일에 나서게 되었으니 아마도 이 시기가 정주영의 일생에서 가장 가정적인 시기였을 것이다.

특히 정주영은 부모에게 각별했다. 당시 담뱃불이 귀해 여기저기 구하러 다니는 것도 일이었는데, 정주영은 자동차 점화 원리에 착안하여 전깃줄에 구리선을 잇댄 다음 흑연을 부싯돌 삼아 치는 방식으로 일종의 수제 라이터를 만들어 아버지에게 바쳤다.

어머니의 발이 커서 맞는 신을 구하기 어렵자 정주영은 양화점에 가서 고급 가죽신을 맞춰드리기도 했다. 그 신을 신기 아까워 어머니는 종종 가죽신을 벗어 들고 버선발로 다녔다. 밥 짓는 땔감이 없어 식구들이 고민하자 홀동광산 사람을 통해 알게 된 숯막에 가서 트럭 한가득 숯을 실어 땔감으로 들여놓기도 했다.

부친의 환갑이 1944년이었으나 여의치 않아 넘겼던 것이 마음에 걸렸던 정주영은 해방이 되던 해 9월 부모님을 모시고 고향 통천으로 올라가 사흘 밤낮 잔치를 베풀었다. 그런데 일행은 마침 돌아오는 길에 소련군이 일제 검문을 실시해 걸핏하면 사람들을 잡아간다는 소식을 들었다. 이북 지역을 소련이 장악하면서 막 38선이 그어지던 때였다. 식구들은 가슴 졸이며 서로를 부축하여 한탄강을 숨죽여 건넜다. 그렇게 해서 정주영과 가족들은 서울로 돌아왔지만 고향 방문은 그것으로 끝났다. 정주영이 다시 고향을 찾은 때는 1989년 1월, 44년이나 지난 뒤였다.

1946년 4월 정주영은 미 군정청으로부터 적산 부지인 서울 초동 106번지 땅 200여 평을 불하받아 다시 자동차 수리 사업을 시작했다. 이 회사가 처음으로 '현대' 상호를 붙인 '현대자동차공업사'다.

자신은 구식 사람이지만 회사는 현대를 지향해서 임직원 모두 더욱 발전된 미래를 살아보자는 취지에서 붙인 이름이었다. 인영·순영 두 아우가 거들었는데, 특히 인영은 영어 실력이 뛰어나 미 군정청에서 일거리를 따는 데 크게 기여했다.

이미 동생 희영과 백년가약을 맺고 있던 김영주는 특급 기술자로서 든든한 기둥이 되어주었다. 함께 가출하여 아도서비스에 합류했던 친구 오인보도 총무 역할을 하며 한 식구가 되었다.

두 달 뒤 정주영의 부친이 운명했다. 장티푸스에 걸린 며느리를 간호하느라 무리한 탓에 몸져누운 뒤로 끝내 회복하지 못했던 것이다.

설립 당시 현대자동차공업사는 사글세로 얻은 빈터에 망치 몇 자루와 스패너 몇 상자가 장비의 전부였지만 그조차도 당시는 기술자의 장비라 돈을 꽤 벌게 해주었다.

일은 주로 고물 트럭을 수리하거나 개조하는 일로 당시 일제가 버리고 간 차가 많아 사방에 일거리가 널려 있었다. 더욱이 이 일에 정통했던 정주영 일행은 초기에 미군 병기창 하청 일을 맡았다가 이어 일제 고물 휘발유 차를 목탄차나 카바이드 차로 개조하는 일을 시작했는데, 당시 휘발유가 귀하던 터라 대박이 났다.

가족들이 모여 시작한 회사가 1년 만에 종업원 80명을 거느린 중견 기업이 되었다. 당시 일거리라는 것이 대부분 관청이나 미군 하청에서 나왔는데, 정주영은 자동차 수리 견적을 넣으려고 관청과 미군 부대를 드나들다 놀라운 일을 목격했다.

당시 그는 하루 종일 일하고 30만 원을 벌었는데 별로 대단한 일을 하는 것 같지도 않아 보이는 건설업자들이 자기보다 수십 배의 금액을, 많게는 한 번에 1000만 원씩 수금하는 것을 보았던 것이다.

가만히 앉아 있을 정주영이 아니었다. 오기가 발동한 그는 '견적 넣어 수리하기는 매한가지다' 생각하고 결심을 굳혀 전격적으로 업종 전환을 선언했다.

그리고 1947년 5월 25일, 그는 주위의 만류를 뿌리치고 '현대자동차공업사' 간판 옆에 '현대토건사' 간판을 하나 더 달고 건설업에 뛰어들었다. 이것이 후일 한국 건설업 역사의 상징으로 남은 '현대건설'의 출발점 즉 창립이다.

후일 정주영은 "자동차 수리업을 기반으로 건설업에 진출했고, 현대건설은 다시 명실공히 국제 경쟁력을 가진 종합 자동차 공장을 발전시킬 수 있는 공신력을 길러주었으니, 강원도 산촌 아산리가 나의 마음의 고향이라면 자동차 공장은 사업의 고향"이라고 회고한다.

건설사를 차리긴 했지만 사정은 처음부터 녹록지 않았다. 아무 연줄이 없었던 정주영은 이리저리 기웃거려도 공사를 딸 수가 없었다.

어느 날 결심을 굳힌 정주영은 과자 봉지 하나를 들고 당시 서울시 건설 담당 계장 집을 찾아갔다. 문 앞에서 내내 기다리다 밤늦게 들어오는 계장 앞으로 달려가 넙죽 절을 하고 공사 하나 달라고 했다.

계장은 대꾸도 하지 않고 집으로 들어갔다. 정주영은 다음 날에도 다음 날에도 계속 문 앞에서 계장에게 절을 했다. 다섯 번째 날 화가 난 계장이 사탕 봉지를 낚아채 땅바닥에 내던져버렸다.

고함을 질러대는 계장을 멍하니 바라보던 정주영은 이걸로 끝이구나 하면서 사탕을 주워 담기 시작했다. 그런데 놀라운 일이 일어났다. 사탕을 담는 정주영을 물끄러미 바라보던 계장이 한마디 툭 던지는 것이었다. 다음 날 아침에 자기 사무실로 오라고.

그길로 정주영은 공사를 땄고 그것이 제대로 된 현대토건의 첫 매출이 되었다. 진실과 정성을 다하면 못해낼 것이 없음을 확신하게 된, 정주영의 마음속 깊이 새겨진 사건이었다.

그가 건설사를 차리려 했을 때 가족들과 동업자 친구 오인보 등이 다 반대했는데 자본도 경험도 없이 무모하다는 이유였다. 정주영 사업 인생에 최초로 무모하다는 말을 들은 때였다. 건설업 진출은 주위 사람들이 도저히 이해하기 어려운, 그만이 지닌 무모해 보이는 도전 정신을 보여준 첫 시도였던 셈이다.

정주영은 이미 여러 차례 무모한 결심을 하며 주어진 한계에 도전했다. 네 차례의 가출, 무작정 찾아간 쌀가게, 불법 자동차 정비소 운영, 동생을 위해 뛰어든 홀동광산 같은 경험이 작은 도전이고 작은 무모함의 발로였다면, 현대토건은 그 경험을 바탕으로 조금 더 큰 도전을 시작한 것이고 조금 더 큰 무모함을 보인 것뿐이었다.

그리고 그 저변에는 무엇을 하든 농사일처럼 하면 된다는 자신감이 자리 잡고 있었고, 그 자신감의 밑바탕에는 대가족을 먹여 살리기 위해 고군분투하던 어릴 적 부모님의 교훈이 있었다.

3. 현대건설과 6·25전쟁

나 자신은 부자라는 감각을 느끼지 못한다. '내 재산'이라는 생각이 들었던 것은 쌀가게를 할 때까지였다. 차츰 일을 키우면서, 기업이 성장하면서는 일이 좋아 끊임없이 일을 만들어나갔을 뿐, 내 재산을 늘리기 위해서나, 대한민국에서 첫째가는 부자가 되기 위해서라는 의식은 진실로 털끝만치도 없었다.

—정주영, 『이 땅에 태어나서』(솔, 1997), 362쪽

대한민국의 체제가 정비되면서 정부가 국가 재건을 위해 건설 행정을 정비한다고 발표한 뒤, 건설업의 중요성을 확신한 정주영은 1950년 1월 두 회사를 합쳐 '현대건설주식회사'로 단일화했다. 서울 시내인 중구 필동에 처음으로 번듯한 본사 사무실도 얻었다. 이때 자본금은 3000만 원으로 훌쩍 자라 있었다.

자동차 수리 공장의 규모는 줄어든 대신 토건업의 규모는 크게 늘어난 상태였다. 게다가 정부 공사를 수주하기 위해서는 무엇보다 기업의

규모가 이에 부응할 수준으로 커져야 했다. 두 회사의 합병은 이런 배경에서 진행되었다. 기존 동료 말고도 홀동광산 때 동업했던 최기호, 복흥상회 선배 직원이었던 이원재처럼 믿고 일할 수 있는 동료들이 더 가세했다.

그런데 나름 치밀하게 준비한 보람도 없이 6월 25일 전쟁이 터져버렸다. 전쟁 소식을 듣자마자 이번에는 인민군이 미아리 고개를 넘어온다는 소식이 다급하게 전해져왔다. 현대토건은 미 군정 일을 맡아 특히 미군 숙소와 병영을 지은 터라 그대로 머물 수가 없었다. 무엇보다 동아일보 기자로 외신을 다루던 동생 정인영의 신분이 위험했다.

사태를 파악한 정주영은 식구들은 다 두고 기자인 동생만 데리고 서울을 탈출해 대구로, 부산으로, 목포로 떠돌다 부산에 머물게 되었다. 그사이 집은 북한군이 차지했고, 쫓겨난 가족들은 경기도 여주에 있는 정인영의 처갓집 신세를 지게 되었다.

부산에서 두 형제는 끼니를 걱정하게 되었는데, 마침 미군에서 내건 통역자 모집 광고를 보고 동생이 지원해 붙게 되었다. 정인영은 능력을 인정받아 사령부의 공병대 책임자였던 매칼리스트 중위 전속 통역관이 되었다. 이 일로 형제는 한시름을 놓았고 심지어 그것이 정주영 인생에 새로운 전환점이 되었다.

미군 지휘하의 부산은 건설 물량이 넘쳐나는 곳이었다. 마침 믿을 만한 건설업자가 필요했던 매칼리스트 중위가 인영에게 사람을 구해보라 했고, 인영은 즉시 형을 데려갔다. 그날 정주영에게 떨어진 일이 미군 병사 10만 명이 묵을 숙소를 짓는 일이었다.

부산에 가서 보니까 돈이 어디에도 없어요. 미군 부대에밖에 없어요.

그래 거기로 간 거죠. (……) 우리 둘째 동생이 동아일보 외신부에 다녔어요. 영어를 좀 아니까 미국 대사를 찾아가서 취직을 하고 싶다고 했어요. 미국 대사가 그러잖아도 통역이 필요한데 잘됐다고 추천을 해준 데가 미군 공병단이에요. 그래 미군들 들어와서 하룻밤 자고 가는 천막을 치는데 그때 참 많은 일을 했지요.

간판뿐이던 현대건설은 이후 전쟁 특수를 맞았다. 9월 인천상륙작전으로 전황이 역전되면서 정주영은 넘쳐나는 공사 일을 처리하느라 눈코 뜰 새 없이 바쁜 날을 보냈다. 후일 정주영은 그때의 고마움을 잊지 않고 매칼리스트가 중령으로 승진해 귀국한 뒤에 미국 휴스턴 지점의 현대 직원으로 고용해 신세를 갚았다. 그의 가출 동기이자 사업 동료인 오인보의 경우 이후 자신은 물론 그 아들까지 현대에서 일했다.

1952년 1·4후퇴 이후 몇 달 지나지 않아 '현대건설'은 미8군 발주 공사를 사실상 독점하게 되었다. 이처럼 미군의 신임을 얻게 된 데는 미 대통령 당선자의 숙소 문제와 까다로운 유엔군 묘지 단장 문제를 정주영의 기지로 해결한 결정적인 계기가 있었다.

부산 대연동에 유엔군 묘지가 있었는데 군인들의 희생이 계속 늘어나자 미군은 1951년 이 묘역을 크게 확장하고 있었다. 마침 겨울철인데 각국 사절단이 유엔군 묘지를 참배하게 되었다. 유엔군을 대표하여 묘역을 관리하던 미군으로서는 흙으로 덮인 썰렁한 가매장 묘지를 보여줄 수가 없었다.

급해진 미군은 정주영에게 이 일을 맡겼다. 닷새 뒤 유엔군 관계자들이 시찰을 오니 그전까지 파란 잔디로 단장해 마무리해야 한다는 것이었다. 국내에 잔디가 귀하기도 한 때이지만, 엄동설한이라 잔디를 구할 만한 곳도 없었다. 사실 미군도 그런 사정을 알고 있어서 다만 최선을 다해달라고 부탁했는데 정주영은 무조건 해내겠다고 답했다.

밤새 머리를 쥐어짜던 정주영은 번개같이 스치는 생각에 무릎을 탁 치고는 매제 김영주를 불러 지시했다. 낙동강 연안에는 보리밭 천지다. 거기서 보리를 파낼 만큼 충분히 파냈는데 강가 습지라 언 땅인데도 흙은 쑥쑥 잘도 퍼내졌다.

그렇게 해서 유엔군 묘지를 보리로 단장하자 잔디로 덮은 것이나 진배없게 되었다. 미군들이 감탄한 것은 두말할 필요가 없다. 이 일을 회상하면서 정주영은 "어쨌든 변화에 적응하는 일을 찾아내면 된다. 변화에 적응하지 못하는 사람들은 타격을 받고 변화에 적응하는 일을 찾아내는 사람은 성공하는 것"이라고 말했다.

그 일이 있은 후에 정주영은 다른 난공사 하나를 더 멋지게 마무리했다. 1952년 12월, 아이젠하워 미 대통령 당선자가 한 달 뒤 한국을 방문하기로 되어 마땅한 호텔을 찾지 못한 미군은 운현궁을 거처로 삼아 준비에 들어갔다.

그렇지만 고궁에 수세식 변기나 현대식 난방 시스템이 있을 턱이 없어, 미군은 골치를 썩이다 마침 미 공병단 일을 하고 있던 정주영에게 문제 해결을 부탁했다. 정주영이 무턱대고 공사를 맡기로 하고 계약까지 했는데 실은 실내 욕조니 수세식 화장실이니 하는 것을 듣도 보도 못한 터였다.

난감해진 정주영이 속으로는 '집 안에 무슨 화장실을 들이나' 하고 의아해하면서도 직원들과 서울 시내 고물상을 다 뒤져 비슷해 보이는 자재들을 사들였다. 그리고 난생처음 하는 수세식 변기 설치와 실내 보일러 난방 공사를 약속 시한 전에 무사히 마쳤다. 공사비를 받으러 간 정주영을 보고 미군들이 엄지손가락을 치켜세우며 "현다이 넘버 원!"을 연발했다고 한다.

일이 넘치면서 동생 세영과 신영도 합세했다. 후일 정주영을 도와 현대건설의 공사 현장을 누비고 다니게 될 서울대 출신 건축 공학도 이춘림이 가세한 것도 이 무렵이다.

이 시기에 정주영은 돈을 집에 쌓아둘 정도로 벌었다. 정주영이 부산에서 일하다 서울로 올라갈 때면 가방 가득 돈을 넣어 가기도 했고, 어떤 때는 손으로 들고 가는 게 아니라 여러 궤짝에 담아 가기도 했다.

궤짝에 돈을 실어 그대로 옷장에 넣어두니 아내 말고는 그게 무언지 식구들도 몰랐다.

한 번은 여섯째 동생 상영이 궤짝에 돈이 든 것을 알고 형수에게 10만 환을 부탁해 받아갔는데, 이를 안 큰아들 몽필이 또 10만 환을 꺼내갔다. 그걸 그날로 정주영이 알아 난리를 일으키는 바람에 두 사람은 돈을 써보지도 못하고 다시 들고 갔다는 말도 전해진다.

정주영은 이 돈을 모두 현대건설에 쏟아부었다. 이처럼 미군 공사와 더불어 현대건설은 건설업계의 선두로 도약하게 되었는데, 특히 유엔군 묘지 단장을 성공적으로 마무리한 뒤 업계에서는 "미8군 공사는 모두 정주영 것"이라는 말이 나돌 정도였다.

그 밖에도 한국전쟁 과정에서 현대건설은 전쟁으로 파괴된 도시와 교량, 도로, 집, 건물 등을 복구하는 정부 발주 공사에 참여하면서 점차 늘어가는 건설 수요로 승승장구하게 되었다.

그 뒤 낙동강 고령교 복구, 한강 인도교 복구, 제1한강교 복구, 인천 제1독(dock) 복구 등의 굵직굵직한 사업을 잇달아 수주했다. 특히 1957년 9월 현대는 한강 인도교 공사를 따내면서 국내 건설업계의 강자로 올라섰고, 1962년에는 국내 도급 순위 1위를 차지했다.

후일 그 자신이 여러 차례 고백한 것처럼, 전쟁은 정주영의 내면을 뒤흔들었고 그의 내면에서 새로운 개념이 자라나게 한 일생일대의 전환점이었다.

당시까지 정주영은 대체로 돈을 벌기 위해, 그리고 사업가로 변신하기 위해 고군분투하는 젊은이였다.

처음 가출해 도시로 나갔을 때 정주영은 적어도 농촌에 묻혀 아버지 같은 삶을 다시 살지는 않으려고 몸부림쳤다.

도시에 나가 일자리를 얻은 다음부터는 돈을 벌어 하루빨리 성공하기 위해 몸부림쳤고, 경일상회니 아도서비스니 하며 자기 사업체를 가진 뒤에는 자리를 잡기 위해 쉬지 않고 일했다.

홀동광산 납품 일을 하다 해방이 되자 그동안의 사업 경험과 밑천을 가지고 정비업을 하랴 토건업을 하랴 분주한 나날을 보냈다.

1950년이 되자 거금 3000만 원으로 어엿한 주식회사를 세워 본격적으로 건설업에 진출했다. 그때까지도 정주영은 막연히 가족을 위해, 조금 더 나아가 직원들을 책임지기 위해 일한다는 생각을 넘어서지 못했고, 언제나 생각의 한쪽 끝은 성공한 뒤 보란 듯이 돌아갈 고향 아산 땅에 닿아 있었다.

노동을 하면서, 쌀가게 주인이 되어서, 자동차 수리 공장을 하면서 나라를 위해서 나는 무엇을 할 것인가를 생각하지는 않았다. 솔직히 말해 그때까지는 내 가족들, 내 직원들만 챙기면서 나 자신의 발전만을 생각하며 살았다.

－『이 땅에 태어나서』(솔, 1997), 105쪽

전쟁은 이런 정주영의 사고를 뒤집어놓았다. 그는 전쟁으로 십수 년 일구어놓은 사업 기반을 송두리째 잃었을 뿐 아니라 가족과 헤어져 피란길에 올라야 했고 자력으로는 먹고살 방법을 찾을 수 없어 동생에게 의지해야 했다. 무엇보다 전쟁으로 폐허가 된 땅 위에서 하루하루 근근이 살아가는 이웃들을 숱하게 지켜보았다.

동생 덕에 미군 공사를 하나둘 따내 생활은 나아졌고 집안은 다시 안정을 찾았지만 그는 전쟁이라는 난리를 겪으면서 '국가'와 '민족'을 위해 무언가 해야 할 일이 있다고 생각하게 되었다. 그 생각은 점차 사업 보국이라는 개념으로 이어졌다.

한 기업을 일구어 일가를 이룬다는 생각에서 사업을 통해 나라에 이바지하는 것, 이것이 전쟁을 거치면서 정주영이 찾아낸 자신의 길이었다. 자신이 그 길에 매진함으로써 국민 경제의 난관을 극복하는 데 도움을 줄 수 있을 것이라 믿어 의심치 않았고 그 길만이 자신에게 주어진 시대적 소명이라고 확신했다. 사업 보국, 이것이 건설업에 들어선 뒤부터 정주영을 일관되게 앞만 보고 달리게 만든 원동력이었다. 그래서 그는 어떤 순간에도 좌절하지 않았고 어떤 실패도 인정하지 않았고 어떤 시련도 극복하려 했다. 그 생각을 그는 후일 이렇게 표현했다.

본인은 사업에 대한 도전이야말로 우리 국민 경제를 진흥시킬 수 있는 유일한 길이라고 생각하면서 매진해왔으며, 이 사업에의 도전을 감행하는 것이 바로 국민 경제가 가는 길에 가로놓인 난관을 극복하는 첩경이라고 생각하면서 분발해왔던 것입니다.

－1985년 8월 3일, 게이단렌(經團連) 초청을 받아
일본 가루이자와 포럼에서 행한 연설 중에서

자동차 수리업을 하다 손도 대보지 않은 토건 사업에 불쑥 뛰어든 일이나, 난생처음 해보는 미군 발주 사업을 무턱대고 달려들어 해내는 과정은 정주영에게 특출한 또 다른 성품을 보여주는 사례다.

그런데 이는 우리가 익히 알게 된 정주영의 철저한 성실함의 자연스러운 귀결임을 쉽게 알 수 있다. 그가 입버릇처럼 말하는 "무슨 일이든 90%의 확신과 10%의 자신감으로 밀고 나가는 것이다" 또는 "운이 없다고 생각하니 운이 나빠지는 것이다", 그리고 "아무리 힘든 일에 부딪혀도 그건 시련이지 실패가 아니야" 같은 모든 말이 그의 한없는 낙관이 치열한 성실함에서 비롯된 것임을 알게 한다.

낙관은 자신감과도 통한다. 젊은 시절 정주영의 집에 강도가 들었다. 정주영이 옆방에서 자고 있는 동안, 강도는 그의 아내를 협박해 방에 있던 패물붙이에 현금 200만 원까지 빼앗아 달아났다. 뒤늦게 이를 안 정주영은 예의 불같은 화를 내면서도 곧 진정한 뒤 이렇게 말했다.

"강도를 나한테 데려왔어야지. 그랬다면 내가 잘 타일러 돈을 조금만 줘서 돌려보낼 텐데……."

정주영의 낙천적 성격에 대해 많은 사람들이 증언을 남겼는데 민병철 전 아산병원장도 그중 한 사람이다. 그는 정주영에 대해, "자신의 결정이 잘못된 결과를 가져오더라도 후회하지 않는 사람"이라고 기억한다.

자신이 심사숙고한 뒤 내린 결정이 좋지 못한 결과로 나타나더라도, 지난 일에 구애받으며 그 때문에 스트레스를 받는 것은 무의미할뿐더러, 오히려 그 시간에 새로운 구상에 들어가는 게 더 낫다고 생각하는 것이다.

이를 짐작하게 하는 일화가 있다. 1991년 정부가 기업의 업무용 부동산 환수 조치를 발표하면서, 현대는 그에 따라 구의동과 역삼동의 적지 않은 땅을 내놓게 되었다.

하루는 정주영이 정부 압력에 어쩔 수 없이 거액의 부동산 처분에 대한 결정을 내리고 차에 올라탔다. 그런데 얼마나 깊이 잠들었는지 차가 도착하고서도 깨지를 않아 운전기사가 그를 흔들어 깨워야 했다는 것이다.

강철왕 카네기와 닮은 점

정주영보다 한 세기 앞서 활약했던 미국의 '강철왕' 앤드루 카네기는 그 초기의 인생 여정에서 여러모로 정주영과 닮은 점을 보여준다. 특히 치열한 성실함과 끝 모를 낙천성이 그렇다.

1835년 스코틀랜드 던펌린이라는 작은 도시에 태어난 카네기를 돌본 이는 할아버지였다. 할아버지는 재치가 넘치고 항상 밝은 표정을 잃지 않은 인물로, 손자에게 낙천적이고 유쾌한 성격을 물려주었다. 카네기는 할아버지가 들려준 스코틀랜드 시인 로버트 번스의 "네 양심의 소리만을 두려워하고 그것을 따르라"는 말을 평생의 금언으로 삼았다.

직물업자인 아버지는 성실하고 근면한 일꾼인 데다 아들의 말을 존중하는 자상함을 지녔다. 하지만 증기 기계가 출현하면서 생업에 타격을 입게 되자 아버지는 직물기를 팔아치우고 이민 길에 올랐다. 여덟 살에 학교에 들어간 카네기는 이민 당시 열세 살이었는데 그것으로 그의 공식 학업은 끝나고 말았다.

뉴욕 생활은 쉽지 않아서 카네기는 생일상을 받은 뒤 아버지를 따라 면직 공장에서 일했다. 이후 조금이라도 더 나은 보수를 찾아 방적공, 기관차 조수, 전보 배달부, 전신국 기사 등 다양한 직업을 전전하다 펜실베이니아 철도 회사에서 안정을 찾았다.

이후 피츠버그 지부 주임에 올랐던 1861년 남북전쟁을 맞아 북군 장교의 보좌관이 되어 전쟁을 치러야 했다. 그러다 철도와 통신을 담당하게 되었는데 그 덕에 링컨 대통령을 지근거리에서 지켜볼 수 있었고, 그는 이 사실을 두고두고 자랑했다.

전쟁은 카네기를 가족으로부터 떼어놓았지만 새로운 기회도 만들어주었다. 철 가격이 천정부지로 치솟자 카네기는 1864년 피츠버그에 레일 제작소를 차렸고 2년 뒤 기관차 제조 회사를 세웠다. 이어 1872년에 톰슨 제철 공장을 설립하는데, 그로부터 강철왕의 신화가 시작되었던 것이다. 이후 카네기는 사업 수완을 발휘하며 회사를 빠른 속도로 키워 20년쯤 뒤 세계 최대의 철강 회사로 만들었다.

그는 비록 전형적인 자본가라는 비판도 받았지만 기업 경영에 과학적 관리 기법을 도입하여 생산 효율을 극대화시켰고, 그의 회사는 미국 최초의 근대화된 기업이라는 평가를 받았다.

그가 발굴한 경영 기법은 후일 테일러주의로 이론화되어 숱한 미국 기업가들이 채택하게 된다. 예를 들어 헨리 포드는 이 기법을 바탕으로 자동화된 컨베이어 벨트 생산 시스템을 개발함으로써 포드사를 세계 최대의 자동차 회사로 키워냈다.

1901년 카네기는 자신이 평생 일군 회사를 정리하고 사업에서 은퇴하며, 재산 일부를 먼저 직원들의 복지비로 기부했다. 이후 그는 도서관 지원, 공익 및 복지 사업, 선행 기금, 연구 및 교육 기금 등의 형태로, 특히 다양한 카네기재단을 통해 사실상 거의 전 재산을 쏟아부었다.

그로써 카네기는 록펠러와 더불어 오늘 미국의 부자들이 보여주는 자발적 기부 문화의 선구자가 되었다. 당대의 문호 마크 트웨인은 이런 카네기의 활동에 감명받아 다음과 같이 익살 섞인 편지를 써보내기도 했다.

> 내 후광을 자네에게 선물하겠네. 이 후광은 순수 양철로 만들어진 것
> 으로 하늘에서 내려왔을 때 이미 내가 '관세'를 냈으니 그 점은 염려하지
> 않아도 되네.
>
> —『철강왕 카네기 자서전』(나래북, 2012), 422쪽

카네기의 인생을 살펴보면 무한한 가족애, 타고난 성실함과 낙천성, 고향을 등진 삶, 어린 시절부터 겪어야 했던 노동 생활, 전쟁을 통에서도 기회를 놓치지 않는 사업가의 감각, 작은 가게를 세계적인 대기업으로 만들어낸 사업 수완, 평생을 모은 재산을 아낌없이 사회에 내놓은 기부 정신 등이 매우 인상적으로 다가온다.

그런데 카네기의 이런 모습들이 대부분 정주영의 삶에서 유사한 형태로 나타나고 있어, 위대한 사업가들에게 공통된 어떤 전형이 있음을 짐작하게 만드는 것이다.

4. 고령교 공사와 신용

전쟁을 겪고 얼마 지나지 않아 정주영은 새로운 도전에 부딪혔다. 서울 노량진 수원지 복구 공사나 당인리 발전소 그리고 삼척·마산의 화력발전소 건설 등을 순조롭게 마치고 1953년 4월에 맡은 낙동강 고령교 복구 공사에서였다.

고령교 공사는 정주영 인생에 시련과 시험으로 깊이 각인된 사건이다. 이때 정주영은 회사를 살리려면 신용을 버리라는 악마의 유혹에 시달려야 했다. 그는 사업가의 신용을 지키기 위해 회사의 존폐를 걸었고 결국 그가 이겼다.

1953년 1월 27일 오랫동안 중풍으로 고생하던 모친이 부산에서 세상을 떠났다. 이어 4월 휴전 협정이 조인되었고 8월에는 정부가 서울로 환도했고 9월에는 현대건설 본사도 서울로 올라왔다. 어수선한 상황에서도 정주영은 전쟁이 끝날 것에 대비하여 정부 발주 공사에 참여하기 시작했는데, 현대건설이 유명하다 보니 큰 공사를 수월하게 따낼 수 있었다. 휴전 협정 조인 직전에 현대건설이 고령교 복구 공사를 따낸 배경이 이러했다.

낙동강 고령교 복구 공사는 총 5478만 환이라는 공사비로 보나 공사 기간으로 보나 당시 정부가 발주한 최대 규모의 공사였기에 처음에는 그도 기대에 부풀어 있었다.

그러나 공사는 쉽지 않았다. 상판은 파괴되어 제 모양을 찾기 힘들고 교각은 기초만 남은 채 물속에 잠겨 있었다. 계절에 따라 수심의 차이도 크고 제대로 된 장비도 없었다.

결정적인 문제는 계약 당시 정해진 공사비를 무색하게 하며 날로 치솟는 물가였다. 그 와중에 화폐 개혁의 여파로 착공 때 기름값이 완공 때 일곱 배, 착공 때 쌀값이 완공 때 열 배로 뛰었다.

같은 시기에 계약한 조폐공사 일도 마찬가지 이유로 큰 적자를 냈다. 빌린 돈 내놓으라며 빚쟁이들은 아우성이고 돈 구할 데는 없으니 하루하루가 지옥 같았을 것이다.

정주영은 만류하는 식구들을 뿌리친 채, 동생들과 매제의 집 네 채를 팔고 자동차 수리 공장 땅도 팔고 그것도 모자라 월 이자 18%짜리 빚을 내가며 공사에 달라붙었다.

이렇게 하여 고령교 공사는 애초 공기보다 2개월 지난 1955년 5월 완공되었다. 결산하니 계약 금액이 5478만 환인데 적자액이 6500만 환이었다.

몰려드는 빚쟁이와 집을 잃고 다리 옆 판잣집으로 옮겨간 매제와 동생을 보며 정주영은 한동안 자책에 빠져들었다. 고령교 공사가 그에게 준 충격은 말도 못하게 커서, 이후에도 그는 가끔 돈이 없어 쩔쩔매는 꿈을 꾸곤 했다.

정주영의 매제인 김영주는 후일 아산사회복지재단에서 발행하는 간

행물에서 당시 절박했던 상황을 이렇게 술회하고 있다.

　설립자가 현대건설 창업 초기에 겪은 가장 큰 시련은 고령교 복구 공
사였을 것이다. 1953년 4월에 복구를 시작한 고령교는 대구와 거창을 잇
는 다리였다. 엄청난 난공사에 적자 공사였다. 우여곡절 끝에 공사를 마
쳤지만, 빚을 갚기 위해 설립자의 둘째 아우인 순영이와 내 집까지 팔아
야 했다.
　집을 판 순영이와 나는 서울 초동의 다리 옆, 적산 공장 자리에서 몇
년을 살았다. 방 한 칸에 부엌 하나 딸린 집이었지만, 나는 이 정도면 살
만하다고 생각했다. 그러나 설립자 마음은 달랐던 모양이다. 하루는 나
와 순영이네가 사는 모습을 와서 보고는 "미안하다. 내가 나중에 부자
되면 꼭 큰 집 사줄게"라고 손을 꼭 잡으며 다짐했다.

하지만 그는 집을 팔아 거리에 나앉을 각오로 신용을 지킨 데 대해서
는 추호의 후회도 갖지 않았다. 후일 한 인터뷰에서 정주영은 당시 절박
한 상황에 대해 회고한 적이 있다. 정리하면 이렇다.

　1·4후퇴 이후 부산에서 낙동강 고령교 복구 공사를 했다. 공기가 3년
인데 우리가 그거 하는 동안에 물가가 글쎄 백배나 올랐다. 백배나. 거
기서 아주 빚을 태산같이 지고, 완전 파산에 빠졌댔지. 벌었던 거 다 까
먹고 완전히 결딴이 났다. 하지만 그렇다고 벌렁 나자빠질 수는 없었다.
　그럼 그걸로 끝이다. 그렇다. 신용은 그걸로 끝이 되는 거다. 현금을
모아서 성공하는 기업은 적다. 기업은 신용으로 크는 것이니까. 세계적
인 대기업은 전부 신용으로 큰다. 현금을 모아서 크는 것은 조그만 기업

들이다. 무한한 신용이 무한한 대성을 이룰 수 있는 건데 벌렁 나자빠져서 되겠는가? 또 우리 인간이라고 하는 것은 역경을 몇 번씩 겪으면서도, 본인이 실패했다고 체념할 때에 비로소 실패가 존재하는 법이다.

중요한 것은 모두가 빨리 포기하라고 만류하는 가운데 정주영이 적자를 감수할 각오로 끝까지 공사를 계속해 결국 완공해 바쳤다는 사실이다.

주위에서 현대가 망할 것이라고 말하면 그는 "사업은 망해도 다시 일어설 수 있지만 인간은 한번 신용을 잃으면 그것으로 끝이다"라고 답했다.

고령교 공사로 평생 갚아야 할 빚만 남을지 모른다고 말하면 "돈으로 남는 것도 남는 것이지만 때로는 돈 아닌 것으로 남는 것이 더 크게 남는 장사일 수도 있다"고 말했다.

자본을 다 까먹고 신용을 지켜 할 수 있는 일이 무엇이냐고 묻는 사람에게는 "신용은 나무처럼 자라는 것이다. 자본보다 신용이 중요하다. 사업은 망해도 괜찮아. 신용을 잃으면 그걸로 끝이야. 내 이름으로 일하면 책임 전가를 못하지" 하며 고집을 꺾지 않았다.

그 보답은 곧 찾아왔다. 악전고투하며 공사를 마무리한 현대건설의 신용을 정부가 높이 평가한 덕에 이후 현대건설은 정부 공사를 한결 쉽게 수주할 수 있었다. 다행히 1954년부터는 미국 원조 자금을 바탕으로 한 전후 복구 건설 사업이 활기를 띤 탓에 현대가 할 일은 다시 넘쳐났다. 이렇게 하여 채 2년이 가지 않아 현대건설은 이전의 활기를 되찾을 수 있었다.

낙동강 고령교 복구 사업은 정주영에게 일생일대의 위기였지만, 동시에 '신용은 사업가의 생명'이라는 명제를 그가 몸으로 실천하고 깨달은 사건이기도 했다.

이후 정주영은 기회 있을 때마다 사업가로서 신용의 중요성을 조금도 의심해서는 안 된다고 말했다. 신용은 사업가의 미래를 좌우하는 과거의 증거다. 정주영이 "내일은 오늘을 어떻게 사느냐에 달려 있고, 10년 후는 지난 10년을 어떻게 살았는가의 결과이다"라고 말했을 때 오늘은 바로 신용 그 자체를 의미한다. 신용에 대해 정주영은 이렇게 정의한다.

작은 일에 성실한 이를 보고 우리는 큰 일에도 성실하리라 믿는다. 작은 약속을 어김없이 지킨 사람은 큰 약속도 틀림없이 지키리라 믿어준다. 작은 일에 최선을 다하는 사람은 큰 일에도 최선을 다하리라 믿는다. 이것이 신용이다.

−『시련은 있어도 실패는 없다』(제삼기획, 2009), 306쪽

사업가에게 신용은 인간의 기본 인성인 덕으로부터 나오는 것이다. 덕이 없는 사람에게 신용이 있을 수 없으며, 그러므로 그가 운운하는 사업은 기초가 없이 흘러가게 마련이다. 이를 두고 『채근담』에서 다음과 같이 지적한 것을, 정주영은 이미 알고 있었을 것이다.

덕은 사업의 기초이니, 기초가 견고하지 않은 집의 마룻대와 추녀 끝이 단단하게 오래가는 법은 없다.

더불어 신용이 없는 사업가는 자신이 벌어들인 돈 때문에 주위로부터 칭찬 대신 원망을 듣게 마련이다. 일찍이 공자는 원망함이 생겨나는

이유를 설명하여 "자기 이익에 따라서만 행동할 경우 많은 사람들로부터 큰 원망을 듣게 될 것이다"라고 말했지만, 정주영은 이를 사업 속에서 본능적으로 감지하고 있었다.

정주영이 애초에 이런 전화위복의 기회를 알고 고령교 공사를 맡은 것은 아닐 것이나, 그는 이 일로 인해 사업가에게 돈이나 이익보다 중요한 밑천이 신용임을 더욱 굳게 확신했다. 이후 정주영의 일생에 걸쳐 사업은 곧 신용을 쌓는 일이고, 신용은 곧 사업을 계속할 밑천이 되었다.

정주영의 건설업 도전사에서 첫 도약대이자 미증유의 시험대가 낙동강 고령교 복구 공사였다. 더불어 이 공사는 정주영으로 하여금 잠시 달리기를 멈추고 자신의 인생을 되돌아보게 만드는 계기가 되었다.

어릴 때 할아버지에게 회초리를 맞기 싫어 억지로 달달 외웠던 한학이 큰 도움이 되었다. 먼저 이 모든 문제를 자초한 원인은 지나치게 승승장구하여 안일해진 탓에 사업을 치밀하게 예측하고 대비하지 못한 자신의 잘못이라는 점이다. 이와 관련하여 『채근담』에서 말하는 아래와 같은 교훈은 음미할 가치가 있다.

은혜 속에 예로부터 해가 생기는 법이다. 그러므로 득의한 때에 한시 바삐 머리를 돌려야 한다. 실패한 뒤에 혹 반대로 성공할 수가 있다. 그러므로 뜻대로 되지 않는다고 문득 손을 놓아서는 안 된다.

많은 반성 끝에 정주영은 회사 시스템에 큰 변화를 일으켰다. 가장 중요한 것이 최신식 공사 장비를 들인 일이다.

고령교 공사가 일찍 끝나기만 했어도 적자를 볼 일은 없었다. "일이 궁하게 되어 형세가 쪼그라든 때는 마땅히 그 처음으로 돌아가 원인을

찾아볼 것이다" 하는 말처럼 정주영은 공사의 지체를 초래한 가장 큰
이유가 부실한 장비 탓이라고 분석했다.

그는 그동안 손쉬운 미군 공사만 맡다가 고령교 복구와 같은 난공사
를 별걱정 없이 맡게 되었는데, 그간의 타성 탓에 장비 정도야 부실해도
인력으로 적당히 해결될 것이라 믿었던 것이다.

문제를 제대로 파악한 그는 자동차 수리업을 하면서 터득한 안목을
적용하여 미군에서 적당한 장비를 값싸게 불하받아 최신 장비로 둔갑시
켰다. 다행히도 현대는 미8군 장비 불하처에 등록된 유일한 국내 건설
업체라서 미군 부대와 신속히 접촉할 수 있었고, 오랫동안 미군 발주 공
사를 한 경험 덕에 미군 자동차와 관련 장비의 원리나 기능, 나아가 재
질까지 꿰고 있었다.

정주영은 필요한 장비를 직접 선택해 구입했고, 새 부속품을 고철 값
으로 사서 갈아 끼웠다. 이렇게 마련한 최신식 장비 덕에 회사의 시공
능력이 현저히 좋아지면서 공사를 처리하는 속도도 빨라졌고, 이후 정
부 발주 공사는 무엇이든 무난하게 완공할 수 있게 되었다.

그 결과 고령교 복구 2년 뒤인 1957년 9월 다시 전후 최대 규모의 공
사라는 한강 인도교 공사를 수주했고, 현대건설은 아무 하자 없이 이
듬해 5월 보란 듯이 공사를 마무리했다. 이 공사에서 현대건설은 무려
40%의 이익을 내며 국내 건설업계의 선두 그룹에 들게 되었고, 이로써
재기는 물론 도약의 발판을 다지게 되었다.

청년 시절 복흥상회를 물려받을 때나 아도서비스가 불탔을 때, 그는
예외 없이 근면성실과 신용을 지켜 사업을 성공으로 이끌고 위기를 극
복할 수 있었다. 그렇지만 특히 고령교 복구 공사를 통해 정주영은 '경
영자에게 가장 중요한 자질은 신용'이라는 확신을 심화시켜 철저히 내면

화했다.

이렇게 해서 정주영은 신용을 자신의 경영 철학에 도입했다. 후일 1976년 서울경제신문과의 인터뷰에서 그는 '사업 성패의 관건은 신용'이라고 못 박았는데 그 또한 이러한 철학의 일단을 보여준다.

장기적인 사업에서는 신용이 제일이다. 신용을 얻기는 매우 어렵다. 시간도 오래 걸린다. 그리고 한번 얻은 신용을 계속 유지한다는 것은 더욱 어렵고 또 중요한 일이다.

그러나 신용처럼 잃기 쉬운 것도 없다. 신용이란 기업에 대한 국민의 신뢰나 다름없다. 그런 신뢰에 어긋나는 일을 해서는 안 된다는 것이 나의 신념이다.

사업가의 입장에서 신용이 갖는 의미와 중요성에 대해 이처럼 명확하고 단호하게 말하기란 쉬운 일이 아니다. 정주영이 불굴의 신념을 통해 수많은 난관을 개척한 인물이라고 말할 때, 이 신념의 핵심은 곧 신용을 지키려는 의지임을 이 말에서 거듭 확인할 수 있는 것이다.

이후 1983년 정주영은 신입 사원 하계 수련대회 특강에서 '기업 성장의 열쇠는 신용'이라며 이렇게 말했다.

"기업의 가장 큰 자산은 신용이다. 신용은 곧 자본이다. 중소기업이 대기업으로 커나가거나 대기업이 세계적인 큰 기업으로 성장하는 열쇠는 바로 이 신용에 있다. 공신력을 갖고 있어야만 기업이 성장할 수 있는 것이다."

정주영이 돈을 벌자 반드시 성공할 수 있는 사업이 있으니 자본을 빌려달라는 사람들이 심심찮게 찾아왔다. 그럴 때마다 정주영은 그들에게 충고했다. 자본이 없어 사업을 못하는 게 아니라 신용이 없어 못하는 것이라고. 사람들이 돈을 빌려주어도 된다는 확신이 들 만한 신용을 쌓아두지 못했기 때문에 자금을 융통하기가 힘든 것이라고.

반대로 정주영은 신용 있는 사람이 부탁하는 일이라면 거절하는 법이 없었다. 특히 공익적인 일을 중시해, 학술이나 연구 교육 사업에 필요한 자금을 부탁받으면 당사자가 놀랄 정도로 선뜻 응하는 경우가 많았다.

김자경 오페라단이나 한국-인도문화연구회가 출범할 때처럼 가치 있는 사회 활동을 후원할 때, 그리고 중소기업중앙회 회관 같은 공적 사업이나 성심여대·이화여대 등의 교육 사업을 도울 때, 크고 작은 순수 연구 단체를 지원할 때도 그랬다. 그 밖에도 아마 도움받은 당사자가 아니면 알 수 없는 일이 부지기수였다는 것이 당사자들의 증언으로 알려지고 있다.

경영학자 피터 드러커는 기업의 목적을 '이윤 추구가 아닌 고객 창출'이라고 간단명료하게 정의했다. 그러나 양자의 이해가 상충될 경우 좋건 싫건 대부분의 기업은 목전의 과제인 이윤을 선택한다. 문제는 이렇게 성장한 기업에 대한 대중의 태도이다.

지난날 기업이 공급자로서 대중의 선택권을 결정하려 했다면, 오늘날은 사실상 대중들이 시장의 주도자로서 기업의 생존 여부를 결정할 능력을 가지고 있다. 고령교 공사를 진행하면서 정주영은 '이윤 추구보다 신용 창출이 기업 생존과 성장의 동력'이라는 점을 수없이 되새겼을 것이다. 이후의 그의 삶을 통해, 우리는 이 명제가 정주영의 가슴속에 불변의 신념으로 내면화되었음을 알 수 있다.

R. 포스터와 S. 카플란의 조사에 따르면, S&P 선정 500대 기업들의 평균 존속 기간은 1958년도에 60년을 상회한 이래 지속적으로 줄어 2000년 들어서는 20년을 밑돌기 시작했다. 그것이 2010년에 15년으로 단축되었고 2020년에는 10년 수준까지 낮아질 전망이다.

매킨지 보고서에 따르면, 1935년 90년에 달하던 기업의 평균 수명이 1975년에는 평균 30년, 1995년에는 22년으로 단축되었고, 2015년에는 15년 수준까지 떨어질 전망이다. 또한 2011년도에 『포브스』지가 발표한 바에 따르면 글로벌 100대 기업의 평균 수명은 약 30년에 불과하며 이들 기업이 70년간 존속할 확률은 18%에 지나지 않는 것으로 나타났다. 거대 기업들이 이처럼 빨리 몰락하는 가장 큰 이유는 급변하는 기업 환경에 미처 대응하지 못한 채 기존의 경영 관행에 집착하는 데 있다는 것이 전문가들의 공통된 견해다.

19세기 말까지 기업들은 위기를 원가 절감으로 극복하려 했고, 20세기 들어서는 기술 혁신, 이어 21세기에는 마케팅이 위기 극복의 주된 경향으로 자리 잡고 있다. 이 모든 과정에서 일관되게 지켜져야 할 것이 신용이며, 이를 통해서만 사회와 시장의 리더십을 확보할 계기를 마련할 수 있음을, 정주영은 절체절명의 위기를 극복하는 과정에서 거듭 확인한 것이다.

- 제3부 -
신화의
시대

1. 건설 신화의 서막

정주영은 고령교 공사 이후 장비를 현대화하는 등 심기일전하여 회사를 재건해나갔는데 그 속도가 매우 빨라 주위를 다시 놀라게 만들었다. 고령교 공사 완공을 통해 지켜낸 신용을 기반으로 정부 공사를 쉽게 따낸 것이 크게 한몫했다.

하지만 실제 공사 과정에서 현대의 기술력이 타 업체보다 월등히 높았다는 점도 무시될 수 없었다. 여기에는 정주영이 전쟁 시절부터 수년간 수행했던 미8군 발주 공사의 경험이 크게 작용했다.

미군 발주 공사는 미국식 설계, 시공, 감리에 따라 진행되는 것으로 한국 내 여타 공사와는 요구되는 절차나 기술 수준 등에서 차원을 달리하는 것이었다. 조금이라도 미군 측 요구에 부합하지 못하면 계약은 철회될 수밖에 없고, 모든 공사는 미군이 제시한 시방서에 적힌 대로 진행되어야 했기 때문에 요령을 피워 적당히 때우고 넘어가는 일이 허용되지 않았다.

그런 점에서 다른 어떤 업체보다도 미군 공사를 많이 진행한 정주영의 현대건설은 전후에 기술적인 면에서나 절차상의 정합성 등에서 이미 타 업체와 비교할 수 없는 수준에 올라서 있었던 것이다. 게다가 고령교 공사 이후에도 현대건설은 군산 공군 기지 활주로 포장 공사나 인천 제1도크 보수 공사 등 미군이 발주한 대형 공사를 쉬지 않고 처리해나 갔다.

이 과정에서 견문을 중시하는 또 다른 천성이 현대건설의 내공을 끌어올리고 있었다. 성실성과 낙천성으로 무장한 정주영에게서 도전 정신만을 찾는다면 이런 이면을 보기 어렵다. 그는 종종 "길이 없으면 길을 찾고, 찾아도 없으면 닦아 나가면 된다"며 언뜻 무모한 도전을 즐기는 듯했다. 실제 그의 이력은 이러한 모험 정신으로 가득 차 있다.

하지만 미군 공사를 맡아 직원들을 한 명 한 명 모두 현장에 파견해 시방서를 익히게 하고 미군 측 주문 사항을 숙지하게 하는 과정은 정주영이 얼마나 견문을 중시하는 사업가인지 거듭 확인하게 해준다. 정주영은 때로 심하다 싶을 정도로 까다롭게 구는 미군 관계자들의 현장 검사나 질책을 오히려 즐겼다.

특히 1957년 7월부터 다시 미군 공사 발주가 시작되었는데, 이때부터 미군은 반영구적인 군사 시설을 도입하기 시작하여 그 공사 내역이 매우 까다로워졌다.

우리 정부 발주 공사가 최저 금액만 써내면 되는 최저 낙찰제인 데 반해 미군 공사는 견적가와 함께 세부 내역을 일일이 영어로 기입한 방대한 견적서를 작성해 제출해야 했다.

공사 자체도 까다롭고 수준이 높아 한국인들은 미국인 감독의 통역관이 시키는 대로 따라야 했고, 복잡한 품질 관리 기준을 맞추느라 속을 썩어야 했다. 한국인들은 미국인 기술자들이 작업하는 모양새를 어깨 너머로 보아가며 따라 했는데, 그 과정에서 우리 측의 공사 실력과 기술 수준 또한 덩달아 높아지기 마련이었다.

이런 사정을 파악한 정주영은 미군 발주 공사를 현대건설 직원들의 실무 교육장으로 활용하기로 마음먹고 최대한 많은 직원을 이 공사에 투입해 거쳐가게 했다. 정인영, 이춘림 등 회사의 핵심 관계자들을 미군 공사 전담팀으로 배치하여 그들로부터 최대한 배우게 했고 갓 입사한 직원부터 중역들까지 예외 없이 미군 공사 현장에 내보냈다.

그 자신도 미군 공사 현장을 수시로 들러 직접 삽을 들고 시방서를 살피고 미군 측과 대화했다. 정주영은 모르는 것을 묻는 데 주저함이 없었다. 상대가 누구이건 자신이 배워야 할 것이라면 반드시 물어서 배우려 했다.

정주영은 견문의 자세를 이처럼 중시해 "고정관념이 사람을 멍청이로 만든다"는 말을 남겼다. "불치하문. 나보다 어려도 사회적 지위가 아래라 해도 내가 모르는 것을 물어 가르침을 받는 것은 부끄러움이 아니다." 이것이 그의 진심에서 우러나온 말임은 의심할 여지가 없다. 그가 자서전에 남긴 다음과 같은 말은 정주영이 견문을 얼마나 중시했는지 잘 보여준다.

또 하나 중요한 것은 견문이다. 고선지부지설이라는 말이 있다. 여름에 나와 서늘한 나무 그늘에 앉아 노래만 하다 겨울이 오기 전에 없어지는 매미가 한겨울 펑펑 쏟아지는 눈을 어떻게 알 수 있을 것이며, 누군가가 눈 이야기를 한들 알아들을 수 있을 것인가. 견문이 좁은 사람은 마음도 좁아서 자기 상식이 전부인 줄 알고 미련하게 낙오되어 살다 불쌍하게 간다.

-『시련은 있어도 실패는 없다』(제삼기획, 2009), 168쪽

이 같은 말을 『채근담』에서 찾을 수 있다.

몸가짐을 지나치게 희고 깨끗하게 하지 마라. 모든 더러움과 욕됨과 때 묻고 추한 것을 다 받아들여야 한다. 사람과 사귀면서 지나치게 분명해서는 안 된다. 모든 좋고 나쁘고 현명하고 어리석은 것을 다 껴안아야 한다.

종종 열정은 그 자체로도 많은 일을 성취하게 해주므로 견문을 배격하는 것이라고 생각하기 쉽다. 하지만 새뮤얼 스마일스는 워즈워스의 말을 빌려 인생의 여정에서 다른 사람의 도움이 주어질 때 열정과 끈기는 더 큰 성취로 나아갈 수 있음을 상기시킨다.

"의존심과 독립심, 즉 타인에게 의존하는 것과 자신에게 의존하는 것, 이 두가지는 모순된 것처럼 보이지만 양자는 함께하지 않으면 안 된다."

스마일스가 말한 것처럼 인간은 모두 어렸을 때부터 노년에 이르기까지 어떤 형태로든 타인의 도움으로 삶을 유지한다. "훌륭하고 유능한 사람일수록 다른 사람의 도움을 받았다는 것을 인정하는 데 인색하지 않다." 늘 열정으로 가득했던 사업가 정주영에게서 견문에 천착하는 모습을 동시에 볼 수 있는 것이 조금도 이상하지 않은 이유다.

견문을 중시하는 그의 태도는 사업에 국한되지 않고 생활 전반에서 찾을 수 있다. 그의 노년기 시절 하루는 모 교수가 길이 막혀 약속 시간에 50분 늦게 도착했다. 정주영은 그에게 이렇게 충고했다.

"늦지 않으려면 일찍 가야 합니다. 나는 이를 정일권 총리에게 배웠지

116

요."

현대건설의 경쟁력은 '공기 단축'.

이처럼 미군 공사로부터 견문을 넓혀 실력을 키우면서, 정주영은 완전히 자신만의 통찰력으로 기존 건설업계의 관행을 뛰어넘는 혁신을 이루었다. 후일 '공기 단축'이라는 말로 요약되는 공사 방침이 그것이다.

1957년 9월 정부 공사로는 당시 최대 규모였던 한강 인도교 공사를 조기에 완공시킨 그는 1962년 착수한 단양 시멘트 공사를 거쳐 1967년에 착공한 소양강 다목적댐 공사에 이르기까지 대규모 난공사들을 모두 조기에 완공시켰다.

그리고 1968년 국토의 대동맥이라는 경부고속도로 주공사를 맡아 이 또한 조기 완공시킴으로써 한국 건설업계에 공기 단축의 신화를 남겼다. 특히 죽음의 공사라는 당재 터널 공사를 마무리하고 예정된 3년을 7개월이나 앞당겨 완공한 경부고속도로 공사는 정주영의 공사 철학을 극단적으로 보여준 사례다.

공기 단축이라는 개념은 시간에 대한 정주영의 독특한 인식에서 시작한 것이다. 정주영은 "나는 인생의 성공 혹은 실패를 잡고 있는 것은 시간과 신속이라고 생각한다"는 말을 남겼다.

그는 일찍부터 막히는 일은 혁신으로 뚫고, 맡은 일은 신속하게 처리하는 것을 중시해 한번 마음먹은 일은 되돌아보지 않고 밀고 나갔다. 이런 스타일은 세월이 흐를수록 그의 내면에 확고하게 자리 잡아 주변 사람들은 그에게 '호랑이', '불도저' 같은 별명을 붙이며 두려워했다.

그에게 내면화된 혁신과 신속의 신념이 전형적으로 나타난 것이 1957년에 착수한 단양 시멘트 공장 설립 계획이다. 시멘트는 건설 공사의 쌀이라는 말이 있듯이, 원만하고 신속한 공사 진행을 위해 적기에 시멘트를 공급하는 일은 빼놓을 수가 없다.

당시 정부가 예상하는 공사 일정과 규모에 비해 적기에 시멘트를 공급할 수 있는 시설이 턱없이 부족했다. 정주영은 이 문제를 해결하기 위해 아예 시멘트 공장을 짓겠다고 나선 것이다.

그런데 현대건설의 자금력으로는 공장을 지을 여력이 없어 차관 도입을 신청하게 되었다. 이 일은 당시 건설업계의 사정으로 난관에 부딪혔는데, 기존 시멘트업체들이 시장의 독과점을 유지하기 위해 정부에 로비를 벌여 허가를 막았던 탓이다.

이렇게 공장 설립이 차일피일 미루어지다 1960년 민주당 정권이 들어선 뒤에 겨우 허락이 났는데 5·16이 터지는 바람에 다시 연기되었다. 이후 군사정권이 국토 건설에 역점을 둠에 따라 1962년 7월이 되어서야 정부와 현대건설 그리고 미국 국제 개발국 사이에 단양 시멘트 공장 설립을 위한 차관 제공 협정이 체결되기에 이른다. 이런 우여곡절을 겪으면서도 정주영의 공기 단축 의지는 꺾이지 않았다.

많은 경우 촌각을 다투어 신속하게 처리하는 것이 일의 성패를 좌우한다는 생각은 선인들에 의해 다양한 형태로 강조되어왔다. 중국 상고시대를 마감한 전설적 왕조 주나라의 기틀을 다진 문왕도 그러했다.

문왕은 상나라를 멸하기 위한 전쟁을 준비하다 큰 병을 얻어 회복하기 어려움을 깨닫자 후일 대업을 이루게 될 아들 희발을 불러 다음과 같은 세 가지 유언을 남겼다. 시간과 행동을 강조하는 내용이 유언 세 마디에 고스란히 녹아 있다.

첫째, 좋은 일을 보면 게으름 부리지 말고 바로 달려가라.

둘째, 시기가 오면 머뭇거리지 말고 바로 달려가 잡아라.

셋째, 나쁜 일을 보면 빨리 그 자리를 피하고 가까이 가지 마라.

중국 삼국시대 위나라 곽가는 조조로부터 "나와 대업을 이룰 자는 이 사람밖에 없다"는 칭찬을 들을 정도로 탁월한 책사였다. 그는 조조를 도와 원소군을 토벌하고 여포군을 격파했다.

조조가 북방 선우족 오환의 군대를 공격하러 갈 때 부대의 움직임이 둔한 것을 간파한 곽가는 아래와 같은 진언을 올리는데 조조는 그 말에 따라 오환군을 궤멸시켰다. 그것이 유명한 '병귀신속(兵貴神速)'이라는 말로 전해지는 계책이다.

병사는 신속을 요구합니다. 지금 천 리 밖에 있는 적을 습격하려는데, 치중이 많아 유리한 지역에 빨리 도착하기 어렵습니다. 또한 적들이 이를 알면 필히 방비를 튼튼히 하여 우리를 기다릴 것입니다. 지금 바로 치중을 남기고, 경기병으로 야간 행군을 시켜 그들의 의표를 찔러야 합니다.

이 말을 정주영의 사고에 적용하면, 병사는 현대건설이고 적은 우리보다 100년 앞선 외국 기업이다. 그들과 같은 속도로 달려서는 영원히 따라잡을 수가 없다. 게다가 우리를 바짝 추격하는 나라들까지 물리쳐야 한다.

인간 두뇌란 것이 다소의 차이는 있어도 대체로 비슷하다. 한국 기업인의 두뇌가 외국 기업인들에 비해 월등히 우월할 수 없고, 현대건설 직원의 두뇌가 다른 건설사 직원들의 두뇌에 비해 월등히 우월할 수가 없다.

그러므로 우리가 남들보다 불리한 처지에서 남들과 비슷한 노력을 들여 일해서는 남을 따라잡을 수도 없고, 남을 물리치기란 더더욱 어렵다. 이기려면 근로자는 더 많은 시간 일해야 하고, 경영자는 근로자를 더 열심히 독려해야 한다. 이것이 산업화 시대에 현대를 이끌며 정주영이 몸으로 터득한 기업관이다.

해야 할 일이라면 최대한 신속하게 결정하는 것은 정주영의 몸에 밴 습관이었다. 정주영이 얼마나 빠르게 결단하고 이를 실행에 옮겼는지 알게 해주는 일화가 있다.

1985년 여름 어느 날 한국방송공사 박현태 사장이 정주영의 집무실을 방문했다. 그해 봄 갓 사장이 된 그가 여름 방송 특집으로 '레이저빔 쇼'를 추진했는데 재원이 모자랐던 것이다.

그가 정주영에게 광복 40주년 기념 특집 프로그램을 준비 중인데 여러 기업에서 나누어 협찬을 받는 것보다 현대에서 한 번에 받았으면 한다고 말하자 정주영은 바로 그렇게 하자고 답했다. 이어 박 사장이 일어서려는데 정주영이 돌려 세우더니 "돈 가지고 가시오." 하는 것이었다. 둘이 서로 차 한잔도 마시지 않은 사이에 오간 대화였다.

달리 보면 정주영의 이러한 판단은 오늘 한국의 기업가들에게 특별한 것이 아니다. 근현대 자본주의 사회에서 그 기본 단위인 기업은 시작하는 순간 경쟁에 직면한다. 경쟁의 범위만이 지역 공동체에서 국가 공동체로, 이어 전 세계로 확대되어갈 뿐이다.

경쟁은 곧 파산의 위협이므로 기업을 계속 유지한다는 것은 파산의 위협을 계속 이겨내야 한다는 뜻이 된다. 처음에 경영자는 이 위험을 이겨내고 기업을 살리기 위해 일에 몰두한다.

그러다 어느 시점이 되면 기업을 살리기 위해서라기보다 일이 주는 쾌락을 잃지 않기 위해 기업을 키우고 또 키운다. 가령 『안티 오이디푸스』에서 들뢰즈는 "피부 아래 몸은 과열된 공장이다"라는 시구를 인용하면서 기업가의 이처럼 전도된 상태를 '쾌감의 생산'이라 부른다.

들뢰즈에 의하면 오늘날, 아니 그 잉태되는 순간부터 자본주의 사회에서 자연과 사회의 구별 관계는 사라지고 대신 모든 것이 생산의 대상으로 변질된다. 점차 인간 또한 생산을 위한 '기계들의 영원한 담당자'로 전화한다.

인간은 생산의 일부로서 관계할 때만 의미를 가지며 이렇게 구축된 자본주의는 그 자체가 거대한 욕망 기계 덩어리다. 생산은 욕망의 생산으로 전화하고 인간은 그렇게 전도된 가치 속에서 일종의 정신 분열 상태를 겪게 되는데, 그것이 일반화함으로써 자본주의적 인간은 분열된 인간, 즉 호모 나투라가 된다.

나아가 이전의 모든 제도와 달리 사적 소유에 근거한 자본주의하에서 개별 자본은 생산 수단의 온전한 소유자이며 그가 경쟁에서 패배하지 않는 한, 그의 생산에는 본질적으로 아무런 한계가 없다. 제한된 영토하의 봉건 영주에게 반생산이 본성이었다면 탈영토화된 자본주의적 기업가에게 생산이 본성인 이유다.

즉 들뢰즈의 표현을 빌리자면 '사회적 생산과 욕망적 생산 사이에 본성의 동일성'이 존재하기 때문에, 이 세계에서는 가장 큰 욕망의 생산자가 왕이다. 그러므로 일찍이 칼 마르크스가 아시아적 생산 양식이라고 불렀던 특이한 사회관계가 지배했던 동양 사회, 즉 한국에서 수천 년간 유지된 중앙집권적 정치 전통과 결합함으로써 정주영과 같은 전제군주적인 기업가가 출현하는 것은 그리 이상한 일이 아니다.

다만 정주영에게 남달랐던 것은 그가 지닌 포부의 크기 또는 욕망의 순수함이다. 그는 결코 멈추지 않고 만족하지 않고 안주하지 않았으며, 자신의 욕망을 기업의 욕망과 일치시켰다. 이것이 그가 가장 순수한 자본주의적 기업가임을 보여주는 증거다.

이러한 순수함은 아버지의 품에서 탈출하여 부자가 되어 귀향하겠다고 결심한 순간부터 지켜질 운명이었다. 소년 정주영이 아버지 곁에 머무르는 한, 그는 영원히 아버지의 벽을 넘을 수 없었다. 농사일이 얼마나 끔찍한지 날마다 확신하며 살았던 정주영으로서는 아버지처럼 대가족을 위해 헌신할 용기가 없었던 것이다. 헌신한다 한들 아버지를 크게 뛰어넘을 수 없다는 것도 알았다.

정주영에게 아버지의 존재감은 일평생 결정적이었다. 80세가 된 프로이트가 아버지를 언급하면서 한 다음과 같은 말이 그와 같은 심리 상태의 일상성을 잘 보여준다.

　마치 성공에서 중요한 점은 아버지보다 훨씬 더 멀리 가는 것인 양, 하지만 아버지를 능가하는 일은 언제나 금지된 것인 양, 모든 일이 일어나고 있습니다.

　　　　　　　　　　　　　　　　　　　　　　　－1936년 로맹 롤랑에게 보낸 편지에서

그가 자신의 능력을 보려주려면 아버지 곁을 떠나 도시에서 성공하는 수밖에 없었다. 그리고 그렇게 하기로 결단한 순간부터 정주영에게 도시는 아버지를 넘기 위한 도전의 무대였다.

그러면 무엇으로 아버지를 넘어설 수 있는 것일까? 정주영은 자본주의적 기업가를 선택하여 그렇게 하고자 했다. 하지만 기업은 선택되는 순간부터 서서히 정주영의 사고를 역전시켰다.

기업이란 어느 정도 성공했다 해서 멈출 수 있는 것이 아니며, 오히려 성공하려면 멈추지 않고 계속 키우고 또 이어가지 않으면 안 되는 것이 기업임을 확신하는 데 그리 많은 경험이 필요하지 않았다.

경일상회가 일제에 의해 문을 닫게 되자 아도서비스를 시작했고, 자동차 수리를 하다 더 큰 돈을 벌 수 있는 건설업으로 옮겨 탔고, 미군 공사를 독점하다 정부 공사에 달려 들었으며, 국내 건설 시장이 한계에 부딪히자 주저 없이 해외로 뛰쳐나갔다.

작은 성취를 성공이라 생각하지 않고 적당한 타협을 통해 중간에 그만두려 하지 않았기에, 바로 그 자본주의적 순수함으로 인해, 정주영은 위기와 정체의 시기에 반성하고 다져 더 큰 사업에 도전했고, 그리하여 자신의 영역을 더욱 키웠으며 이 일을 평생 반복했다.

들뢰즈의 표현처럼 그는 '기관 없는 몸'처럼 거침없이 질주했다. 그것은 프로이트적 의미에서 오이디푸스 콤플렉스의 자본주의적 변주다. 어릴 적 농촌에서, 농민일 때 그의 목표는 아버지였으나 이후 도시에서, 기업가로 변신한 이후 그의 목표는 기업 그 자체의 확대 재생산이 되었다.

그리고 갈수록 불어나는 기업은 거꾸로 그 스스로 욕망을 멈추지 않도록 자신을 강제하는 동기가 되었다. 처음에 기업은 결핍된 욕망을 채우기 위한 수단이었으나, 점차 기업은 새로운 욕망 즉 환상을 만들어내는 주체가 되었다.

처음 그에게 중요한 것은 가족이나 부와 같은 유형물이었다. 하지만 시련과 도전, 그리고 성공을 반복하면서 정주영에게 중요해진 것은 "남들보다 더 일해야만 살아남을 수 있다"는 신념, 즉 무한 확장을 향한 환상이었다.

처음 현대가 만들어진 초기에는 정주영 혼자만이 이러한 환상을 갖고 있었으나, 자본주의적 기업이 일반적으로 그러하듯, 그는 거듭된 도전을 통해 자신의 환상을 집단 환상으로 바꾸는 데 성공했다. 즉 처음에는 정주영 자신만이 기업의 일부가 되었지만 그가 만들어낸 신화를 기반으로 점차 그의 직원들이 환상에 동의하게 만들었다.

예를 들어 그는 자신에게 충성을 바치려는 직원이 아니라 자신의 일부가 되어줄 직원을 원했다. 이는 일찍이 나폴레옹이 부하에게 원했던 바이기도 하다. 나폴레옹은 '단'이라는 부하를 궁정 감독관으로 뽑으면서 "내가 바라는 것은 단지 충성스러운 신하가 아니라 심지가 곧고, 게으르지 않으며, 사리 분별이 밝은 감독관이다"라는 말로 이런 의중을 표현했다.

정주영도 이처럼 직원들에게 자신의 욕망과 환상을 공유함으로써 자신의 일부가 되어줄 것을 요구했고, 그럼으로써 그는 일반적인 기업가를 넘어 산업화 시기 한국을 대표하는 거대 기업의 수장이 될 수 있었다. 하기는 정주영에게 가장 큰 영향을 미친 인물 중 한 명인 나폴레옹 역시 신속을 병법의 핵심으로 삼아 전설적인 업적을 남긴 인물이다.

다시 단양 시멘트 공장으로 돌아가면 이 공사는 정주영 식 '공기 단축' 신화의 서막을 연 작품이 되었다. 호랑이표 시멘트를 내놓으면서 정주영에게 '호랑이'라는 별명을 안겨준 단양 시멘트 공장은 그가 사정없이 몰아붙인 덕에 예정된 공기를 6개월 단축해 1964년 6월 준공식을 올렸다. 그 뒤 현대와 더불어 쑥쑥 자란 이 회사는 1970년 1월 현대시멘트 주식회사로 독립해 당시 최우수업체로 올라섰다.

공기 단축의 철학에 정주영의 불같은 성격이 더해져 현대건설의 공사 현장에서는 일상적으로 삭막한 풍경이 연출되었다. 전 현대건설 부사장

권기태는 이런 일화를 전하기도 했다.

그는 1959년 4월 막 군대를 제대하고 신참으로 현대건설에 입사했다. 이틀 뒤 오산 비행장 포장 공사 현장에 배치되었는데, 어느 날 연장을 지키고 있다 먼발치에서 사장이 보이자 내처 달려가 인사를 했다.

얼굴까지 온통 아스팔트 분진으로 뒤집어쓴 그를 본 사장 정주영이 한심했던지 아무 말 없이 인사만 받고 가더라는 것이다. 당시 정주영이 언제나 예고 없이 나타나 고함을 쳐대는 통에 고참 직원들은 사장이 멀리서 보이면 숨기 바빴다.

이어 8월 시작된 인천 제1독(dock) 복구 공사 때는 이런 일도 있었다. 건설 현장에서 으레 그렇듯 현대 직원들도 저녁 늦게까지 술을 마시는 일이 많았다. 당시 현대 직원들은 현장 밖에 합숙소를 짓고 모든 직원들이 공동생활을 했는데 정주영은 매일 새벽 서울에서 올라와 4시 반이면 어김없이 인천 숙소에 도착했다.

때문에 늦잠 자다 들킨 직원은 불호령 속에 아침밥도 못 얻어먹고 현장으로 내빼야 했고, 5시만 되면 숙소에는 개미 새끼 한 마리 얼씬거리지 않았다는 것이다. 이 공사 기간 내내 정주영은 서울 집에서 그 시간에 인천 공사장에 들렀다 다시 서울로 올라가는 일을 반복했다.

어쨌든 시멘트 생산이 시작되자 현대건설은 날개를 달았다. 이미 1950년대에 호남비료 공장이나 춘천댐 건설 공사를 맡은 경험이 있지만 이 무렵 현대의 능력은 그때와는 비교가 되지 않았다. 1965년에는 그동안의 하청업체 신세에서 벗어나 단독으로 군산 화력발전소를 건설했고 곧이어 평택 화력발전소를 맡았다.

일본을 이긴 소양강 댐 논쟁

1960년 현대건설은 일본 교에이사(社)가 제안하여 추진된 당시 동양 최대의 댐, 소양강 댐을 맡아 국내는 물론 건설 대국이라는 일본에서도 화제를 뿌렸다.

정부는 일본 측이 제안한 콘크리트 중력댐 건설을 내세워 발주 계획을 공표했다. 하지만 정주영은 그럴 경우 충격에 약한 데다 공사비 또한 막대하게 든다는 점을 들어 공개적으로 사력댐 방식을 주장했다.

공사비의 경우 더 큰 문제는 콘크리트 중력댐으로 건설할 경우 설계, 자재, 기술 등을 모두 일본 교에이가 맡게 되어 한국은 노동력만 제공할 뿐 일본에 막대한 이익을 챙겨주고 말 것이라는 점이었다.

그렇지만 일개 건설업자의 말을 정부가 들어줄 리 없는 데다 상대는 세계 최고의 기술력을 지닌 교에이였다. 또한 한국에서는 그때까지 사력댐을 건설한 전례가 없었다. 기껏 세 차례 연석회의 자리까지는 얻어냈지만 정부와 교에이 측이 합세하여 맹공을 퍼붓는 바람에 값싸고 안전하게 사력댐을 건설할 수 있다는 정주영의 제안은 무시되고 말았다.

그런데 다급해진 정부 측이 애써 사달을 내고 말았다. 정부 측에서는 '돈키호테' 정주영이 대통령을 찾아가 하소연할지 모른다 생각했다. 이 때문에 미리 입막음을 하겠다고 건설부 장관이 나섰다.

그가 박 대통령에게, 현대 정주영 사장이 사력댐을 만들겠다고 주장하는데 그 사람 말대로 하면 큰일이 난다, 댐을 만드는 도중 물이 반쯤 찼을 때 큰비라도 와서 댐이 무너지면 서울시가 다 물에 잠긴다, 이렇게 보고했다.

그러자 박 대통령이 잠시 생각하고는, 그럼 콘크리트댐을 완공해 물이 다 찼는데 북한에서 폭격이라도 해서 댐이 터지면 다 끝장나는 거 아니냐 하고 반문했다. 포병 장교 출신인 박 대통령은 사력댐일 경우 폭격을 맞아도 한 번 들썩, 하고 말 것임을 짐작하고 있었던 것이다.

장관이 우물쭈물하자 박 대통령은 사력댐 방식을 검토하라 지시했고, 이 때문에 결국 정주영의 안이 받아들여졌다. 예정된 착공을 1년이나 넘겼지만 현대건설은 역사적인 소양강 사력댐 건설에 성공했다. 교에이가 제시한 예산의 30%를 줄여 이룬 성과였다. 정부와 일본 측 전문가들이 반신반의했지만 완공된 지 40여 년이 지난 지금까지도 소양강 댐은 견고하게 자리 잡고 있다.

'돈키호테', 해외로 눈 돌리다

그 와중에도 정주영은 국내 건설 시장에 안주할 수 없음을 알고 있었다. 우선 당시 건설 투자를 주도하던 정부에 여력이 없었고, 군납 공사도 위축 일로였으며, 건설업체의 실력들이 엇비슷하다 보니 진입 장벽이 낮아 경쟁 또한 치열했다.

정주영은 눈길을 해외로 돌려야 한다고 생각했다. 1963년 한 차례 월남 사이공 상수도 공사의 국제 입찰에 참여해 쓴맛을 보기는 했지만 준비는 착착 진행되었다.

단양 시멘트 공장이 완공된 지 1년째 되는 1965년 5월, 정주영은 드디어 태국의 방콕에 지점을 냈고, 두 차례 입찰에 실패한 뒤 그해 9월 태국 파타니-나라티왓 고속도로 공사를 수주했다.

국내 건설업계 사상 국제 입찰로 따낸 최초의 해외 건설 공사였으며, 공사 규모는 당시까지 현대건설이 올린 연간 매출을 뛰어넘는 수준으로 국내 건설업체가 맡은 단일 공사 최고의 계약 금액이었다.

하지만 해외 현지 사정을 모른 채 따낸 공사이다 보니 제대로 진척되지 않았다. 기술도 장비도 부족한 데다 시도 때도 없이 비가 내리고 땅은 질척질척해 마치 고령교 복구 공사의 악몽이 되살아나는 듯했다.

한 예로 공사를 위해서는 다량의 덤프트럭이 필요한데, 국내에서는 그만한 양의 트럭이 없어 일본 동양자동차회사에서 재생 트럭을 대량 사들였다. 그런데 정작 태국 현장에 가니 이 차들이 폭우로 파인 땅 위에서 한 대도 움직이지 못했다. 그런 탓에 완공은 했지만 현대건설은 상당한 손실을 입었다.

그래도 이 공사로 현대건설은 해외 건설 공사의 노하우를 축적하게 되었으며 무엇보다 적자를 보면서 완공한 덕에 해외에까지 신용을 쌓게 되었다. 1966년에는 월남 캄란 만 준설 공사, 반오이 주택 공사, 빈롱 항 준설선 공사 등을 수주했고 이어 알래스카, 괌, 파푸아뉴기니, 다시 월남에 이어 호주에서도 공사를 따낼 수 있었다.

국내의 사정은 더욱 좋아져, 1960년대 후반 들어 현대건설은 각종 사회 간접 자본의 상당 부분을 수주하면서 명실상부 한국 건설업의 선두주자로 올라섰다. 1947년 자동차 수리업보다 돈을 잘 번다는 단순한 생각에 설립한 것이 현대토건이고, 이를 현대자동차공업사와 합병하여 본격적으로 건설업에 뛰어든 해가 1950년, 이후 우여곡절 끝에 정주영은 현대건설을 국내 대표 건설업체로 만드는 데 성공했다. 이어 정주영의 현대건설 역사상 한 획을 긋는 사건이 기다리고 있었다.

당시 정주영은 국내에서나 국외에서나 물불을 가리지 않고 뛰어다니는 통에 업계에선 돈키호테로 불렸다. 그렇지만 이 말은 정주영에게 오히려 찬사라고 보아야 할 것이다.

다른 문호들처럼 방대한 저작을 남기지는 않았지만 근대 장편소설의 개척자라는 찬사를 들으며 문학사상 가장 희극적이면서 동시에 불가사의한 인물을 창조해낸 세르반테스도 비슷한 반열에 올릴 수 있다.

그의 분신인 돈키호테는 얼핏 글 읽기에 빠진 미치광이 노인으로 보이지만, 그의 영웅담과 수난사를 제대로 따라가본 독자라면 분명 평가를 달리할 것이다. 돈키호테가 보여주는 광기는 삶에 대한 지칠 줄 모르는 열망으로 형성된 것이기에, 감히 누구도 그와 같은 열망을 자신의 삶에 투영할 수 있을 것이라 자신하기 어려울 것이다.

기업이 돈키호테의 일대기를 통해 배울 수 있는 핵심 코드가 이 같은 열정이다. 무한 경쟁의 세계 앞에 숙명처럼 던져진 기업이란 존재는 겉으로만 보면 풍차를 향해 돌진하는, 무모하기 짝이 없는 돈키호테와 닮았다. 하지만 삶에 대한 이 노인의 꺼지지 않는 열망에 공감하는 기업이라면 자신의 앞날도 다음과 같은 돈키호테의 열망으로 개척해나갈 것이다.

　　성인들은 신의 전장에서 싸우지만, 나는 인간의 전장에서 싸우는 존재일 뿐이다. 그렇지만 내 사랑 둘시네아가 풀려날 수만 있다면 나는 지금 가는 길보다 훨씬 나은 길로 나를 이끌 수 있을 것이다.

이처럼 단호한 의지와 미래에 대한 무한한 비전에서 돈키호테가 왜 위대한 정신의 소유자인지 잘 드러난다. 세르반테스의 이 소설은 매력적인 여인 둘시네아를 대하는 돈키호테가 신의 전장이 아닌 인간의 전장을 대하는 태도에서처럼, 자신의 제품을 대하는 기업이 시장을 꺼지지 않는 열정으로 대해야 함을 풍부한 서사와 비유로 웅변하고 있다.

2. 경부고속도로와 열정

1967년 박정희 대통령은 제6대 대통령 선거에서 윤보선 후보를 이겨 재선되었다. 그런데 선거를 한 달 앞둔 그해 4월 박 대통령을 회심의 카드를 꺼내 들었으니 "경부 간 고속도로를 건설하여 국토 대개발 사업을 이끈다"는 공약이 그것이었다.

1967년은 제2차 경제개발계획이 시작되는 해라 대규모 토목 공사가 당연히 뒤따르게 마련이었지만 고속도로 건설은 당시도 쉬운 일이 아니었다. 게다가 정부가 국내 고속도로 건설을 지휘해본 경험이 없었다.

정부 여러 부처에서 경부고속도로 건설을 두고 계속 엇박자를 냈다. 당장 부처별로 내놓은 공사 액수 사이에 차이가 너무 컸다. 건설부 650억 원, 육군 공병감실 440억 원, 재무부 330억 원, 서울시 180억 원 이런 식이었다. 공사 기간을 두고도 말들이 제각각 달라 조정이 불가능했다.

고속도로에 대한 박정희 대통령의 애착은 1964년부터 시작된 것이다. 그해 12월 박 대통령은 독일을 공식 방문했는데 이때 아우토반을 달리면서 상당한 충격을 받았고, 한국에도 고속도로가 있어야겠다는 생각을 품게 되었다.

하지만 귀국하여 관계 장관이나 당직자들에게 물어도 적극 찬성하는 사람이 없었고 심지어 시기상조니 재정 부담이니 하면서 반대 논거만 들고 나오는 통에 시간만 보내게 되었다.

그러다 건설업계 대표들에게도 이야기가 전해지게 되었는데 다들 답이 없는 가운데 정주영만 해볼 만하다는 입장을 보였다. 정주영의 화답은 박 대통령에게는 가뭄 끝에 내린 단비나 다름없었다.

거기다 정주영은 태국에서 고속도로를 건설해본 국내 유일의 유경험자였다. 이런 이유에서 그해 11월 박정희 대통령은 정주영을 청와대로 불러들여 말했다.

"지금 정부는 고속도로를 싸게 건설하는 문제로 골머리를 앓는 중이다. 물동량은 느는데 기차로는 더 이상 화물을 감당할 재간이 없다. 기차를 쓰는 비용도 자꾸 올라가는데 당장 대안이 없다. 하루가 급한데 나라에 돈이 없고 정부에 경험 있는 자도 없으니 돈이 얼마 드는지 제대로 알기도 어렵다.

마침 우리나라에서 당신만이 유일하게 태국에서 고속도로를 지어봤다니 최소한의 비용으로 최단 시일 안에 경부 간에 고속도로를 놓을 수 있는 방안을 강구해주었으면 좋겠다."

대략 이런 내용이었다. 이미 같은 주문을 산하 기관에 한 상태였지만 다들 무경험자니 의견은 분분하고 박 대통령으로서는 판단할 근거가 없었다.

정주영은 최고 통치권자와 가진 짧은 만남의 중요성을 즉시 깨달았다. 잘하면 회사를 반석에 올려놓는 것이고 잘못하면 다시 나락으로 떨어질 수 있는 아슬아슬한 상황이었다.

다음 날부터 그는 서울과 부산 사이를 수시로 오르락내리락 답사하여 다듬고 다듬은 끝에 만들어진 안을 제출했다. 현대건설이 내놓은 추정 공사비는 280억 원. 이후 박 대통령은 금액이 엇비슷했던 현대건설과 재무부 안을 절충시킨 뒤 주 사업자를 현대건설로 정했다.

1968년 2월 1일 경부고속도로 건설이 시작되었다. 당시 공사 예산은 379억 원으로 일본이 같은 길이의 고속도로를 건설한 비용 1600억 원에 비하면 4분의 1에 불과하지만, 가난한 한국의 입장에서 보면 1967년도 국가 예산의 23.6%에 달하는 그야말로 초대형 역사였다.

거기다 대통령이 직접 공사를 챙겨 수시로 연락하고 부르거나 현장에 직접 나타나는 통에 현장에서는 밤이고 낮이고 잠시도 안심할 수가 없었다.

정주영이 갖는 부담은 말할 것도 없어서, 그는 공사 기간 대부분을 현장에서 보냈고 잠은 간이침대에서 잤으며 그나마 하루 서너 시간 자는 일도 드물었다. 국가적인 대사 앞에서 잠을 잘 수 없었고, 계절을 느끼지도 못할 정도였다는 정주영의 회고담에서 당시 상황의 절박함을 느낄 수 있다.

특히 험난한 구간이 현대가 맡은 옥천 공구, 소백산맥을 관통하는 터널 공사로 후일 당재 터널이라 불리게 된 곳이었다. 지리적으로 험할 뿐만 아니라 지층이 돌과 진흙과 엉킨 이른바 절암 토사층이라 도무지 진척이 없었다.

처음 계곡 쪽에서 20미터쯤 파들어가는 순간 흙벽이 와르르 무너져 내렸다. 그 뒤로 흙을 파기만 하면 천장이 무너지고 장비는 몇 번 쓰면 망가졌다. 총 구간은 4킬로미터나 되는데 하루에 겨우 2미터를 뚫을까 말까 했다.

게다가 낙반 사고가 잦아 작업자가 죽는 일까지 생기자 그만두는 인부들도 늘어났다. 그럭저럭 예정된 기간을 두 달 남겨 남은 길이는 350미터, 정상적으로 하면 공기를 넘겨야 할 판이었다.

이 당재 터널 하나에 성패가 걸렸다고 생각한 정주영은 비용 생각을 접기로 했다. 정주영은 고령교 복구 공사를 겪으면서 이미 '이익이냐 신용이냐 둘 중 하나를 선택하라' 하면 두말없이 신용을 택할 것을 확신한 터였다. '어차피 출발부터 수판 엎어놓고 덤벼든 일이니 이익을 남길 수 있다면 좋은 일이지만 타산 못 맞출 바에야 공기라도 맞추자'고 생각했다.

생각을 굳힌 정주영은 바로 실행에 들어가, 작업조를 세 배로 늘려 좁은 산중 터널에 인부 500명을 투입해 인해전술을 펼치도록 했다. 다른 한편 단양 시멘트 공장에 보통 시멘트보다 스무 배나 빨리 굳는 조강 시멘트 생산을 지시, 굴을 파자마자 시멘트를 발라 붙여 천장이 무너지지 않게 했다.

무더기로 투입된 인력과 기상천외한 공법이 결합하자 거짓말처럼 속도가 붙었다. 그 결과 예정 기간 3개월 전인 1970년 6월 27일 당재 터널이 뚫렸고, 착공 290일 만인 9월 11일 전장 428킬로미터에 달하는 경부고속도로가 개통되었다. 총 공사도 예정 기간 3년에서 7개월이나 앞당겨진 개가였다. 후일 추풍령에 세워진 고속도로 기념비 문장이 당시의 감동을 전해준다.

우리나라 재원과 우리나라 기술과 우리나라 사람의 힘으로 세계 고속도로 건설사상 가장 짧은 시간에 이루어진 길.

이 문구처럼 경부고속도로는 17개 건설 회사가 참여한 가운데 현대건설이 전체의 40% 구간, 그중에서도 당재 터널 같은 난코스를 대부분 맡은 가운데 예정일을 앞당겨 완공되었다.

이는 개인적으로는 한국 기업사에 '건설인 정주영'이라는 이름 석 자를 새긴 기념비적인 사건이기도 했다. 경부고속도로가 건설됨에 따라 한국 사회는 급격한 구조 변화에 들어섰다.

예를 들어 1960년 64%이던 농어민 비중이 1980년에 31%로 감소했고, 1970년대에는 제조업 중심의 2차 산업이 1차 산업을 앞질렀으며, 더불어 중공업 비중이 경공업 비중을 추월했다. 한국 경제가 이 도로망을 통해 전통적인 농업 사회에서 근대 공업 사회로 탈바꿈한 것이다.

정주영은 당재 터널 공사를 비롯한 경부고속도로 건설 과정에서 그의 일관된 경영 원칙을 더욱 다듬었다. '공기 단축' 개념은 더욱 다듬어져 현대건설이 이후 수행하게 될 모든 공사의 철칙이 되었다.

원래 건설 회사에서 공기 단축은 원가를 절감하기 위한 핵심 방법이다. 이것은 정주영 자신이 꼽는 현대건설의 제1 성공 요인이기도 하다. 그는 틈 있을 때마다 현대가 성공한 것은 '때를 철저히 맞추는 건설 회사와 공사 기간을 줄일 수 있는 능력'으로 건설 원가를 줄일 수 있었기 때문이라고 말했다.

이 철칙에 따라 남들이 1년에 하는 일을 현대라면 9개월에 해낸다. 공사 기간을 맞추면 신용을 유지할 수 있고, 공기를 줄이면 그만큼 금리와 임금 부담 등이 줄어 경쟁력을 가진다. 이를 가장 잘 지켰기 때문에 현대건설이 성공할 수 있었다는 것이다.

당재 터널 공사를 하면서 정주영은 공기 단축에 중요한 의미 하나를 덧붙였다. 어떤 경우에 사업가는 신용을 지키기 위해 원가 상승을 무릅

쓰고라도 공기를 지켜야 한다는 사실이 그것이다. 즉 원가 절감과 신용 유지 모두를 위해 공기 단축은 경영의 필수 원칙이 되어야 한다는 것이다. 난공사 중의 난공사인 당재 터널 공사를 무사히 마치고 어느 정도 이익도 확보할 수 있었던 경부고속도로 건설을 통해 그의 내면에 다져진 교훈이었다.

정주영은 경부고속도로 일로 청와대를 드나드는 와중에 후일 회사의 명운을 좌우할 또 다른 사업을 준비하고 있었으니, 1967년 12월 설립 허가를 받고 출범시킨 현대자동차주식회사가 그것이다. 이렇게 준비할 수 있었던 것은 그에게 기회를 읽는 능력이 있었기 때문이다. 특히 박 대통령과의 만남을 그는 더없는 기회로 파악했다.

『채근담』에 이렇게 일렀다.

바람이 비껴 몰아치고 빗발이 급한 곳에서는 다리를 꼿꼿이 하여 서야 하고, 꽃이 만발하고 버들이 농염한 곳에서는 눈을 높은 곳에 두어야 하며, 길이 위태롭고 좁고 험한 곳에서는 머리를 빨리 돌려야 한다.

정주영은 비바람 앞에서 곧장 바로 설 줄 알았고 꽃이 만발할 때 곧장 높은 곳으로 향할 줄 알았으며, 후일 전두환을 만나 위태로운 길목에 서서는 곧장 멈추어 설 줄 알았다.

'우선 행동'과 '시간 단축' 원리

여기서 현대건설의 성공 요인에 대해 한번 살펴보기로 한다.

현대건설은 정주영 회장에 의해 1947년 직원 10명 정도로 건설업계에 첫발을 내딛게 된다. 미군 시설 관계 공사를 수주하는 것으로부터 한국의 건설 시장은 형성되었다. 당시 3000여 개 이상의 건설업체들이 난립하여 미군 공사를 수주했는데 신건건영, 광진토건, 삼환기업 등이 선두권을 형성하고 있었다.

이후 한국전쟁이 발발하여 다수 업체가 소멸하고 전쟁이 끝나자 1000여 개의 건설업체가 남았다. 하지만 전란이 휩쓸고 간 뒤라 일감이 부족하여 수급 불균형이 극심해 덤핑 입찰과 사전 담합 등 과당 경쟁이 치열했다. 이를 환경적 불확실성이 매우 높았던 것이라 설명한다. 당시까지만 해도 현대는 이름 없는 영세 건설업체 가운데 하나였다.

1950년대의 이러한 상황에서 현대건설은 정부와 미군의 발주 환경 정보에 누구보다 민감하게 반응했다. 먼저 회사 내 실무 부서인 공무부는 매 회계연도 초에 각 발주처의 연간 발주 예상 공사에 관한 정보를 수집하고, 이어 연간 예상 발주 공사를 신규 공사, 예상 공사 등으로 분류하여 각 공사의 입찰 방식, 수익성, 다른 경쟁 업체들과의 관계 등을 구체적으로 파악하여 정주영 당시 사장에게 보고했다. 이러한 보고 체계 덕택에 정주영은 환경 변화를 정확하게 읽고 대처할 수 있었다.

정주영은 먼저, 당시의 건설 환경이 단순 노무 중심에서 기계화를 필요로 하는 환경으로 급속히 전환되고 있음을 깨달았다. 이에 따라 정주영은 두 가지 중요한 전략을 수립하여 실행에 옮긴다.

첫째, 중장비를 이용한 기계화에 역점을 두었고, 둘째 수익성이 높은 토목 공사 즉 중장비의 지원이 있어야 가능한 대형 공사 수주에 주력한 것이다.

이렇게 해서 현대건설이 휴전 이후 1950년대 말까지 시공한 전체 공사 가운데 80% 이상이 토목 공사였다. 정주영은 자재가 많이 소요되고 공사 기간이 길어지는 건축 공사를 피하며 중장비의 효율성을 살릴 수 있는 토목 공사의 수주율을 높여 수익률을 단기간에 극대화했던 것이다.

특히 정주영이 추진한 중장비 중심의 기계화 전략은 다른 건설 회사들이 추구하기 어려운, 현대건설만의 강점을 살린 전략이었다. 당시 정부 공사는 재원이 부족해 수주는 어려운 반면 공기는 길고, 미군 발주 공사는 재원이 풍부해 수주가 쉽고 공기도 짧았다.

무엇보다 미군 공사는 그 대부분이 토목 공사여서 중장비 확보가 필수 선행 조건이었다. 일찍이 미군 공사에 참여한 경험을 통해 이를 알고 있던 정주영은 시방서상의 기계화 조건을 충족시키고자 일부 기계는 수입하고 일부 기계는 미군 중고품 불하처에서 구입한 뒤 이를 수리해 썼다. 당시 다른 대부분의 기업들이 엄두도 내지 못한 방식이었다.

이렇게 해서 정주영의 현대건설은 미군 토목 공사를 휩쓸다시피 수주했고, 특히 계약 금액 100만 달러가 넘어 당대 최대 토목 공사였던 인천 도크 공사를 수주, 이를 마무리한 시점인 1960년 건설업계 1위 기업으로 도약했다.

1960년대가 되면서 상황이 바뀌기 시작했는데, 정주영은 누구보다 빨리 변화하는 환경을 감지하고 새로운 전략을 세웠다. 이 시기는 정부 공사와 미군 군납 공사가 모두 위축되어 건설업계의 어려움이 가중되던 때였다.

건설업체들은 정부 공사 발주가 줄어들면서 출혈 입찰을 마다하지 않았고, 특히 미군 군납 공사는 미국의 자국 제품 구입 원칙이 강화되어 채산성이 떨어진 데다 미국이 월남전에 개입하면서 발주 물량이 급격히 줄어드는 양상을 보였다. 그런 가운데 새로 들어선 박정희 정부는 제1차 5개년 계획을 발표하는데 그 골자는 근대적인 산업화 및 공업화 전략에 있었다.

이런 상황에서 정주영은 우선 기존 토목 공사 중심의 수주 전략에서 화력발전소 등 각종 플랜트 건설 사업 중심으로 수주 전략을 바꾸었다. 다음으로 해외 진출에 적극 나섰는데, 당시 국내 건설업체들은 기술 수준이 낮아 해외 진출이 거의 불가능하다고 여기던 상황이어서 이는 상당히 파격적인 방침이었다.

업계나 전문가들은 현대의 해외 진출 시도를 위험한 시도라고 말했고, 정주영을 따르던 내부 간부들 중에도 주저하는 이가 많았다. 하지만 정주영은 현대가 살 길은 해외 진출뿐이라는 신념을 굽히지 않았고 이에 따라 1960년대 중반부터 아시아를 비롯해 전 세계를 대상으로 조사를 펼치며 입찰 경쟁에 뛰어들었다.

그 결과 현대는 1965년 9월 태국 파타니-나라티왓 고속도로 건설 공사를 따냈고, 이 일은 한국 건설업체가 해외 대규모 공사를 수주한 첫 쾌거로 기록되었다.

이 공사를 성공적으로 마무리하여 경험과 신뢰를 쌓은 현대는 이어 알래스카 산 속 교량 공사, 파푸아뉴기니의 지하 수력발전소 공사, 월남 캄란 군사 기지 공사, 메콩 강 준설 공사 등을 차례로 수주했고, 1970년에는 호주의 항만 공사를 따내기에 이른다.

정주영의 시기적절한 판단과 정확한 전략에 힘입어 현대건설은 20여 년 동안 매년 성장했다. 설립한 지 10년 만인 1957년 국내 6대 건설업체로 올라섰고, 직원 수는 10배 이상 늘었다. 1965년에는 직원이 380명에 이르는 대형 건설업체로 발돋움했고, 이듬해인 1966년에는 해외 진출에 힘입어 매출이 30억 원을 넘어서게 되었다.

이처럼 현대건설이 비약적으로 성장한 과정을 이홍 교수는 경영학의

'상황 이론'이라는 틀로 분석해 그 내용을 '경영자 관점의 적합성과 경영자의 지배적 논리: 현대건설과 정주영 회장에 대한 사례'라는 제목의 논문으로 발표했다.

여기서 사용된 상황 이론의 명제는 대략 '조직의 성과는 조직 관련 변수와 조직 상황 간의 적합성의 함수'라고 불린다. 즉 한 조직이 조직에 영향을 미치는 조직 상황과 일치하는 특성을 보인다면 그 조직의 성과는 높고, 그렇지 않다면 그 조직의 성과는 낮을 것으로 예측된다는 것이다. 이런 명제에 기초해 이홍 교수는, 정주영의 핵심적인 사고가 크게 '우선 행동 원칙'과 '시간 단축' 개념이라고 주장한다.

그가 말하는 '우선 행동 원칙'은 다음과 같은 정주영의 말에서 가져온 것이다.

> 기업이란 현실이요, 행동함으로써 이루는 것이다. 똑똑하다는 사람들이 모여 앉아 머리로 생각만 해서는 기업이 클 수 없다.
> 우선 행동해야 한다. 예를 들어 누군가를 만나야 할 때, 만나야 한다는 판단과 동시에 벌떡 일어나 뛰어나가는 사람과, 만나야겠는데 생각하면서 미적거리다 한 시간 뒤로 행동을 미루는 사람이 있다.
> 일의 성사 결과로는 그 한 시간에 차이가 없을지 모르나 한 시간 후로 미루는 사고방식의 차이는 누적되어 인생의 성패를 좌우할 수 있다. 나는 아무리 어려운 일을 지시할 때도 긴 시간을 안 준다.
> −『시련은 있어도 실패는 없다』(제삼기획, 2009), 96쪽

이홍 교수는 이 우선 행동 원칙이 세상을 이해하는 정주영의 관점을 잘 보여주는 것이며, "세상에서 승리하기 위해서는 기회가 포착되는 순

간 모든 역량을 동원하여 일이 성사되도록 추진하는 '행동주의'가 필요하다는 것이 세상을 보는 정주영의 관점"이라고 설명한다.

이 교수는 현대건설의 태동 역시 이러한 정주영 관점의 산물이라고 본다. 그 출발점은 정주영이 현대자동차공업사 일로 수리 대금을 받으러 관공서에 갔다가 건설업자들이 자신보다 몇 배, 몇십 배 많은 돈을 받아가는 것을 보고 충격을 받던 장면으로 거슬러 올라간다.

정주영은 이때를, "정신이 번쩍 들었다. 똑같은 시간과 인력을 투입해서 하는 일인데 자동차 수리와 건설업의 대가가 너무나 엄청난 차이였다. 당장에 초동 현대자동차공업사 건물 안에 현대토건사 간판 하나를 더 달았다"고 회고했다.

당시 돈을 빌려준 친구 오인보가 극구 말렸지만 그는 아랑곳하지 않고 자신의 생각을 즉시 행동으로 옮겼다.

현대토건을 설립하는 데는 이러한 결단력 외에도, 사물의 본질을 최대한 단순화시켜 파악하는 정주영 특유의 이해력이 한몫했다. 그가 보기에 토건업은 대체로 수리하는 일에 지나지 않고, 따라서 견적 넣어 계약하고 수리해주고 돈 받는다는 점에서 자동차 수리와 다를 바 없다고 설명한다.

더불어 "무슨 일을 시작하든 된다는 확신 90%와 반드시 되게 할 수 있다는 자신감 10%, 안 될 수도 있다는 불안감은 단 1%도 갖고 있지 않은" 그 특유의 무한한 배짱도 배경이 된다.

하지만 그에게 매번 결정적인 성공을 가져다준 사고는 역시 이홍 교수가 말한 '우선 행동 원칙'과 관련이 있다.

현대토건을 설립하고도 수주를 하지 못하자 정주영은 발주 권한을 가진 공무원에게 날마다 찾아가 머리를 조아렸고, 그 덕에 작은 일감

하나를 얻는 데 성공했다.

미 군정청 공사를 따내기 위해 거금을 들여 현대적인 장비를 확보해 경쟁사를 압도했고, 전쟁으로 무일푼 신세가 되었지만 특유의 자신감으로 미군 공사를 따냈고 무슨 일이든 납기 전에 마친다는 신념을 현실로 옮겼다.

국내 환경이 악화되자 아무도 가보지 못한 해외 시장에 일말의 주저함 없이 뛰어들었다. 이런 불도저식 처리 방식 때문에 고령교 복구 공사에서는 전 재산을 날려야 했고 태국 공사에서는 경험 부족으로 거액의 손실을 입기도 했다.

그 자신 먼저 행동으로 옮긴 탓에 실수할 수 있음을 알고 있었다. 예를 들어 고령교 공사를 두고 그는 "공사를 따는 것에만 집착했지 다른 면에 대해서 치밀하게 계산하고 예측하고 대비하는 것에 게을렀다"고 정확히 반성하고 있었다.

하지만 그는 어떤 나쁜 상황을 맞아도 그것을 실패로 돌리지 않았다. 그는 자신이 옳다고 생각하면 먼저 행동으로 옮기면서 "좋은 때를 결코 놓치지 않아 도약의 뜀틀로 쓰고, 나쁜 때도 기죽는 대신 눈에 불을 켜고 최선을 다해 수습하고 비켜가고 뛰어넘어 다음 단계의 도약을 준비"했다.

이에 대해 이홍 교수는 "그의 우선 행동 원칙 탓에 그가 많은 어려움에 봉착하였음을 보여준다. 그럼에도 우선 행동 원칙을 포기한 것이 아니다. 어려움을 딛고 일어서는 과정에서 그의 우선 행동 원칙은 오히려 강화되어 나타났다"고 설명한다.

경영자로서 정주영은 일찍이 청년 시절부터 우선 행동 원칙을 내면화했고, 그 원칙을 해가 갈수록 더 정교하게 다듬어나갔던 것이다.

다음으로 이홍 교수는 현대건설의 성장 과정에서 정주영이 보여준 또 하나의 지배적 논리가 '시간 단축' 개념이라고 주장한다. 정주영은 건설업에서 공사 기간을 단축하는 일이 갖는 중요성을 이렇게 설명했다.

> 모든 건설 공사에서 공기 단축은, 돼지를 우리에서 내몰 때 앞에서 귀를 잡아당기는 것이 아니라 뒤에서 꼬리를 잡아당겨야 하는 것처럼 당연하고 중요한 일이다.
>
> —『시련은 있어도 실패는 없다』(제삼기획, 2009), 110쪽

돼지를 잡을 때 간단한 원리를 지켜야 하는 것처럼 건설업에도 원리가 있는데 그것이 공기 단축, 즉 시간 단축이다. 정주영은 이 원리를 끝까지 밀고 나가 마침내 경영의 원리에까지 적용한다.

> 건설업은 즉각적인 결정이 중요하다. 시간이 곧 돈이기 때문이다. 무리한 결정이라 할지라도 성공률에 대한 확신이 있으면 나는 결정에 주저하지 않는다. 공학자의 논리로는 물론 말도 안 되는 막무가내의 결정이다.
> 그러나 공학자와 학문적인 경영자들과 창의력을 가진 기업가는 크게 다르다. (……) 기업은 그때그때 재빨리 적응할 수 있는 임기응변적 민첩함이 없어서는 안 된다.

정주영은 공기 단축이라는 개념을 시간 단축이라는 개념으로 일반화하고, 다시 이를 건설업의 경영 원칙에서 기업 경영의 일반 원칙으로 확대했다.

사업에 돌입하기 전에 성공하기 위한 조치를 미리 취해두는 것, 경쟁사들에 앞서 기계화를 추진하고 조직 구조를 환경에 맞도록 바꾸는 것, 회사에 앉아 지시하기보다 현장에 달려가 독려하고 공사비를 최소화시킬 방법을 찾는 것, 이 모두가 시간 단축이라는 개념에서 파생된 결론이다.

특히 현장에서 유형의 공사를 진행하는 건설업의 경우 그는 현장 경영이 시간 단축의 열쇠라고 파악했다. 이러한 관점은 사상 초유의 규모로 전개된 주베일 산업항 공사에서 유감없이 펼쳐졌다.

첫 자서전에서 "내 머릿속에는 '공기 단축'이라는 네 글자 외에는 아무 생각도 없었다"고 당시를 술회했던 정주영은 6년 뒤 펴낸 두 번째 자서전에서 이 문제를 부연설명하며 이론화를 시도할 정도로 강조했다.

수많은 일을 하면서 나의 명제는 언제나 '공기 단축' 네 글자였고, 나를 가장 답답하게 하는 것은 항상 간단히 개선할 방법이 있는데도 고정관념에 갇혀 그냥 예전 방식대로 아까운 시간과 돈을 낭비하는 이들이었다. (……)

방법은 찾으면 나오게 되어 있다. 방법이 없다는 것은 방법을 찾으려는 생각을 안 했기 때문이다. 남들은 5년 걸릴 조선소 건설과 선박 건조를 2년 3개월 만에 해낸 것도 '남들은 조선소를 지어놓고 난 뒤에 선박 건조를 한다'는 상식의 테두리를 무시하고 내 식대로 추진했기 때문에 가능했던 일이다.

−『이 땅에 태어나서』(솔, 1997), 234, 237쪽

이홍 교수는 "시간 단축을 중심으로 한 현장제일주의가 현대건설의

조직 구조화 원리를 생성해냈다"면서, 정주영은 현장이 요구한다면 관료적 결재 단계를 무시하는 임기응변식 결정도 필요하다고 생각했다고 설명한다.

그리고 현대건설의 성공 뒤에는 이처럼 '우선 행동'과 '시간 단축'이라는 지배적 논리를 사용하여 세상을 간단하게 볼 줄 알았던 정주영의 경영 원리가 자리 잡고 있었다고 설명한다.

한국 산업화에서 건설업의 기여

정주영은 건설업을 통해 한국을 대표하는 사업가로 우뚝 섰을 뿐 아니라, 성공적인 해외 진출을 통해 국부를 창출하고 국가 경쟁력을 강화하는 데 결정적으로 기여했다.

그 성공 비결에 관해 후일 정주영 자신이 언급하고 있어 이를 살펴본다. 그는 1986년 6월 18일 건설협회가 주최한 건설진흥촉진대회 기조강연에서 자신이 건설인이라고 자랑스럽게 말한다.

"제가 우리나라 산업계에 첫발을 내디딘 것이 건설업입니다. 말하자면 건설업은 제 사업의 모처요, 원동력입니다. 그래서 현대그룹을 이끌어가는 지도급 직원들 모두가 현대건설 출신들입니다.

저는 건설업이 우리 산업의 모체라고 생각하는 데 주저하지 않습니다. 건설업은 우리 산업 근대화의 견인차 역할을 한 것입니다. 한국 근대 산업이 태동할 초창기인 1900년대에 제일 먼저 자기 기반을 이룬 것이 바로 건설업입니다.

6·25동란이 휩쓸어간 후 순전히 건설업자의 능력으로 전란의 피해를 복구해냈기 때문에 우리나라 산업은 오늘날 선진국의 문턱에까지 왔고, 이만큼의 위치를 굳히게 된 것입니다."

그러면서 그는 이미 10여 년 전 "한국 경제를 주도하는 것은 한국의 건설업계"라고 발표한 세계은행 보고서 내용을 언급한다. 이것은 명백히 정주영의 공로에 기인한다. 경부고속도로를 건설하고 태국 공항 건설을 시작으로 해외 건설업에 진출한 그는 이어 중동 진출에 성공함으로써 한국 경제의 도약을 주도했다.

특히 산유국인 중동이 방대한 산업 건설을 추진하면서도 자국 업계가 이를 주도하지 못한 틈바구니를 뒤집고 들어가 신화를 방불케 하는 성과를 일구어낸 것은 한국 건설업을 세계에 알리는 데 크게 기여했다.

사실 한국 건설업의 성장 과정은 다른 나라에서 유례를 찾기 힘들 정도로 자력갱생에 기반한 것이었다. 전후 복구 시기에 해외 기업들이 세운 발전소 몇 개를 제외하고는 대부분의 토목 공사를 한국 업계가 자력으로 해결했다. 기간산업을 처음부터 끝까지 자체의 힘으로 하나하나 건설하는 과정에서 우리 건설업계는 빠른 속도로 기술력을 확보하는 동시에 공기 단축과 비용 절감 능력에서 해외 업계를 압도하게 되었다.

그 와중에서 현대건설이 보여준 신용 우선의 자세는 업계의 귀감이 되어 한국 건설업 전반의 토양을 튼튼하게 만들었다. 탄탄한 기술력, 안정적인 수익성, 높은 신뢰성이 결합되어 초기 건설업은 한국 경제 발전을 주도했다.

정주영의 과감한 해외 진출은 한국 정부가 외환 위기에서 벗어나는 데도 크게 기여했다. 원자재의 수입과 가공품의 수출에 절대적으로 의존하는 한국 경제 구조로 인해 외화 부족은 정부의 일상적인 고민거리였다.

더욱이 해외 금융 정보에 어두울 수밖에 없는 한국 정부는 외화 조달 과정에서 불이익을 감수하지 않을 수 없었다. 이와 관련 프랑스의 한 은

행가는 정주영에게 "한국이 미국 외환 시장에서 1억 달러, 홍콩에서 1억 달러, 구라파에서 1억 달러, 이렇게 아무도 모르는 것처럼 조금씩 빌리려 한다. 그렇지만 세계 외환 시장은 그날로 대번 한국이 돈을 꾸고 있다는 사실을 알게 된다"고 귀띔하기도 했다.

한국 정부는 한때 외화 부족에 시달리던 나머지 당시 해외에 진출한 국내 업체들을 불러 선수금을 빨리 받아오라고 종용하기까지 했다. 현대건설의 해외 진출, 특히 중동 진출은 이처럼 고질적인 외화난을 일거에 해결했다.

대표적인 사례가 1975년 주베일 항만 공사 수주 때의 일로, 당시 현대가 사우디 주베일 항 건설 입찰을 따내고 받은 선수금 7억 달러는 우리 정부가 받아본 최대 규모의 외환이었다. 이후 현대를 비롯한 중동 진출 기업들이 벌어들인 달러는 한국 정부를 고질적인 외환 부족에서 깨끗이 벗어나게 해주었다.

특히 제1차 오일쇼크로 한국 경제가 위기에 직면한 때 건설업계가 중동 진출에 성공하여 위기 탈출을 앞장서 도왔는데 이는 정주영의 과감한 결단력에 힘입은 바가 크다 할 것이다.

1970년대에 건설업이 이처럼 국가 경제에 여러모로 기여했지만 해외 진출이 말처럼 쉬웠던 것은 아니다. 현대건설이 중동에서 낭보를 전해오자 건설 시장이 포화 상태에 달해 고민하던 국내 업체들이 너도나도 중동으로 달려갔다.

여기에 정부까지 거들고 나서 해외 건설을 촉진한다는 명분으로 중동 진출을 재촉했다. 정부의 논리는 20여 개 업체가 몇십억 달러 공사를 수주하는 것보다 100여 개 업체가 나가서 1억 달러씩만 수주해도 100억 달러가 된다는 것이었다.

상황은 반대로 흘러갔다. 우선 중동 붐이 일면서 덤핑 입찰이 일반화되어 수익률이 현저히 떨어졌다. 현대의 경우 1970년대에는 30~40%의 이익을 내다보고 입찰에 참여했지만 1980년대 중반이 되자 이익은 5~10% 수준으로까지 떨어졌다.

그 정도도 많다고 생각한 종합상사들이 계속 중동 시장에 뛰어들었지만 애초 건설업의 특성이나 해외 사정을 이해하지 못한 탓에 종합상사는 물론 그들의 말만 믿고 진출한 기업들마저 피해를 입었다. 그 원인에 대해 정주영은 이렇게 설명한다.

"해외건설은 국내 은행 창구에서 돈 받고 이자 내듯이 그렇게 순조롭게 진행되지 않습니다. 기후와 풍토와 관습이 다른 천 리 타국에서 수행하는 공사이기 때문에 아무리 치밀한 계획을 세웠어도 계획대로 된다고 볼 수 없습니다.

해외건설업은 최대한 1할의 위험계수를 포함한다고 봐야 합니다. 1000명을 투입한다고 예상하면 1100 명이 들어가고, 일 안 하는 날이라고 돈 안 줄 수 없고, 비 온다고 급료가 안 나가는 게 아닙니다.

경험 있는 건설업자는 이런 상황을 압니다. 그러나 공사 수주를 대행하는 종합상사는 이런 점은 전혀 고려하지도 않고 이익이 5%만 되어도 입찰합니다.

오늘날 종합상사와 손잡고 공사를 수주했던 건설업체는 발을 빼지도 디디지도 못하는 실정에 처해 있습니다. 우리 건설업자들은 너무 순박했고 관리 틀을 이해하지 못했습니다."

더불어 정주영은 해외 건설의 성패를 좌우하는 요인은 다른 무엇보다 인재의 확보 유무에 달렸다고 말한다. 해외 건설은 타국에서 진행되는 일인 만큼 국내와는 환경이 크게 다르므로 현지에서 잔뼈가 굵은 인재의 중요성은 아무리 강조해도 지나치지 않다.

본사에 앉아서도 현장에서 연락이 오면 왜 그 일이 생겼는지, 어떻게 문제를 해결할 것인지 파악할 수 있는 인재가 아니면 해당 사업을 이끌어갈 수가 없다.

이런 원리는 다른 회사에도 마찬가지로 적용된다. 이 때문에 정주영은 해외 건설 현장을 거치지 않은 사람에게는 다른 계열 회사의 책임 있는 자리에도 앉히지 않았다.

중동의 문화적 특성도 현지 진출을 어렵게 만드는 요인이다. 중동은 국내에 비해 공사를 진행하기가 쉽지 않다. 정주영의 표현을 빌리면, 태산 같은 일을 하는데 티끌만 한 흠을 잡아 준공 검사를 미룬다거나, 사람이 버젓이 입주해 살면서도 차일피일 미루며 최종 지불을 하지 않는 일이 비일비재했다.

이런 조건 속에서 정주영은 중동 붐을 이끌었고 현대건설을 중동 현지인들이 인정하는 최고의 기업으로 키워냈다. 일찍이 비좁은 국내 시장에 안주하다가는 미래가 없다는 사실을 알고 철저하게 준비하고 누구보다 노력하여 현지에 적응한 결과였다. 정주영은 건설을 통해 사업에 대한 확신을 가졌고 무한한 자신감을 키웠다. 그를 영원한 건설인이라 부르는 이유다.

"건설업에서 성공한 사람들은 어떤 산업에서도 성공할 수 있습니다. 건설 현장에서처럼 새벽부터 밤중까지 노심초사하면 못해낼 게 없습니다.

우리들은 다른 제조업만 하던 사람들보다 저렴한 경비로, 또 빨리 공장을 지을 수 있습니다. 투자에 대한 비용을 최소화할 수 있다는 얘기입니다.

해외 건설을 하던 철저한 정신과 신의로 뭉쳐진 인재들을 활용한다면 어느 제조업을 하더라도 큰 업적을 남길 수 있는 것입니다."

3. 현대자동차

정주영은 조금이라도 가능성 있는 일이라면 물불 가리지 않고 뛰어들어 경쟁자들을 따돌렸지만 다른 한편으로는 어떤 사업에서도 자신만의 확고한 원칙이 있었고, 이를 지키기 위해서라면 누구와도 타협하지 않았다. 하지만 그 같은 정주영의 원칙은 언제나 국익과 국민이라는 기초 위에 세워진 것이었다.

그가 현대자동차를 설립하던 1967년도의 일이다. 당시 현대는 한전이 진행하는 신규 발전조 건설 프로젝트에 입찰하게 되었는데, '돈키호테' 정주영이 최저가로 입찰할 것을 모르는 이가 없었다.

당시 아이젠버그라는 유명한 로비스트를 끼고 권력 실세에 기댄 한 외국 회사가 이 공사를 따내려 했다. 당연히 그 회사는 고가에 입찰하려 했는데 정주영이 문제였다. 어느 날 그 회사의 대표가 정주영을 찾아와 자기들과 공동으로 입찰하면 공사비 절반을 떼어주겠다고 제안했다. 정주영은 일언지하에 거절했다.

우리가 내놓은 가격은 당신들이 내놓은 가격의 절반 정도요. 그리고 그 액수는 공사를 규격대로 다 이행하고도 충분히 이익을 낼 수 있는 가격이오.

당신들이 두 배를 받아내서 그 반인 원래의 우리 몫을 우리에게 준다고 해도 우리는 안 하겠소. 왜냐하면 그 공사는 결국 국민의 혈세로 하는 공사인데 가난한 국민한테 바가지를 씌울 수는 없소. 수주를 못하면 못했지 그렇게는 안 하겠소.

—박정웅, 『이봐, 해봤어?』(에프케이아이미디어, 2002), 131쪽

이후 경위를 보면, 권력 실세의 간섭 탓에 이런저런 이유로 업체 선정을 못한 채 지지부진한 가운데 박정희 대통령에게 그 내막이 흘러들어가게 되었고, 진노한 박 대통령이 로비스트를 내몰고 재입찰에 부쳐 현대건설이 착공하는 것으로 막을 내린다.

1960년대에 정주영의 내면에 이미 국익과 국민을 위해 일한다는 사업 원칙이 굳게 자리 잡고 있었음을 보여주는 사례다. 정주영은 이후 국제적 차원의 사업과 협상에서 항상 이러한 원칙을 고수했고, 그로 인해 그가 감당해야 할 결정의 무게도 커졌다.

현대자동차를 설립하면서 그가 짊어진 부담이 시련이 그랬다. 만일 정주영에게 자동차 산업의 전망에 대한 확고한 신념과 국익을 위해 짊어질 사명감이 없었다면 현대자동차는 탄생하지 않았을 것이다.

무엇보다 미래를 내다보고 먼저 앞서 나가야 한다는 결단력이 없었다면 현대자동차에 오늘과 같은 미래는 없었을지 모른다. 『중용』 제20장에 이렇게 이른다.

천하와 국가를 다스리는 데에는 아홉 가지 법도가 있으나 총괄적으로 보자면 그것을 행하는 것은 결국 하나이다. 모든 일이란 것이 앞서 대비하면 제대로 서고, 대비하지 않으면 무너지니, 말도 사전에 그 방향을 정하면 넘어지지 않고, 일도 사전에 정하면 곤경에 빠지지 않는다. 또 행동을 사전에 정하면 병들지 않고 길도 미리 정하면 막히지 않게 된다.

현대자동차주식회사의 설립은 미리 대비하는 것이야말로 기업가의 제1덕목임을 보여주는 사례이자, 경영자로서 정주영의 안목이 어디까지 미치고 있는지 생각게 하는 사례다.

정주영은 쌀가게를 물려받아 경일상회를 차린 뒤, 1940년 자신의 첫 사업으로 자동차 수리업을 선택했다. 당시 유명했던 경성서비스 공장 직공으로 일하던 이을학의 권유에 따른 것이었다.

그는 기술도 돈도 없었지만 기술자를 구할 수 있었고 돈을 빌릴 수 있었고 그 자신은 기존 서비스업체들의 관행을 개선하여 돈을 벌 자신감이 있었다. 비록 개업하자마자 불이 나는 바람에 경찰서로 불려가 경을 치기는 했지만, 그가 세운 아도서비스는 일제에 의해 강제 합병되기 전까지 쑥쑥 자라주었다.

그 경험을 바탕으로 정주영은 해방 후인 1946년 현대자동차공업사를 세웠고 1948에는 대한자동차공업협회 이사로 피선되기도 했다. 이 과정에서 자동차 전반에 관해 지식을 쌓은 그는 내친김에 자동차 생산에 뛰어들기로 결심한 것이다.

정주영의 결심에 주위의 많은 사람들이 만류했다. 1960년대 국내 자동차업계는 '딸딸이'라 불리던 삼륜차를 주로 생산하던 기아차, 반제품 조립 생산 수준의 승용차 시장을 독점하고 있던 신진차 등이 있었다.

또 당시는 신규 자동차 산업 진출 때 해외 선진 업체와의 기술 제휴를 맺지 못하면 정부가 사업 허가를 내주지 않던 때였다.

이런 상황에서 제작 기술이 전무한 현대가 섣불리 뛰어들면 낭패하기 십상이라는 것이 주위 사람들의 의견이었다. 그러나 정주영은 먼저 국내 자동차 시장이 조만간 급성장할 것이라 판단했고, 후발 주자라면 최고의 기술을 가진 외국 자동차 회사와 합작하여 차를 만들어 극복하면 되며, 특히 시기적으로 현대를 둘러싼 여건이 정부의 지원을 이끌어내기에 유리하다고 보아 주저 없이 회사를 세우고 시장에 뛰어들었다.

먼저 설립 허가를 받아야 하므로 정주영은 해외 제휴선을 찾는 일부터 시작했다. 일본과 유럽의 업체를 수소문했으나 여의치 않아 미국으로 눈을 돌린 그는 포드자동차가 한국 시장 진출을 희망하고 있음을 알아냈다.

정주영은 이미 전년도인 1966년 4월 포드사가 시장 조사차 내한했을 때 접촉을 시도했다 퇴짜를 맞은 경험이 있었다. 하지만 개의치 않고 미국에 있는 동생 정인영을 시켜 포드사와 접촉하게 했다.

당시 미국 1위 업체는 GM이지만 GM이 동등한 파트너십을 인정하지 않는 경영 스타일을 지녔기 때문에 이 점에서 상대적으로 관대한 포드를 지목한 것이다. 당시 포드는 흥아공작소·화신산업·동신화학·기아산업 등 국내 9개 회사와 제휴 협상을 벌이던 중이었다.

1967년 2월 포드의 부사장급 일행이 방한했고 그들이 제시한 사흘간의 면접 일정을 단 두 시간으로 줄이게 만들 만큼 정주영은 치밀한 준비로 답했다. 면접에 만족한 포드 측은 신용도와 자본력에서도 앞서 있던 현대를 점찍었다.

이미 포드는 주한 미국 대사관을 위시해서 미국 정보기관과 언론사,

금융 기관 등 모두 167개 기관을 동원하여 신용 조사를 하고 신청자를 일일이 면담해, 현대가 신용도 1위에 올랐다는 보고서를 갖고 있었다. 거기에 대표가 자동차에 대해 가장 잘 안다는 평가까지 나오자 주저 없이 현대와 자동차 조립 기술 계약을 체결할 것을 승인했다.

그 결과 현대는 정부로부터 자동차 제조 허가를 받아냈고, 이듬해인 1968년 1월 4일 현대자동차주식회사가 탄생했다.

정주영은 울산시 양정동 700번지 일대의 공장 부지를 매입, 공장 건설에 착수했다. 그해 10월, 1만3000여 평방미터 규모의 현대자동차가 그 위용을 드러냈다.

그에 앞서 현대자동차는 포드와 합작을 결정하면서 곧바로 국내 최초의 조립 차종으로 일명 '코티나'와 'D-750' 트럭을 생산키로 했다. 자동차 생산과 공장 건설을 동시에 진행한 결과, 1968년 11월 1일 공장 건설이 채 끝나기 전에 회사의 첫 차 '코티나'가 탄생했다.

하지만 생산이 곧 성공을 보장하지는 않는다는 말처럼 코티나는 판매 부진에 시달렸다. 코티나는 포드의 유럽 내 자회사인 영국 포드에서 1966년 10월 개발되어 영국에서 판매 2위를 기록할 정도로 유럽에서 선풍적인 인기를 끈 차종이다.

하지만 이 차는 아스팔트 같은 포장도로에서 성능이 뛰어난 반면, 비포장도로에서는 맥을 못 추는 차였다. 그 밖에도 자동차에서 이런저런 문제가 계속 터지는 바람에 사람들이 코티나를 '코피나', '고치나', '골치나'로 부를 정도였다.

결국 코티나는 실패작으로 정리되고 말았는데, 이에 대해 정주영은 포드사가 우리나라 도로 사정을 감안하지 않은 채 차종을 결정했고, 현대 측이 그러한 문제를 파악할 능력이 없었다는 점을 가장 큰 원인으로 꼽았다. 차에 대해 잘 모른 채 외국 회사에 의존하다 보니 눈뜬장님 신세로 차를 내놓았다는 것이다.

그해 현대차 공장이 있는 울산시에 100여 년 만의 대폭우가 내리면서 "현대가 물에 빠진 코티나를 판다"는 소문까지 퍼지는 통에 코티나는 재기 불능 상태에 빠지고 말았다.

설상가상으로 1969년 정부는 자동차 국산화 3개년 계획을 발표하면서 당시 자동차 4사 가운데 한 군데만 엔진 주물 공장을 허가한다는 내용을 골자로 하는 '엔진 주물 공장 일원화 계획'을 발표했다.

그러면 국내 4개 업자 가운데 엔진 생산을 독점한 하나만 살고 나머지는 고사될 가능성이 컸다.

더욱이 엔진을 자력 생산할 수 있는 국내 업체는 없으므로 무슨 수를 쓰든 외국 회사와 합작해야 한다는 뜻이기도 했다. 현대차가 살아남으려면 다시 포드에 매달려 엔진 주물 공장을 짓는 수밖에 없었다. 이 기회를 놓칠 리 없는 포드는 아예 현대차를 흡수해 한국에 직접 진출하려 했고, 여기에 동의할 수 없는 현대차는 생사의 갈림길에 몰리고 말았다.

막다른 골목에 몰린 정주영이 찾아간 곳은 청와대였다. 정주영은 박 대통령 앞에 앉자마자 이 문제를 털어놓았다.

자동차에서 엔진은 심장과 같은 것인데, 이를 합작이라는 형태로 외국 회사에 내주고 그마저 독점 형태를 취하고 나면 한국 자동차 국산화의 꿈은 요원해집니다.

더욱이 경쟁을 배제한 독점은 자동차 회사를 사실상 국영 기업체로 만드는 것으로 그렇게 해서는 세계 무대에서 경쟁력을 잃을 수밖에 없습니다.

이런 취지였다.

독대 결과, 정부 정책은 바뀌었다. 국산화 조건을 완화하고 우리 실정
에 맞는 소형차 개발에 주력하며 경쟁 제품의 수입을 제한한다는 것으
로, 사실상 기존 방침을 백지화한 것이다.

경부고속도로 건설로 대통령에게 쌓은 신뢰가 아니었으면 가능하지
도 않은 도박이었지만 정주영의 결단이 빛을 발한 순간이었다.

다음으로 포드의 협력을 이끌어내는 일이 필요했는데 한국 시장을
넘보던 포드는 현대차를 하청 계열화하려는 속셈을 감추지 않았다. 정
주영은 포드 측에 투자 비율을 50대 50으로 하자고 여러 차례 제안했지
만 포드의 헨리 2세는 이를 수용하지 않았다.

이어 포드는 현대의 자금 동원 능력을 문제 삼았고, 현대가 이를 해결
하자 이번에는 한국이 투자 가치가 없는 나라라는 설명을 늘어놓았다.
지루한 공방 끝에 1973년 1월 양사의 합작은 무산되고 말았다.

같은 시기에 신진자동차는 GM과 합작 계약을 성사시키고 연간 5만
대 생산 계획을 발표하는 등 주변 상황은 악화 일로를 걸었다.

정주영도 더는 방법을 찾지 못하던 중 동생 정세영이 일본과의 엔진
합작 추진을 건의했다. 동생의 말에 따라 일본 미쓰비시와의 합작을 추
진했고, 그해 9월 기술 협력 계약이 성사되었다.

정주영은 여기서 멈추지 않고 자체 기술력을 끌어올리기 위해 인재
확보를 다방면으로 시도했다. 영국 엔지니어를 영입하여 휘발유 엔진을
자체 개발한 사례는 대표적인 것이다.

밤낮으로 세계 최고 수준의 기술자를 물색하던 정주영은 영국의 탁

월한 휘발유 엔진 기술자였던 조지 턴불을 알게 되었고, 그에게 끈질긴 구애를 한 끝에 마침내 현대자동차 부사장으로 불러들이는 데 성공했다.

턴불은 한국에서 현대차 기술진들과 함께 연구하여 자체 휘발유 엔진을 개발했는데, 이는 현대차의 독자 개발 능력은 물론 품질 및 경쟁력을 획기적으로 높이는 계기가 되었다. 당시 자동차 엔진 기술이 국가적으로도 중요한 자산이던 때라 영국 의회에서는 턴불의 현대차 영입을 두고 두뇌 유출 논란이 일었을 정도였다.

'포니'로 국산 자동차 시대 개막

회사를 설립한 지 9년 만인 1976년 1월 현대차는 마침내 한국 고유 자동차 모델 1호인 '포니'를 국내외에 선보였다. 기술적으로 포니는 90% 국산화율로 만든 '토종 차'이자 세계에서 16번째, 아시아에서는 일본에 이어 두 번째로 조립 생산이 아닌 고유 모델로 개발된 승용차였다.

포니는 당시 정부가 역점을 두고 추진한 '국산 기술 자동차'로 손색이 없는 데다, 가격 경쟁력이 높고 우리나라 도로 사정과 한국인의 체형에 적합했다. 때문에 출시 당시 경쟁차였던 GMK의 카미나, 기아의 브리사를 제치고 그해 국내 승용차 시장의 43.6%를 차지했으며 이로써 현대차를 국내 최대 자동차 회사로 끌어올렸다.

포니의 출시로 국내 기술에 의한 소형차 시대가 열리면서 당시 자가용족이 급증했고, '마이카'라는 신조어까지 만들어지게 되었다.

현대차의 성공을 가장 못마땅해한 쪽은 포드를 비롯한 이른바 자동차 빅 3가 포진한 미국이었다. 당시 GM이 조립 생산 방식으로 한국에 '카미나'라는 승용차를 출시했지만 반응이 신통치 않았는데 '포니'가 거기에 결정타를 먹인 셈이었다.

여러 방면으로 현대차를 제지하려다 사정이 여의치 않자, 미국은 노골적인 방식으로 압력을 넣으려 했다. 포니가 출시된 지 1년 뒤인 1977년 봄, 미국 자동차 메이커의 사주를 받은 스나이더 주한 미국 대사가 정주영을 호텔 밀실로 불러냈다. 통역만 대동한 둘의 독대 자리에서 그는 정색하고 "자동차 독자 개발을 포기해달라"고 말했다.

미국 대사는 정주영에게 "독자 개발을 포기하면 현대가 원하는 조건대로 조립 생산을 할 수 있도록 미국 정부에서 지원을 아끼지 않겠지만, 그렇지 않을 경우 현대가 국내외에서 엄청난 시련에 부딪힐 것"이라며 사실상 협박을 가했다.

이런 사태가 닥칠 것을 이미 알고 생각을 다듬어두었던 정주영은 확고한 논리로 거부 의사를 밝혔다. 한 나라의 국토를 인체에 비유한다면 도로는 인체 내의 혈관과 같고 자동차는 혈관 속을 흐르는 피와 같다. 좋은 자동차를 싸게 국민에게 공급하는 것은 좋은 피를 인체 내에 공급하는 것만큼이나 중요하며, 바로 이런 사명감 때문에 나는 어떤 어려움이 있어도 자동차 산업을 포기할 수 없다.

스나이더 대사 앞에서 단호한 어조로 이어진 정주영의 '국산 자동차 독자 개발' 선언은 다음과 같이 끝을 맺는다.

자동차산업은 (……) 한국이 앞으로 선진 공업국으로 진입하는 데 있어 반드시 필요한 것이라고 믿습니다. 때문에 그동안 제가 건설에서 번 돈을 모두 쏟아붓고 실패한다 하더라도 저는 결코 후회하지 않을 것입니다. (……) 이것이 밑거름이 되어 내 후대에 가서라도 우리나라 자동차산업이 자리를 잡을 수 있게 된다면 그것을 나는 보람으로 삼을 것입니다.

-박정웅, 『이봐, 해봤어?』(에프케이아이미디어, 2002), 23쪽

이렇게 미국 대사의 협박에 굴하지 않으며 자동차 산업의 국산화를 역설했던 정주영은, 오히려 국산 차 1호 '포니' 해외 마케팅을 강화했다. 그리고 포니는 국내의 인기를 바탕으로 북중미에 수출되었는데 특히 캐나다에서 큰 인기를 끌었고, 현대자동차는 그것을 기반으로 한국 자동차 산업의 기반을 확고히 다지기에 이르렀다.

포니가 캐나다에서 한동안 인기몰이를 한 탓에, 후일 캐나다 멀로니 총리가 원자력발전소 판매를 위해 한국을 방문했을 당시 한국 측 대표였던 정주영에게 포니의 캐나다 수출 성과를 상기시키기까지 했다.

포드와 협상하는 과정에서 당시 법률고문이었던 문인구는 정주영의 탁월한 감각을 보여주는 일화 한 가지를 소개했다. 정주영은 영어를 잘 못하는데 그럼에도 그가 통역을 시켜 외국인과 대화할 때면 비상한 이해력을 보였다는 것이다.

그가 현대차를 설립하기 위해 포드의 전문가들과 협상할 때다. 자신의 말을 통역이 상대방에게 전하자, 이를 듣던 정주영이 버럭 호통을 쳤다. "통역 제대로 해, 왜 이 말은 빼먹었어?" (고도의 직감과 상대방의 순간적인 반응과 표정을 읽고 통역의 잘잘못을 간파하는 그의 능력에 주위 사람들이 당황하기 일쑤였다는 것이다.)

자동차의 미래는 나라의 미래

현대차 포니의 성공과 국내외 공사의 확장이 결합해 현대의 사세 또한 빠른 속도로 확대되었다. 이에 정주영은 1인 경영 체제로는 회사를

이끌기 어렵다고 판단, 자신은 회장이 되어 그룹 전체를 총괄하고 현대건설은 정인영, 현대시멘트는 정순영, 현대자동차는 정세영에게 맡기는 등 지배 구조에 변화를 도입했다.

이후 현대자동차는 질주를 계속했다. 현대자동차는 포니를 생산 첫해부터 아프리카, 중동, 중남미 등에 수출했다. 초기 생산 능력은 연 1만 대 수준이었으나 1970년대 말에는 10만 대로 늘렸다.

1978년 제2차 오일쇼크 파동을 겪으며 판매가 주춤했지만 1982년 대체 차종으로 내놓은 포니 2는 원년 포니의 인기를 능가할 정도로 빠르게 팔려나갔다.

기세가 오른 현대차는 '포니 2'로 미주 시장을 노렸는데 첫 번째 진출 지역은 캐나다였다. 결과는 성공적이어서 1983년 11월 1500대를 내보낸 데 이어 1984년에 2만 5000대, 1985년에는 8만 대가 팔려나갔다.

그해에 포니 2는 캐나다에서 일본 차를 누르고 소형차 시장 1위 판매 차량에 올라섰다.

이어 스텔라를 내보냈는데 이 차는 진동과 소음이 발생하는 기술적인 결함을 극복하지 못했다.

심기일전한 현대는 다음으로 엑셀을 개발해 다시 북미 시장을 두드렸는데 이 차는 캐나다는 물론 미국에서도 큰 인기를 끌었다. 1986년 엑셀은 미국 시장에서 4개월 만에 5만 대 판매를 돌파, 현대차 수출 사상 최고 기록을 세웠으며 그해 미국 전체 수입 소형 승용차 중 3위의 판매고를 올렸다.

이어 1987년 현대차 엑셀은 미국 시장의 동일 부문에서 1위를 차지, 쟁쟁한 일본 차의 기세를 꺾었다. 이해 엑셀 판매 대수는 26만 대로 그 아래 닛산 센트라 24만 대, 혼다 시빅 17만 대, 도요타 코로나 12만 대

순의 판매고를 보였다.

이로써 현대자동차는 미국 내 10대 차종에 오르며 한국 자동차 산업의 경쟁력을 세계에 알렸다. 한때 국산 차 개발을 포기하라는 미국 대사의 압력에 맞서 세계에 한국 자동차를 알리겠다고 한 정주영의 다짐이 10여 년 만에 결실을 맺은 것이다.

현대자동차가 여러 번의 위기를 넘기며 포니를 생산하고 미국 시장에 진출해 성공적으로 진입하기까지 주목해야 할 점 하나는 견문에 대한 정주영의 적극적인 자세다.

일찍이 정주영은 건설업에 진출해 부족한 경험과 기술을 미군 공사를 통해 보충했다. 그때 정주영은 자신은 물론 현대의 모든 직원을 공사 현장에 번갈아 투입하며 미군 측의 시방서는 물론, 그들이 제시하는 설계, 지시, 감리를 하나도 빼놓지 않고 습득했다. 그 결과 현대건설은 국내에서 타의 추종을 불허하는 국제적인 감각과 기술력을 쌓을 수 있었다. 정주영은 그와 같은 견문의 태도를 자동차 생산에도 도입하려 했다.

자동차 생산 실적도 기술도 없는 현대차로 글로벌 자동차 메이커인 포드와 합작을 성사시키려 한 정주영의 시도는 어쩌면 무모하다고 볼 수도 있다. 하지만 현대차의 입장에서는 경위야 어찌 됐건 포드와 합작해 그들에게 배워 기술을 이전받아 자동차를 만들어내기만 하면 된다.

이런 생각에서 정주영은 포드의 온갖 위세를 견뎌냈고, 악조건을 참아내려 했다. 비록 포드의 야심으로 인해 그 시도는 무산되었지만 배워서 만들고자 한 생각은 그 후로도 계속 시도되었다.

정주영은 더 이상 포드로부터 배울 수 없다는 사실을 확신하자 주저 없이 동생 정세영의 의견을 받아들여 일본과의 합작을 추진했다. 비록 포드만큼 세계 정상의 메이커는 아니지만 일본은 이미 자동차 강국이었고 미쓰비시는 세계적 메이커의 반열에 들기에 부족함이 없는 회사였다.

결국 미쓰비시로부터 엔진 기술을 이전받는 데 성공한 현대차는 동일 업종의 선발 주자인 신진차에 앞서 국산 차를 생산, 포니 신화의 서막을 열었다. 이 과정에서 정주영은 동생의 공을 선선히 인정할 줄 알았고, 그것이 현대차의 운행을 순조롭게 만들었다.

견문을 중시하고 수용하는 사고는 『논어』에서 말하는 "허물이 있다면 고치기를 꺼려 하지 않음"과 통하고, "배우면 완고함에 빠지지 않음"과 통한다. 배우지 않으려 하고 고치지 않으려 하고 고집을 꺾지 않으려 한다면 어떤 현자라도 앞으로 나아갈 수 없는 것이니 하물며 사업에 임해서야 두말할 필요가 없다.

또 합작이 실패로 돌아갔을 때 그 원인을 자신이 아닌 다른 데서 찾아 책임을 물으려 했다면 동생이 선뜻 나서기 어려웠을 것이다. 그랬다면 동생이 설사 대안을 생각했다 하더라도 선뜻 말하기 어려웠을 것이다. 『중용』에서는 이를 활쏘기에 비유해 설명하니, "활을 쏘아 정곡을 맞히지 못하면 즉시 돌이켜 자신을 반성해야 한다"는 말이 그것이다.

견문, 즉 배움을 중시하는 사고는 이처럼 배움을 수용하는 자세로 나타나는가 하면, 달리 배움을 즐겨 실천하려는 자세로도 나타난다. 이런 자세는 그 생활하는 습관으로 드러나는 것이니 꾸미려 해도 꾸미기 어렵다. 배운 바대로 실천하는 사람에게는 온갖 격식이 불필요하며 거추장스럽고 가식적인 것이다.

우리가 정주영에게서 보는 극단의 검소함, 근면함, 성실함, 철저함 같은 습관 역시 이러한 자세를 끝까지 밀고 나간 결과, 그의 삶에 체화된 것이다. 『논어』에서 지적하는 다음과 같은 특징이 그러한 것이니, 곧 배움을 좋아하고 이를 실천하기 또한 좋아하는 사람에게 공통적으로 해당하는 모습임을 알 수 있다.

먹을 때 배부름을 구하지 않고 거처할 때 편안함을 구하지 않으며 일은 민첩하게 하고 말은 신중하게 하며, 도리를 갖춘 사람을 찾아가 시비를 바로잡는다면, 그가 배우기를 좋아하는 사람이라 말할 수 있다.

정주영은 1984년 10월 15일 세종문화회관 세종홀에서 열린 자동차공업협동조합 조찬회 연설을 통해 한국 자동차 산업의 과거와 현재에 대한 자신의 믿음과 미래에 대한 기대를 담담하게 털어놓았다.

당시까지만 해도 현대그룹 내에서 현대차의 비중은 그다지 크지 않았다. 실은 건설과 중공업에 밀려 현대그룹에서 언저리 신세를 벗어나지 못하고 있었다. 매출 규모 면에서도 2조 원대의 건설과 1조 5000억 원대 중공업에 비해 1000억 원대의 자동차는 비교가 되지 않았다.

자동차는 잠시 접고 두 업종에 매달려야 한다는 말이 설득력을 가질 만도 했다. 하지만 정주영은 그렇게 생각하기는커녕, 오히려 "현대그룹의 미래를 위해 자동차 산업을 주종으로 하지 않으면 안 된다"고 역설했다. 건설과 중공업이 세계적인 경기 불황을 몇 년 안에 극복하기 쉽지 않고, 그 공백을 자동차 산업이 메워줄 것임을 확신했기 때문이다.

또한 자동차와 함께 세계적으로 부상하는 산업이 전자 산업인데, 첨단 기술을 확보하는 데 걸리는 비용과 시간 부담이 크다는 문제가 있었다. 특히 전자 산업에는 첨단 기술을 가진 인력이 절대적으로 필요한데 그 또한 십수 년의 세월과 시행착오를 거쳐야 할 터였다. 이처럼 성공 여부가 불확실한 전자 산업에 비해 당시 자동차 산업은 한국의 현재 기술력과 노하우만으로도 비교적 안정적으로 추진할 수 있었다.

한국의 자동차 산업은 1970년대 이래 꾸준히 발전해왔고 그에 따라 기술 인력이나 기술력을 판단할 경영자의 안목도 상당 수준 축적되어왔다. 가령 전자 산업에서 해외의 새 기술자를 영입하려 한다면 열 사람에 다섯 사람은 잘못 선택할 수 있다. 하지만 정주영이 보기에 같은 경우 자동차라면 열 사람에 아홉 사람은 제대로 선택할 수 있다는 것이다. 세계 시장의 추이로 보아도 건설이나 조선에 비해 자동차는 그 성장세가 가파르고 전자 산업에 비해 우리 업계가 뛰어들기에 위험부담이 훨씬 적다.

또 조선에 비한다면 자동차의 경우 한국은 충분한 수리와 조립의 역사를 가지고 있으며, 더불어 조선은 개발하는 데 시간이 걸리고 수많은 선주의 배형이 모두 다르고 엔진이 모두 다르지만 자동차는 한 번 개발하면 4년, 5년씩 팔 수 있다는 이점도 있다.

물론 논리적으로만 말하자면 1980년대 한국 자동차 산업의 수준으로 볼 때 선진국 업계를 따라잡기에는 한계가 있고, 국가별로 시행하는 수입 쿼터 장벽이 높은 것도 사실이다. 하지만 현대가 별다른 기술도 자본도 없이 해외 건설 현장에 뛰어들었을 때나 만들어본 적도 없는 조선소를 짓겠다고 외국 은행에 돈을 꾸러 다닐 때와 비교하면 그 장벽은 현저히 낮은 것이다.

조선의 경우를 보면, 1970년대 초에 국내 시장이 전무한 상황에서 현대는 배 한 척 건조한 경험도 없었지만 오직 노력으로 조선 산업을 일으켰다. 그리고 13년이 지난 뒤 현대는 200년 조선 역사를 가진 유럽도 100년 조선 역사를 가진 일본도 넘어서서 세계 1위 자리를 지키기에 이르렀다.

마찬가지 이유에서 정주영은 1970년대 말 당면한 경기 불황의 탈출구를 성장 잠재력이 높고 기초 기술력을 확보한 자동차 산업으로 삼았고, 여기에 충분한 노력만 더한다면 반드시 성공할 수 있을 것이라고 말한 것이다.

가난한 사람이 부자가 되는 것은 그렇게 쉽게 되는 것이 아닙니다. 다른 부자들보다 불리한 여건을 만나서 그들보다 몇 배 많은 노력을 쏟아 그 불리한 여건을 극복해내야 부자가 되는 것입니다.

1980년대 들어서도 이러한 그의 신념은 바뀌지 않았다. 정주영은 일찍이 자동차 공업에 대한 자신의 신념을 몸으로 증명해 보인 적이 있다. 신군부가 들어선 1980년에 정부가 발전 설비와 자동차 분야의 통합을 단행할 당시 일이다. 업계에서는 정주영이 당연히 막 걸음마를 뗀 자동차를 내놓고 원자력발전소로 황금알을 낳아주던 발전 설비를 택할 것이라고 전망했다.

하지만 정주영은 보란 듯이 발전 설비를 내놓고 자동차를 택했다. 이유는 첫째 앞서 본 것처럼 자동차와 함께 사업 인생을 걸어왔기 때문이고, 둘째 기왕 선택을 하라면 더 큰 어려움을 헤쳐 국가에 공헌할 수 있는 분야를 택하는 게 좋겠다는 생각에서였다.

국산 차 개발과 기술의 국산화를 이루는 것은 자동차 산업 발전에 필수적인 과정이고, 당시 현대가 아니고서는 그만한 일을 감당하려 할 기업이 있을 수 없었다. 힘들지만 그 과정을 거쳐야 우리나라는 비로소 선진국에 진입할 공업 기반을 확보할 수 있기 때문이었다.

자동차는 정주영이 말한 대로 그 나라의 공업 수준을 알려주는 동시에 그 나라 모든 상품의 수준을 알려주는 '달리는 국기'다. 우리의 자동차가 수출되고 있는 곳이면 어느 곳에서나 자동차를 자력으로 생산, 수출할 수 있는 수준의 나라라는 이미지 덕택에 다른 상품도 덩달아 높이 평가된다. 그리고 자동차를 완벽하게 생산하면 그 나라의 기계 공업은 무엇이든 자력으로 도달할 수 있다.

1967년 회사를 설립한 이래 정주영은 자동차가 국가 산업 기술의 척도이자 산업의 수준을 끌어올리는 견인차라라는 생각에서 국산 차 개발을 위해 막대한 투자와 노력을 쏟았다. 그 결과, 1976년 최초의 한국 고유 모델 소형 승용차 포니를 시판하고 시장에서 성공했다.

하지만 그보다 중요한 것은 자동차 산업이 일개 기업의 노력만으로 성장할 수 있는 것이 아니며, 자동차 산업이 궤도에 오르면 그 혜택이 특정 업체에만 돌아가는 것이 아니라는 사실이다.

그런 의미에서 정주영이 자동차에 쏟아부은 열정이 오늘날 세계 무대에서 현대자동차를 우뚝 세우게 하고 한국을 세계적인 공업 국가로 도약시킨 밑거름이 되었음을 부인하기란 어렵다. 정주영의 선견지명이 거듭 빛나는 대목이다.

자신이 완성차 시장에 막 첫발을 들여놓았을 당시, 1975년 2월 17일 국방대학원에서 행한 특별 강연에서, 정주영은 한국 자동차 산업이 세계 시장에서 승산이 있다며 다음과 같이 설명했다.

우리 자동차업계가 한국에서 10만 대 규모의 자동차 공장을 차려서 대담하게 세계 시장에 도전한다면 충분히 승산이 있다. 그것이 한국 자동차 공업 발전의 핵심적인 열쇠인바, 이를 위해서는 좁은 국내 시장에만 안주하려는 생각을 벗어던져야 한다.

국가의 보호막에 기댈 생각을 하지 말고 해외를 상대로 하여 해외의 우수한 기술자를 확보하고 국내의 우수한 기능공을 육성하며 국제 경쟁력을 갖춘 자동차를 만들어내야 한다. 처음에는 모든 것이 부족할 수 있지만 무엇이든 극복할 수 있다. 현대조선소만 하더라도 처음에는 배 만드는 기술자가 아무도 없어 외국인 기술자 열 명 남짓을 2년 계약으로 불러다 그들에게서 배우며 기술을 쌓아나갔다. 두어 해가 지나자 현대는 완전무결하게 국제 규격에 맞는 선박을 건조할 수 있었다.

그에 비하면 한국 자동차 공업의 기술력은 이미 일정 수준에 올라서 있다. 가장 어렵다는 자동차 부품을 예로 들어도 한국 자동차 부품이 국제 시장에서 품질 불량으로 말썽을 일으킨 예는 거의 없다. 또 일본을 예로 들 수 있다. 일본도 산업화 초기에는 우리와 마찬가지로 국제 경쟁력이 있는 제품을 갖고 있지 않았다.

하지만 일본은 원자재가 없는 대신 몇 가지 품종에 주력하여 고가로 수출할 수 있는 분야를 찾았고 그 결과, 조선과 자동차 공업에 집중했다. 오늘날 일본은 이 두 분야에 힘입어 세계 초일류 강대국으로 성장했다. 그런 일본이 자동차 시제품을 내놓은 것이 서구보다 한참 늦은 제2차 세계대전 중이었고, 제대로 된 자동차를 세계 시장에 내놓은 것이 겨우 1960년대의 일이다. 그런 일본이 10여 년 만에 세계 자동차 시장에서 구미 선진국들과 어깨를 나란히 하고 있다.

한국은 일정한 기반이 있으므로 거기에다 세계 최고 수준의 업체와 기술을 목표로 자료를 수집하고 개발에 박차를 가하는 등 노력만 한다면 10년, 20년이 아니라 5년이면 일본을 따라잡을 수 있다.

이를 위해 한국 자동차 공업은 반드시 세계 시장을 상대로 해야 한다. 그렇게 하면 성공할 수 있지만 국내 시장에서만 먹고살려 하면 도저히 발전할 수 없고 국제적인 가격으로 국민에게 자동차를 공급할 수 도 없다.

　말로는 쉽지만 그것을 해나가는 데에는 많은 애로가 뒤따를 것입니다. 그러나 저는 문제없이 극복해나갈 것으로 믿습니다. 처음부터 세계 시장을 목표로 자동차 산업을 계획하고 향후 발생하는 모든 문제를 신념과 노력으로 극복해내야 합니다.

　이것이 현대자동차를 세계적인 기업으로 키워낼 수 있었던 정주영의 안목이자, 세계적인 자동차 기업으로 성장한 오늘의 현대자동차를 있게 한 청사진이었다.

4. 현대조선

정주영은 1969년 현대건설 회장에 취임하고 이듬해 현대시멘트를 설립한 뒤, 불어난 회사의 덩치에 걸맞게 1971년에는 현대그룹 회장에 취임했다.

그때부터 그는 자동차 생산에 매달렸는데, 그 결과 1972년 울산에 현대자동차 공장을 준공하기에 이르렀다. 그사이 정주영은 야심 차게 대규모 사업을 준비하고 있었으니, 그해 3월 현대조선소 기공식을 올리고 조선업에 뛰어든 일이 그것이다.

이후 정주영은 자동차와 조선을 동시에 추진했다. 1973년 미쓰비시와의 합작을 성사시켜 자동차 생산에 청신호가 켜지자 그는 울산에서 유조선을 만들어 납품하는 데 성공했다. 그에 따라 1974년 현대중공업을 설립하고 울산 조선소를 준공하는 등 조선업에 본격적으로 매달렸다. 당시에 현대자동차는 미래의 먹거리였고 조선소는 현재의 밑천이 될 수 있었기 때문에 정주영의 일상적인 관심사는 대부분 조선소에 쏠려 있었던 것으로 볼 수 있다. 그런데 정주영은 이미 1960년대에 이미 조선업에 대한 구상을 세우고 있었다.

이춘림은 서울대 건축학과를 다니다 정주영의 부산 피란 시절부터 공사를 도왔는데 다시 복학하여 공부를 마친 뒤 1957년 현대건설에 공채 1기 출신으로 입사했다. 처음 미군이 발주한 인천 도크 복구 공사 현장에서 경험을 쌓은 뒤, 주로 현장 실무를 맡았고 후일 현대건설과 현대중공업 사장을 지내는 등 정주영 곁에서 반세기를 함께한 현대의 산증인이다. 현대중공업이 1983년 총 선박 건조량 세계 1위에 오른 뒤 부동의 세계 최대 조선 회사로 군림하게 된 데는 그의 기여가 적지 않았다.

이춘림이 현대건설 상무로 일하던 1966년 가을, 정주영이 도쿄에 있는 그를 찾아 조선소 시찰을 가보자고 했다. 다음 날 둘은 이시가와지마 하리마 중공업의 요코하마 조선소를 방문했다.

거기서 조선소 도크와 기계 공장 등을 둘러본 뒤, 둘은 다음 날 다시 가와사키 중공업의 고베 조선소를 방문했다. 연륜을 자랑하는 이 조선소들에서 둘은 대·중·소 여러 종류의 도크라든지 거대한 철판을 용접하는 장면 그리고 배를 건조하는 모습 등을 살폈다.

돌아온 자리에서 정주영은 이춘림에게 조선 사업을 구상하게 된 이유를 설명했다. 해외 건설은 기후, 풍토, 언어, 습관이 달라 공사를 원활히 추진하는 데 어려움이 많다. 열대 지방에서 한대 지방까지 기후 풍토가 다 다른데 다니면서 겪는 고생이 이루 다 말할 수가 없다.

그런데 조선은 온 세계에서 일거리를 받아다가 우리나라 한 군데서 하는 일이다. 그러므로 조선소를 세우면 외국에서 큰 배를 주문받아 국내에서 얼마든지 만들 수 있고 그것으로 큰돈도 벌 수 있다.

배를 만든다는 게 따지고 보면 철판을 용접하여 틀을 만들고 그 안에다 탱크나 엔진, 보일러, 발전기 같은 각종 기계 설비를 집어넣고 배꼬리에 프로펠러를 달면 되는 일인데, 그게 다 우리 현대가 해온 일이다. 이런 식으로 정주영은 이춘림에게 오래 묵혀두었던 꿈을 한꺼번에 토해 냈다.

그의 원대한 사전 구상과 포부가 있었기에 4년 뒤 차관 도입을 성사시키고, 6년 뒤인 1972년 3월 현대조선소의 기공식을 올리며 1974년 6월 세계 최대 규모의 조선소를 완성함과 동시에 26만 톤급 대형 유조선을 진수시키는 일이 가능했던 것이다. 당시 한국의 선박 건조 수준은 일천하여 그때까지 조선공사에서 만든 가장 큰 선박이 겨우 1만 7000톤 정도였다고 하니 26만 톤 선박의 위용을 짐작할 수 있다.

한편 1970년 1월 정주영은 현대건설 내에 있던 시멘트 공장을 확장하여 현대시멘트주식회사를 설립했다. 이를 기반으로 안정적인 시멘트 공급 기반을 확보했다고 판단한 정주영은 국내 시장에 머무르지 않고 서둘러 해외 시장으로 눈을 돌렸다.

1971년 2월에는 그간 설립된 현대자동차, 현대건설, 현대시멘트주식회사 등을 묶어 현대그룹을 창립하고 대표이사 회장에 취임했다. 이듬해에 현대조선소 기공식을 올리고 제1호 유조선 착공에 성공한 뒤, 이어 현대중공업, 현대자동차서비스, 현대미포조선 등 매년 한두 개씩 계열사를 설립하기 시작했다.

이러한 일련의 과정은 그가 사업을 전반적으로 확장하는 과정이기도 했는데, 이처럼 사업을 신속하게 확장한 데는 무엇보다 1970년 조선소를 설립해 대형 유조선을 수주하는 데 성공한 자신감이 크게 뒷받침했던 것으로 보인다. 현대조선소 설립은 정주영의 일생에서 해외를 향한 그의 개척 또는 도전 정신이 화려하게 빛을 발한 출발점이기도 하다.

개척 정신은 멀리 내다보는 생각을 필요로 한다. 그렇지 않다면 도전은 무모한 충동이 되기 쉽고, 결과를 알 수 없으므로 늘 근심을 몰고 오기 마련이다. "사람이 멀리 내다보는 생각이 없으면 반드시 가까운 데서 근심이 있다"는 것은 이를 두고 한 말일 것이다.

정주영은 일반인으로는 상상하기도 힘든 거대한 도전을 수없이 시도했고 그중 많은 도전을 성공으로 이끌며 국내외 시장을 개척했다. 그가 멀리 내다보는 안목 없이 도전을 남발했다면 자주 근심 걱정에서 헤어날 수 없었을 테니 그 결과 또한 좋을 리 없었을 것이다.

아무리 다양한 사업에 손을 댔다 하더라도 그가 무턱대고 덤벼든 것은 아니다. 자신의 경험을 살려 도전해볼 만한 일이며, 거기에다 최선의 노력을 다하면 충분히 사업을 성공시킬 수 있다고 확신했기 때문이다.

토목업을 기반으로 성장한 정주영이 그 경험을 살려 자동차 회사, 시멘트 회사, 건설 회사, 중공업 회사, 조선 회사 등을 잇달아 설립한 것도 이런 생각이 있었기 때문이었고, 그 생각에 충분한 깊이가 있었기에 어느 하나도 실패하지 않고 자리 잡게 할 수 있었던 것이다.

실제로 정주영은 생각을 멈추지 않는 사람이었다. 그의 말을 빌리면 밥풀 한 알만 한 생각이 마음속에 씨앗으로 자리 잡으면 거기서부터 출발해 끊임없이 그것을 키워 커다란 일거리로 확대시켰다. 몇 가지 생각을 한꺼번에 키워가다가 그중 하나나 둘을 끄집어내어 이를테면 미군 공사를 하면서 정부 발주 공사를 잡을 생각을 하고 그러다 곧 해외 시장으로 나가야 한다는 식으로 생각을 구체적인 사업으로 연결시켰다.

정주영에게 조선소는 1960년대 초부터 품었던 생각의 씨앗이었다. 그 생각을 키우던 차에 때마침 제2차 경제개발 5개년 계획을 추진하던 박정희 정부가 정주영에게 조선소 건설을 권유하자 그는 망설임 없이 이를 받아들였다. 10년 동안 만지작거리던 사업 구상을 한 번의 기회만으로 주저 없이 현실에 펼칠 수 있었던 것은 정주영 특유의 멀리 내다보며 생각을 키워가는 안목이 있었기 때문이다.

이와 같은 안목을 중국인들은 심모원려(深謀遠慮)라 표현하는데, 이에 관해 그들이 자주 인용하는 고사가 제갈량의 융중 대책이다.

제갈량은 지금의 산둥 성에 소재한 서주(徐州)에서 태어나 불우한 유년기와 청년기를 보내고 촉한 땅 융중에 은거하다 유비를 만났다. 제갈량이 이역만리 융중으로 가게 된 배경에는 조조의 만행이 있다.

서기 194년경 조조가 제갈량의 고향이자 도겸의 치하이던 서주를 침공했는데, 당시 조조의 명으로 무자비한 살육과 파괴가 행해져 서주는 폐허가 되었다. 특히 제갈량은 고향이 극심한 피해를 입는 등 전란의 와중에 온 가족이 뿔뿔이 흩어지는 비극을 맞아야 했다.

제갈량이 조조를 증오한 이면에 이와 같은 사정이 있었는데, 그는 절망하지 않고 197년 동한 정권을 세운 광무제 유수의 고향인 파촉 땅 융중에 들어앉아 천하 대업을 구상했다. 후일 자신을 영입하고자 삼고초려한 유비를 보고 제갈량은 꿈을 펼칠 기회를 갖게 된다.

송나라의 배송지가 『삼국지 주석』에서 "황제의 권위가 이미 실추되어 한 왕조가 기울어지려 할 때 종친 중 걸출한 인물을 도와 끊어질 듯한 왕조를 다시 일으켜 옛 수도를 회복하는 것을 자신의 임무로 삼았다"고 한 배경이 이것이다.

유비가 삼고초려할 당시 제갈량이 내놓은 계책이 '천하삼분지계'로 알려진 융중 대책이다. 『제갈량집』 초려대 제1권에 실려 있는 이 대책은 종이 한 장에 다 실릴 분량에 불과하지만 후한말의 정세 분석, 조조와 손권의 정치적 지형, 파촉의 형세와 유비에게 주어진 기회, 유비가 제위를 도모할 수 있는 기반과 명분, 촉한을 일으켜 위오와 천하를 3분할

계략, 중원을 도모하여 패업을 이룩할 조건과 전략을 일목요연하게 밝혀 명문 중의 명문으로 꼽힌다.

당시 제갈량의 나이 27세, 고향을 떠나 10년여를 숙고하며 쌓은 심모원려의 산물이었다. 그리고 빈손으로 융중을 나온 그는 유비를 도와 자신이 염원한 대로 촉한을 건국하여 천하를 3분하는 데 일등 공신이 된다.

1970년 3월 정주영이 회사에 조선사업부를 설치하여 준비에 들어갈 무렵 사정이 제갈량이 융중에 들어앉은 때처럼 막연했다. 당시까지 그는 조선소 구상을 다듬는 중이었지 현실화할 준비가 되어 있지 않았다.

그러던 어느 날 청와대에서 들어오라는 전갈이 왔다. 그를 앞에 두고 박정희 대통령이 배 한번 만들어보지 않겠느냐고 말했다. 난데없는 배 이야기에 정주영이 "제가 무슨 배를 만듭니까?" 했더니 박 대통령은 "배는 사람이 만드는 거지 어디 딴 동물이 만드나. 한번 연구해봅시다." 했다.

청와대를 나오는 정주영의 가슴에 시름이 한가득 했다. '배를 뭘로 만드나, 돈은 어디서 구하고.' 하지만 대통령에게 대놓고 못한다 할 수가 없어 돌아와서는 조선소를 건설하겠다는 계획을 밝혔다.

하지만 조선소를 지을 돈을 국내에서 구할 방법이 없었다. 그러면 차관밖에 길이 없다 생각한 정주영은 먼저 미국에 다음으로 일본에 차관 교섭을 타진했다. 하지만 조선업계에서 듣도 보도 못한 한국의 건설업자가 하는 말에 상대방이 귀 기울일 리 만무했다.

낙담한 정주영을 더욱 막다른 골목으로 몰아넣은 일이 생겼다. 당시 정주영은 김학렬 부총리를 찾아가 차관을 주겠다는 나라가 없어 포기하겠다고 말했다.

며칠 후 다시 대통령 면담을 하게 되었는데, 박 대통령이 처음에는 화를 벌컥 내더니 이어 그를 달랬다는 것이다. "기왕 하겠다고 나선 일이니 미국이 안 되면 유럽이라도 나가보라"는 것이었다. 대통령이 권하는데 못한다고 내뺄 용기가 없었던 정주영은 그러겠다 대답하고 나왔다.

조선소 신화의 정점

이어 전개된 일련의 상황은 현대그룹의 해외 개척 역사상 가장 유명한 이야깃거리 중 하나가 되었다.

먼저 정주영은 메리도라는 유대인 거상을 만나 출자 약속까지 받아냈지만 계약 조항에 대한 이견으로 아무 성과 없이 헤어졌다.

이어 데이비스라는 차관 주선인을 통해 영국의 애플도어사(社)를 만나 기술 협조 계약을 맺고, 다시 애플도어 롱바톰 회장의 도움으로 영국 바클레이즈 은행과 차관 도입 협상을 진행하게 되었다.

정주영이 500원권 지폐를 꺼내 "한국이 영국보다 300년 전에 이미 철갑선을 만들었으니 나도 돈만 있으면 얼마든지 유조선을 만들 수 있다"고 큰소리친 것이 바로 롱바톰 회장과 만난 자리에서 일어난 일이다.

바클레이즈 은행 측과 협상할 때는 자신의 전공이 무엇이냐고 묻는 상대방에게 "내가 만든 사업 계획서를 가지고 어제 옥스퍼드 대학에 갔더니 한 번 척 들춰보고 바로 경영학 박사 학위를 주더라"며 능청을 떨어 은행 측의 협력을 이끌어내기도 했다.

이런저런 험난한 심사를 넘어갔나 싶었는데 이번에는 바클레이즈 은행에 차관 보증을 해줘야 할 영국수출신용보증국 측에서 상환 보증용으로 매매 계약서를 요구했다. 존재하지도 않는 조선소에서 만들어보지도 못한 배를 사주겠다는 선주가 필요하게 된 것이다.

사방팔방으로 뛰어다녀도 귀를 기울이는 사람조차 없던 차에 다시 애플도어의 롱바톰 회장이 나서서 선박왕 오나시스의 처남인 리바노스를 소개했다. 이 자리에서 정주영은 배를 만들 미포만 백사장 사진 한 장만 달랑 든 채 리바노스를 설득하는 데 성공했다. 이어 1970년 12월 5일 정주영은 리바노스에게서 26만 톤급 유조선 두 척을 공식적으로 주문받고 계약금 14억 원까지 멀쩡하게 받아 영국수출신용보증국에 제출함으로써 차관 도입 절차를 마무리 지었다.

이렇게 해서 1972년 3월 23일 드디어 8000만 달러 차관이 투입될 현대조선소의 기공식이 거행되었다. 당시까지 대통령이 기공식에 참석한 경우는 포항제철과 현대조선소뿐일 정도로 이 일은 오랫동안 인구에 회자되었다.

현대조선소를 가동시킬 수 있게 되자 정주영은 세계적인 명성을 지닌 기술자이자 덴마크 조선 회사 부사장을 불러들여 회사의 사장에 임명했다. 뒤이어 영국, 덴마크, 스웨덴 등 서구 각지에서 우수한 기술자들을 대거 스카우트해 투입했다.

즉 선박을 만들면서 기술은 유럽 최고 수준의 전문자들에게 맡겨 품질 면에서 뒤떨어지지 않게 하고, 제작은 국내 직원들에게 맡겨 비용을 절감하고 공기를 단축하게 하여, 선주 입장에서 문제 삼을 일이 없게 조치했던 것이다.

화제를 뿌리며 영국에서 차관을 얻은 것을 인연 삼아, 1974년 정주영은 '한영경제협력위원회' 한국 측 위원장으로 추대되었다. 이미 정주영은 사위 정희영을 현대조선 런던 본부장으로 임명하여 영국 시장 공략에 나서고 있었고 이를 통해 선박 수주와 자본 유입에 상당한 성과를 거두던 중이었다.

이런 와중에 한영경제협력위원회 영국 측 정례 회의를 런던에서 열게 되었는데, 정주영은 이 기회에 한국과 현대의 이미지를 최대한 영국 측 인사들에게 심어주고 싶어 했다. 고심한 끝에 정주영이 선택한 방식은 리셉션 무대를 입이 떡 벌어지는 행사장으로 만드는 일이었다.

먼저 정주영은 저녁 무렵 템스 강 위에 여러 대의 유람선을 띄워 리셉션 장소를 삼았다. 화려한 유람선과 그 안에서 흘러나오는 아름다운 선율은 런던 시민과 수많은 관광객들의 주목을 끌기에 충분했다.

이윽고 시간이 흘러 밤으로 접어들자 런던의 야경 위로 화려한 불꽃놀이가 펼쳐졌다. 당시까지 이런 종류의 리셉션은 어디에서도 시도된 적이 없어, 회의 참석자는 물론 그 장관을 구경한 수많은 사람들이 칭찬을 아끼지 않았다. 당연히 행사 이후 영국 경제계와 정주영의 유대는 더욱 강화되었고, 그것은 현대조선이 영국을 해외 진출의 전진 기지로 삼는 데 큰 밑받침이 되어주었다.

영국에서 차관을 들여오는 데 성공했으니 다음 일은 정주영이 들고 다닌 사진의 실제 현장, 즉 울산 미포만 백사장에 조선소를 짓는 일이었다. 정주영은 그전에 이 사업을 업계와 학계 전문가들에게 알려야겠다고 생각했다.

경부고속도로 준공식을 마친 뒤인 1970년 겨울, 정주영은 고속도로 평가에 참여한 국무총리실 산하 평가교수단을 울산 바닷가로 초청해 아무것도 없는 맨땅 위에서 '울산 조선소 견학식'을 가졌다.

정주영이 견학단을 불러들인 곳은 근처에 소나무 몇 그루와 초가집 몇 채만 보이는 데다, 끝없이 펼쳐진 바다로 둘러싸인 황량하기만 한 백사장 한가운데였다. 보는 이들의 시선은 아랑곳하지 않은 채 정주영은 칠판 한 개와 종이 한 장 걸린 연단 앞에 서서 소매를 걷어붙인 흰 와이

셔츠 차림으로 연설을 시작했다.

그가 애용하던 "조선이란 것이 공장 짓는 것과 마찬가지"라는 말이 이때 유명해졌다. 그날 연설을 요약하면 이렇다.

여러분들은 우리가 여기서 조선소를 건설한다면 놀라실 거다. 몇만 톤, 몇십만 톤짜리 배를 만드는 것도 생각하지 못할 것이다. 하지만 나는 생각이 다르다. 어렵게 생각하면 한없이 어려운 일이나 쉽게 생각하면 또한 한없이 쉬운 일이다.

조선은 공장 짓는 것과 다를 바 없다. 육지의 건축을 바다로 옮기면 조선이 되는 것이므로 조선과 건축이 매한가지인 것이다. 배란 것이 철판을 잘라서 용접하고 엔진을 올려놓고 하는 일인데, 그건 모두 현대가 건설 현장에서 해오던 일이다.

빌딩은 고정되어 있지만 배는 그 안에 발전소가 있어 움직이는 것이라 생각하면 된다. 그런데 발전소 역시 현대가 줄곧 해오던 일이니 문제 될 것이 없다. 배를 띄우자면 도크란 것이 필요한데 이것은 서울운동장 정도 크기로 그거야 땅을 파고 단단하게 고정시키면 된다.

그리고 나는 여러분이 지금 보고 있는 이곳 사진을 한 장 들고 영국으로 가서 이미 8000만 달러짜리 차관 교섭을 마쳤고, 며칠 전에는 26만 톤급 유조선 두 척 만들 계약금으로 14억 원을 받아 우리나라 은행에 입금시키고 왔다.

대략 이런 말을 한 뒤 정주영은 평가교수단과 일일이 악수를 나누며 인사하고는 손을 흔들어 배웅했다. 교수들은 듣고 있자니 꿈만 같은 이야기들이라 아무도 입을 열지 못했고, 돌아가는 내내 말을 꺼내는 사람이 없었다는 이야기가 전설처럼 남게 되었다.

'공기 단축'에 이은 '동시 병행'의 원칙

이제 차관으로 조선소를 짓고 주문받은 배를 만드는 일이 남았는데, 이 과정에서 '공기 단축'에 버금가는 정주영의 핵심 경영 원칙 하나가 추가된다. 두 가지 공사를 '동시 진행'하는 것이다.

동시 진행은 '순차 진행'과 대비되는 개념으로 기업의 거의 일반적인 업무 과정에 적용될 수 있다. 예를 들어 하나의 제품을 설계하려 할 때 순차적인 방식으로 일을 처리하려면 먼저 시장 조사를 하고, 이를 바탕으로 마케팅 전략을 수립하며, 이어 설계 부서에서 설계 도면을 완성하면 기술 부서에서 그 도면을 바탕으로 기술을 개발하여, 이를 넘겨받은 생산 부서에서 제품 생산에 들어간다.

하지만 동시 진행은 시장 조사, 마케팅, 설계, 기술 개발 등을 동시에 진행하며, 경우에 따라서는 생산도 함께 진행하는 것이다. 극단적으로 제품이 생산되기도 전에 판매를 진행할 수도 있다. 정주영의 경우 설계 도면도 없이 배를 수주한 것은 경영학적인 측면에서 동시 진행의 이례적인 사례라 볼 수 있다.

조선소 건설과 유조선 생산을 앞둔 정주영은 이와 같은 문제에 부딪혔다. 주위 전문가들은 선진국의 경우 울산 조선소 규모의 조선소를 건설하려면 공사 기간만 3년이 걸리고 그 조선소를 짓고 나서 선박을 건조해야 하니 그만큼 수년의 시간이 더 들어가게 된다고 설명했다. 그러나 정주영은 그런 생각을 받아들이지 않았다.

그가 생각하기에 조선소를 짓는 일이나 배를 짓는 일이나 다 같은 건설이고 건설은 여러 공사를 병행하는 것이 일반적이므로, 하나를 먼저 마무리하고 다음을 시작할 필요가 없었다. 배를 만들기 위해서는 거기에 필요한 자원을 동원해 만들면 되고 조선소는 또 조선소대로 따로 지어나가면 된다.

이렇게 생각한 정주영은 조선소 건설과 선박 건조를 병행해서 착수시켰다. 도크를 파내는 동안 1호 유조선을 도크 밖에서 부분 조립하고, 도크가 완성된 뒤에는 조립한 배를 도크로 운반하여 건조를 계속했다.

실제로 아마 그 당시 조선소를 다 짓고 난 다음에 배를 만들려고 했으면 그 막대한 투자를 감당할 길이 없어 조선소를 짓다가 쓰러졌을지도 모르는 일이다.

−1977년 11월 23일, '인간개발원' 주최 경영자 조찬회 특강 중에서

그렇게 해서 초대형 조선소 건설과 초대형 유조선 건조를 동시에 완성한 끝에, '동시 병행'은 '공기 단축'과 함께 정주영의 내면에 자리 잡은 경영 철학이자 현대건설의 성공을 보장하는 기업 철학이 되었다. 그리고 이 둘은 후일 다시 '정주영 식 스피드 경영'의 양 날개가 되었다.

후일 이 두 가지 경영 철학이 더욱 극적으로 구현된 대표적인 사례가 1976년에 진행된 '주베일 산업항 공사'였다. 세계가 주목한 이 공사에서 정주영은 모든 위험을 무릅쓰고 공기 단축과 동시 병행의 원칙을 강행했다.

먼저 인원과 장비를 최대한 동원하여 일정 단축에 나섰다. 다음으로 동시 병행의 문제인데, 이와 관련된 일이 재킷과 빔을 제작해 해저에서 고정시키는 일이었다. 해외 전문가들의 입장에서 보면 재킷을 먼저 설치하고 이를 연결하는 빔을 제작하는 것이 순조로운 진행 방법이었다.

하지만 정주영은 그렇게 해서는 공기를 단축할 수 없다 보고 재킷과 빔을 동시에 제작할 것을, 그것도 비용 절감과 고용 창출을 위해 울산 조선소에서 제작해 바지선에 싣고 동남아 해상과 인도양을 거쳐 걸프만까지 실어 나를 것을 결정했다.

그리고 이 무모한 방식을 성공적으로 수행함으로써 정주영 식 스피드 경영, 그 양대 축인 '공기 단축'과 '동시 병행'의 원칙은 전 세계에 그 진가를 알리게 되었다.

다시 울산 조선소 건설로 돌아가면 당시 열악한 환경 속에서 이 일은 '맨땅에 헤딩' 식 공사의 연속이었다. 일찍이 경부고속도로 건설 당시 박 대통령이 시도 때도 없이 방문하는 통에 공사 기간 내내 현장에 붙어 있어야 했던 정주영은 이번에는 거액의 차관으로 조선소를 건설하는 데다 유조선 납기까지 지켜야 하는 터라 그 자신이 시도 때도 없이 현장에 들이닥쳤다.

어쨌든 그 덕에 현대조선소는 2년 3개월이라는 초단기간에 준공식을 올렸고 확장 공사를 거친 1975년 이 조선소는 당대 세계 최대 규모의 조선소로 기록되기에 이른다.

공사 기간과 관련해 이런 일이 있다. 정부가 마련한 산업시찰단이 울산 현대조선소를 참관했는데, 아무리 보아도 그처럼 거대한 조선소를 2년여 만에 완공했다는 것이 말이 되지 않았고, 적어도 4년은 걸린 것으로 보였다.

그래서 시찰단 일원이 묻자 정주영은 "일하는 사람을 늘리면 되니 사람을 많이 채용하여 3교대로 여덟 시간씩 일했고 결과적으로 24시간 주야간 작업한 꼴이 되었다"고 대답했다. 남들이 4년으로 생각한 일을 그는 이렇게 해서 2년으로 줄였다.

조선소 건설 과정에서 정주영은 뜻하지 않은 사고로 목숨을 잃을 뻔했다. 1973년 11월 어느 날 아침 정주영은 잠에서 깨자마자 지프차를 몰고 현장 시찰에 나섰다. 쏟아지는 폭우에 굴러 떨어진 바위를 피하려다 차와 함께 바다로 빠졌다.

작업용 점퍼 덕에 떠오르는 데는 성공했지만 거센 비바람 탓에 수영을 할 수가 없어 버둥대다 마침 삐죽 뻗어나온 철근 콘크리트를 붙잡았다. 다행히 정주영의 고함 소리를 들은 근처 초소 경비원이 밧줄을 던져준 덕에 구사일생으로 뭍에 오를 수 있었다.

매제 김영주를 비롯해 현장 임원들이 사색이 되어 몰려오자 머쓱해진 정주영은 이렇게 말했다.

"물이 참 시원하더군."

그것으로 끝이었다. 자신이 잘못해 물에 빠졌으니 죽을 고비를 넘겼다 한들 누구 탓을 하겠는가. 그렇지만 방금 전 사경을 헤매다 나온 사람이라 생각하면 이처럼 아무 일도 아니었던 것처럼 툴툴 털고 일어나기 쉬운 일은 아니었을 것이다.

일찍이 정주영이 물에 빠진 적이 또 있었다. 해방 되고 서울에 올라가 지금의 동숭동 낙산 꼭대기에서 셋방살이를 할 때다. 일이 없던 어느 날 정주영이 부인과 함께 한강에 배를 타러 갔다. 정주영이 예의 호기를 부리며 나선 것까지는 좋았는데 처음 하는 노질이라 그만 배가 뒤집히고 말았다.

물속에서 허우적거리다 나온 정주영을 본 부인은 훗날 "그랬던 사람이 세계 최대의 조선소를 지었다는 사실이 신통하다"며 정주영을 놀려댔다고 한다. 정주영이 거대한 조선소를 차린 것이 처음부터 배나 물과 인연이 닿은 때문은 아니라는 말이 되겠다.

어쨌든 1만 7000여 명의 기술자와 작업자들이 매달려 우여곡절을 거친 뒤 1974년 3월 마침내 길이 270미터, 높이 27미터나 되는 사상 초유의 26만 톤급 유조선을 건조시키는 날이 되었다.

당시 정주영은 배 아래에서 도크 이동을 지휘하고 있었는데, 난생처음 보는 어마어마한 선박 앞에서 직원들은 사지가 얼어붙을 지경이었다. 피라미드 같은 배를 보고 현장 직원들이 손을 쓸 엄두를 내지 못하자 그 모습을 본 정주영이 외쳤다.

"모든 것은 내게 맡겨라. 겁이 나거든 집에 가서 누워 기다려!"

그리고 그가 뒤도 돌아보지 않고 배 위로 올라가자 그제야 정신을 차린 선박 기술자들이 움직이기 시작했고, 유조선은 세 시간을 움직여 전하만 안벽에 정박했다.

모든 것을 내게 맡기라는 말은 정주영만이 보여줄 수 있는 자신감과 책임감, 신념이 한꺼번에 전달된 말이었다. 물에 빠져 죽을 고비를 넘기고 내보인 태연자약한 모습에서나, 보통 사람이라면 엄두도 내기 힘든 일에 선뜻 달려들어 해결하고 마는 모습에서나, 정주영의 대범함은 보는 사람들로 하여금 혀를 내두르게 만들기에 충분했다.

이러한 대범함을 그는 '담담한 마음'에서 비롯된 것이라고 설명한다. 그것은 그가 고향을 떠나 갖은 풍상을 견뎌내며 자신의 내면을 끊임없이 다듬고 어루만져 마침내 완성한 경지였다. 자식들에게나 현대그룹 직원들에게나 틈만 나면 '담담한 마음'을 강조한 그는 1980년 현대 사보 인터뷰에서 그 내력과 의미를 이렇게 설명했다.

담담한 마음은 선비들이 말하는 청빈낙도와는 다르다. 이 마음은 나 자신의 생활 체험에서 얻은 것이다. 담담한 마음이란 무슨 일을 할 때

착잡하지 않고 말이나 생각이 정직한 상태를 말한다.

모든 것을 복잡하게 생각하면 인간은 약해진다. 맑은 마음을 가질 때 좋은 생각이 나온다. 담담한 마음을 가질 때 태도도 당당하고 굳세고 의연해진다.

정주영의 '담담한 마음'은 다시 제갈량으로 돌아가 그가 남긴 담박이 라는 말을 떠올리게 한다. 비록 뜻을 이루지 못한 채 전장에서 죽었지 만 제갈량은 후대 중국인들에게 지대한 영향을 미쳤다.

여기에 제갈량의 문장을 빼놓을 수 없는데, 그중 마지막 북벌에 나선 그가 아들 첨에게 학문하는 자세를 가르치기 위해 쓴 편지글, 즉 「계자 서」가 있다. 그 전문은 아래와 같다.

무릇 군자의 삶이란
고요한 마음으로 몸을 닦고 검소함으로써 덕을 기르는 것이다.
마음에 욕심이 없어 담박하지 않으면 뜻을 밝힐 수 없고,
마음이 안정되지 않으면 원대한 이상을 이룰 수 없다.
배울 때는 반드시 마음이 안정되어 있어야 하며,
재능은 반드시 배움을 필요로 한다.
배우지 않으면 재능을 발전시킬 수 없고,
마음이 고요하지 않으면 학문을 성취할 수 없다.
방자하고 오만하면 정밀하고 미묘한 이치를 깊이 연구할 수 없고,
조급하고 경망하면 자신의 본성을 제대로 다스릴 수 없다.
이치를 제대로 밝히지 못하고, 본성을 제대로 다스리지 못하는 사이
나이는 시간과 함께 달려가고, 의지는 세월과 함께 사라져

마침내 가을날 초목처럼 될 것이다.

그때 가서 곤궁한 오두막집에서 슬퍼하고 탄식해본들 어찌할 것인가?

여기서 제갈량이 사용한 '담박'이라는 표현은 맑은 마음가짐, 풀이하여 깨끗하고 고요함을 유지해 스스로 담담함을 이루는 상태를 뜻한다. 오늘날 중국인들이 가장 좋아하는 고사성어 가운데 하나인 이 표현은 정주영이 말한 '담담한 마음'과 일치하는 면이 있다.

"담박하지 않으면 뜻이 밝지 못하고, 고요하지 않으면 멀리 생각할 수 없다"는 말은 제갈량 사유의 심원한 경지를 보여주는 것이자, 정주영이 자신의 고되고 험한 삶을 통해 가꾼 내면의 경지와도 부합한다.

이 지점에서 정주영이 조선업에 뛰어든 배경을 자세히 살펴보기로 한다.

조선업은 정주영의 능력과 저력이 가장 화려하게 발휘된 분야이고, 정주영이라는 이름을 세계에 각인시킨 분야였다. 정주영은 생면부지의 조선소 설립 과정에서 전무후무한 금액의 차관을 들여와 세간에 화제를 낳았고, 무엇보다 1972년 조선소를 세운 지 10여 년이 지나면서 현대중공업을 명실상부 세계 최고의 회사로 키워냈다.

정주영이 처음부터 조선업의 귀재였던 것은 아니다. 그렇지만 그는 조선업에 뛰어들어 온갖 풍상을 헤쳐가는 과정에서 누구보다 빨리 이 업종의 특성을 이해했고 그 특유의 기질을 십분 발휘하여 타의 추종을 불허하는 업적을 쌓았다.

1977년 11월 23일 '인간개발원' 주최로 열린 경영자 조찬회 특강에서, 정주영은 돈키호테처럼 조선업에 뛰어들어 현대조선소, 후일 현대중공업을 일으킨 과정을 실감 나게 묘사했다.

정주영에 따르면 1960년대 중반 현대건설은 고속 성장을 구가하면서도 정부와 유착해서 공사를 쉽게 따낸다는 비난에 시달려야 했다. 정경유착이 일반화된 당시에도 정주영의 현대와 박정희 정부는 밀월 관계를 지속하고 있었기 때문에 이런 비난에는 상당한 근거가 있을 법했다.

주위의 비난이 싫기도 하고 불편하기도 해서 정주영은 나름대로 해법을 찾았는데 1965년부터 시도한 해외 진출이 그 하나의 방편이었다. 자신의 말처럼 "권력과 유착해서 공사를 하는 것이 아니라 실력이 있어서 공사를 따낸다"는 것을 보여주려 한 것이다.

그것이 얼마나 진실에 부합하는 말인지는 확인하기 어렵지만 어쨌든 정주영은 해외 건설 입찰을 위해 태국, 알래스카, 호주, 괌, 베트남 등 세계 각국을 돌아다녔다. 기후, 법률, 풍토, 생활 습관 등 모든 것이 생면부지인 데다 말도 통하지 않는 곳을 다니자니 고생이 이루 말할 수 없었다. 더욱이 대부분의 나라는 현대가 공사를 맡아도 그곳 현지인을 쓰게 되어 있어 어려움은 더했다.

해외 공사는 권력과 유착한다는 비난을 면할 수 있고 큰돈도 되니 고생쯤이야 달게 받겠다고 생각할 수 있었지만 직접 겪어보지 않고서는 얼마나 힘든 일인지 알 수 없는 법이다.

점차 정주영은 큰일은 외국과 하되 국내에 기반을 두고 키울 수 있는 사업을 생각하게 되었고, 그러다 조선소 건설과 관련된 이야기를 듣자 '딱 이거다' 하고 무릎을 치게 되었다. 조선업은 해외에서 배를 주문받아 국내에서 만드는 것이고, 다른 산업 플랜트에 비해 대단한 기술이 필요한 것도 아니므로 정주영이 궁리하던 바와 맞아떨어지는 것이다.

문제는 배를 만들려면 조선소를 지어야 하는데 그 비용이 천문학적인 규모라는 점이다. 당장 회사 내에서 문제 제기를 하고 나섰다. 정주영과 고락을 같이한 현대 사람들은 대부분 자동차나 건설을 통해 잔뼈가 굵은 인물들이다. 정주영이 말을 꺼내자 대부분 "우리가 무슨 경험이 있어 조선소를 만드느냐"고 반문했다.

하지만 한번 굳힌 정주영의 생각을 돌릴 수는 없어 오히려 정주영이 동료들을 설득하게 되는데, 그에 따르면 조선소 건설은 자기들에게 아무것도 아닌 일이다. 이때 후일 두고두고 인구에 회자된 '정주영 식 단순화' 논법이 등장하게 된다. 그 논법이란 이렇다.

조선업이라는 게 철판으로 덩치 큰 탱크를 만들어 바다 위에 띄우고 엔진 추진력으로 달리게 하는 일이다. 현대는 발전소나 정유 공장을 오래 만들어봐서 철판 설계나 용접은 물론 내연기관을 장착하는 일도 문제 될 게 없다.

배가 탱크고 그 안에다 엔진을 붙인다 생각하면 된다. 정유 공장을 세울 때처럼 탱크를 도면대로 구부려서 용접하고, 그 속의 기계는 건물 지을 때 냉온방 장치 집어넣듯이 도면대로 제자리에 설치해서 끼우면 된다.

조선업자는 이런 발상을 못하겠지만 우리는 건설업자니까 이처럼 쉽게 생각할 수 있다. 게다가 그동안 산업 플랜트를 하면서 확보한 기술과 기술자를 그대로 써먹을 수 있다. 단지 자동차보다 덩치가 크다고 제조라는 말 대신 건조라는 말을 쓰는데 그 과정은 사실 우리가 다 해본 일들이다.

그러던 중 1970년대 들어 정부가 제철 산업의 시동을 걸었는데 여기에는 철을 대량으로 사용하는 조선소가 핵심적인 실수요자로 따르게 마련이다. 이에 따라 정부가 조선소를 제철 산업의 4대 핵심 공장으로 지정했고 이 기회를 놓칠 리 없는 정주영 또한 본격 채비를 갖추기 시작했다.

정주영이 먼저 달려간 곳은 해양 강국 노르웨이의 조선소다. 1971년 겨울 크리스마스 사흘 전 모터보트를 타고 북해 연안에 도착해 지켜본 대형 유조선 건조 장면은 그에게 큰 감명을 주었다.

극한의 북구 바닷가에서 작업자들이 밤새 세찬 바람을 맞으며 블록을 조립하는 모습을 보면서 그는 '우리부터 훨씬 잘사는 사람들도 이렇게 열심히 일하는데 우리도 한시바삐 일을 시작해서 그들을 따라가야겠다'고 생각했다. 그리고 우리 한국인들은 부지런하기 때문에 반드시 해낼 수 있다는 생각에 설렘을 안고 귀국했다.

이렇게 결심을 한층 굳힌 그는 다음으로 조선소 건설을 위한 자본 마련에 골몰하게 되었다. 먼저 국내에서는 그만한 자본을 조달할 길이 없어 인접한 일본에서 차관을 빌릴 생각으로 미쓰비시와 접촉했다.

그런데 순조롭게 진행되던 협상이 중국 때문에 뒤틀어지고 말았다. 저우언라이(周恩來)가 4대 원칙을 발표하면서 미국이나 한국과 거래하는 기업은 중국에 들어올 수 없다고 못을 박아버렸기 때문이다.

중국 진출이 절실했던 미쓰비시는 결국 현대와의 협상을 중단하고 말았다. 현대는 애써 한·일 각료 회의에 안건까지 올려가며 일본 정부의 지원을 요청했으나 그 또한 무산되고 말았다. 일본 정부가 자국 조선소 전문가들의 자문을 받은 결과, 한국은 기술 수준이 낙후해서 지원해봐야 얻을 게 없다는 결론을 내린 탓이다.

특히 미쓰비시는 한국 사정을 검토한 뒤 현대가 말하는 50만 톤, 100만 톤급 선박 건조 계획은 무모할 뿐이며, 기껏 5만 톤급 이하의 배를 만드는 것이 타당하다고 보고했다.

정주영은 이번에는 미국과 캐나다의 기술 회사나 조선 회사와 접촉했는데 거기서도 문전박대를 당했다. 1970년 초에 한국에서 조선소를 만들겠다고 찾아온 것을 이해하려 들지도 않는 분위기였다.

하지만 정주영은 조금이라도 돈을 구할 가능성이 있는 곳이라면 때와 장소를 마다 않고 달려갔는데, 그러던 중 메리도라는 유대인 거상을 만나게 되었다.

메리도는 일찍이 한국에 경제 차관을 주선해주면서 이름을 알린 인물이다. 전후 막강한 정보력으로 거액을 주무르며 다양한 방면으로 영향력을 행사했는데, 한 가지 일화를 들면 이렇다.

그가 일찍이 프랑스 해군 함정을 사서 고철로 분해해둔 적이 있다. 그러다 1967년 6월 이스라엘과 이집트가 6일전쟁을 벌일 당시 이 배를 재결합해서 이스라엘에 제공해 그것으로 이집트 함대를 전멸하게 만들었다는 것이다.

뉴욕에서 정주영을 만난 메리도는 선뜻 출자에 응하면서 현대가 배를 만들면 그것을 사줄 테니 이익을 1할 얹어달라고 했다. 너무나 기뻤던 나머지 정주영은 후일 메리도를 '동쪽에서 온 귀인'이라 부를 정도였다. 이어 일사천리로 이야기가 진행되어 양측이 메리도의 사무실에서 계약서를 쓰게 되었다. 메리도가 차관도 제공하고 배도 사준다는 내용이었다.

이때 정주영이 계약서에 단서 조항을 달 것을 제안했는데, 내용은 "일이 성공하지 못할 경우 그동안 발생된 모든 비용은 각자가 부담하고 여하한 이유로도 소송을 제기하지 않는다"라는 것이었다.

이 말에 메리도는 펄쩍 뛰었다. "소송을 하면서 살기에는 인생이 너무나 짧다. 나는 그런 소송은 평생 해본 일도 없고 할 생각도 없다. 그러니 그 조항은 빼라."

그 말에 정주영은 "이것은 소송을 하고 안 하고의 문제가 아니고 통상 계약을 할 때는 그렇게 하는 것이다. 만에 하나 잘못되었을 때를 대비하는 것뿐이다. 우리가 뭐 당신을 믿지 않는 것도 아니고 우리에게 생긴 비용을 당신에게 청구하려는 생각도 없다. 당신도 역시 우리에게 청구만 하지 않으면 되는 것 아니냐. 그러니 이 조항은 사실 아무 상관이 없다"고 응수했다.

결국 그 조항을 집어넣었는데 이것으로 정주영은 큰 화를 면하게 되었다.

겉으로 보기에 일은 순조롭게 진행되는 듯했다. 그런데 메리도가 영향력을 행사하는 노르웨이 조선 회사에서 현대 측 사장을 영입하면서 문제가 드러났다. 사장은 경영 일선에서 제 역할을 못하고 메리도가 차관 도입 건에서 물자 도입에 이르기까지 모든 사안을 독단적으로 결정하는 것이 아닌가.

이를 계기로 현대 측이 조사해 알아낸 바는 메리도가 예컨대 서류상으로 1000만 달러가 들어가는 사업을 만들어놓고 실제로는 자기가 절반을 차지하고 나머지 절반만 투자하려 한 것이었다.

이런 식으로 1억 달러 차관을 다 들인다면 메리도가 차지하는 돈은 천문학적인 수준이 될 터였다. 메리도는 이런 속셈으로 차관 전문 브로커와 짜고 일을 진행했는데, 사정이 거기까지 이른 것을 알고는 더 이상 일을 할 수가 없어 현대는 메리도와의 계약을 파기하고 말았다.

그러자 소송은 절대로 하지 않는다던 메리도가 곧장 소송을 걸어왔다. 하지만 예의 정주영이 주장해 삽입했던 소송 불가의 단서 조항 덕에 메리도는 더 이상 소송을 진행할 수 없었고 현대는 아무런 피해도 입지 않았다.

정주영은 "메리도를 통해 유대인들의 정보력에 대해 배운 바가 많았다"는 정도를 위안으로 삼고 다시 돈을 빌리러 다녔는데 이번에는 데이비스라는 미국인을 만나게 되었다.

그는 미 공군의 전투기 조종사 출신으로 6·25전쟁에 참전하여 한국과 인연을 맺은 인물인데 당시 변호사 자격증을 갖추고 독일 프랑크푸르트에 사무실을 내고 있었다. 정주영은 그의 사무실에 가보고 단박에 그가 각국의 산업 정보를 수집한다는 사실을 알았다.

그런 배경 덕분인지 데이비스는 현대에 차관을 제공해줄 각국의 금융권 인사들을 정확하게 연결해주었다. 데이비스는 정주영에게, 어디의 누구를 만나 어떤 방식으로 말하면 얼마의 금액을 받을 수 있을 것이라는 식으로 말했다. 신기하게도 그 말들이 마치 짜놓은 각본처럼 들어맞았다.

그 덕에 정주영은 무난하게 1억 달러 차관을 들여올 수 있었으며, 후일 혼자라면 몇 년이 걸릴지 모를 일을 데이비스 덕에 단 6개월 만에 해치웠다고 회고했다. 그런 데이비스가 독일 정부에 산업 스파이 활동이 적발되어 추방된 이후 소식을 끊었다.

데이비스가 주선한 대로 정주영은 기술 용역 회사를 영국의 A&P 애플도어로 선정했다. 애플도어는 "현대가 한국을 대표하는 건설 회사로 고리 원자력발전소를 시공하고 있는 등 대형 조선소를 만들어 대형 선박을 건조할 역량을 갖추고 있다"는 요지의 추천서를 써서 영국 바클레이즈은행에 제출했다.

보완 자료로 현대는 '스콧 리스고' 조선에 의뢰하여 작성한 선박 도면을 함께 제출했다. 심사는 순조롭게 진행되어 바클레이즈은행은 현대가 배를 만들어 세계 시장에 팔아 차관의 원리금을 갚을 충분한 능력이 있음을 인정했다.

어느 날 바클레이즈은행의 해외 담당 부총재가 정주영에게 점심을 같이하자는 전갈을 보내왔다. 경영자의 차관 상환 의지와 인물 됨됨이 등을 파악하기 위한 교섭 마지막 단계인 셈이다.

정주영은 필기시험에 합격하고 면접을 보러 가는 심정으로 약속 장소에 달려갔다. 수인사를 건네고 정주영이 자리에 앉기 무섭게 부총재는 대뜸 이렇게 물었다.

"정 회장의 전공은 경영학입니까, 공학입니까?"

소학교 졸업이 공식 학력의 전부인 정주영에게 이는 일찌감치 포기하라는 말이나 다름없다 생각되어 잠시 막막했지만 그도 지지 않고 반문했다.

"우리가 낸 사업 계획서를 보았습니까?"

부총재가 보았다고 하자 정주영은 다시 말했다.

"어제 내가 그 사업 계획서를 들고 옥스퍼드 대학에 갔더니 한 번 척들춰보고는 바로 그 자리에서 경영학 박사 학위를 주더군요."

약속 전날이 일요일이라서 영국 구경도 할 겸 머리도 식힐 겸 런던에서 멀지 않은 옥스퍼드 대학에 가서 졸업식을 구경했는데 그때 박사 학위 수여식이 있었다. 마침 그 장면이 생각나서 한 말이었다. 부총재는 이 말 한마디에 배를 잡고 쓰러졌다.

"옥스퍼드 대학의 경영학 박사 학위를 가진 사람도 이런 사업 계획서는 만들지 못할 겁니다. 당신 계획서는 그보다 훨씬 뛰어납니다."

한바탕 폭소가 오가고 대화가 이어지는 동안 부총재는 정주영에게

192

매료되어 "당신의 전공은 유머 같소. 우리 은행은 당신의 유머와 함께 당신의 사업 계획서를 수출보증국으로 보내겠습니다"라며 화답했다.

이렇게 해서 정주영은 그날 면접 아닌 면접을 무사히 통과했다. 정주영의 유머 한마디가 바클레이즈은행 부총재를 움직인 것이다.

이어 최종 관문이 기다리고 있었다. 영국은행이 외국에 차관을 주려면 영국 수출신용보증국의 보증을 받아야 한다. 이 보증을 받으면 차관 수여자 측이 상환하지 못할 경우 정부가 은행에 차관의 원리금을 대신 상환한다.

그러므로 은행의 차관 제공 여부가 이 심사 결과에 좌우되는 것이다. 먼저 바클레이즈은행이 서류를 보증국에 제출했고, 정주영은 결과를 기다리고 있었다.

그런데 여기서 발목이 잡혔다. 하루는 보증국의 최고책임자가 정주영을 불렀다. 그가 정주영에게 차분하게 일러준 말은 마치 마른하늘에 날벼락과도 같았다.

"우리는 우리나라의 권위 있는 기술 회사가 당신네들이 배를 만들 수 있다고 판정했으니까 기술 면에서 이의가 없다. 또 세계 5대 은행 중 하나인 바클레이즈은행에서 당신들이 배를 만들어 원리금을 갚을 능력이 있다고 판정했으니 그 점에서도 이의가 없다.

그러나 한 가지 의문은 큰 도크를 파서 큰 배를 만들면 그다음에 어떻게 되느냐 하는 점이다. 내가 배를 사는 사람이라고 한다면 그 배가 작은 배도 아니고 4000~5000만 달러짜리 배인데 세계의 유수한 조선소를 놔두고 선박 건조 경험도 일체 없고 그런 배라고는 처음 만드는 회사에 주문하지는 않을 것이다. 안심하고 믿을 수 있는 선진국 조선소에 배를 주문하지 뭐하러 외상으로도 살 수 없는 당신네 같은 나라에다 구태여 주문하려 들 것인가?

당신들이 설사 대형 선박을 만들 수 있다 하더라도, 또 배를 만들어 쌓아놓을 곳이 있다 하더라도, 그 배를 살 사람이 없다면 우리나라는 당신네들한테 어떻게 원리금을 받을 수 있겠는가? 그러니까 배를 살 사람이 있다는 확신을 나에게 주지 않는 한, 이 차관을 승인할 수가 없다."

말인즉 미리 주문을 받아, 배가 팔린다는 증명서를 갖다 붙여야만 돈을 빌려주겠다는 것이다.

당시 한국은 국제 사회에서 제대로 알려지지도 않은 후발 국가로 기업들이 100만 달러만 필요해도 차관을 들여야 하는 상황이었다. 그런데 4000~5000만 달러짜리 주문을 미리 받아야 차관을 주겠다니, 정주영으로서는 어이가 없는 요구였다. 더 이상 변명할 여지도 없어 정주영은 면담 장소를 그냥 물러 나오고 말았다.

그날부터 정주영은 다시 '존재하지도 않는 조선소에서 만들어본 적도 없는 5000만 달러짜리 배를 사전 주문할 선주'를 찾아다녀야 했다. 근거 자료가 없다 보니 정주영이 들고 다닌 것은 조선소 부지로 선정된 울산 미포만의 잡초가 우거진 백사장 사진과 그 지역 5만분의 1 지도 한 장 그리고 스콧 리스고에서 빌린 26만 톤급 유조선 도면 한 장이 전부였다. 그리고 배를 살 만한 사람을 만나면 이렇게 말하는 것이었다.

"당신이 이런 배를 사준다고 하면 영국에서 돈을 빌려 이 백사장에다 조선소를 세우고 거기에서 배를 만들어주겠다."

면전에서 미쳤다는 소리를 듣지 않은 것이 이상할 정도인 이 황당 마케팅은, 하늘이 도왔는지 그보다 더 황당한 인물을 만나면서 대미를 장식하게 되었다.

정주영이 영국 기술 회사의 소개로 만난 그리스 선주 리바노스가 그 인물로, 그는 세간에 선박왕 오나시스의 처남으로 잘 알려져 있었다. 평소 알고 지내던 영국 회사 측으로부터 사정을 들은 리바노스는 대뜸 배를 사겠다며 정주영을 불렀다.

이어 리바노스는 자신의 자가용 비행기를 런던으로 보내 거기 머물고 있던 정주영을 태워 스위스의 자기 별장으로 데려갔다. 몇 마디 질문이 오간 다음, 다시는 오지 않을 기회라 여긴 정주영은 리바노스에게 파격적인 제안을 던졌다.

"우리는 틀림없이 좋은 배를 만들어 제때에 준다. 만약에 제때에 되어 있지 않을 때에는 계약금의 원금에 이자를 얹어주겠다. 그리고 은행의 지불보증을 받겠다.

배는 당신네가 앉아서 찾을 수 있게 해주고 알겠지만 배값도 싸다. 계약금은 조금만 받겠으며 배 만드는 진척 상황을 보아 중도금을 조금씩 주면 된다.

배를 다 만든 다음에도 하자가 있으면 인수하지 않아도 좋고, 그럴 경우에도 원리금을 다 쳐주겠다."

그 말에 리바노스는 만족감을 표하며 주저 없이 매매 계약서에 사인했다. 거래 내용은 현대조선이 26만 톤급 유조선 두 척을 리바노스에게 당시 가격 4000만 달러씩 8000만 달러에 파는 것이다.

정주영은 사인 직후 계약금을 받아 외환은행에 입고시켰다. 이어 지체 없이 그 계약서를 영국 수출신용보증국에 제출했고 곧바로 차관 제공 승인이 났다.

영국의 차관 도입을 확정하자 프랑스, 서독, 스페인 차관도 무난히 들여올 수 있었다. 그렇게 해서 차관 도입 협정을 모두 마무리하고 울산 미포만에서 조선소 도크를 파기 시작했으니 그때가 1972년 3월 22일이다.

그로부터 2년 3개월 뒤 조선소 준공식을 가졌으니 오늘날 현대중공업이 이로부터 시작되었다. 차관 도입 과정이 이러했으니 그 뒤 배 좀 팔았다고 자랑하는 직원들에게 정주영이 종종 이런 말로 기죽일 만도 했다.

"너희는 현재 우리 조선소의 공신력을 가지고 배를 팔고 있는 것이니 하나도 큰소리칠 것이 없다. 나는 옛날에 백사장 지도 하나만 들고 다니며 배를 판 사람이다."

리바노스와 계약한 대로 현대는 조선소를 세우면서 동시에 배를 만들었다. 그 뒤 2년여 만에 방파제를 쌓고, 바다를 준설하고, 암벽을 만들고, 도크를 파고, 14만 평 규모의 공장을 짓고, 근로자 5000명이 살 수 있는 집을 지었다.

최대선 건조 능력 70만 톤, 부지 60만 평, 70만 톤급 드라이 도크 2기를 갖춘 국제 규모의 조선소를 완공했고, 세계가 보란 듯이 계약 기간 내에 26만 톤급 유조선 두 척을 건조하여 인도했다.

현대는 또 1차 공사가 진행 중이던 와중에 다시 확장 공사를 시작하여 1975년에는 최대선 건조 능력 100만 톤, 부지 150만 평, 드라이 도크 3기 240만 톤 시설 능력을 갖춘, 당시 세계 최대 규모의 조선소를 건설했다.

조선소를 짓는 속도만큼이나 세계가 놀란 사실은 조선소와 배를 동시에 만들어 조선소 준공식 날 배의 명명식을 가졌다는 사실이다. 긴가민가하며 완성된 첫 번째 배를 본 리바노스는 "이 배는 내가 본 가운데 가장 잘 만든 배다"라고 칭찬했다.

조선소가 준공되는 시기에 행운도 따라주었다. 불안정한 중동 정세로 인해 선박 운항이 불규칙적이던 이집트 수에즈 운하가 1973년 10월 제4차 중동전쟁으로 봉쇄되었고 이 상황은 1979년까지 계속되었다.

그로 인해 대형 선박의 수요가 커졌고 그 수혜자가 된 울산 조선소는 밤낮없이 돌아갔다. 그것이 정주영의 선견지명 덕이라고까지는 말할 수 없어도, 적어도 조선 산업을 통한 해외 진출이 현대는 물론 국가적으로도 커다란 기회를 가져다줄 것이라고 본 정주영의 예측은 크게 어긋나지 않았다.

무엇보다 정주영은 개인의 노력으로는 거의 불가능에 가까웠던 과정을 끝까지 포기하지 않은 끝에 조선 불모지 한국을 세계 조선업의 강국으로 끌어올렸다. 그럼으로써 자신이 틈만 나면 강조했던 말과 그 말에 담긴 신념을 입증했다.

조선공업은 대형 수출 산업으로 국가 경제에 도움이 될 뿐만 아니라 국가를 부강하게 하는 데에도 큰 역할을 담당하는 일종의 부강 공업이다.

5. 두베일 산업항 공사

정신이 왕성하면 베 이불 덮고 움집에 살아도 천지의 조화된 기운을 얻고, 맛에 만족하면 명아주국에 보리밥을 먹고도 인생의 담박한 참맛을 안다.

−『채근담』, 후 87편

1975년 앨빈 토플러는 세계 경제에 미증유의 위기가 닥칠 것이라고 주장하며 그 원인과 진단을 담은 책을 한 권 발표했다. 당시 그 책을 주목한 사람은 드물었는데 이는 그가 이후 펴낸 『제3의 물결』이 공전의 히트를 기록한 뒤에도 마찬가지였다.

하지만 2008년 들어 상황이 변했다. 서브프라임 모기지론으로 비롯된 미국 경제의 침체가 북미는 물론 유럽 나아가 남미와 동남아까지 확산되면서 세계 경제는 불황의 도미노에 빠져들었다. 그러자 그가 과거에 주장한 '경제 대재앙 시나리오'가 다시 주목받기 시작했다. 1975년에 펼친 토플러의 주장이 부활한 것이다.

토플러는 당시 세계 경제가 다섯 가지 요인으로 인해 위기에 빠질 수밖에 없다고 주장했다.

첫째, 적어도 시장 경제는 기존의 산업화 모델로 설명할 수 없게 됐다는 것.

둘째, 경제에서 지식의 역할이 증대하면서 정량화할 수 없는 무형의 요소들이 결정적인 변수로 등장했는데 이에 대처할 기제가 없다는 점.

셋째, 정보 기술의 비약적 발전으로 기술 발전이 정부나 기업의 통제 능력을 넘어섰고, 더불어 공룡화된 공용 부문과 포유류 같은 민간 부문의 괴리 또한 통제 범위를 벗어나버렸다는 점.

넷째, 시장의 가변성과 복잡성이 최첨단 기법으로도 추적하기 어려울 정도로 증대돼, 더 이상 경제 흐름을 예측하기가 불가능해졌다는 점.

마지막으로 현대 선발 자본주의 국가들을 포함한 주요 시장 참여 국가들의 상업 거래가 국경의 테두리를 넘어섰기 때문에 위기의 진앙지를 예측하는 일이 가능하지 않게 됐다는 것이다.

이러한 요인들로 인해 토플러는 세계 시장 경제가 근본적인 위기에 직면할 수밖에 없을 뿐 아니라, 그 위기가 '필연적이지 않음에도 막을 방법이 없을 것'이라고 진단했다.

토플러가 이런 예측을 내놓은 그해 초 정주영은 '중동 진출 원년'을 선언하며 자신의 경영 인생을 통틀어 가장 화려한 시기를 준비하고 있었다.

정주영은 어린 시절 특히 세 번째 가출하여 경리학원에 다닐 때 많은 위인전을 읽었는데, 나폴레옹 전기는 그에게 가장 큰 감명을 준 책 가운데 하나였다. 그는 몇 번이고 책을 다시 읽으며 나폴레옹이라는 인물에 빠져들었다. 그러므로 후일 현대그룹을 호령하는 그에게서 나폴레옹의 그림자를 느끼는 것은 그리 이상한 일이 아니다.

1799년 프랑스 집정관이 되고 이어 황제 자리에 오른 나폴레옹은 제정 당시 조국 파리와 함께 독일, 이탈리아, 폴란드 심지어 모스크바에 이르는 방대한 정복지를 대부분 직접 관리했다.

정복지를 제대로 다스리자면 자신의 지시를 신속하게 전달할 수 있어야 했는데 이를 위해 그는 세 명의 구술 전담 부관을 두었다. 쉴 새 없이 떨어지는 구술은 부관들의 체력을 고갈시킬 정도였는데, 특히 충직했던 부관 메네발은 과중한 업무로 옷을 바꿔 입을 시간이 없을 정도였다. 라프라는 장군은 쉴 새 없이 하달되는 나폴레옹의 지시를 두고 "우리가 하는 직무를 견뎌내기 위해서는 강철과 같은 힘이 필요하다"고 말할 정도였다.

그러나 나폴레옹의 집중력은 그들의 체력을 늘 시험대에 올렸다. 그는 어느 순간에서건 구술을 시작할 준비가 되어 있었으며 그 구술에는 즉각 이행해야 할 명령과 그 명령을 제대로 달성하기 위해 필요한 방법들이 모두 포함되었고 세부 사항이 누락되지 않도록 거듭 보완되었다.

그는 명령을 내리고 그 결과를 직접 확인했는데, 이런 식으로 스스로 모든 것을 통제해야 만족하는 지휘관이었다. 원로원 의원 레드레르에게 보낸 나폴레옹의 편지에서 이런 사정이 잘 나타나 있다.

나로 말하면, 나는 늘 일을 하고 있으며 항상 심사숙고한다. 나는 무슨 일을 꾀하려 하면 오랜 시간을 두고 깊이 생각하여 일어날 일을 예견하기 때문에, 일어날 모든 문제에 즉시 대응하고 감당할 채비를 갖추게 되었다.

다른 사람들은 예상치 못한 것을 내가 알 수 있는 것은 내가 천재이기 때문이 아니라 성찰하고 심사숙고하기 때문이다. 나는 늘 일을 하고 있다. 저녁을 먹으면서 또는 극장에서도. 때로는 자다가도 일을 하기 위해 눈을 뜬다.

지난밤에는 새벽 2시에 일어나 야전용 침대 의자에 앉아 전날 저녁 육군 대신이 제출한 보고를 점검하여 거기에서 스무 개의 잘못을 지적했고, 오늘 아침 그에 대한 각서를 보냈다.

−옥타브 오브리,『나폴레옹의 불멸의 페이지』(살림, 2008), 32쪽

근면함에서 둘째가라면 서러워할 정주영이 나폴레옹에 심취했던 것은 그의 영웅적 일대기 외에도 이와 같은 기질적 유사함이 크게 작용한 결과로 보인다.

나폴레옹은 알프스를 넘으면서 "나의 사전에 불가능이란 단어는 없다"고 말했으며 워털루 전쟁에서 패해 자신의 발아래 세계가 몽땅 사라졌어도 "나에게 불운은 극복할 대상일 뿐"이라고 말했다.

심지어 폐위되어 세인트헬레나 섬에 유배되었어도 그는 "불행은 그 나름의 영웅적 행위와 그 나름의 영광을 갖고 있는 것"이라며 자위했고, 무료한 일상에 짓눌리는 가운데서도 "한니발은 극도의 불운 속에서 알프스를 무찌르고 돌파했다"며 재기를 꿈꾸었다.

유럽 정복과 제위를 향한 그의 야심을 비난하는 사람들에게 나폴레옹은 자신의 업적에 역사적 의미를 부여하며 당당하게 항변했다.

나의 야심은 일찍이 존재한 가장 위대하고 가장 높은 야심이다. 그것은 요컨대 이성의 제국을 세우고 영속적으로 확립하겠다는 야심이자, 인간 능력의 완전한 실천과 전적인 향유를 이루려는 야심인 것이다.

그러면서 개인적으로는 가장 사랑한 여동생 폴린 보르게세에게조차 "나쁜 조언자들이 말하는 대로 내맡긴다면, 더 이상 너는 나에게 기대할 것이 없을 것이다"라며 냉정하게 현명함을 추구한 오빠였다.

아마도 어린 시절의 정주영은 이런 나폴레옹에게 열광했을 것이다. 나폴레옹이 "나는 세계 제국을 세우고자 했다"고 말한 대목에서 정주영은 세계적인 기업을 상상했을지 모른다. "나는 민중의 자식이지만 수많은 원대한 계획을 품었다"고 말한 대목에서 정주영은 자신이 원대한 포부를 품은 농사꾼의 자식이라고 생각했을 수 있고, "죽음은 아무것도 아니나, 패하고 영광 없이 산다는 것은 매일 죽는 것"이라고 말한 대목에서 정주영은 남들이 무모하다고 말하는 일에 과감하게 도전하라고 부추기는 격려를 느꼈을 수 있다.

그리고 실제로 맞닥뜨린 대규모 사업을 앞두고 정주영은, 나폴레옹이 늘 자신에게 행운을 가져다주었다는 전술의 3대 원칙, 즉 "군사력의 결집, 기민한 행동, 명예롭게 전사한다는 단호한 각오"를 거듭 되새겼을 것이다. 그의 인생에서 한 획을 그을 것이 분명했던 주베일 산업항 공사 지휘를 위해 중동행 비행기에 오르면서, 정주영은 어쩌면 나폴레옹이 남긴 말 가운데 일부도 머릿속에 함께 챙겨 떠났을지 모른다.

심지어 정주영은 잠에 관해서도 나폴레옹에게서 영감을 받아 실천에 옮겼을 수 있다. 사람은 스스로 자신의 신체 기능을 조절하기 버거운 존재다. 모든 사람이 날마다 잠을 자지만 마음먹은 대로 자거나 깨는 일을 의식해서 실행하기 어렵다. 그런데 "언제든지 깊은 수면에 들 수 있었다"는 나폴레옹에 대해 언급하면서 프로이트는 이렇게 말했다.

우리들이 잠자려고 결심할 때에, 우리들은 깨었을 때 일어나는 사고

행위를 잠시 멈출 수는 있다. 이 일을 잘할 수 있는 사람은 자기가 원할 때 언제나 잠잘 수 있다.

나폴레옹 1세는 그와 같은 능력을 지닌 대표적인 인물이다. 하지만 일반적으로 말해서 이 일은 언제든지 성공한다고도, 또 그렇지 않다고도 단언할 수 없다.

-프로이트, 『꿈의 해석』(선영사, 2011), 651쪽

나폴레옹이 그랬던 것처럼, 정주영을 측근에서 보아온 사람들은 한결같이 그가 순식간에 잠이 드는 인물이라고 증언한다. 승용차를 타거나 비행기를 타거나 자리에 앉기만 하면 곧장 잠드는 그를 보고 경탄한 사람이 한둘이 아니었다.

정광모 전 한림대 총장은 어느 날 정주영과 함께 헬리콥터를 타고 아산농장으로 가기로 했다. 역시나, 정주영은 헬리콥터가 뜨자마자 잠이 들었다. 그런데 갑자기 산이 덮쳐와 조종사가 비행기를 급상승시키는 바람에 기체가 크게 요동쳤다. 잠시 눈을 떴나 싶었던 정주영은 비행기가 안전하다는 것을 확인하고는 곧바로 깊은 잠에 빠져들었다.

노신영 전 국무총리는 정주영이 잠이 들었다 깰 때건 아닐 때건 시도 때도 없이 아이디어를 떠올리는 모습을 확인한 인물이다. 그래서 그는 정주영을 '착상의 명인'이라고 불렀다.

사우디아라비아 주베일 산업항 공사는 정주영의 그러한 면모가 집약되어 드러난 대역사였다.

중동 진출은 정주영이 수년 전부터 꿈꾸던 바였으니, 그 직접적인 계기는 1973년 석유 자원 무기화를 둘러싸고 터진 제1차 오일쇼크였다. 중동 산유국들이 석유 가격을 올리면서 배럴당 1달러 수준이던 원유값

이 계속 치솟아 1975년에는 10달러에 이를 정도였다.

석유 순수입국인 한국은 치명타를 맞아, 기업들이 위기에 빠진 것은 물론이고 나중에는 정부가 하루하루 외채 상환에 내몰릴 지경이 되었다. 이런 상황을 맞으면서 정주영은 오일쇼크를 타개하려면 원유로 떼돈을 벌어들이는 중동으로 가야 한다고 믿었다.

1970년대 초반은 미국이 베트남에서 궁지에 몰리면서 그나마 줄어들던 한국 건설업계의 이른바 월남 특수도 사라진 때였다.

그러던 정주영에게 기회가 왔다. 1975년 여름 박정희 대통령이 정주영을 청와대로 부른 것이다. 박 대통령은 달러 벌 기회가 왔는데 아무도 나서지 않는다며 정주영에게 당장 중동에 다녀와서 일할 수 있겠는지 말해달라고 했다.

박 대통령이 말하기를, 중동 국가들이 오일달러로 번 돈을 사회 인프라 건설에 투자하려 하는데 더운 나라라 선뜻 일하러 오는 나라가 없어 한국 정부에 일할 의사가 있는지 타진해왔다. 그래서 정부 관리들을 보냈더니 2주 만에 돌아와서 보고하는데, 낮에는 너무 더워 일할 수가 없고, 건설 공사에 절대적으로 필요한 물을 구할 수도 없어 도대체 공사를 할 수가 없겠더라는 것이다.

그 말을 듣고 정주영은 그날로 출국해 닷새 만에 되돌아와 박 대통령에게 "지성이면 감천이라더니 하늘이 우리를 돕는다"고 보고했다. 가서 보니 중동은 1년 열두 달 비가 오지 않으니 1년 내내 공사를 할 수 있고, 건설에 필요한 모래자갈이 현장에 지천으로 널렸으니 자재 조달을 걱정할 필요가 없고, 물은 바다로 가서 실어오면 되며, 다만 낮 기온이 50도나 되니 낮에는 천막 치고 자고, 밤에 일하면 된다고 보고했다.

박 대통령은 반색하며 정부가 뒤에서 밀어줄 테니 어서 나가보라 재촉했고, 정주영은 본격적으로 중동 진출에 시동을 걸었다.

청와대가 정주영을 부른 것은 하나의 우연한 기회일 수도 있지만, 이미 박 대통령이 정주영이라면 해낼 수 있을 것이라는 기대감으로 부른 일이므로 이 사건을 우연의 기회라 말할 수는 없다.

그보다 정주영이 열사의 사막이라는 환경을 두고 정부 관리와 정반대의 결론을 이끌어낸 이 일화는 그가 지닌 극단의 낙천성을 보여주는 대목으로, 음미할 가치가 있다. 게다가 "1년 내내 일할 수 있어 좋은 곳"이라며 즐거워하던 당시 그의 나이는 예순 무렵이었다.

정주영은 1975년을 중동 진출의 해로 정한 뒤 회사에 아랍어 강좌를 준비시키고 중동 국가들의 공사 발주 자료를 조사하는 등 제반 준비를 진행하며 중동 공사 입찰에 뛰어들기 시작했다.

이때도 내부의 반발이 심했는데, 다른 이가 아닌 동생 정인영이 직원의 중동 파견을 노골적으로 거부하고 나섰다. 상황이 이렇다 보니 정주영은 결단을 내려 동생에게 다른 회사를 맡기는 등 반대 임원들을 대거 정리한 다음 자신이 직접 중동 진출을 지휘했다.

효과는 곧 나타나 그해 10월 바레인에서 조선소 착공을, 12월에는 사우디에서 해군 기지 공사를 시작했다. 거의 같은 시기에 사우디의 주베일 산업항 공사 입찰에 뛰어들었다. 당시 환율로 약 4600억 원짜리, 한국 예산의 절반 규모에 달하는 공사였다.

후일 정주영의 중동 진출은 현대는 물론 한국 경제가 도약하는 결정적인 계기가 되었음이 분명해졌다. 당시 정주영이 내외의 반대를 물리치고 과감하게 결단을 내리지 않았다면 오늘날 현대와 한국 경제의 모습은 크게 바뀌어 있을지도 모른다. 정주영의 결단은 이런 의미에서 진실을 볼 줄 아는 사람만이 가질 수 있는 깊은 지혜의 산물이라고 말할 수 있다.

"가장 진실한 지혜는 단호한 결단이다."

이 말은 나폴레옹이 좋아한 격언 중 하나였다. 어느 날 프랑스 군대가 가는 앞길을 알프스가 가로막고 있다는 보고를 받자 나폴레옹은 말했다.

"그렇다면 알프스를 없애버려야지."

그리고 그때까지 아무도 접근하지 못했던 생플롱 고개에 길을 개척하라고 명령했고 프랑스군은 그 길을 통해 알프스를 넘었다. 나폴레옹은 말했다.

"불가능이란 말은 바보들의 사전에서나 볼 수 있을 뿐이다."

싸움에 이기려면 적의 허점을 찾아내 신속하게 결단하고 행동하는 민첩한 대응이 뒤따라야 한다. 자신의 편지에서 나폴레옹은 이런 대응에 관해 다음과 같은 사례를 적고 있다.

"아르콜라의 싸움에서 우리는 불과 25명의 기병만으로 승리를 거두었다. 오스트리아군도 아군도 무기력 상태에 빠진 순간, 우리는 적진을 향해 돌격했다. 그것만으로 승리는 우리 것이 되었다.

싸움에서는 양군 모두 필사적이지만 어느 순간 적이 당황하는 때를 잘 이용하는 것이 승리의 비결이다."

또 다른 편지에서 나폴레옹은 같은 상황에 대해 이렇게 말하고 있다.

"때를 놓치면 그것은 불행의 기회가 된다. 오스트리아군은 때의 중요성을 몰랐다. 그들은 중요한 순간에 우물쭈물하며 공격을 망설이고 있었기 때문에 패한 것이다."

박정희 대통령과의 만남에서 중동 진출로 이어진 과정은 한국 정부의 정책 의지에 따른 것이기도 했다. 하지만 정주영의 결단에 따른 투지와 도전이 없었다면 중동 진출은 애초 불가능했다.

정주영의 결단이 근거 없이 무모한 낙관론이 아니라 심사숙고 끝에 정리된 지혜에 뿌리를 둔 것임은 그 자신의 설명에서 엿볼 수 있다. 1975년 2월 17일 국방대학원에서 행한 강연에서 그는 한국 경제에 대한 자신의 철학을 이렇게 정리했다.

1876년 제물포조약으로 문호를 개방한 이래로 우리는 1895년의 청일 전쟁, 1905년 러일전쟁, 1937년부터 1945년까지의 제2차 세계대전, 1950년의 한국전쟁, 그리고 1967년의 월남전쟁에 이르기까지 다섯 차례의 전쟁을 치렀습니다.

세계 역사를 아무리 돌아보아도 제 나라 제 백성의 의사와는 아무 상관 없이, 오히려 그 뜻에 역행해서 100년 동안 다섯 차례나 전쟁을 치른 나라는 이 지구 상에 없습니다. 우리 국가, 우리 민족의 이해와는 아무 상관 없이 단지 강대국의 이해에 휘말려 이 나라 백성들 가운데 수백만 명이 다치고 죽어갔습니다.

바로 이것은 나라가 힘이 없어서 주권 행사를 제대로 못했기 때문입니다. 나라가 힘이 없었기 때문에 우리 문제를 가지고 강대국들이 좌지우지하는 데도 우리는 그 자리에 끼지도 못했던 것입니다. 때문에 우리는 다시 이러한 불행한 역사를 후손에게 물려주지 않기 위해서, 또 이 나라의 진정한 독립을 보장하고 이 민족의 무한한 생존을 보존하기 위해서 부와 강을 겸비한 산업을 완성해야만 하는 것입니다.

그 첩경은 바로 중화학 공업을 위주로 산업을 발전시키는 것입니다. 남을 침략하기 위해서가 아니라 평화를 지킬 수 있는 부강한 나라를 만들기 위해서 중화학 공업을 일으켜야 합니다. 중화학 공업을 하루라도 빨리 완성하면 할수록 그만큼 빨리 국가의 평화와 생존의 보존 능력이 확보되어갈 것으로 나는 믿고 있습니다. 중화학 공업은 경제를 성장시킬 뿐만 아니라 나라의 생존을 위해서 긴요한 방위 산업의 육성이라는 문제를 자동적으로 해결해주게 되는 것입니다.

주베일 항 입찰 과정은 예상대로 험난했다. 선진국이 독점하고 있던 사우디 건설 시장에서 10개사로 제한된 입찰 후보자에 끼어드는 일부터 쉽지 않았다.

우여곡절 끝에 입찰 자격자로 선정되었지만 입찰 보증금 2000만 달러를 내야 했는데 그런 거액이 있을 리가 없었다. 그렇지만 뛰고 또 뛰어다닌 덕에 바레인 국립은행이 나서서 사우디 국립 상업은행으로부터 입찰 보증금 지급 보증서를 손에 넣을 수 있었다.

그러자 곧 유럽 업체들의 회유가 시작되었는데, 이때 뜻하지 않은 계기가 생겼다. 현대의 입찰을 저지하기 위해 컨소시엄 참여로 회유하려 했던 프랑스의 스피베타놀사(社)가 조중훈 대한항공 회장을 밀사로 보낸 것이다.

정주영은 이 기회를 역이용해 조 회장에게 입찰 보증 금액을 실제 금액의 두 배로 부풀려 말했고, 프랑스 측은 조 회장의 말을 곧이곧대로 믿었던 것으로 보인다.

입찰 당일에도 아찔한 순간이 있었다. 서류를 내려 간 전갑원 상무가 무슨 귀신에 씌었던지, 8억7000만 달러를 써내라는 정주영의 지시를 어기고 9억3114만 달러를 써냈던 것이다.

하늘이 도와 그 금액조차 최저 금액이 되어 현대는 공사를 낙찰받을 수 있었다. 가계약에 따라 현대건설이 선수금으로 받아 외환은행에 입금시킨 7억 달러는 건국 이래 최대 규모의 외환 보유고로 기록되었다.

그것으로 안심하기엔 일렀다. 서구 업체들은 현대가 주베일 항 공사를 감당해낼 능력이 없다는 둥, 이스라엘에서 자동차를 생산하는 포드와 기술 계약을 맺은 현대에 공사를 줘선 안 된다는 둥, 다양한 소문을 퍼뜨리며 주계약을 방해했다.

여기에 유럽 업체의 사주를 받은 사우디 무기상이 사우디 왕족에게 영향력을 행사하는 일까지 벌어지는 중이었다. 그 고비를 넘겨 정식 계약을 체결하자 다시 공사 선수금 2억 달러를 받아내는 문제가 걸렸다.

금액이 크다 보니 발주처에서 계속 늑장을 부렸고, 선수금 없이는 공사에 들어갈 수 없었으므로 정주영은 직원들을 매일 재촉해 발주처 사무실에 눌러앉게 만들었다. 결국 서류가 30군데를 거쳐가고 50명의 서명을 받은 끝에 7억 리알짜리 수표를 받아 외환은행에 입금시킴으로써 공사 준비는 마무리되었다.

서구의 건설업체들이 15억 달러로 응찰한 공사를, 해외 산업 항만 공사라고는 일찍이 시공해본 적도 없고 구경해본 적도 없는 현대가 9억 3000만 달러로 수주해 사우디 주베일 항에 안착하는 순간이었다.

이렇게 해서 1976년 7월 정주영의 현대건설은 이른바 "20세기 최대의 역사"라 불린 사우디아라비아 주베일 산업항 공사를 최종적으로 맡게 되었다.

이후에도 현대의 능력을 믿지 못한 발주처와 감독 관청이 시시콜콜 간섭을 해댔고 장비 제공업체는 이런저런 핑계로 작업을 방해했다. 하지만 정주영은 아랑곳하지 않고 공사를 강행했다.

정주영은 사우디 현장을 수시로 드나들며 공사의 걸림돌을 제거해냈다. 이때도 그는 다양한 아이디어를 쏟아내며 공기 단축에 박차를 가했다. 예를 들어 믹서 트럭 입구의 높이와 콘크리트 거푸집의 높이가 달라 크레인을 동원해 콘크리트를 일일이 퍼 담아 넣는 것을 본 그는, 트럭 출구를 개조해 높이를 맞추는 것만으로 크레인 작업을 제거해 효율을 50%나 높였다.

주베일 산업항 공사에서 그는 사장이자 현장 소장이자 야전 사령관이었다. 그에게서 가히 사막의 대군사 작전이라 해도 과언이 아닐 업무 지시가 매일같이 쏟아져 나왔다. 그런 가운데 육상에는 수백 대의 대형 중장비와 수백 대의 대형 트럭이 밤낮없이 돌아다녔고 해상에는 대형 크레인과 준설선이 거대한 위용을 자랑하며 움직였다.

1977년 4월 미쓰비시중공업의 고카 회장이 주베일 산업항 공사 현장을 방문한 적이 있는데, 그 위용에 놀라 "내 팔십 평생 이렇게 큰 규모의 공사는 들어본 적이 없고 직접 본 것도 처음이다"라는 말을 남겼다.

주베일 산업항 공사는 정주영의 도전 정신을 실험한 난제 중의 난제였다. 이 과정에서 정주영은 자신이 창의성, 과감함, 결단력에 체력까지 아낌없이 쏟아부었다. 해양 심해 구조물을 설치한 경험이 없어 기초 시공에서부터 기술의 벽에 부딪히자 미국 회사에 근무하고 있던 토목 기술 전문가 김영덕 박사를 말 그대로 삼고초려하여 영입한 일은 유명하다.

김영덕 박사의 말에 따르면, 한국에 들러 정주영의 초대로 처음 식사를 한 날, 입사를 권하는 말에 그는 정중하게 거절했다. 그러자 정주영은 다음 날 울산 조선소 방문을 권해 함께 내려가게 되었다.

김 박사는 현대가 건설한 고속도로나 현대중공업의 위용에 적잖이 감탄하며 서울에 올라왔다. 이어 둘은 다시 식사를 하게 되었는데, 이

자리에서 정주영은 김 박사의 애국심에 호소했다.

"사람이 태어나 많은 일을 하다 죽지만 조국과 민족을 위하여 일하는 만큼 숭고하고 가치 있는 일도 없을 것이다. 지금 우리에게 그런 기회가 왔다. 만약 이 공사가 제대로 안 된다면 우리 경제는 큰 타격을 입을 수밖에 없다" 등등.

타국에서 일하던 42세의 젊은 기술자가 감당하기 벅찬 말들에 그의 마음은 격하게 움직였고, 결국 다음 날 현대건설에 입사하기로 약속하고 말았다.

이후 공사는 착착 진행되었다. 그런데 기자재를 현지에서 만들 경우 들어갈 비용이 막대한 것을 보고 정주영은 그 모두를 울산 조선소에서 직접 만들겠다고 선언했다.

울산에서 자재를 만들어 바지선에 실어 필리핀 해양을 지나 1만 2000킬로미터 떨어진 걸프 만까지 운송하는 이른바 대양 수송 작전을 발표한 것이다. 이때도 중간 관리들이 움직이려 하지 않자 정주영 자신이 전화통을 들고 일일이 작업을 진두지휘했다.

그 와중에 예상치 못한 문제는 계속 생겼다. 예를 들어 수심 30미터에서 중량 500톤이 넘는 재킷을 한계 오차 5미터 이내에 20미터 간격으로 빔에 연결하려면 보통 재킷을 먼저 만들고 이어 빔을 만들어야 하는데, 그러자면 공기를 지키기 어려웠다.

정주영은 이번에도 울산에서 재킷과 연결용 빔을 함께 제작해 실어 날라 시공하자고 주장했고, 그때도 마찬가지 반응이 나왔지만 자신의 뜻을 관철시키고 말았다. 결과적으로 현대는 파도가 일렁이는 바닷속 30미터 깊이에서 20미터 간격으로 중량 500톤짜리 재킷 89개와 20미터짜리 빔을 한계 오차 5센티미터 이내에서 모두 연결하여 설치하는 데 성공했다.

이처럼 현대는 정주영의 주특기인 '공기 단축'과 '동시 진행'을 실현하며 완벽하게 공사를 마무리해 세계를 놀라게 했다. 계약 공기가 42개월인데 이를 10개월이나 단축시켜 준공식을 올린 것이다. 이 일은 한동안 세계의 항만 건설업계를 떠들썩하게 만들었다.

주베일 항만 공사는 총 공사비 9억450만 달러와 연인원 250만 명이 투입되어 3년3개월에 걸쳐 진행된 초대형 항만 공사였다. 당시 한 업체가 맡은 세계 최대 규모의 단일 공사로 공사 대금이 우리나라 예산의 절반에 해당할 정도였다. 이 공사를 성공적으로 마침으로써 현대는 국제적인 명성을 얻었고 이를 기반으로 선진국이 독점하던 국제 해상 시설 공사에 진출하는 기회를 잡을 수 있었다.

그 결과 현대는 세계 시장에서 대규모 공사를 잇달아 수주하여, 중동 진출 이후 5년 동안 총 매출의 60% 가까이를 해외 공사로 벌어들일 수 있었다.

공사를 하는 와중에 정주영은 주변 공사까지 달려들어, 사우디 해군의 육상 및 해상 기지, 사우디 주택성이 발주한 주택 전용 항만 공사까지 따내, 사우디 내에서만 합계 18억 달러가 넘는 대형 공사를 동시에 추진시켰다.

이어 바레인 공사까지 따내자 정주영은 주베일 현장에 중동 공사를 주관하는 '중동 회의'를 설치하여 매일 아침 7시에 회의를 열어 인사, 총무, 자재, 구매, 식량 보급 등 업무 전반에 걸쳐 의견을 듣고 즉시즉시 결정을 내렸다.

주베일 항만 공사를 성공적으로 마치자 현대를 보는 중동 국가들의 눈이 일거에 바뀌었음은 물론이다. 현대는 그 뒤 쿠웨이트 슈아이바 항

확장 공사, 두바이 발전소 등 중동 일대 대형 공사를 잇달아 수주했다. 1975년 중동에 진출한 뒤 1979년까지 현대는 이곳에서 약 51억6400만 달러를 벌어들였다.

기회는 오지만 기적은 없다

그런데 앞서 "기회가 왔다"고 표현했지만 정주영이 주베일 산업항 공사를 수주할 수 있었던 것은 천운이 따랐기 때문이라는 지적도 전혀 틀리지는 않아 보인다. 입찰전의 승리가 그 대표적인 경우다. 이 비슷한 경우를 우리는 애플 창업자 스티브 잡스의 사례에서 볼 수 있다.

1985년 가을, 자신이 설립한 애플에서 쫓겨나 넥스트라는 회사를 차릴 당시 스티브 잡스는 "신화를 만든 독불장군"이었다. 신화를 만들었다는 것은 오늘날 우리가 일상적으로 대하는 개인용 컴퓨터를 그가 만들어낸 사실, 정확히는 개인용 컴퓨터의 시대를 그가 열었다는 사실을 말한다.

잡스는 1977년 1월 애플을 차린 뒤 일종의 시험 모델과 같은 '애플 1'을 거쳐 이듬해 4월 '애플 2'를 내놓았다. 당시 일반인들에게 컴퓨터는 도서관에서나 볼 수 있는 것으로, 가정에 개인용 컴퓨터를 들인다는 것은 상상하기가 어려웠다.

잡스 그 자신이 공학에 매료되어 있었지만 전문 엔지니어는 아니어서, 컴퓨터의 핵심 부품인 회로 기판과 운영 소프트웨어는 그의 친구이자 동업자인 워즈니악이 만들었고, 잡스 자신은 그것들에 전원 장치를 연결하고 케이스를 씌워 완성된 컴퓨터 형태로 만들어냈다.

어쨌든 잡스의 기획 아래 탄생한 '애플 2'는 곧장 세상의 이목을 끌었고, 1년쯤 뒤에는 엄청난 인기를 끌면서 명실상부 개인용 컴퓨터, 즉 PC

산업을 탄생시켰다.

개인용 컴퓨터 할 때 종종 떠올리는 마이크로소프트와 애플을 비교하면 잡스의 선구적 업적이 더 분명해진다. '애플 2'가 나온 지 4년이 지난 1981년 8월 IBM PC가 첫선을 보였는데, 여기에 마이크로소프트의 운영 체제인 MS-DOS가 탑재되었다.

하지만 잡스는 한 걸음 더 앞질러 1984년 1월 '매킨토시'를 내놓았는데 이것은 실질적으로 마우스를 사용하는 최초의 개인용 컴퓨터라 불릴 만했다. 마이크로소프트가 '윈도 3.0'이라는 비슷한 운영 체제를 내놓은 때가 1990년이었으니 둘 사이의 간극이 얼마나 큰 지 알 수 있다.

하지만 잡스는 예의 독선적 성격으로 애플의 모든 임원들과 불화를 겪었고, 결국 성공작인 매킨토시를 출시한 지 1년 만에 자신이 불러들인 이사들에 의해 애플에서 쫓겨나고 말았다.

잡스는 자신을 따르는 애플 직원들과 함께 넥스트를 설립하여 개인용 컴퓨터 대신 고성능 워크스테이션을 개발하기로 마음먹었다. 하지만 그특유의 변덕과 고집을 버리지 않아, 1년이 지나도 개발에 진척이 없었다.

예상보다 일찍 자금난이 닥쳤고 잡스는 돈을 구하러 뛰어다녀야 했다. 하지만 직원 몇 명과 기획안만 있는 회사에 투자하려는 사람을 찾기란 어려운 일이라, 잡스는 조바심에 밤잠을 설칠 지경에 이르렀다.

그러다 나타난 인물이 후일 미 대통령 선거에 출마하기도 한 괴짜 백만장자 로스 페로였다. 일찍이 일렉트로닉 데이터시스템스라는 소프트웨어 회사를 키워 24억 달러를 받고 GM에 팔아넘겨 거부가 된 페로는 우연히 TV 다큐멘터리에서 잡스를 보고 그의 매력에 홀딱 빠진 상태였다.

페로는 1979년경 마이크로소프트의 빌 게이츠가 자금을 구하러 방문했을 때 이를 무시해 천금 같은 기회를 놓친 적이 있었다. 때문에 잡스가 애초 제안 금액 300만 달러를 아무 근거 없이 2000만 달러로 올려 내밀었지만 페로는 주저 없이 투자를 결정했다.

그렇게 해서 자기가 만든 애플에서 밀려나 무늬만 있는 회사를 운영하던 잡스는 거금을 쥐고 보란 듯이 재기할 수 있었다. 잡스의 명성이 당시 대단하기는 했어도 로스 페로와 같이 막강한 후원자를 만난 것은 천운이라 보아야 할 듯하다.

그렇긴 해도 찾아온 기회를 완벽하게 자신의 방식으로 재창조해냈다는 점에서, 잡스와 마찬가지로 정주영에게도 천운이란 더 높이 도약하기 위해 이용할 수 있는 여러 기회 가운데 하나일 뿐이었다.

정주영과 현대가 주베일 항만 공사를 성공적으로 마무리 짓자 주변에서는 한결같이 '주베일의 기적'이라 불렀다. 그렇게 부르기에 모자람이 없는 대공사임을 누구나 알고 있었다. 하지만 정주영 자신은 비록 공치사일지언정 기적이라는 말을 좋아하지 않았다.

종교에는 기적이 있어도 기업에는 기적이 없다. 일하는 사람의 피와 결실, 불굴의 의지와 신념을 가지고 추진한 결과일 뿐이다.
　　　　　　　　　　　－『아산 정주영과 나』(아산사회복지사업재단, 1997), 86쪽

또한 당시 수많은 사람들이 그에게 한국을 대표하는 기업가, 세계 수준의 대기업을 경영하는 자본가라고 말했다. 하지만 정주영 자신은 기업가나 자본가라는 말보다 노동자라는 말을 선호했고, 어떤 때는 자신이 노동자라고 고집스럽게 우기기도 했다.

전쟁과 남북 대치를 겪은 한국의 1970년대에 '노동자'가 불온한 표현이고 심지어 금기시되기까지 했다는 사정을 고려하면 이는 대단히 파격적인 사고였다. 어쨌든 정주영은 노동자라는 표현을 양보하지 않았다.

그는 자신을 성공한 기업가라고 치켜세우는 사람들에게 "나는 부유한 노동자일 뿐이며 노동을 해서 재화를 생산하는 사람일 뿐"이라고 응수했다. 어떻게 노동자로서 부유할 수 있는지 물으면 부지런했기 때문이라고 잘라 말했다.

근검이야말로 부의 원천이며, 열심히 아껴 모으면 큰 부자는 몰라도 작은 부자는 될 수 있다는 것, 자신은 더 많이 일하려고 젊었을 때부터 새벽에 일어났고, 밝게 맑게 바르게 보니 할 일이 태산이었다는 것, 그것이야말로 성공의 비결이었다고 한결같이 답했다.

> 인간의 모든 능력의 한계, 인간 자신이 한계라고 생각하는 모든 것에 도전하는 것이 나에게는 기쁨이며 보람입니다.
> —정주영, 『새로운 시작에의 열망』(울산대학 출판부, 1997), 12쪽

주베일 항만 공사 과정에서 정주영이 보여준 모습들을 얼핏 보면 상식을 깨는 행동, 무모한 의지, 어리석은 열정의 집합체라 불리기에 충분한 것들이었다.

하지만 그 모두가 실은 그의 비상한 집중력과 이해력 그리고 예측력과 대비 자세에서 비롯되었음은 두말할 필요가 없는 것이다. 사업적으로 볼 때 주베일 항만 공사를 통해 현대는 엄청난 기술력은 물론, 세계적인 장비와 전 세계가 인정하는 신용을 갖추었고, 이를 기반으로 5대양 6대주를 종횡무진하는 글로벌 기업으로 올라서게 되었다.

먼저 정주영은 선박의 심장이라 할 수 있는 엔진 제작을 위해 대형 디젤엔진 공장을 건설하게 했고, 이에 따라 1978년 11월부터 국산 디젤 엔진을 제작해 국내 공급은 물론 해외 수출까지 가능하게 만들었다.

또한 선박의 전기를 담당하는 배전반, 제어반, 발전기, 변압기를 국산 화하기 위하여 중전기 공장을 건설해 1980년부터 대량 생산이 가능하게 만들었다. 대형 터빈과 발전기 공장도 건설했다.

1983년에는 대형 수조가 부설된 선박 해양연구소를 설립해 자체 설계 능력을 세계적 수준으로 끌어올렸다. 그사이 현대중공업으로 명칭을 달리하게 된 울산 조선소는 플랜트, 해양 개발, 선박 엔진, 중전기, 건설 중장비, 설계 능력을 모두 갖춘 종합 중공업 회사로 확대 개편되었다.

이 모든 성과가 어우러져 1983년 현대중공업은 마침내 조선 수주와 생산 실적 모두 세계 1위에 올라, 조선소 설립 11년 만에 세계 정상의 자리를 꿰차게 되었다. 현대중공업의 이러한 위상은 20여 년이 지난 지금까지 그대로 이어지고 있다.

사우디아라비아를 숱하게 오가면서도 그의 고집에 가까운 검소함은 주위를 놀라게 하기에 충분했다. 한번은 조선일보 방일영 전 회장이 방콕에서 서울로 오는 비행기를 탔는데, 옆자리에서 누가 담요를 뒤집어쓴 채 자고 있어 웬 노인인가 하고 봤더니 정주영 회장이었다는 것이다.

때가 11월이라 초겨울인데 여름옷을 입었으니 담요 신세를 지지 않을 수 없었던 것이다. 계절이 여러 번 바뀌는 동안 여벌의 옷도 없이 입던 옷 그대로 중동과 한국을 오갔다는 정주영의 말에 방 회장이 혀를 내둘렀다고 한다.

1940년대 이후 1970년대 말에 이르기까지 저러한 일련의 과정을 통하여 정주영은 단순히 일개 성공한 사업가가 아니라 한국을 대표하는 상징적 기업가로 우뚝 섰다. 우리가 산업화 시대 한국 자본주의를 말할 때, 그 개인적 담지자로 이병철과 함께 정주영을 반드시 거론하게 된다. 그 이유가 그들의 거듭된 사업가적 성취와 더불어, 한국의 산업화를 이끌어나갔던 그들의 개척자적 탁월함에 있기 때문이다.

위대한 기업가의 탄생

기업가의 동기는 기업의 성공이나 돈을 버는 데 있는 것만은 아니다. 일찍이 이 문제에 관해 슘페터는 날카로운 지적을 남겼다. 그에 따르면 실패를 두려워하지 않는 진짜 기업가들은 경제적 동기에 얽매이지 않는다. 심지어 전혀 경제적이지 않은 동기를 기반으로 사업에 뛰어든다.

예를 들어 "창작의 기쁨, 성취의 기쁨 또는 단순하게 자신이 지닌 에너지와 재주를 발산하는 기쁨"만으로도 그들은 용감하게 사업을 밀고 나간다.

"기업가가 혁신에 성공하는 것은 지성의 결실이 아니라 의지의 결실"이라고 한 슘페터의 말도 이와 같은 맥락에서 나온 것이다. 이러한 지적은 기업가 정주영에게 딱 들어맞는다.

그 평생 많은 사람들이 성공의 비결을 따져 물었는데, 그때마다 정주영은 "일이 재미있어서 열심히 하다 보니 그렇게 되었다"는, 어쩌면 주위의 기대를 저버렸음 직한 대답을 했다. 하지만 다음과 같은 설명은 본질적으로 슘페터의 그것과 크게 다르지 않음을 알 수 있다.

일하는 것 자체가 그저 재밌어 일에 묻혔고, 그러다 보니 일과 한 몸이 되어 살았다. 좋은 옷이나 음식이나 물건에 한눈팔 겨를도 없이 그저 일이 좋아 일과 함께 살았다. 타고난 일꾼으로서 열심히 일한 결과가 오늘의 나일 뿐이다.

정주영의 근검 정신은 그의 생전에 이미 유명했던 일이라 설명이 필요 없을 정도다. 개인적으로는 운동화가 닳으면 칼로 폐타이어를 잘라 접착제로 붙여서 신고 다녔다. 사우디 주베일 항만 공사 때는 한 직원이 사막에 버린 시멘트 블록 한 조각을 찾아 들고는 물자를 낭비했다며 눈물이 쏙 빠지도록 혼을 냈다.

일상생활에서도 그의 검소함에는 변함이 없었다. 가령 한 정부 고위직 인사의 아들 결혼식에 그가 쏘나타를 타고 나타나자 안내원이 입장을 저지하다 주위 사람이 정주영이라고 알려주는 촌극이 벌어지기도 했다. 실상 그런 일은 다반사였다.

그는 국산 스텔라를 몰면서 퇴근 후에 수행원을 두지 않았고, 그가 출퇴근하던 구현대 사옥에는 그 많은 엘리베이터 중에 회장 전용 엘리베이터가 없었다. 중역용 엘리베이터를 한 대 놓자는 임원에게 곧장 면박을 주었던 그다. 젊은 사원이 차례를 양보해서 먼저 탈 수 있으면 그게 바로 중역용 엘리베이터이고 회장용 엘리베이터라는 것이다.

부에 대한 그의 생각 또한 이러한 사고의 연장선상에 서 있어서, 그는 자신이 가진 돈이 얼마나 되는지 묻는 질문에 이렇게 답했다.

"내 호주머니에 들어 있는 돈만이 내 돈이고 집으로 가져가는 생활비만이 내 돈이라고 생각하며, 자신의 의식주를 해결하는 이상의 돈은 자기 소유가 아니라고 생각한다."

마셔봐야 배가 부르지 않으니 커피는 마실 필요가 없고, 태워봐야 몸에 이롭지 않으니 담배를 피울 이유가 없으며, 해지면 기워 입는 것이 편하니 옷을 많이 살 필요가 없다고 말하던 정주영이다.

그렇게 몸에 밴 검소함과 성실성, 평생 넘치는 열정으로 일에 헌신함으로써 남보다 월등한 성취를 이룬 정주영이다. 그의 모습은 1911년 슘페터가 『경제 발전의 이론』에서 정교하게 다듬어 설명한 위대한 기업가의 모습과 정확히 들어맞는다. 이에 대한 슘페터의 설명을 조금 더 살펴보자.

슘페터 이전 대부분의 경제학자들에게 경제 발전의 동력이자 분석 대상은 추상적 개념의 자본가였고, 자본과 노동의 대립을 통해 정치경제학을 발전시킨 마르크스도 이 점에서 예외가 아니었다. 하지만 대공황이 일어나기 훨씬 전인 1911년 오스트리아의 조지프 슘페터는 '자본가'와 구별되는 '기업가'를 새롭게 정의했다.

슘페터에 따르면, 기업가는 단순히 소유와 관리 주체를 의미하는 관리자와 달리 창의, 리더십, 선견지명을 발휘하는 인물이다. 기업가는 '새로운 결합을 수행하는', 즉 경영적 발전을 이끄는 경우에만 그 역할을 다할 수 있으며, 주어진 기업을 '순환적으로 경영한다면', 즉 단순히 관리만 하면 후퇴할 수밖에 없다.

이 지점에 이르러 슘페터는 경제 발전이 시장 경제의 논리에만 좌우되는 것이 아니라 기업가의 역할에 크게 의존함을 강조한다. 그리고 기업의 성공은 극대 이윤보다 창조의 기쁨이 행동 원리를 결정할 때 가능하다고 주장한다.

그러한 의미에서 '창조적 파괴'는 기업가의 존재 이유이자 사명이며 경제 발전의 동력이다. 만일 기업가가 그 역할을 다한다면 호황의 이득이나 불황의 손실도 경제 발전 메커니즘의 본질적 요소로 이해할 수 있고 따라서 경제적 후퇴도 극복할 수 있다.

슘페터는 사회의 구성원으로서 명백한 역할을 부여받고 있음에도 그 의미가 은폐되거나 심지어 무시돼왔던 '기업가'를 창조적으로 정의함으

로써, 오늘날 시장 경제에서 핵심적인 의무를 부여받은 존재로 만드는
데 기여했다.

6. 동시대의 기업가들

아프리카에서는 매일 아침 가젤이 잠에서 깬다. 가젤은 가장 빠른 사자보다 더 빨리 달리지 않으면 죽는다는 사실을 알고 있다. 그래서 온 힘을 다해 달린다. 사자도 마찬가지다. 그는 가젤을 앞지르지 못하면 굶어 죽는다는 사실을 안다. 그래서 온 힘을 다해 달린다. 호아킴 데 포사다가 쓴 『마시멜로 이야기』에서 소개되는 우화다.

모든 기업가도 이와 같아서, 위기는 일상적으로 잠재하다 느닷없이 출현한다. 때문에 기업가는 그가 사자이든 가젤이든, 언제나 달릴 준비를 해야 한다. 그런데 그만이 아니라 그의 경쟁자도 최선을 다해 달리기 때문에 단순히 달리는 것만으로는 미래가 보장되지 않는다.

그래서 위기는 도처에서 생기는데, 불행하게도 이를 극복하는 기업가는 흔하지 않다. 어떤 기업가가 위기를 극복했다는 것은 여러 번의 달리기에서 상대방을 이겼다는 것, 이를 위해 한두 번의 승리에 도취하지 않고 무언가 준비했음을 의미한다. 그것이 곧 눈앞의 마시멜로, 즉 유혹을 억누를 수 있는 몇 안 되는 기업가들의 능력일 것이다.

정주영과 동시대를 살다 간 국내외의 많은 성공한 기업가들이 대부분 이와 같은 위기를 극복하며 슘페터의 정의에 부합되는 삶을 살았다. 때로는 위대한 업적을 이루었음에도 초심을 잃고 원칙을 버려 몰락하는 운명을 맞이했다. 여기서는 19세기를 빛낸 기업과 기업가들의 행적을 좇아 그 성패의 일단을 살펴본다.

(1) 포항제철과 '하면 된다'의 신화

시장 경제 도입 초기 한국의 기업들은 우리 환경에 맞는 리더십을 스스로 만들어야 했다. 그중 산업화의 밑거름이 될 종합 제철소 건설에 성공한 포항제철은 단연 돋보이는 경우다.

1968년 정부는 중화학 공업 육성과 수출 입국이라는 국가적 비전을 선포한 뒤 이를 뒷받침하고자 제철소 설립을 서둘렀다. 미국이 약속한 차관이 들어오지 않아 우여곡절 끝에 이 문제를 해결했지만 누구도 허허벌판에 거대한 공장을 지어본 적이 없어 악전고투가 밤낮으로 이어졌다.

박태준 당시 사장은 영일만의 거센 바람을 맞으며 국가적 숙원 사업을 이끌어야 했다. 그는 현장에 야전 지휘부를 연상케 하는 이른바 '롬멜 하우스'를 짓고 모든 일과를 여기서 처리했다. "만일 실패하면 우리 모두 우향우하여 영일만에 빠져야 한다"는 그의 주장은 직원들에게 '우향우 정신'으로 불렸다.

군대 같은 조직력과 필사즉생의 집념 끝에 1973년 6월 공장이 가동됐고 이어 1기 고로가 완성됐다. 설립에 걸린 기간은 39개월, 투입된 자금은 1204억 원으로, 이는 당시 국제적으로 유례없는 단기간, 저비용 공사로 정평이 났다. 초기의 이러한 리더십이 오늘날 세계가 인정하는 초일류 기업, 포스코의 밑거름이 됐음을 누구도 부인할 수 없을 것이다.

(2) 변화를 수용하며 진화한 디즈니

경영 컨설턴트 짐 콜린스는 실증 조사를 통해 "단기간에 성장한 기업들은 대부분 오래 유지되기 힘들다. 위대한 기업들은 대부분 수십 년간 꾸준히 성장하게 마련이며, 그 또한 어느 전환점을 거치며 도약하는 경우가 대부분"이라는 결론을 내렸다. 문제는 이러한 성장 과정에서 초기의 리더십이 시대 변화와 더불어 새로운 리더십으로 바뀌어야만 한다는 사실이다. 초일류 기업인 월트디즈니가 이러한 변화를 수용하지 못해 위기를 경험한 경우다.

창업자 월트 디즈니의 탁월한 능력과 절대적 카리스마 덕에 세계 최대의 엔터테인먼트 기업으로 성장한 이 회사는 1966년 그가 사망하면서 작품난에 빠지게 됐다.

애니메이션에서 성공을 거두지 못하자 테마파크에 의존하게 된 디즈니 경영진은 고심 끝에 1984년 파라마운트의 마이클 아이스너를 영입했다. 아이스너는 이 회사의 핵심 역량이던 창의적 아이디어를 부활시키고 카젠버그 같은 인재를 끌어들이는 데 성공했다.

그러나 아이스너의 역할은 그 이상이 되지 못했다. 그는 의사 결정에서 독단적이었고 오너 가문과 자주 마찰을 일으켰으며 사소한 사안에서까지 주주들의 대립을 유발시켰다. 그에게는 거대 조직을 이끄는 리더십이 부족했던 것이다. 회사는 다시 위기에 빠졌고 2005년 3월 경영진은 ABC그룹과 월트디즈니 인터내셔널을 이끌던 로버트 아이거를 회장으로 불러들였다.

아이스너 밑에서 일한 아이거는 전 회장의 문제점을 잘 알았고, 먼저

전제 통치의 대명사라 불리던 전략 기획 그룹을 해체하면서 아이스너와
는 정반대 길을 걸었다. 그는 매사 뒤편에 서서 사람들을 독려했고 말
을 아끼며 주변의 말을 경청했다. 주주들의 불협화음은 사라졌고 직원
들 사이에 토론 문화가 되살아났다.

이를 바탕으로 아이거는 픽사를 인수한 스티브 잡스와 제휴했고, 사
업 영역을 전통 미디어에서 아이팟, 휴대전화, 게임기 등 디지털 미디어
로 확장하는 데 성공했다. 이후 디즈니는 놀라운 성장세를 보이며 이전
의 영화를 되찾았다. 낡은 리더십을 시대에 맞는 새로운 리더십으로 대
체함으로써 회사를 위기에서 구한 경우다.

(3) 저가 제품으로 승부한 워너브라더스

미국 영화사상 손꼽히는 사건이 많지만, 100여 년간 끊임없이 부침을
거듭하면서도 여전히 강자로 군림하는 워너브라더스의 역사는 단연 압
권이다. 그중에서도 창립자인 워너가(家) 형제들의 50년에 걸친 협력과
암투는 한 편의 영화 시나리오처럼 드라마틱하다고 알려져 있다.

지금은 '해리 포터'와 「매트릭스」 등 자신의 영화로 받아든 오스카상
만 100개가 넘지만, 101년 전인 1904년 워너가의 네 형제는 영사기 한
대로 출발했다. 그리고 30년 뒤 이 회사는 미국 5대 영화사로 올라섰는
데, 맏형 해리에 따르면 그 비결은 "닥치는 대로 영화를 찍고, 영화관을
인수하는" 것이었다. 때문에 해리 워너는 "정지는 후퇴이다"를 좌우명으
로 삼았다.

짧은 시간에 많은 영화를 찍어 빨리 돌려야 하니 당연히 품질이 떨어
질 수밖에 없었지만 워너 형제들은 개의치 않았다. 워너브라더스가 메
이저급으로 올라서던 1930년대, 그들이 찍은 영화는 570여 편에 이른다.

개런티가 적다고 불평하는 배우는 내보냈고, 마찬가지 이유에서 스타 두 명이 나오는 시나리오는 거들떠보지도 않았다. 공황이 휩쓸던 1930년대에 일련의 영화사들이 문을 닫았지만 워너브라더스는 오히려 승승장구했으니, 그 이유는 실업자들이 극장으로 밀려들어왔기 때문이었다.

1948년 미국은 독점의 폐해를 줄이기 위해 법을 바꾸어 대형 영화사의 영화관 소유를 금지했는데, 워너 형제가 이를 예측하지 못한 것은 명백하다. 마침 이 시기는 텔레비전이 막 보급되던 때였는데, 전후 6000대에 불과하던 것이 2년 후면 600만 대로 늘어난다. 우왕좌왕하던 워너브라더스는 형제들의 내분 끝에 회사를 팔 처지가 됐다. 결국 막내이면서 사업을 위해서라면 스캔들 조작도 서슴지 않던 잭이 경영권을 장악하는 것으로 50년에 걸친 형제 경영은 막을 내렸다.

이후에도 잭 워너는 끊임없는 저돌성으로 워너브라더스를 키워 오늘에 이르게 했다. 그의 개인적인 도덕성에 대한 평가와는 별개로, 그가 없이 오늘의 워너브라더스가 없을 것이라는 점에는 미국 비평가들 사이에 이견이 없는 듯하다.

(4) 소니, 원점으로 돌아간 신화 창조자

소니 창업자인 이부카 마사루와 모리타 아키오는 전시 일본의 생존을 책임진 연구원으로 만났다. 전후 두 사람은 자신들의 실력이 미국에 비해 형편없다는 사실에 충격을 받았는데, 이것이 역으로 이들을 의기투합시켜 소니를 창립하게 만들었다. 처음에 전기밥솥, 전기방석, 녹음테이프 등 이런저런 전자기 제품을 만들었지만 회사는 고전을 면치 못했다.

운명의 장난인지, 이들은 미국에서 새 기회를 찾아냈다. 1953년 모리타가 비행기를 탈 무렵 미국에서는 트랜지스터 기술이 한물간 것으로 취급받고 있었다.

그래서 모리타는 웨스턴 일렉트릭으로부터 단돈 2만 5000달러에 소형 트랜지스터 특허권을 사들였고, 4년 뒤 세계 최초로 트랜지스터라디오를 시장에 내놓았다. 그리고 몇 년 뒤 소니는 필립스와 공동으로 콤팩트디스크를 개발하여 다시 시장의 이목을 집중시켰다.

모리타는 1989년 발간한 저서에서 소니의 성공이 미래를 향한 끝없는 혁신의 결과라고 적었다. "우리는 10년 앞을 내다보며 사업을 집중하는 데 반해, 미국인들은 그저 10개월 앞의 이익에만 몰두한다"는 것이다.

미국으로부터 얻어낸 기술로 세계 시장을 석권한 경험이 그를 고무시켰음은 물론이다. 전하 결합 소자라고 불리는 CCD 개발은 그중 가장 극적인 경우에 해당된다.

CCD는 미국 벨 연구소가 화상 전화기를 만들기 위한 원천 기술로 개발했다. 그러나 이 기술을 의뢰한 AT&T는 상용화에 실패하여 후속 연구 지원을 포기했고, 마침 디지털카메라 개발 기술을 찾던 소니의 이와마 사장이 이 소식을 들었다.

그는 즉시 CCD 개발에 나서 5년 뒤인 1978년 CCD 카메라를, 다시 1985년 컬러 비디오카메라, 즉 캠코더를 선보였다. 소니는 오늘날까지 세계 최대의 CCD 공급원이며 캠코더는 1990년대 중반까지 소니 이익의 원천이었다.

하지만 원래 소니가 CCD로 의도했던 디지털카메라는 삼성전자의 차지가 됐다. 소니가 자만에 빠진 1990년대 말, 삼성전자는 IMF 위기를 겪으며 애니콜이라는 브랜드를 내놓았고 주로 소니의 CCD를 내장한 이

제품은 고급 휴대전화 시장을 석권했다.

비단 그뿐이 아니다. 소니는 1990년대 들어 절정을 누리는 듯했으나 일본 경제의 버블과 함께 내리막길을 걷기 시작했다. 최강이던 가전 시장에 이어 반도체 시장까지 차례로 내주던 소니는 1990년대 말 2년의 시차를 두고 창업자인 이부카와 모리타가 연이어 사망하면서 화려하던 시대를 마감했다.

(5) 기업가에서 관리자로 전락한 그룬디히

2003년 4월 14일, 전기 제품으로 수십 년간 유럽을 호령하던 독일 그룬디히가 73년의 생존 끝에 문을 닫았다. 창업자 막스 그룬디히는 스물두 살 때 라디오 가게를 차려 8년 만에 100만 마르크 매출을 달성했고, 이후 라디오·텔레비전 시장에서 난공불락을 자랑하는 것처럼 보였다.

경제학자 슘페터는 이처럼 승승장구하던 그룬디히를 기업가의 전형으로 묘사했다. 그는 "작업장에서 새로운 것을 창조하는 즐거움"이 그룬디히의 에너지원이라고 설명했다. 이윤은 그의 핵심 동기가 될 수 없었다.

하나의 제품에 만족하지 않고 날마다 새로운 제품에 몰두하는 그에게는 끊임없는 혁신이 더 중요한 자세였다. 슘페터에 따르면 그룬디히는 "내면에서 활활 타는 승부욕을 자기 것으로 만들었다."

그러나 장인들에게 전형적으로 나타나는 고집이 그의 운명을 가로막았다. 그는 자기 아닌 누구도 인정하지 않고 회사의 모든 업무에 관여하려 했는데, 때문에 자신이 가장 공을 들여 영입한 직원마저 경쟁사로 떠날 정도였다. 슘페터가 말한 대로 그는 "쉬지 않고 일하는 것, 그것 이외에 할 줄 아는 것이 하나도 없는 사람"이었다.

스스로는 혁신을 추구하면서 자신의 기업과 직원들의 혁신을 가로막는 이 경영 스타일은 20세기 초에 성공한 수많은 기업가들에게 공통된 특징이었다. 그들의 운명도 대체로 그룬디히와 비슷한 것으로 보인다. 1980년대에 그룬디히는 일본 기업들과 비디오 시장에서 격돌했고, 가격은 비싸고 디자인은 뒤떨어지는 이 회사의 제품은 참패했다.

1983년 당시까지 2700만 대의 라디오와 3300만 대의 텔레비전을 만들어낸 그룬디히는 이듬해에 필립스에 경영권을 넘겼고, 필립스마저 1996년 철수했는데, 한때 4만 명을 넘던 그룬디히 직원은 폐업 신고 당시 1800명에 불과했다.

(6) 전 재산을 내놓아 BMW를 살린 크반트

1916년 항공기 엔진 회사로 출발했다 합병을 거치며 바이에른 자동차 회사, 즉 BMW로 거듭난 이 회사는 뛰어난 엔진 기술을 바탕으로 제2차 세계대전 뒤 최고급 사양의 자동차를 내놓았다.

당시 중견 회사원 월급이 350마르크인 시절에 'BMW 클라세 500'의 가격은 1만 5000마르크나 됐다. 설상가상으로 회사는 "이 차를 사는 사람은 운이 좋은 것"이라고 선언했는데, 이것이 몰락의 신호탄이었다.

1959년에 이르자 파산 지경에 이른 이 회사에 경쟁사인 다임러벤츠가 합병을 제안했다. 결국 대주주 헤르베르트 크반트가 회사의 근거지인 바이에른 주정부에 지원을 호소했다. 당시 그는 만일 주정부가 회사를 원조한다면 자신이 과반수 지분을 사들이겠다고 말했다. 크반트는 전 재산을 털어 약속을 지켰고, 이것이 종업원들의 지지를 이끌어내 극적인 회생이 시작됐다.

그렇다고 해서 크반트가 저가 차량 정책으로 전환했는가 하면 그것은 아니다. 오히려 그는 더욱 고급 차에 매달렸고, 다만 회사의 이미지를 바꾸었을 뿐이다.

크반트는 가격을 낮추라는 이사회의 권고를 무시하는 한편, 자사 차량을 스포츠 리무진으로 광고하기 시작했다. 이것은 소형인 폭스바겐이나 대형인 벤츠와 직접 경쟁하지 않으면서도 부유한 청장년층 고객을 흡수할 수 있는 틈새시장 전략이었다. 이 전략이 성공을 거두면서 BMW는 지금까지 스포츠 리무진 시장의 절대 강자로 불리게 됐으며, 1960년대 이래 매년 흑자를 달성하는 중이다.

BMW는 유럽에서 보기 드물게 한 가문이 과반수 지분을 가지고 있는 기업이다. 하지만 전 재산을 털어 회사를 살리고자 한 크반트의 결단이 아니었다면 오늘날 그 존재를 찾기 힘들었을지 모른다. 그는 합병으로 챙길 당장의 이익보다 회사의 잠재력에 모든 것을 걸었던 것이다.

(7) 신화를 즐기다 몰락한 아이아코카

잭 웰치 전 GE 회장이 회의 석상에서 임원들에게 다음과 같이 단 세 단어만 던지고 나가버린 일화는 유명하다. "관리하지 마! 리드해!"

이후 리더십이라는 개념은 위기 타개를 위해 기업가가 갖추어야 할 가장 중요한 자질의 하나로 꼽히게 됐다. 전 크라이슬러 회장 아이아코카는 탁월한 리더에서 관리자로 안주하는 순간 기업이 추락하기 시작한다는 사실을 전형적인 방식으로 보여준 인물이다.

"나는 당신이 싫소." 최고경영자인 헨리 포드 2세가 던진 이 한마디에 히트작 제조기로 불리던 아이아코카는 포드를 떠나 1979년 크라이슬러로 옮겼다. 당시 크라이슬러는 오일쇼크를 예측하지 못해 적자에 시달리던 중이었다.

아이아코카는 즉시 구조조정에 착수하여 부사장 33명과 종업원 8500 명을 해고했으며, 자신의 연봉을 1달러로 묶고 노조와 협상을 벌여 임금 인하를 이끌어냈다. 비용 절감을 확인한 정부는 거액을 융자해주었으며, 이를 기반으로 크라이슬러는 3년 만에 흑자를 냈다. 그때까지 아이아코카는 훌륭한 리더십을 발휘한 것이다.

하지만 이후는 사정이 달랐다. 그는 사내 문제는 보고에만 의지한 채여유 자금을 굴리는 데 몰두했다. 하지만 그가 추진한 항공사 인수 건과 이탈리아 자동차와의 합작 건이 모두 실패로 돌아가 세월만 허송한셈이 되었다. 그사이 시장을 일본 회사들에게 내주고 말아 결국 자신은사임하고 회사는 독일의 다임러벤츠에 인수되고 말았다.

미 공군사관학교 교육 과정에 '지도자의 신조'가 있는데 그중 하나가 "상관은 권위에 의존하고, 리더는 팀워크에 의존한다"는 말이다. 처음에는 팀워크로 이끌던 아이아코카가 승리감에 도취하여 권위에 의존하자회사도 이전으로 되돌아가버린 것이다.

이들에게서 보듯 눈앞의 성취에 안주하지 않고 미래를 준비하는 기업가라면 누구나 존경하고 참고할 이유가 있다. 위기를 기회로 바꾼 기업가라면 더욱 그렇다.

7. 아산재단과 검소

　기업이 비록 성공해도 시장에서 인정받으려면 사회를 섬길 줄 알아야
한다. 이윤 중심의 경영은 목전의 이익을 얻는 데는 도움이 되지만 궁극
적으로 기업을 보호하는 장치는 되지 못한다. 기업은 어디까지나 사회
에 기여할 때만 영속성을 보장받을 수 있다. 성공한 대기업을 이끄는 경
영자에게 이와 같은 인식의 중요성은 더 커진다. 그에게 주어진 사회적
책무와 기대가 큰 까닭이다.

　잉글랜드-프랑스 왕국 간의 백년전쟁이 막 시작된 1347년 당시 프랑
스 북부 항구 도시 칼레. 프랑스 왕위 계승을 주장하며 기세등등하게
진군해온 영국군에 맞서 칼레 시는 결사 항전을 벌였다. 시골 소도시의
뜻하지 않은 저항에 1년을 낭비한 에드워드 3세는 모든 시민을 죽일 것
이라 공언했다.

　마침내 시가 항복을 선언하고 백기를 든 사절이 자비를 애원하자 영
국 왕은 잔인한 조건을 내걸었다. 도시를 대표하는 시민 여섯 명이 처형
을 자처한다면 도륙을 재고하겠다는 것이었다.

시민들이 광장에 모이자 재력가로 명성이 높은 귀족 외스타슈 드 생 피에르가 먼저 나섰다. 뒤를 이어 시장과 부유한 상인들, 그 아들들이 나서 자원자는 일곱이 됐다.

한 사람이 죽음을 양보해야 할 상황이 되자 외스타슈가 말했다. 다음 날 아침 광장에 가장 늦게 나오는 자를 제외시키자고. 이튿날 아침 차례로 여섯 명이 모였지만 생 피에르는 모습을 드러내지 않았다.

사람들이 분개한 가운데 생 피에르의 아버지가 나타났다. 아들은 먼저 죽음을 선택했다며, 그가 마지막으로 남긴 말을 전했다.

"걸어 나가라, 빛 속으로."

이 말을 가슴에 새긴 여섯 명은 영국 군대로 당당하게 나아갔고, 급기야 아이를 밴 왕비까지 만류하는 바람에 에드워드 3세는 그들 모두를 돌려보냈다.

노블레스 오블리주의 상징처럼 거론되는 외스타슈 드 생 피에르의 사례는 고객에 대한 기업의 책임, 나아가 사회에 대한 시장의 역할을 되돌아보게 한다.

시장이 사회로부터 독립해서 운영되는 경우를 가정한다면, 어떤 결과가 야기될까? 이 문제에 천착해 시장지상주의의 위험성을 간파한 칼 폴라니는 『거대한 전환』에서 "자기 조정 시장이라는 것은 한마디로 유토피아"라며 "그런 제도가 실현될 경우 사회를 이루는 인간과 자연이라는 내용물은 아예 씨가 마를 것"이라고 단언했다. 경제사적으로 볼 때 자유방임 시대 역시 국가에 의한 계획의 산물로서만 존재했다는 것이다.

그럼에도 오늘날 시장 경제가 지구촌을 대표하는 유일한 경제 시스템으로 자리 잡은 탓에 많은 경우 시장 경제에 이로운 것이라면 사회에도 이롭다는 일종의 등식이 형성된 듯하다.

이 때문에 시장은 사회와는 다른 자신만의 고유한 기제를 거침없이 발휘하게 됐는데, 다름 아닌 무절제한 이윤 추구와 그에 따른 '공황'이다. 사회적 측면에서 공황은 극단에 이른 시장만능주의가 자신과 함께 사회 시스템마저 붕괴시키는 전형적인 결과물이다.

21세기 들어 전 세계가 단일 시장 경제 네트워크 안에 들어서면서 그 위험은 이전 어느 때보다 커지게 됐는데, 이를 두고 『블랙 스완』의 저자 탈레브는 '괴물 같은 기업들이 파리처럼 추락하는 모습'이 더 자주 나타날 것이라고 경고한다. 문제는 오늘날에는 시장이 본질적으로 불확실성에 지배되므로 강한 기업이건 큰 기업이건 누구도 안전하지 않다.

탁월한 사유는 종종 시대를 뛰어넘고 경계를 파괴하며 변주된다. 천동설이 지배하던 중세 과학의 암흑기에 코페르니쿠스는 사후 출간을 통해 지동설의 불씨를 살렸다. 같은 시기에 프랜시스 베이컨은 르네상스 철학의 위대한 성과라 할 귀납법을 완성했다. 베이컨의 귀납법은 인류의 논리적 사고력을 끌어올렸을 뿐 아니라 사유가 현실을 제대로 반영토록 하는 데 기여했다.

여기 '동사무소 직원'이 있다. 그의 업무는 마을 세대주의 성을 기록하는 일이다. 마을 사람들을 일일이 만나 성씨를 묻기 시작했는데 마침 그 마을은 집성촌이었다. 만나는 사람들마다 같은 성을 말하자, 그는 결국 마을 사람은 모두 같은 성씨라고 보고했다. 그런데 그가 미처 만나지 않은 마을 사람 중 하나는 다른 성씨를 가졌고, 그의 보고는 틀렸다. 베이컨은 이 경우를 들면서 귀납적 사유가 빠질 수 있는 오류를 차례로 정리했는데 그로써 과학적 방법론을 도입한 근대 철학이 시작됐다.

베이컨의 예시는 최근 레바논 출신의 미국 비평가 탈레브를 통해 경영학적 관점으로 재구성됐다. 여기 조류학자가 있다. 이전까지 수백, 수천 년간 모든 조류학자들은 백조가 흰 새라고 믿어 의심하지 않았다. 그도 백조를 조사했지만 이 사실에 틀림이 없다고 생각했는데, 어느 날 딱 한 마리의 검은 백조가 그의 눈앞에 출현했다. 단지 그것만으로 백조가 흰 새라는 수천 년 동안의 확신은 물거품이 됐다.

탈레브는 이 사례를 통해 경제 위기가 근본적으로 예측 불가능함을, 그것도 '검은 백조'처럼 들이닥침을 논증한다. 우리는 일견 평범의 왕국에 사는 것처럼 보이지만 실은 0.1%의 가능성으로 모든 것이 바뀌는 극단의 왕국에 살고 있다. 최대한의 합리적 예측도 우리 시대를 지배하는 불확실성을 극복할 수는 없다. 기업 경영이 이러한 관점을 지니지 못한다면 공든 탑이 무너지는 것은 시간문제다.

역사적으로 기업이 사회를 챙길 때 시장과 사회가 더불어 성장한 사례는 드물지 않다. 때로는 그 역할이 한 시대의 특징을 결정하기도 했다.

산업 자본의 성장이 절정기에 이른 19세기 초, 유럽 전역은 대내적인 정치 불안과 권력 이동, 대외적인 군비 확장과 무역 전쟁 나아가 식민지 쟁탈 경쟁 등으로 종종 일촉즉발의 전쟁 위기에 놓였다. 그럼에도 불구하고 1815~1914년 사이 100년 동안 유럽은 1년도 지속되지 않은 보불전쟁을 제외하고는 이렇다 할 전쟁이 없는 평화의 시대였다.

근대 시장 경제가 시작되기 전인 17~18세기에도 매 세기별 60~70년간이나 전쟁이 벌어졌던 것과 크게 대조되는 사실이다. 그 배경과 관련해 가장 주목되는 것이 로스차일드 가문이다.

이 유럽 최대의 금융 가문은 각 가족 단위로는 개별 국가에서 금융 활동에 종사하지만 전체로 보면 국제주의라는 대원칙 아래 국가 간 분쟁을 조정하는 막후 교섭자 역할을 강력하게 수행했다는 것이 역사학자들의 분석이다.

지금까지도 세계 금융권의 배후에서 영향력을 행사한다고 믿어지는 로스차일드 가문을 각각의 경제 단위로 개별화시켜놓고 본다면 전형적인 글로벌 금융 네트워크라 볼 수 있다.

하지만 국가 간 전쟁이 그들 전부를 공멸로 몰아넣을 가능성으로 인해, 로스차일드가의 '유럽 평화 수호'는 선택의 여지가 없는 가문의 신조였다. 경제적 이해관계를 넘어서는 사회적 이해관계가 당대 최고의 기업조차 사회의 이익을 우선시하게 만든 경우다.

반대로 사회의 이익을 위해 시장 경쟁을 배제하려 한 경우도 있다. 1795년 영국 버크서 주 스피넘랜드 지방 판사들은 주 내 빈민들에게 그들의 일자리 유무와 상관없이 가족의 최저 생계비로 빵 가격에 연동한 비용을 지급하기로 결정했다.

어떤 경우건 적정 수당을 받게 된 사람들은 노동을 하지 않게 됐으며 순식간에 대부분의 주민들이 최저 생계비로 연명하는 극빈자로 전락했다. 결국 40년이 지난 1934년 빈민구호소의 강제 철거와 함께 이 제도도 영원히 사라졌다. 일단 산업화가 시작된 이상, 시장 경쟁 없는 사회가 어떤 비극을 맞이하는지 보여준 경우다.

오늘날 세계 경제는 시장으로 통일되어 있고 다시 시장은 주민들의 경제생활에서 핵심적인 공간이자 수단이며 터전이 되었다. 따지고 보면 오늘날 시장보다 강력한 사회 시스템은 없다. 역사상 가장 강력한 시장 통제 장치였던 사회주의 체제는 스스로 무너져 지금은 시장 경제의 토대 위에서만 존립 가능한 제도가 됐다.

그리하여 지난날에는 사회가 시장을 다스렸으나 이제 시장이 사회의 생명줄을 쥐게 된 탓에, 급기야 "사회가 시장에 딸린 부수물로 운영될지 모른다"는 우려가 현실화되기에 이르렀다. 슘페터, 케인스, 드러커, 폴라니 등 많은 석학들이 새로운 경영 철학의 필요성을 역설한 것도 따지고 보면 이러한 위험을 간파했기 때문이다.

사회에 기여하는 기업이 영속한다

정주영은 기업인으로 활동하는 중에도 여러 방면으로 사회 활동에 나섰다. 일찍이 지역사회학교 후원 활동을 펼쳐 1969년 1월에는 한국 지역사회학교 후원회장에 피선되기도 했다.

한국과 영국 경제인들의 민간 교류에 앞장서 1974년 6월에는 한·영 경제협력위원회 한국 측 대표의 한 사람으로 선출되었다. 각별한 애정을 쏟은 중동 지역에서도 많은 사회 활동을 펼쳤고, 1976년부터 1997년까지는 한국·아랍 친선협회장을 지내기도 했다.

국내에서는 잘 알려진 대로 1977년부터 10년간 전국경제인연합회의 제13대 회장을 역임했다. 같은 해 7월에 사재를 출연해 재단법인 아산사회복지사업재단을 설립했다. 1979년과 1980년에는 한국·아프리카 친선협회의 회장으로도 추대되었다.

1947년에 세운 현대건설의 창립 30주년이 다가오면서 정주영은 새로운 구상에 빠져들었다. 그러나 그것은 새로운 기업을 만들기 위한 구상이 아니었다. '딱하고 가난한 사람들을 위하여 무언가를 해야겠다'는 생각이 그것이었다.

이젠 기업만 생각할 때가 아니다. 기업이나 부 이외에 내가 이 세상에 남길 것도 생각할 때가 되었다. 기업만 중요한 것이 아니라 나 자신의 인생, 보람도 중요한 것이다.

정주영은 사석에서 현대그룹의 미래와 관련하여 다음과 같이 털어놓은 적이 있다.

회사가 크면 클수록 공영화되는 것이다. 세월이 가면 회사를 최적의 전문 경영인이 맡아서 장악하게 될 것이다, 이렇게 보아야 한다. 우리 아들들이 그 많은 재산을 감당해서 주인 행세를 할 수는 없다.

우리 손주 대에 가서는 그야말로 우리나라에서 일류 경영 능력이 없으면 회사를 경영할 수 없을 것이다. 그러나 나는 현대가 자기 후손이 지배하고 안 하고는 차치하고 현대란 간판을 붙인 기업이 영원하면 그걸로 일한 보람이 있다, 그렇게 생각한다.

우리 회사에 있는 사람들 가운데 나보다 나은 사람도 많다. 어떤 건 미흡한 게 있어서 잔소리도 하지만, 내가 그 일을 하더라도 나는 그렇게 못할 텐데 하는 게 반반이다.

다음과 같은 『채근담』 143항의 구절을 떠올리게 하는 말이다.

굶주리면 달라붙고 배부르면 떠나가며, 따뜻하면 모여들고 차게 되면 버리는 것은 인정의 공통된 병폐다.

이런 생각 끝에 현대건설이 설립 30주년을 맞는 1977년 7월 1일 정주영은 회사의 개인 주식 50%인 약 500억 원을 출연해 아산사회복지사업재단, 줄여서 아산재단 설립을 발표했다.

아산재단은 한국에서 대기업에 의해 설립된 최초의 사회 복지 재단이고, 그 규모도 획기적인 것이었다. 특히 재단이 의료 서비스로부터 소외된 농촌과 벽지 주민들에게 현대적인 의료 혜택을 제공하기 위해 전혀 수익성이 없는 벽지에 최신 시설을 갖춘 종합병원을 차례로 설립한 일은 지역사회에 신선한 충격을 주었다.

정주영은 이사장 자격으로 후일 중앙병원 원장이 되는 이문호 박사를 비롯한 주요 의료진의 인선을 서둘러 마치고 병원 건립에 나섰다. 정주영은 재단 발족식에서 전국 5개 농어촌 벽지에 초현대식 종합병원을 착공하여 1년 반 이내에 모두 준공하겠다고 약속했다.

그에 따라 1977년 정읍종합병원 기공식을 시작으로 1979년 2월까지 정읍, 보성, 인제, 보령, 영덕에 각각 병원을 완공하거나 개원했다. 1979년 3월 31일 마지막 영덕 병원 개원식에는 이 지역에서 보기 드문 인파가 몰려 장관을 이루기도 했다.

이어 재단 산하 병원들의 모병원이자 세계적 수준의 초전문 병원이 필요하다는 판단 아래, 1989년 6월 국내 최대 규모의 서울중앙병원을 개원했다. 같은 해에 금강병원을 인수하여 개원했으며 더불어 홍천병원을 개원했다.

병원 시설을 갖추게 되자 정주영은 의료진들에게 당부하여 해외의 우수한 인재들을 영입해달라고 부탁했는데, 해외 현지 인터뷰가 진행되어 20여 명의 의사들이 짐을 싸들고 한국행 비행기를 탔다. 이렇게 하여 서울중앙병원은 최첨단 설비와 의료진을 갖춘 한국 최신 최대의 민간 종합병원이 되었다.

의료진의 고민이 다시 커졌다. 전국에서 인재들이 몰려드는 입사 과정에서 '현대의 빽'을 물리칠 수 있겠느냐 하는 문제가 그것이었다. 하지만 이는 정주영의 지시하에 100% 시험을 통한 전공의 채용 제도가 확립되어 간단히 해결되었고, 이사장이 결정하고 본인이 청탁을 한 적이 없다 보니 그 후 누구도 인사 청탁을 하는 일이 없게 되었다.

병원 설립이 순조롭게 진행되자 정주영은 아산생명화학연구소를 열고 울산의과대학을 세웠으며 아산효행대상을 제정하고 각종 민간 사회 복지 단체 지원, 학술 연구비 지원, 장학금 지급, 의료 시혜, 소년 소녀 가장 돕기 등을 시행하게 했다.

당시에도 막대한 재원이 드는 이러한 사회사업이 순조롭게 진행될 수 있었던 것은 현대건설의 재무 구조가 좋고 사내 유보금이 많았기 때문이기도 하다. 하지만 무엇보다 회장인 정주영이 그의 생애를 통틀어 비교하기 어려울 정도로 많은 정성과 열정을 이 일에 쏟아부었기 때문에 가능한 일이라고 보아야 옳을 것이다.

아산재단이 진행한 또 다른 사업의 하나로 대학 지원 사업을 들 수 있다. 주로 재원이 부족한 대학의 연구비를 지원하고 고등학생과 대학생을 위한 장학금을 지원하는 일 등이 그것이다.

그 과정에서 정주영의 진면목이 드러나는 경우도 적지 않았다. 1982년도 2학기를 앞둔 어느 날 서울대 교수회관에서 아산재단 장학 증서 수여식이 진행되었다. 서울대 총장을 비롯한 내빈과 장학생 400여 명이 모여 식이 진행되었다.

먼저 장학 증서 수여자인 정주영이 걸어 나와 학생 쪽으로 가는데, 그가 먼저 학생에게 인사를 하고 증서를 내밀었다. 정주영은 모든 학생들에게 일일이 인사를 하며 장학 증서를 내밀고 학생이 이를 받아 들면 악수를 청했다.

이 장면을 지켜본 당시 서울대 총장 권이혁은 "증서를 수여하는 사람과 받는 사람의 자세가 뒤바뀐 것 같은 광경이었다"며 놀라움을 감추지 못했다. 하지만 애초 권위주의적 자세가 없었던 정주영에게 이는 너무나 자연스러운 행동이었다.

아산재단 설립 2년 뒤인 1979년 7월, 정주영은 한국능률협회가 주최한 최고경영자 세미나에서 '선진국 경제의 조건'이라는 주제로 강연하면서 기업의 사회적 책임에 대한 의견을 통해 아산재단을 설립하게 된 배경을 밝혔다.

기업의 사회적 책임은 법률적 책임과 경제적 책임, 사회·문화적 책임으로 나누어 생각할 수가 없습니다. 사회·문화적 책임이란, 기업이 사회의 지도자적 역할을 가진 여러 분야 중에서 그중 경제력이 상대적으로 크다는 점에서 경제적 책임을 완수한 후 또는 완수하는 과정에서 기업 이익의 일부로 사회에 봉사하는 것이 좋겠다는 바람에서 나오는 것입니다.

정주영은 이러한 생각을 일찍부터 실천해왔다. 그는 자주 기업은 규모가 작을 때면 개인의 것이지만, 규모가 커지면 직원 공동의 것이 되고, 나아가 사회와 국가의 것이 된다고 말했다. 개인적으로는 일제하에서 20대 초반에 운영하던 쌀가게까지만 자기 재산이었다고 못 박기도 했다.

이런 생각 아래 그는 현대자동차를 설립한 다음 해인 1969년 울산공업학원을 설립했고, 1970년에는 울산공과대학을, 1973년에는 울산공업전문학교를 열었으며, 1976년에는 동해학원을 설립했다.

아산재단은 그 일련의 과정 가운데 놓인 것으로 현대건설 설립 30주년을 맞아 한국을 대표하는 기업에 대한 사회적 기대를 받아들여, 정주영 자신이 실천할 수 있는 최상의 사회·문화적 책임을 수행하고자 한 것으로 볼 수 있다.

정주영은 아산재단을 설립하면서 추후 재산을 지속적으로 기부하여 재단을 세계적 수준으로 발전시키겠다는 뜻을 밝히기도 했다.

> 현재는 현대건설의 주식 50%가 아산재단의 기둥이지만 차차 내가 영향력을 행사할 수 있는 회사의 주식은 많든 적든 전부 아산재단에 기증할 작정이다.
>
> 그래서 미국의 포드재단이나 록펠러재단에 버금가는 세계 최고의 효율성 높은 재단, 최대의 재정력 있는 재단으로 만들어 가장 어려운 사람들에게 힘을 내도록 도움을 주는 것이 나의 목표이다.
>
> 나는 그것이 현대를 있게 한 이 사회에의 보답이요, 또한 한 인간으로 태어나 최선을 다해 일하고 뛰고 발전한 나 개인의 생이 느낄 수 있는 최대의 보람이라고 생각한다.
>
> ─『시련은 있어도 실패는 없다』(제삼기획, 2009), 177쪽

물론 그의 행보를 보는 곱지 않은 시선도 있었다. 당시 현대건설의 매출이 1350억 원에 육박하면서 미국 경제 전문지 『포천』이 선정한 세계 500대 기업에 오르자 정부가 기업공개 대상 1순위로 현대건설을 지목하고 있었기 때문이다. 말하자면 기업공개를 피하면서 재단 설립을 통해 재산을 은닉하거나 세금을 줄이려는 의도가 아니냐는 의혹이 그것이었다.

하지만 이후 아산재단이 보여준 다양한 사회사업을 보면 그런 의혹이

근거 없는 것임을 알 수 있다. 재단은 해마다 50억 원을 사회 복지와 연구 사업 및 장학 사업 등을 지원하는 데 사용했고, 현대의 그룹사들도 여기 동참하면서 지원 규모는 거의 매년 늘어났다.

주식회사의 주인은 주주이므로 대주주가 주주의 이익이 될 주식 공개를 마다하고 사회 공헌 사업에 나서는 것이 옳지 않다는 지적도 있다. 이에 대해서는 고전적인 사례가 있다.

1953년 미국의 AP스미스라는 한 재봉틀 회사가 프린스턴 대학에 대학 발전 기금 명목으로 1500만 달러의 기부금을 냈다. 그러자 이 회사의 주주가 자신의 이익을 침해당했다고 무효 소송을 제기했는데, 뉴저지 고등재판소는 이를 기각하면서 판결문에 다음과 같이 명시했다.

"기업은 좋은 시민성을 가질 의무를 지니고 있으므로 기부 행위가 직접적으로 기업의 이익에 연결되지 않는다 할지라도 기업의 사회적 책임으로 인정해야 한다."

이 판결은 기업의 사회적 책임을 제고하는 계기가 되어 미국은 물론 다른 선진국들도 기업의 이 판결 정신을 수용해 기업의 기부 활동 나아가 복지나 공익 사업을 사회적 책임으로 인정하고 있다.

천성이 소탈한 경영자

정주영은 아산재단을 설립하면서 사회의 다양한 사람들을 많이 만났다. 그 과정에서 그를 만났던 사람들이 이구동성으로 말하는 정주영의 개인적인 특징이 있으니, 몸에 밴 소박함과 검소함 그리고 넘쳐나는 유머 감각과 의외의 해박함 등이 그러했다.

무엇보다 정주영의 소탈함은 그를 막연하게 재벌 회장 정도로 생각하던 사람들을 당황하게 만들 정도로 천성적인 것이고 오랜 세월 굳어진 것이다.

그가 일제하에서 아도서비스를 인수해 자동차 수리를 할 무렵이다. 정주영은 직원들과 함께 공장에서 부인이 져 날라다 준 밥을 먹었는데, 반찬은 늘 김치 하나에 국 하나였다. 어쩌다 부인이 찬 하나를 더 얹어 가져오면 날벼락이 났다.

당시 전차 요금이 1원 50전일 때였는데 정주영은 그 돈이면 한 끼 밥을 해결할 수 있다며 아침마다 낙산동에서 애오개 고개까지를 걸어 다녔다. 돈을 아끼려고 점심을 굶는 것은 다반사였고, 친구가 오면 자기가 먹을 밥을 내주었다. 해방 직후 실업자 시절에는 트럭으로 시골을 다니며 잡곡을 사다 서울에서 팔았는데, 옷을 사는 법이 없어 늘 해진 셔츠를 입고 다녔다. 그러면서도 동생들은 대학을 보냈던 정주영이다.

사업가라면 양복 여러 벌 있는 게 문제 될 일이 아니지만 정주영은 양복은 계절 옷 한 벌로 만족하며 지냈다. 누가 안쓰러워 양복 한 벌 사라 권하자 "요즘 세탁기가 좋아서"라고 답할 정도였다. 옷 한 벌 입으면 10년이 보통이고 구두 한 켤레 사면 구두코가 구멍 나도록 신고 다녀 주위에서도 몇 년을 신었는지 알 수가 없었다.

누가 구두가 너무 낡았다고 하자 "버선하고 마누라는 오래된 게 편한 법"이라고 맞받았다. 심지어 부인에게조차 화장을 못하게 하면서 "화장을 하지 않으니 점점 예뻐지는 것"이라며 농을 쳤다.

정주영의 투철한 구두쇠 정신에 놀란 지인들이 많은 일화를 남겼다. 시인 김남조는 한 인터뷰에서 정주영이 고무신이 닳을까 봐 벗어 들고 걷다가 다른 사람이 다가오면 잠시 다시 신었다는 이야기를 전했다.

남덕우 전 국무총리는 이런 일화를 남겼다. 한번은 두 사람이 골프를 치러 갔는데 정주영이 손목이 편치 않다며 불평했다. 장갑을 자세히 보니 오른손 장갑을 왼손에 끼고 있어, 왼손 장갑은 어디 갔느냐 물었더니, 정주영 왈 그게 어디로 가고 없어서 대신 그렇게 끼고 친다는 것이었다. 당연히 불편할 수밖에 없다.

문창모 전 세브란스 병원장이 정주영을 처음 만나 명함을 받았을 당시 일이다. 옷이 낡아도 너무 낡은 터라 "부자 옷이 시골 의사인 내 옷만도 못합니다" 했더니 정주영이 "제 옷이 어떻습니까? 얼마 전 미국 포드사 사장을 만났는데 이 옷이 그 사람 옷보다 더 좋았어요" 했다는 것이다.

정주영은 1980년대에 계동 사옥 12층 현대건설 회장실에서 주로 일했는데 후덥지근한 날씨에도 에어컨을 켜지 않기로 유명했다. 에어컨을 트느니 그냥 덥게 지내겠다는 심사에서였다.

검소함의 가치를 『채근담』에서는 "사치하는 사람은 부유하면서도 늘 부족하니, 어찌 검소한 사람이 가난해도 여유로움과 같으랴. 유능한 사람은 수고로우면서도 원망을 모으니, 어찌 소박한 사람이 편안하면서도 본성을 지키는 것과 같으랴" 하고 밝혔다.

하지만 정주영이 수행자처럼 실천한 극단의 검소함은 여기서 한 걸음 더 나아가 그의 성정을 늘 담박하게 유지하게 해준, 마르지 않는 에너지가 되었다.

차라리 소박을 지키고 총명을 물리침으로써 다소의 정기를 남겨 천지에 돌릴 것이며, 차라리 화려함을 사양하고 담박함을 달게 여김으로써 깨끗한 이름을 온 세상에 남길 것이다.

－『채근담』 37편

정주영의 검소함은 한마디로 최대한 간소하게 사는 것이라 할 수 있겠다. 간소한 삶은 일상의 잡다한 간섭을 없애주고 불필요하게 자라나는 번뇌를 없애주어 우리의 사고를 명료하게 만든다. 그 명료함으로부터 사물의 본질을 꿰뚫는 지혜가 자라나는 것이다.

이와 관련하여 조지 소로의 경우를 살펴보자. 그는 학생 시절에, 자신의 인생을 자기 식대로 살아보고자, 삶의 본질적인 문제에 직면하여 무엇을 배울 수 있겠는지 알아보고자 고민했다. 그리하여 그는 월든 호숫가 숲 속에 들어가 오두막집을 짓고 살았다.

호수라고 해야 둘레 3킬로미터가 채 되지 않았지만, 소로는 이곳에서 날마다 네 시간 이상 산책하고 모든 생활을 자급자족하며 사색의 날을 보냈다. 그리고 2년 2개월이 지나 사회로 돌아온 소로는 이 기간의 생활과 생각을 담은 책 『월든』을 펴냈다.

이 책으로 소로는 전 세계 무수한 사람들의 영혼에 간소한 삶에 관한 영감을 불어넣었다. 월든의 삶을 통해 소로가 얻은 생활신조를, 법정 스님은 한마디로 이렇게 표현했다.

간소하게, 간소하게 살라! 제발 바라건대 그대의 일을 두 가지나 세 가지로 줄일 것이며, 백 가지나 천 가지가 되도록 하지 말라.
자신의 인생을 단순하게 살면 살수록 우주의 법칙은 더욱더 명료해질 것이다. 그때 비로소 고독은 고독이 아니고 가난도 가난이 아니게 된다. 그대의 삶을 간소화하고 간소화하라!

―법정, 『아름다운 마무리』(문학의숲, 2008), 141쪽

정주영이 실천한 극단의 검소함이 소로의 생활신조인 간소함과 일맥

상통하고 있음은 놀라운 일이 아니다. 그들은 바로 그 검소하고 간소한 삶을 통해 '우주의 법칙'을 통찰하는 혜안을 얻고자 했기 때문이다.

아산재단을 세운 이듬해인 1978년 2월 정주영은 현대조선중공업주식회사를 현대중공업으로 바꾸었다. 1972년 조선업 진출을 선언하고 현대조선소 기공식을 올린 지 6년 만에 세계적 조선소를 만들고 이제 새로운 시대를 맞아 새로운 도전에 나서겠다는 의지를 표현한 것이다.

8. 권경렬 회장과 배려

> 내가 어떤 문제에 대해 실수를 하거나 잘못을 저지르려고 하면 그것
> 이 아무리 보잘것없는 문제이더라도 내면적인 정령의 신탁은 언제나 나
> 에게 반대를 제기해왔습니다.
>
> — 플라톤, 『소크라테스의 변명』(문예출판사, 1999), 61쪽

사람은 누구나 내면의 소리를 들으며 산다. 그의 내면은 때로 그에게
나아가거나 멈추라고 말하기도 하고, 때로 그에게 하거나 하지 말라고
말하기도 한다. 그것은 모든 사람에게 천성적으로 주어진 것이다.

문제는 이러한 내면의 속삭임에 귀를 기울이느냐 기울이지 않느냐 하
는 점이다. 그의 내면이 올바른 방향을 제시할 때 이를 따르면 굳센 의
지를 지니고 앞으로 나아갈 수 있지만 이를 따르지 않으면 매 순간 동요
할 수밖에 없다.

그러므로 매 순간 동요하지 않고 앞으로 나아갈 수 있다면 그는 내면
의 소리에 충실히 귀를 귀울이는 인물, 자신의 천성을 믿고 주위의 유혹

에 흔들리지 않는 인물이라 할 수 있다. 전두환 군부의 5공 정권 아래서 정주영이 보여준 모습이 이와 다르지 않았다.

> 시련은 있어도 실패는 없다. 나는 생명이 있는 한 실패는 없다고 생각한다. 내가 살아 있고 건강한 한 나한테 시련은 있을지언정 실패는 없다. 낙관하자. 긍정적으로 생각하자.
>
> -『시련은 있어도 실패는 없다』(제삼기획, 2009), 84쪽

정주영은 어떤 시련을 맞아도 자신이 실패라고 생각하지 않는 한 실패가 아니라고 생각했다. 나폴레옹의 사전에 불가능이 없었다면 그의 생애에 실패는 없었다. 적어도 그가 생각하기에는 그랬다. 1977년 정주영은 제13대 전경련 회장에 취임하여 이후 다섯 번 연임하며 10년간 회장 직에 머물렀다. 한국 기업계를 대표하는 인물들이 모여 사실상 경쟁자들 간의 조직인 이 단체를 운영하면서 정주영은 회원사 대표의 의견을 철저히 존중하는 문화를 정착시켰다.

그가 주재하는 동안 모든 회의는 자유로운 토론으로 진행되었고, 논의가 복잡할 때면 정주영이 나서 핵심을 정리해 가닥을 잡았다. 그 때문에 그의 임기 10년간 주요 결정이 모두 만장일치로 처리되었고 표결로 처리된 건이 전무할 정도였다.

그사이 정주영의 현대는 절정기에 도달하고 있었다. 현대는 국내외에서 약진을 거듭했다. 현대가 1977년도에 달성한 대외 계약고 19억 달러는 당해 연도 세계 4위의 수준이었다. 현대건설은 매출 1000억 원을 돌파했으며, 1978년 미 경제 전문지 『포천』은 2년 전 세계 500대 기업에 넣었던 현대를 이번에는 100대 기업의 반열, 정확히는 98위에 올렸다.

프랑스의 『렉스프레스』지가 공업 한국을 소개하면서 울산시를 현대시로 표기하는 실수를 저지른 것도 이때 일이다. 이듬해에는 현대 성장의 일등 공신이었던 주베일 산업항 공사가 모든 선진국의 예상을 비웃듯 계약 공기 40개월을 8개월이나 앞당긴 32개월 만에 준공되었다.

그러나 1979년도 들어서면서 국내외 상황이 바뀌기 시작했다. 먼저 중동에서 이상 조짐이 나타났는데, 1978년 호메이니의 지도 아래 불붙은 이란 회교 혁명이 불안의 진원지였다. 새해 벽두인 1979년 1월부터 현대는 이란에서 철수하기 시작했다. 사우디아라비아는 현대를 비롯한 한국 업체에 수주 제한 조치를 내렸다. 중동 산유국의 동맹인 OPEC은 유가를 더욱 올려 국내 석유값이 폭등했다.

경제적으로 어수선한 가운데 정치적 불안이 가세했다. 10월 26일 궁정동 안가에서 박정희 대통령이 김재규에게 살해되고 이어 12월 12일 전두환의 군사 쿠데타가 발발했다.

특히 박정희 대통령의 사망은 정주영에게 큰 충격을 주었다. 둘은 경부고속도로 건설에서 울산 조선소 건설을 거쳐 중동 진출에 이르기까지 많은 문제를 직접 머리를 맞댄 채 상의했다. 박정희 대통령은 굵직굵직한 경제적 현안 특히 건설 문제에 대해 정주영의 능력을 높이 평가했고, 국책 사업 수준의 일을 전폭적으로 맡겼으며, 때문에 사업가 정주영에게는 가장 든든한 정치적 배경이 되어주었다. 따라서 10·26으로 인한 정주영의 상실감은 말할 수 없이 컸던 것으로 보인다.

거기에다 쿠데타로 정권을 잡은 신군부는 초법적으로 권력을 휘둘렀다. 전두환이 내세운 국보위는 이른바 경제 산업의 구조 개편이라는 명분을 내세워 기업 통폐합을 시도했으니 말만 구조 개편이지 사실상 자신들의 입맛에 맞춘 조정안을 강제한 것이었다.

당연히 정주영도 그 유탄을 피해갈 수 없었다. 국보위는 정주영에게 자동차 산업과 발전 설비 사업을 통폐합하겠다는 안을 내놓고 둘 중 하나를 가지고 다른 하나를 포기하라고 다그쳤는데, 총 든 군인을 기업가가 이길 도리는 없는 법이었다.

정주영은 발전 설비를 포기하고 자동차를 선택하겠다고 약속하고 말았다. 결국 현대는 새한자동차의 승용차 사업을 현대자동차로 흡수하는 대신 현대양행과 현대중공업의 발전 설비 부문을 대우에 넘겨야 할 처지가 되었다.

그런데 애초 새한자동차의 지분을 포기하기로 했다던 미국의 GM이 지분을 고수한 합작을 요구해왔다. 그 안에 따르면 종합적인 생산 능력과 기술을 갖추지 못한 현대차는 GM의 하청 신세로 전락할 것이 뻔했다. GM의 고집으로 얼마 안 가 합작은 깨지고 자동차 조정안은 원점으로 돌아가버렸다.

그러면 당연히 발전 설비 부문을 대우에 넘겨줄 필요도 없는 것이지만 군부의 입장은 완고해서, 넘겨주지 않으면 공수부대를 보내겠다는 협박이 돌아왔다. 정주영은 종이 각서 한 장 받아 들고 현대양행 소속의 창원중공업을 넘겨주었다.

그런데 대우가 창원중공업을 인수할 여력이 없어 이 회사가 한전, 산업은행, 외환은행을 대주주로 하는 한국중공업으로 바뀌는 통에 정주영은 대부분의 현대양행 직원까지 넘겨주고 말았다.

그런 와중에도 국내외에서 현대는 약진을 계속해, 한국 경제성장률이 마이너스 5.7%였던 1980년도에 현대의 총 매출은 전년도의 두 배에 이르는 1조506억 원을 기록했다. 현대의 성장 배경이 권력과 무관할 뿐 아니라 권력의 탄압조차 현대에 영향을 미치지 못함을 보여준 결과였다.

계속된 5공과의 악연

떠밀리듯 맡은 전경련 회장이지만 정주영은 권력이 시키는 대로 움직이지 않았다. 당연히 권력과의 마찰이 이어졌고 그 결과, 위와 같은 사달이 일어났다. 5공 신군부는 거기서 멈추지 않았고 양측의 관계는 더욱 불편해져갔다.

이미 1981년도에 신군부는 정주영에게 전경련 회장 자리를 내놓으라고 종용했지만 정주영은 이를 받아들이지 않았다. 이 무렵 일에 대해 구자경 LG그룹 전 명예회장이 증언한 내용을 보자.

> 81년 5공의 서슬 퍼런 칼날은 아산에게도 닥쳐왔다. 전경련 회장을 퇴임하라는 압력이었다.
>
> 아산은 단호히 정부 압력을 거부했다. "전경련 회장은 회원들이 뽑는 것이지 권력이 임명하는 것이 아니다"라는 것이었다. 나는 아산의 뚝심이 놀랍기도 하면서 그의 주장에 전폭적으로 동감했다. 아산에 대한 전경련 회원들의 절대적인 지지로 아산은 다시 전경련 회장으로 추대됐고, 그 서슬 퍼런 5공 권력도 어쩔 수 없었다.
>
> 아산이 정부와 사회, 정계에 대해 바른말을 할 수 있었던 것은 기업가로서 그가 기업 활동에서 어떤 원칙을 지켜왔기 때문이라고 나는 생각하고 있다. 다 아는 이야기지만 그는 스스로 땅을 찾아 말뚝을 박고 길을 닦아 공장을 지어 굴뚝을 올려 기업을 해가는 것을 좋아했다.
>
> —『아산 정주영과 나』(아산사회복지사업재단, 1997), 30쪽

5공과 겪은 악연으로 정주영과 현대는 많은 타격을 입었지만 그 과정에서 정주영의 내면은 그 깊이를 더했으니, 그의 기업관이 더욱 확고하

게 다듬어진 것을 하나의 예로 들 수 있다.

정주영은 정부 수립 이후 오랜 세월 사업을 영위하면서 일관되게 민간 주도형 경제를 지지해왔고, 이를 자신의 신념으로 삼아 기업 경영 과정에서 일관된 관점을 유지해갔다.

그는 박정희 정권과 이른바 10여 년에 걸쳐 밀월 시대를 보내면서도 자유기업주의라는 자기 신념을 버리지 않았다. 그가 특혜나 축재와 거리를 둔 일이나, 남이 일군 기업을 인수하는 일을 도적질이라 여겨 극히 꺼린 점도 이런 관점에서 비롯된 것이다.

민간 기업가가 자유롭게 기업 활동을 책임지고 주도해나가야 한다는 그의 신념은 5공 정권과 충돌을 빚게 된 원인이 되었지만 그는 이 신념을 포기한 적이 없다. 1988년 5월 대한상공회의소 회장 자격으로 자문을 구하러 간 김상하 삼양그룹 회장에게 그가 전해준 말은 이와 같은 '정주영 기업 철학'의 핵심을 보여준다.

경제 문제에 관한 한 정부의 역할은 국가 경제 전체를 관리하는 입장에서 보다 차원 높은 국민 경제의 방향과 비전을 제시하고 경제 전반에 대한 큰 물줄기만 잡아주는 것이다.

민간이 할 일까지 가로막아 일일이 참견하려는 것은 바람직스럽지 못할 뿐만 아니라 효율도 나지 않는다. 업종의 선택이라든가, 투자 여부를 결정하고 가격을 선정하는 일 등은 기업의 독자적 판단에 맡겨야 한다.

민간 주도형 경제로 가려면 실물 경제를 맡고 있는 기업들도 함께 변화하지 않으면 안 된다. 기업은 기업대로 정부에 대해 자율적인 활동 공간을 요구하고 여건 조성을 바라면서도 다른 한편으로는 정부의 지원에 매달리는 등 이율배반적인 형태가 적지 않다.

시장에서의 최종적인 선택은 기업이 하는 것이다. 기업들은 국내외의 시장 변화를 예의 주시하면서 독자적인 판단 아래 시장에 참여하여야 한다. 또 그 결과에 대해서는 기업 스스로가 책임을 져야 한다."

이 말은 현대가 승승장구하던 시대에 정주영이 편하게 내뱉은 공식적 언사가 아니다. 불과 몇 년 전에 전두환 정권에게 현대양행 등 핏덩이리 같은 회사를 강탈당했고 여전히 그 정권의 후임자가 정권을 쥐고 있는 상황에서 나온 말이다. 이렇게 생각하고 다시 보면, 이 말에 담긴 그의 관점의 단호함과 논리의 명료함을 충분히 느낄 수 있다. 이미 그는 5공 의 서슬이 퍼렇던 1981년도에, 현대그룹 간부 사원 부인들을 대상으로 한 공개 강연장에서 소신을 밝힌 적이 있다.

"기업의 생명은 경쟁이다. 기업이란 자유 경쟁 체제에서 경쟁함으로써 생명력을 갖고 성장할 수 있다. 국내 독점 위치에서 보호받고 성장한 기 업은 국제 경쟁 사회에서는 아무 힘도 발휘하지 못한다."

전경련 회장 시절 정주영은 외빈을 대접하느라 자주 리셉션을 가졌는 데, 그럴 때면 종종 "내가 이 리셉션 때문에 늙는다"며 불편을 하소연하 곤 했다. 사업을 위해 사람을 만나야 할 시간에 접대를 하느라 몇 시간 을 보내야 하니 그럴 수밖에 없었을 것이다.

그럼에도 정주영은 타고난 건강 체질이었다. 자신의 건강은 부모님이 물려주신 최고의 재산이라고 입버릇처럼 말하는 정주영이었지만 규칙 적인 생활과 꾸준한 운동은 그의 체력을 유지하는 가장 중요한 근거였 다.

그는 회사 체육대회의 단골 선수였고, 젊은 직원과 씨름으로 대결하 기를 마다하지 않았다. 해외에 나갈 때면 바쁜 짬을 쪼개 땀에 젖도록 뛰거나 테니스를 치며 근력을 비축했다. 골프를 치면 점수와 무관하게 풀스윙을 휘둘렀고, 회식 자리에 가면 노래와 춤으로 분위기를 주도하는데 한번 잡은 마이크는 좀처럼 놓지 않고 다양한 노래를 메들리로 불렀다.

그의 체력을 말해주는 많은 일화가 있다. 그의 나이 60세이던 1979년 전경련 사절단을 이끌고 나이지리아 라고스를 찾았다. 당시 그는 수영선수 출신인 30대 이사와 다이빙 대결을 자청하여 무리하게 뛰어내리는 바람에 수영장 바닥에 얼굴을 갈아 시퍼런 페인트를 잔뜩 묻히고 나왔다.

종종 그는 딱 아흔 살까지 현역으로 뛰고, 은퇴해서는 한 10년 동안 골프를 즐기다가 나머지는 하늘에 맡기겠다고 말하곤 했다. 그가 바라는 만큼 현역으로 뛰지는 못했지만 80이 넘어서도 현장을 누볐고, 여든셋에 소떼를 몰고 방북할 정도로 그는 평생 강건한 체력을 바탕으로 새로운 사업을 일으키려 애썼다.

"민간 주도형 자유 시장 경제만이 살길"

한국 경제는 1950년대 전후 복구 시대를 지나 1960년대 들어 본격적으로 산업화를 맞았다. 그러나 이 산업화는 5·16 군사 정변을 통해 집권한 박정희 정부에 의해 관 주도로 추진된 것이 사실이다.

그 속에서 현대그룹을 키워낸 정주영이 관 주도형 경제 체제를 비판적으로 대하기란 얼핏 쉽지 않아 보인다. 그럼에도 정주영은 기회 있을 때마다 민간 주도형 시장 경제 체제를 주장했다.

일제하에서 단신으로 가출하여 자신의 힘으로 끈질기게 기업을 일구어온 그의 경험에 비추어보면 당연한 논리적 귀결이기도 하지만, 정경

유착이 고착화된 한국 경제의 구조 속에서 민간 주도는 얼핏 이상론에 그칠 우려도 있었다. 그러나 정주영은 이 원칙을 끝까지 고집했고, 5공 전두환 정권하에서도 이는 예외가 될 수 없었다.

그러면 한국 사회에서 왜 민간 주도형 시장 경제가 불가피한가? 이에 대해 정주영은 "인류사를 통해 많은 경제 체제가 시험대 위에 올랐지만 그중에서 민간 기업주의와 시장 경제 원리야말로 사회적으로 가장 능률적이고 가장 인간성을 존중하며, 가장 평등한 기회를 제공하는 경제 체제임이 입증되었기 때문"이라고 말한다. 1978년 9월 8일 고려대학교 최고경영자교실 특강 중에 한 말이다.

당시 세계 경제는 제2차 오일쇼크로 인해 불황의 늪에 빠져 있었고 한국 경제 역시 크게 휘청거리는 중이었다. 달러화는 기축 통화의 기능을 상실하고 석유 파동 이래 국제 경제는 다극화로 치달았다. 선진국들이 무역 장벽을 강화하는 등 보호무역주의가 기승을 부려 1960년대에 꽃피웠던 자유무역주의 경제 질서와 비교 우위에 따른 국제 분업주의가 급격히 쇠퇴하고 있었다.

비교 우위를 통해 세계 무역 거래량의 1%를 차지하며 중진국으로 도약하고 있던 한국으로서는 치명적일 수도 있었다. 한국의 입장에서는 계속 개방 체제와 자유무역주의 아래 비교 우위의 중화학 공업화를 추진하는 한편, 새로 전개되는 국제 무역 질서에도 적응해야 하는 이중의 노력이 필요한 시점이었다.

이전 같으면 헤쳐나가기 어려운 난관이겠지만 이미 1960년대의 모색기를 거쳐 어엿한 중진국 반열에 올라선 한국으로서는 어찌 보면 세계 경제의 재편 과정에서 한 번은 넘어야 할 산이기도 했다. 즉 하루가 지나면 그만큼 국제 경쟁에서 불리한 위치에 처할 수밖에 없는 상황에서 해외 개발과 국내 자원을 적극 활용할 수 있는 체제를 서둘러 구축해야 하는 것이 한국 경제의 과제였다.

더욱이 거대 인구를 지닌 중국이 문화대혁명의 혼란기를 마치고 개혁·개방을 추진하면서 급속히 시장 경제에 편입하고 있어 그에 대해 산업력을 기반으로 기술과 자본의 우위를 확보하는 것 또한 한국 경제의 시급한 과제였다.

전체적으로 경제와 산업의 능률 경쟁이 격화되는 시점에서 뒤처지지 않기 위해 더 빠른 속도로 경제력을 강화시켜야 했다. 이런 여건에서 정주영은 한국 경제가 가장 능률을 높일 수 있는 방법은 민간 기업주의와 시장 경제의 길을 고수하는 것이라고 단언했다.

이 체제가 인류에게 처음으로 빈곤으로부터 해방을 실현시켰고, 과학적인 소비 생활을 제공하였고, 정신적으로 다양한 활동의 계기를 제공히는 4차 산업의 사회를 창조할 수 있게 만들었습니다.

지금 우리는 안으로 민간 기업주의에 대한 확신의 토대 위에서 내외의 심각한 도전을 극복하는 열쇠를 찾아야 합니다. 이것이 바로 정부의 정책에 있어서나 기업의 활동에 있어서 최우선의 과제가 되어야 합니다.

그런데 1970년대 말 한국 경제는 세계적인 개방 경제 추세 아래 중화학 공업을 기반으로 국제 경쟁력을 키워가야 한다는 부담을 안고 있었다. 중화학 공업은 경박단소형 산업에 비해 변화 속도가 느릴 수밖에 없으므로 철저하게 효율적이고 능률적인 방안을 강구해야만 하는데, 이를 위해서도 민간 기업주의는 최선책이라는 것이 정주영의 주장이었다.

이 무렵 정주영은 틈날 때마다 "정부의 과보호나 독과점 체제 그리고 그 같은 사고방식을 떨쳐버리고, 과감하게 민간 기업에 의한 자유 경쟁을 통해 가장 능률적으로 국민 경제의 부담을 덜며 국제 경쟁력을 키우는 것이 이 말하는 민간 기업주의 방식"이라고 말했다.

정부의 입장에서 이를 위한 핵심 조치는 잡다한 허가제, 가격 규제, 업종과 기술 선택의 인위적 통제 등을 철폐하는 것이다. 통제나 규제가 아닌 자유와 경쟁을 원리로 삼아 경제와 기업을 운영하는 것이다. 창의와 능률과 용기를 가진 기업인에게 스스로 판단하여 기업 활동을 영위하도록 보장해야 한다.

정주영이 보기에 정부는 유효 경제 체제가 유지될 수 있도록 기업 환경을 조성하여 통화 및 신용 정책과 환율 조정 등의 일반 정책으로 경제 활동을 유도하고, 산업 분야는 민간 기업인의 자유 경쟁 원리에 일임해야 했다. 예를 들어 당시 서독이 안정적인 성장을 지속하는 반면 영국, 이탈리아는 쇠퇴의 길을 걷고 있었는데 이는 근본적으로 정부 정책의 차이에 기인하는 것으로 보았다.

민간 기업주의는 자유 기업의 경쟁 원리를 바탕으로 한다. 하지만 이것이 자칫 자유방임으로 흐르면 또 다른 형태의 비능률을 낳게 되므로 기업이 사회적 책임을 다하도록 해야 하는데 이것은 정부와 기업의 정상적인 관계가 정립될 때 가능해진다.

세계 경제가 침체 속에서 새로운 방향을 모색하는 1970년대 말 상황에서 한국 경제는 국력 신장과 능률 경제를 위해 점점 더 빨리 개방 체제로 이행해갈 전망이었다.

정주영은 그것이 불가피하다고 판단하는 한 정부는 수입 자유화, 관세율 조정, 자원 확보, 해외 투자 등 국제화 시대에 부응하기 위한 정책을 과감하게 추진해나가야 하며 기업은 이를 수용하기 위해 체질을 바꾸고 적응력을 높일 필요가 있었다. 더불어 개개인들은 경제적인 관계에서 의식 구조에 이르기까지 사고의 전개, 실천 방법, 효과에 대한 평가 등 다방면에서 국제화 의식을 고취시켜야 한다고 보았다.

세계화 시대에 민간 주도의 자유 시장 경제로 경쟁력을 갖추려면 기업 전략도 국제화되어야 한다. 설비 투자를 할 때나 수요를 예측할 때 국내외의 경쟁 조건을 항상 염두에 둘 것은 말할 것도 없고 노동·자본·자원 등 요소의 비교 우위를 감안한 입지 선정도 국제적인 관점에서 추진해야 한다.

많은 한국 기업들이 종전에 볼 수 없었던 해외 투자라는 변수가 새로운 성장 잠재력의 요인으로 등장했으며 그것이 기업의 경영 관리, 경영 전략, 체질 강화의 기폭제가 될 것이다.

한국 경제의 발전에서 기업의 중요성은 이전 어느 때보다 커졌다. 기업이 이 방향에 호응하여 새로운 경영 정책을 적시에 세우고 실천에 옮기지 않는다면 향후 기업 성장은 물론 국민 경제의 지속적인 신장 또한 기대하기 어려울 것이다.

예를 들어 미국의 경우 지난날 국부를 상징하던 철강 공업이 내수에만 안주하다 가공국들로부터 거센 도전에 직면해 추락을 거듭하고 있었다. 반면 처음부터 해외 진출을 통해 국제 경쟁력을 키워간 자동차 공업은 여전히 세계 무대에서 강자로 군림하고 있다. 이는 국제화를 방향으로 하여 빠른 변신에 능한 기업이 지닌 강점을 단적으로 말해준다.

정주영은 국제화의 추세가 우리나라 기업 상호 간의 관계도 재정립할 것을 요구한다고 주장했다. 우리 기업은 대내적으로는 경쟁자이면서 대외적으로는 협력자가 되어야 하며, 자기 기업만 잘되면 그만이라는 사고 방식을 버려야 한다는 것이다.

대기업과 중소기업의 관계도 서로 대척적인 것이 아니라 상호 보완적인 공동 발전의 관계가 되도록 해야 하며, 정부는 필요하다면 이를 위해 산업 조직을 개편할 수 있어야 한다. 그것만이 국제 경쟁에서 한국 기업들이 살아남는 길이다.

특히 정주영은 이런 변화 과정에서 기업가와 노동자 사이에 공동 운명체적 관계를 설정할 필요가 있다고 주장했다. 국민 경제의 발전 방향과 일치하지 않는 기업은 종국에는 불이익을 자초할 것이며, 그 핵심은 기업과 국민 사이에 위화감을 초래하는 것이다. 때문에 기업과 기업인은 국제화 물결에 순응하면서 노사 간의 공동 운명체적 관계를 강화하도록 기업 스스로 체질 개선을 단행해야 한다.

이처럼 한국의 기업가 정신이 새로운 차원에서 확립되고 실천될 때, 그에 따라 기업의 사회적 역할과 책무가 확립될 때 비로소 민간 기업주의는 꽃을 피울 수 있다. 민간 주도의 자유 시장 경제 확립을 통한 선진국 경제로의 도약, 정주영이 한국 기업인에게 높은 사명감과 원대한 이상을 주문하는 이유가 여기에 있다.

"창의와 능률, 탐험과 용기, 겸손과 금욕을 갖춘 기업인과 기업만이 중화학 공업화를 완성할 수 있으며 국제화의 전환기적 사명을 띤 민간 자유기업주의의 담당자가 될 수 있고, 민간 기업주의가 평화, 안정, 번영, 문화의 나라를 만들 수 있는 열쇠임을 증명할 것입니다."

민간 주도 경제에서 정부와 기업의 역할

민간 주도형 경제는 관 주도형 경제와 직접적으로 대비되는 개념이다. 그러므로 양자 사이에서 정부와 기업의 관계도 뚜렷하게 대비된다. 정주영은 정부를 배려한 다양한 수사에도 불구하고 이 문제에 관해 매우 명료한 생각을 가지고 있었다.

즉 정부와 기업이 경제 활동에서 역할을 분담하되, 정부는 정책으로 민간을 유도하고 기업은 시장 원리에 따라야 한다는 것이다. 1982년 6월 14일 경제기획원 간부들에게 행한 특강에서 그의 이런 생각이 잘 나타나 있다.

자본이나 기술이 부족했던 우리나라의 산업화 초기에 정부의 역할이 결정적이었음은 부인할 수 없다. 국내에서 공장 하나를 지으려 해도 해외 자본이 필요한 시절이었다.

자기자본도 없고 공신력도 없는 우리 기업들이 외국 은행에서 돈을 빌리려면 정부의 지불 보증과 관리가 필수적이었다. 더군다나 경제 발전의 청사진을 정부가, 그리고 그 계획을 정부가 입안해서 기업들에 맡기는 것이 1960년대 산업화 과정이었기 때문에 관 주도는 더욱 불가피했다.

그 뒤 10여 년이 지나 1970년대 후반이 되면서 상황은 크게 바뀌었다. 한국 경제의 규모가 비약적으로 커지고 그만큼 국내 기업들의 덩치도 커졌다. 해외에서 높은 신용을 쌓은 대형 우량 기업들이 속속 등장했고, 수출 입국을 지향하면서도 경공업과 중화학 공업의 기반을 쌓아 시장 경제의 틀도 제대로 갖추게 되었다.

정주영은 이 변화에 주목했다. 경제의 주도권이 관에서 기업으로 바뀌는 것이 불가피해졌다. 기업들이 자유 시장 경제에 적응하여 성장하는 만큼 관 주도는 비효율적이고 비경제적인 것이 되었다. 물가 안정을 위해 정부가 경제 경찰을 만들어 민간 기업의 개별 품목에 가격을 매기고 이를 지키지 않으면 처벌하던 일은 까마득한 과거사가 되었다.

이 변화에 적응하기 어려운 집단이 관이고 공무원이다. 정부는 민간이 하는 일에서 손을 떼야 하는 것을 정책 기조로 삼고 있으면서 실제 실무 공무원들은 기존 관행을 답습하기 일쑤였다.

가령 경제 정책을 입안할 때 정부는 대강의 선만 긋고 그 안에서 민간이 알아서 하게 해두었는데, 실제로는 여전히 공무원들이 직접 나서서 업자 하나하나를 심사해서 선정하며 심지어 그 업자들이 할 일까지도 세세히 지정하는 일이 1980년대에 들어서도 반복되는 형편이었다.

관주도 관행의 더 큰 문제는 업자와 업종의 선정 기준이 분명하지 않고 설령 기준을 정해두었다 해도 정부가 그것을 편의대로 해석한다는 것이다. 그렇게 되면 기업은 창의력을 상실하고, 그 결과 실패가 되풀이되며, 경우에 따라서는 그 실패의 책임이 정부에 돌아가 국가적 손실을 초래하기도 한다.

정주영은 자동차 산업에서 그와 같은 경우를 예시한다. 수출용 자동차 부속품을 만들면서 정부가 업자를 선정해 독점적으로 떠맡긴다. 그러면 지정된 업자는 당연히 가격을 높이 매기게 되고, 정부는 자기가 지정한 업자라는 이유로 그 가격이 국제 가격을 상회함을 알면서도 제재하지 않는다.

기업이 한번 가격을 매기면 그걸 떨어뜨리지 않으려 하고, 더욱이 정부 관리가 뒤를 봐주니 뭐라 할 사람도 없는 것이다. 그렇다고 다른 업자가 같은 부속품을 만들고 싶어도 제도적으로 이를 봉쇄해버리니 달리 경쟁 제품이 나올 수가 없다.

그 부속품은 국제 경쟁력을 가질 수 없으므로 내수 시장에만 팔리게 되는데, 결과적으로 정부가 독점 기업을 선정한 탓에 국민 경제만 피해를 보게 되는 것이다. 그것이 1980년대 초반 한국 자동차 산업이 해외에서 맥을 못 추는 중대한 배경으로 작용했다.

'민간 주도 경제'라는 표현이 경제에서 정부의 역할을 배제하는 뜻으로 해석되어서는 안 될 것이다. 정주영은 1982년 경제기획원 특강에서 이 점을 분명히 하고 있다. 그는 "민간 주도라는 것은 정부의 할 일을 민간이 빼앗겠다는 뜻도 아니고 민간이 할 일을 정부에서 관여하지 말라는 뜻도 아니다"라고 못 박았다.

정책의 선택, 산업의 조정, 균형 사회의 건설은 정부의 본원적 기능이다. 같은 맥락에서 기업은 기업가들의 일이지 정부의 일이 아니다. 업종의 선택, 투자 여부의 결정, 가격 산정 같은 것은 기업의 독자적인 판단에 맡겨야 한다. 이렇게 각자의 역할을 정립해서 정부는 정부가 할 일을 하고 기업은 기업이 할 일을 하면서 서로 조화를 이루어야 진정한 민간 주도 경제가 될 것이다.

정부는 국가 전체의 경제를 관리하는 입장에서 경제에 대한 큰 줄거리와 비전을 제시해주고 실제 모든 선택은 기업이 주도해서 하도록 해야 한다.

이를테면 공업 진흥 정책을 쓴다거나 부실기업을 정리한다거나 할 때도 정부가 직접 각개 기업을 세세히 검토해서 "이 기업은 안 된다, 저 기업은 된다" 할 것이 아니라 정부의 지원을 받아 투자할 기업은 재무 구조를 어떤 선으로 유지해야 한다든가 하는 큰 기준과 윤곽만 정해주고 그 기준을 충족시킨 기업은 모두가 자율적인 판단 아래 참여시켜야 한다는 것이 정주영의 주장이었다.

정주영은 이런 예를 든다. 가령 기업의 재무 구조는 기업의 부실 여부를 가장 보편적으로 판단할 수 있는 자료인데, 이런 보편성은 무시한 채 산업을 유도하는 행정을 편다거나 산업 전반을 지배하려는 행정을 한다거나 하는 일은 없어야 한다.

일정한 정도의 자금 동원 능력과 일정 선상의 재무 구조를 유지해야만 국가 정책 운영에 통과될 수 있다 하면 기업가들은 그 선에 맞추도록 노력할 것이다. 그렇게 되어야 기업의 투자 부실이 정부의 책임으로 전가되는 일 없이 국민 경제가 건전하게 발전해나가게 된다는 것이다.

정부에는 국민 경제의 좀 더 차원 높은 방향을 제시하거나 미래의 물줄기를 잡아주는 일을 비롯해서 국가의 자본, 공공 재산, 도로, 항만, 기타 정부 소유의 재산을 증식시켜야 하는 등 할 일이 태산처럼 쌓여 있다. 그런데 국민이 낸 세금을 가지고 민간의 사유 재산이라 할 수 있는 산업 생산품에까지 관여한다거나 민간이 할 일을 도맡아 한다는 것은 해서도 안 되고 할 권리도 없다.

더욱이 1980년대 들어 정부가 경제에 관여하는 일은 시대착오적이기까지 한 것이다. 경제 개발을 점화하던 시기에 있었던 지시 경제나 정부가 관여하지 않고서는 자본 조달, 기술의 확보, 시장 개척의 모든 면에서 비능률적일 수밖에 없었던 시대는 끝난 지 오래다. 그는 경제가 양적 규모에 있어서나 질적 능력에 있어서 크게 향상되었기 때문에, 정부의 역할을 새롭게 정립할 필요가 절실해졌다고 보았다.

그러면서 정주영은 당시 현대와 신군부가 매우 불편한 관계였음에도 아랑곳하지 않고 목청을 높여 이렇게 주장했다.

"자기가 할 일을 제쳐두고 경제 일선에까지 관여하는 일은 경제의 효율을 높이기 위해서라도 반드시 지양되어야만 합니다."

한 걸음 더 나아가 정주영은 신군부 집권하에서 정부의 역할을 세부적으로 주문하기에 이른다. 먼저 정부가 새로운 정책을 입안할 때는 공사니 공단이니 하면서 일단 그 추진 기구부터 만들고 보는데, 사전에 기존 유사 기구와의 관계를 충분히 고려해서 기구 신설에 신중을 기해야 한다.

사업 영역의 경쟁을 제한해두고 정부 관리 기업이나 정부 출자 기업이 이를 독점하는 일도 재검토해야 한다고 주장했다. 이를테면 산업 기지 개발 공사는 정부 공사이기 때문에 공업 단지나 산업 기지 조성의 일을 독차지하고 있는데 만일 그 사업을 민간 업자가 직접 시공한다면 훨씬 경제적 효율을 올릴 수 있다는 것이다.

공업 입지의 선정 문제도 마찬가지다. 정부가 "어디에 공업 단지를 만들 테니 그곳에 들어가라, 들어가지 않으면 정책 지원을 안 해준다"는 식으로 하는 데서 많은 물의가 일어난다. 예를 들어 당시 창원 중공업 단지는 정부가 주도한 결과 과잉 투자가 되었다. 공업 입지는 민간 영역의 문제이므로 기업의 자체 판단에 맡기는 것이 가장 이상적이다.

물론 당시 정부도 민간 주도 경제를 정책 방향으로 제시하고 있었지만, 정주영은 내용과 형식의 괴리가 심각하다고 보았다. 정부가 민간이할 일을 민간에게 내주지 않고, 한편으로는 마땅히 정부가 할 일인데도 민간 주도를 내걸고 방관하며, 결과에 대한 깊은 통찰 없이 시장 경제를 뒤흔드는 외과적 치유로만 문제를 해결하려는 자세를 고집하기 때문이다.

예를 들어 민간 주도 경제의 핵심이라고 할 수 있는 금융 자유화가 정책으로는 표방되어 있는데도 관치 금융적인 요소가 여전히 상존하고 있어, 우리 경제의 순환 구조에 큰 문제를 일으킨다고 본 것이다.

정주영이 보기에 기업에도 문제가 많았다. 한편으로는 시장 경제 창달을 위해 자율적인 활동 여건을 조성해달라 요구하면서도, 다른 한편으로는 툭하면 정부의 지원을 호소하거나 자기 이익을 위해서 경쟁 배제적인 정책을 요구한다.

자기가 생산하는 제품과 같은 종류의 품목에 대해 수입 제한을 요구
하는가 하면, 자기 제품과 관련된 기계 설비와 부품에 대해서는 관세 특
혜를 주장하기도 하고, 거래 중인 중소기업에 대한 대금 결제에는 인색
하면서 말로만 계열 기업의 육성이 필요하다고 주장한다. 권리는 주장
하면서 책임은 회피하는 이러한 행위는 진실한 기업인의 모습에 반하는
행위라 본 것이다.

그러므로 민간 주도 경제란 정부와 기업을 비롯한 모든 국민이 자기
의 역할과 책무를 자각하는 데서부터 시작하여 경제 사회의 근대화를
이룩하기 위한 의지를 가질 때 비로소 완성될 수 있다. 그 요체는 정부
와 기업이 경제 활동에 있어 기능을 분담하는 것이다. 정부는 민간 기
업의 업종 선택에 관여하거나 그것을 제한하지 말고 다만 정책 유도에
그쳐야 하며, 민간 기업은 투철한 시장 경쟁 원리에 따라 경제 활동을
하며 만에 하나라도 정부에 의존하려는 생각이나 정부에 폐를 끼치는
일이 없도록 해야 한다.

그렇게 해서 구현되는 "민간 주도 경제란 단적으로 얘기해서 시장 경
쟁 원리에 의해 가격을 형성하자는 것"이라고 정주영은 단언한다. 즉 과
거에는 관이 가격을 주도했기 기업들은 동업자끼리 담합하여 정부를 쫓
아다니면서 가격을 높이려 했는데, 오늘날까지 그런 사고를 가진다면 절
대로 기업 활동을 할 수 없다는 것이다.

정주영은 또한 정부에 기업이나 근로자, 소비자가 협동하면서 경제
활동을 해나갈 수 있는 분위기를 마련하고 창의와 능률을 중시하는 국
민 합의를 이루도록 사회 분위기를 조성할 것을 주문했다. 이와 같은
국민적 합의가 뒷받침되어야만 정책 효과가 극대화되기 때문이다.

예를 들어 우리와 경쟁 관계에 있는 국가와 기업의 정책 변화에 기민

하고 과단성 있게 대처하는 일은 종종 경제 발전의 성패를 좌우한다. 이러한 대처는 정책에 대한 국민적인 신뢰 기반을 절대적으로 필요로 하는 것이다. 정주영은 1980년대 한국 경제가 제2의 도약을 이루기 위해서는 정부와 기업의 올바른 관계 정립이 절대적으로 필요하다고 역설한다.

"나는 기업인들이 경제 건설과 위험부담에 대한 투철한 책임감을 갖고 창의와 능률을 기조로 삼아 부단히 난관에 도전하면서 기업인으로서의 소임을 완수하고, 정부는 관련 기업과 전문가들의 의견을 충분히 참작해서 정책을 세워가고 모든 민간 단체나 기업에 지나친 관여를 배제하여 시장 경쟁 원리로 경제를 이끌어가기만 한다면, 우리는 반드시 제2의 경제 도약을 달성할 수 있을 것이라고 확신하고 있습니다."

민간 주도를 통한 자유기업주의가 활짝 꽃필 때 우리 기업은 과거보다 더욱 떳떳한 자기 역할을 확인할 수 있을 것이며, 그만큼 더 자기 책임과 기업가 정신을 발휘하게 될 것이라는 말이다. 비록 1980년대 한국 사회라는 제한된 조건 속에서 나온 주장들이지만 민간 주도형 자유 시장 경제 속의 정부와 기업의 관계에 대한 정주영의 신념과 철학은 지금 한국 기업과 기업인들에게도 변함없이 적용될 수 있을 것이다.

경영자는 노동자를 평등하게 대해야

정주영은 1982년 미국 조지 워싱턴 대학에서 명예박사 학위를 받았다. 이날 수락 연설을 하면서 "나는 쉬지 않는 부유한 노동자"라고 말했다. 정주영은 자신을 종종 '노동자'라고 불렀다.

노동기본법을 근로기준법이라 명명하고 일하는 사람을 노동자가 아닌 근로자라 부르는 것이 일반화된 한국 사회에서 노동자라는 말을 내

뺄기는 쉽지 않다. 하물며 노동자와 대척점에 있는 기업인이 자신을 두고 근로자 대신 노동자라고 스스럼없이 말하기란 어지간한 강심장이 아니고서는 어려운 일이다.

그럼에도 정주영은 노동자라는 표현이 자신에게 딱 맞다고 주장했다. "나는 부유한 노동자, 부지런히 일하는 노동자"라는 말에는 노동에 대한 그의 각별한 애정이 묻어 있다. 이러한 태도는 노동자 일반에 대한 정주영의 관점에도 반영된다.

현대그룹은 1987년 현대엔진 노동조합 설립을 기점으로 그룹 전체 계열사에 노동조합을 두었고 그 파괴력과 영향력은 타 그룹 노동조합을 압도하는 수준이었다. 정주영 자신도 1987년 노사 분규의 와중에서 곤욕을 치른 적이 있다.

당연히 기업의 안정을 위협하는 노동조합을 눈엣가시로 여길 만도 한데, 그는 이 지점에서 일반의 상식을 뛰어넘는 의견을 피력했다. 1987년, 1988년 이전에 겪어본 적이 없는 노동 쟁의가 현대그룹 전체를 휩쓸고 간 뒤에 그는 노조를 질타하는 주위 여론을 되레 만류했다. 1989년 9월 18일, 노동 쟁의가 울산 지역을 뜨겁게 달구던 때 그는 그룹사 지역 부서장급 이상 임원을 대상으로 한 특별 강연을 행했는데, 그 자리에서 정주영은 노사 분규가 민주화로 나아가기 위한 과도기의 양상 중 하나일 뿐이라고도 말했다.

정주영은 당시 우리 사회는 정치·경제 등 모든 분야가 빠른 속도로 변화하는 중이며 모든 분야에서 민주화가 진행되고 있어 그에 따른 진통은 불가피하다고 주장했다. 그러면서 우리의 정치는 진통을 겪지 않은 일본보다 앞질러 나갈 수도 있다고 진단했다.

일본은 돈에 의한 금권 정치로 인해 발전이 더딜 수밖에 없는 데 반해, 한국은 과거의 획일적인 정치 체제를 풀고 자유민주주의 정치로 나아가려 하기 때문에 그렇다는 말이다. 문화·사회 분야도 어떻게 보면 일본보다 더 앞서 나아가기 위해 여러 혼란을 겪는 중이라는 것이다.

그럼에도 이런 진통과 혼란으로 인해 경제는 타격을 입지 않을 수 없는데, 그것은 노사 분규를 비롯한 사회 혼란에도 기인한 것이지만 환율 조정 정책의 잘못도 있으며, 일부 국민의 사치 풍조와 허영심도 문제라고 그는 지적했다.

예를 들어 우리의 일상생활이 국산품으로도 충분한데 허영에 날뛰면서 외제품을 좋아하므로 우리의 소비 경제가 어려워진다는 것이다. 그는 한발 더 나아가 일본을 비롯한 세계 선진 통화의 가치 상승률 이상으로 환율을 절상한 것은 크게 잘못된 것이며, 세계의 부가 일본으로 몰려드는데도 환율이 일본 통화보다 더 많이 절상된 것은 정책 조정자들의 큰 실수라고 질타하기도 했다.

당면한 노사 문제에 관련하여 정주영은 비록 현대그룹이 모든 기업 가운데 가장 많은 진통을 겪었지만 노동조합 자체는 문제 될 것이 없다는 입장을 보였다. 오히려 그는 자신이 전경련 회장으로 있을 때 "우리 근로자들도 조합을 만들어야 한다"고 주장했음을 상기시켰다.

기업주나 중역이나 대학을 나온 사람이 근로자의 고충을 일일이 다 알 수가 없다. 그러므로 근로자들은 조합을 만들어 자기의 노동 환경 고충을 회사의 경영자들과 맞서 타협하고 때에 따라선 투쟁도 하고 때에 따라선 협상도 해야 한다는 것이다.

이런 관점에서 정주영은 "노동조합이 설립되는 것은 시대의 변화에 따라 필연적인 것"이라고 역설했다. 심지어 그는 "우리나라에서 노동조합이 안 되도록 밀어붙이는 회사가 있지만 그것은 시대를 역행하는 것"

이라고 강변하기까지 했다.

그러면서 그는 온 세계의 근로자들을 만났지만 우리나라 근로자들이 가장 인간적이며, 우수한 능력을 가졌다고 평가했다. 정주영이 보기에 근로자들의 임금이 오른다고 해서 한국 경제가 어려워지지는 않는다. 임금은 적정 수준만큼 올라야 한다.

그러면서 정주영은 임원들에게, 근로자들의 임금이 오르니까 직장이 활기차고 생기가 돌지 않느냐고 반문했다. 문제는 사회 지도자적 위치에 있는 사람들이라는 것이다. 대단치도 않은 재력으로 외제 승용차를 타고 다니며 골프를 치고 다니는 일이 비일비재하다. 그에 비하면 우리나라 근로자들은 어려운 여건 속에서도 국제기능올림픽에서 8연패를 할 정도로 자신들의 몫을 충분히 해내는 중이라고 말했다.

정주영은 오히려 우리 사회의 간부들이 자기의 할 일을 다하지 못한 데 대해 자성할 것을 주문한다. 개개인의 근로자들이 간부들보다 나을 수는 없지만 간부들이 올바르게 지도하고 올바른 환경을 조성해준다면 당연히 근로자들의 실력도 능률도 올라간다는 것이다. 그가 평소 즐겨 하던 말처럼. "일하기 위해서는 아래 위 질서가 필요하지만, 그 외에 인간은 평등하다."

우리는 다 같이 평등하다는 것을 잊어서는 안 된다. 위대한 사회는 평등 의식 위에 세워지는 법이다. 일을 하기 위해 상하 질서가 있는 것이지, 직장의 상하가 인격의 상하는 결코 아니다.

-『이 땅에 태어나서』(솔, 1997), 362쪽

노사 관계에 대해서도 그는 같은 맥락에서 설명했다. 정주영은 노사 관계가 안정되려면 노동자가 아니라 기업 임원들이 솔선수범해야 한다고 주장했다. 이를 위해 임원들에게 "학력이 없다거나 하는 일을 가지고 천하게 여기는 생각을 마음속에서부터 버릴 것"을 주문했다. 그는 1991년 1월 9일 울산 지역 현대 계열사 임원들을 대상으로 한 특별 강연에서 이렇게 말했다.

"우리 사회는 학력이 높다거나 지위가 높다고 해서 존경받는 사회가 아닙니다. 학벌이 어떻든, 그 어떤 일에 종사하든 얼마나 올바른 생각을 갖고 사느냐에 따라 높거나 낮게 평가됩니다.

학력을 가지고 우월감을 갖거나, 직위가 높다고 해서 마음속으로 인간을 차별하는 잔재가 조금이라도 남아 있다면 모두 버리고, 모든 분야에서 평등사상을 갖고 임해야 합니다."

어떤 차별의 정신으로 임하면 일의 능률도 오르지 않고, 산업 평화도 이룰 수가 없다. 자기보다 못한 사람이 있다면 진심으로 그 사람의 생활을 끌어올릴 수 있도록 해야겠다는 기본 정신을 가져야 한다. 이것이 정주영이 생각하는 노사 평화의 전제였다.

정주영은 노사 문제를 보는 간부들의 편견을 꿰뚫어보고 있었다. 그는 기업 임직원들, 특히 현대그룹 관리자들이 노사 문제가 발생하면 지나치게 위축되는데, 이는 그들이 근로자들을 평소 평등하게 보지 않았기 때문이라고 설명한다. 관리자들이 평소 진심으로 근로자를 평등하게 대한다면 노사 간에 폭력 사태가 일어날 수 없다는 것이다.

이와 관련하여 정주영은 자신의 경험을 소개한다. 울산의 핵심 근로자들이 서울 계동 현대건설 사옥으로 상경했다. 그때 정주영이 출근하자 회사 간부들이 문밖에 나와서 "큰일 났습니다"고 보고했다. 이를 듣고 정주영은 "당신들이 무슨 매 맞을 짓을 해서 밖에서 벌벌 떠느냐"고

꾸짖었다는 것이다.

이 일을 소개하면서 정주영은 관리자들이 평소 자신의 정신 밑바탕에 근로자를 미워하고 차별하는 생각이 있기 때문에 그처럼 두려워하는 것이라고 설명한다.

"근로자들을 진심으로 사랑하며 문제를 해결해줄 노력을 했다면 근로자들을 피해 다닐 이유가 없습니다. 우리는 앞으로도 그렇습니다. 금년에 한국 경제가 어렵지만 우리 근로자들의 임금이 올랐기 때문에 내년부터는 매우 활기가 있을 것입니다.

우리 근로자들의 임금은 올랐지만 그들이 집단 폭력을 하기 때문에 할 수 없이 주었다고 생각할 것이 아니라 우리가 정당히 줄 것을 주었다고 생각해야 합니다."

오히려 대학을 나온 사람이 좋은 설계를 하고, 기술을 개발하고 근로자들을 잘 지도했더라면 이익을 더 내서 더 줄 수 있을 것이다. 그러지 못한 점을 미안하게 생각한다면 근로자들은 경영자들을 진실로 존경하게 될 것이다.

근로자에 대한 정주영의 기대와 신뢰는 그것으로 그치지 않고, 북한 주민에 대한 정주영의 기대와 희망으로 이어진다. 그는 종종 남북이 통일되면 우리가 일본을 능가하여 성장할 수 있을 것이며 북한 동포들도 우리와 같이 잘살게 만들 수 있을 것이라고 주장했다.

"북한 사람들도 우리처럼 다 우수한 민족이기 때문에 현재의 탄압 상태를 풀어 완전히 자유를 주고 개성을 살린다면 5년 안에 우리와 똑같이 잘살 수 있을 것입니다. 남북의 7000만 민족이 잘살게 되면 우리는 동북아시아에 있어 중추적인 역할을 할 수 있는 국가가 됩니다."

정주영은 우리가 정도를 걷는다면 "남북이 통일될 때 우리는 아시아에서 가장 자랑스러운 나라가 될 것"이며 "소련을 비롯, 중국 그리고 동남아 모든 국가가 일본보다는 한국을 원하고, 한국을 신뢰하는 그 시대가 꼭 오리라"고 보았다. 그가 말하는 정도란 곧 사람을 진심으로 평등하게 대하고 똑같이 사랑하는 마음가짐이다.

- 제 4 부 -
거인의 길

1. 서산 간척 사업

재일 한국인 3세로 현재 일본 제일 갑부의 한 명이라 불리는 손정의
는 1957년 일본 사가 현 도스 시 '무번지'에서 돼지를 치고 밀주를 만들
어 파는 아버지 손삼헌의 둘째 아들로 태어났다.

그는 전형적인 밑바닥 조선인 동네에서 어린 시절 내내 돼지 똥 냄새
를 묻히고 자랐으며 일본인 아이들의 멸시와 조롱을 견뎌내야 했다. 그
의 이마에는 일본인 아이들이 던진 돌에 맞아 생긴 흉터가 남아 있을
정도다.

하지만 아버지 손삼헌은 가족을 먹여 살리기 위해 온갖 궂은일을 마
다하지 않았고, 돈을 조금 모으자 파친코를 냈는데 이 일로 어느 정도
재산을 가지게 되었다. 손정의는 이런 아버지에게서 깊은 애정을 느끼
며 자랐다.

그러던 중학생 시절, 파친코를 운영하던 아버지 손삼헌이 토혈을 하
고 쓰러지자 손정의는 난생처음 "눈앞이 캄캄해지며 울었다"고 말할 정
도의 충격을 받았다.

이 사건은 그의 인생에서 중요한 이정표가 되었다. 쓰러진 아버지를 보며 손정의는 가족의 위기를 느꼈다. 무엇보다 그는 효자였으며 집안을 책임질 자세가 충분히 되어 있는 소년이었다. 고민 끝에 그가 내린 결론은 아버지에게 배운 대로 '하루빨리 가족을 책임질 수 있는 사업가가 되는 것이었다.

그래서 손정의는 조난 중학교 3학년을 마감하고 고등학교 입학이 결정되자마자 학원을 차릴 계획을 세웠고, 실제 커리큘럼을 마련해 담임 교사에게 사장을 맡아달라고 부탁했다.

담임 교사 가와히가시가 만류하는 바람에 이 계획이 불발로 끝나자 손정의는 새 계획을 세운다. 손정의는 이미 히키노 초등학교 4학년 때 장래 희망으로 교사를 정해두었지만 일본에서는 재일 조선인과 그 후손에게 교사 자격을 허용하지 않았다.

이를 알게 된 그가 내린 결론은 "미국에서 성공해 돌아오면 일본 사회에서도 인정할 수 있을 것이니 미국으로 유학해 사업가가 되겠다"는 것이었다. 이 결심은 너무도 강해 가족들이 온갖 방법으로 말렸어도 그를 설득할 수 없었다. 미국행을 반대하는 가족들에게 손정의는 이렇게 말했다.

미국에 가서 사업가가 될 재료를 꼭 찾아서 올게요. 미국에서 뭔가를 쥐고 일본에 온 다음, 사업을 일으켜 꼭 가족들을 책임지겠어요.
그뿐이 아니에요. 이제껏 고민해오던 국적이니 인종이니 하는 것들을 넘어, 인간은 누구나 같다는 걸 증명할 수 있는 훌륭한 사업가가 돼 보이겠어요."

—사노이 신이치, 『손정의』(럭스미디어, 2012), (113쪽)

손정의는 1973년 9월 구루메대 부설고등학교에 자퇴서를 냈고, 이듬해 2월 열여섯의 나이로 샌프란시스코 교외 세라몬테 고등학교 2학년에 편입했다. 이어 검정고시와 편입 시험을 거듭 쳐 1977년 캘리포니아 대학 버클리 캠퍼스 경제학부 3학년에 들어간 그는 스스로 '하루 한 가지 발명을 하자'라는 과제를 부여해 이를 실천에 옮겼다.

그 결과 1978년 확실한 사업성이 보이는 일을 만들어냈으니 그것이 일어-영어 간 자동 번역기였다. 일본어를 입력하면 영어로 번역되어 음성 발음이 나오는 이 자동 번역기는 기술적으로 대단한 것은 아니었고 실은 비슷한 아이디어를 구현한 사람도 있었다. 손정의가 뛰어난 점은 이를 끝까지 사업화하려고 애썼다는 점이다. 그는 결국 공항 매점에 번역기를 설치하여 대여 서비스를 하겠다는 판매 전략을 세우고 일본으로 돌아갔다.

마쓰시타, 산요 등 일본 전자업계의 유수한 회사들에서 문전박대를 당해도 굴하지 않던 차에 그는 다음으로 샤프를 찾아갔다. 당시 구면이었던 샤프의 부사장 사사키 다다시는 그에게 묘한 매력을 느끼고 있었고, 때문에 손정의가 자신을 찾아오자 선뜻 투자를 결정했다.

둘의 인연은 계속되었다. 1981년 손정의는 사사키의 조언에 따라 자신의 사업을 시작하려 했으나 은행 융자를 받을 수 없었다. 다급해진 그가 사사키에게 전화를 걸어 보증인이 되어달라 부탁했고, 사사키는 자신의 퇴직금까지 계산해가며 돈을 날릴 각오로 이를 수락했다.

그 결과 손정의는 '일본소프트뱅크'를 설립해 소프트웨어 판매업에 뛰어들면서 본격적인 사업 역정을 시작했다. 1972년 가족을 책임지기 위해 사업가가 되고자 했던 한 중학생의 꿈이 10년 만에 빛을 보는 순간이었다.

그의 성공 신화는 일본에서 그치지 않는데, 특히 한국 경제가 국제통화기금(IMF) 구제 금융 사태로 위기에 빠졌을 때 그가 김대중 대통령에게 전한 조언이 눈길을 끈다.

1998년 빌 게이츠와 함께 청와대를 방문한 손정의는 위기를 벗어날 방법을 묻는 대통령에게 "첫째도, 둘째도, 셋째도 브로드밴드"라고 답했다. 대통령이 옆에 있던 빌 게이츠에게 다시 묻자 그는 손정의의 말에 100% 동의한다고 답했다. 김 대통령은 이 말을 새겨 실천에 옮겼고 그로부터 불과 수년 만에 한국은 브로드밴드에 관한 한 세계 최고 수준을 자랑하는 나라가 되었다.

손정의가 쓰러진 아버지를 안타까워하며 미국행을 결심한 일은 정주영이 가난으로 힘겨워하는 아버지를 안타까워하며 도시행을 결심한 일과 일맥상통하는데, 그것은 두 사람이 모두 효심에서 출발해 가족을 책임지고자 더 큰 세상으로 나아갔으며 결국 거대한 성공을 일구어냈다는 점이다.

다만 손정의는 돌아갈 고향이 있었지만 정주영은 고향으로 돌아갈 수 없었다. 정주영은 그 때문에 효도의 종착점을 두고 많은 고민을 했던 것으로 보인다. 그 결과 실행에 옮긴 일이 서해안 천수만 간척 사업이다.

> 내 어린 시절, 농사일, 농지 개발, 간척 일 등을 통해서 아버님께서 나에게 보여주셨던 그 강인한 정신과 토지에 대한 애정은 참으로 숙연할 정도로 존경스러운 것이었다. 그런 아버님께 바치는 나의 존경의 헌납품이 바로 서산농장이다.
>
> ―『이 땅에 태어나서』(솔, 1997), 301쪽

이 고백은 마치 『명심보감』에 "아버지 나를 낳으시고 어머니 나를 기르셨으니, 아아 슬프다, 부모님이시여, 나를 낳아 기르시느라고 애쓰고 수고하셨도다. 그 은혜를 갚고자 한다면, 저 넓은 하늘과 같이 끝이 없도다" 하고 이른 말을 떠올리게 만든다.

이처럼 천수만 간척 사업은 효심에서 출발한 정주영의 인생 역정에서 정점을 찍는 일이었고, 그 결과 탄생한 서산농장은 아버님께 바치는 정주영의 헌정품이었다.

아버지에 대한 사랑과 추억이 천수만 간척의 계기가 되었다면 국토 확장과 식량 증산은 간척의 효과라 할 수 있다. 정주영은 좁은 땅에 높은 인구밀도를 지닌 우리 국민들에게 간척지 개발을 통해 조금이라도 더 넓은 땅을 돌려줄 수 있기를 바랐다.

그와 함께 볍씨를 비행기로 직파하고 재배와 수확까지 완전 기계화하는, 대규모 벼농사가 가능한 영농지를 창조해 식량 문제 해결에 보탬이 되기를 원했다. 후일 이 간척지에서 연간 수확되는 쌀은 당시 50만 인구였던 울산 시민이 1년간 먹을 수 있는 양이 될 것으로 추정되었다.

1978년은 중동발 오일쇼크로 세계 경제가 침체에 빠지고 그 여파로 한국 경제가 크게 휘청거린 해였다. 현대의 해외 건설 사업도 위축되어 수주 건수는 갈수록 줄고 인력과 장비를 철수하는 일은 갈수록 늘어났다. 무엇보다 당장 수많은 근로자들이 일자리를 잃을 처지가 된 것이 문제였다.

이 위기를 타개하고자 정주영은 박 대통령에게 국토 확장 사업을 건의했고, 그것이 받아들여져 대통령령으로 대단위 간척 사업에 대한 민간 참여의 길이 열렸다. 정주영은 이를 근거로 그해 8월 24일 서산 해안 공유 수면 매립 허가를 얻어냈는데 이것이 천수만 간척 사업 또는 서산 간척 사업의 시작이었다.

이 사업은 수천억의 공사비도 문제였지만 지리적으로 조석 간만의 차가 워낙 심해 오래전부터 방조제 공사는 불가능하다고 알려진 곳이라 시작하기도 전에 난관이 예상되었다. 천수만은 물살이 세고 유속이 거세 썰물 때는 물오리의 다리가 부러질 정도였다. 승용차만 한 바윗덩어리도 수식간에 휩쓸려가는 곳인 데다, 철사 망태에 30톤짜리 덤프트럭으로 부은 돌덩어리도 흔적 없이 사라지기 일쑤였다.

이런 이유에서 애초 정부는 물론 회사 간부들도 채산성이 없는 사업이라며 회의적인 입장을 보였는데, 그럼에도 정주영은 아랑곳하지 않고 공사를 밀고 나갔다. 돈을 벌기 위해서라기보다 더 넓은 농토를 얻기 위해 시작한 일인 데다, 정주영 개인적으로 보면 평생 농사만 짓다 돌아가신 아버지에 대한 존경의 일념으로 추진한 일이어서 잠시도 지체할 여유가 없었다.

그렇다고 해서 막무가내식으로 벌여나간 정주영이 아니었다. 중요성으로 말하면 이전 어느 사업에 못지않은 이 일을 그는 돌다리 두드려가듯 조심스럽고도 치밀하게 준비하고 연구했다. 삼양사 창업주 김연수가 1936년부터 3년 동안 총 220여만 평을 매립하여 만든 고창군 심원면과 해리면 앞바다 간척지를 찾은 일이 대표적인 예다.

정주영이 맡은 4700만 평과는 규모에서 비교가 되지 않지만 일제하에서 낙후된 장비와 인력 자금으로 간척한 땅이라 생각하면 대단한 성과임이 틀림없다. 정주영이 이 현장을 샅샅이 둘러보았다는 말을 들은 김상하 삼양그룹 회장은 "토끼 한 마리를 잡는 데에도 호랑이를 잡을 때의 치밀함을 보여주는 분이자, 스케일이 크면서도 세세한 데까지 연구하고 헤아리는 진지한 면을 지닌 이"라며 감탄했다.

노자 『도덕경』 제60장에 "큰 나라를 다스릴 때는 작은 생선을 굽듯이 하라" 이르는데 정주영의 치밀함이 그랬다. 비슷한 예 하나를 더 들면, 1972년 어느 날 정주영이 포항제철을 방문한 때가 있다.

당시 포항제철은 한창 공사 중이었는데 현대건설의 정주영이 방문하자 박태준 사장이 그를 안내했다. 정주영은 현대가 공사를 맡았던 제1고로와 역시 현대가 맡아 시운전 중이던 제1후판 공장을 둘러보고는 "언제 술이나 한잔합시다" 하는 말을 남기고 떠났다.

이후 정주영은 울산에서 대규모 조선소 건설을 본격적으로 지휘하기 시작했다. 포항제철을 견학한 것은 조선소 건설의 전제가 되는 철판 생산이 제대로 될 것인지, 또 그 철판을 해상길로 울산까지 제대로 실어 나를 수 있을 것인지 직접 살피기 위해서임을, 박태준 회장은 한참 후에 알았다고 한다.

거대한 조선소를 지으면서 그 가동을 위한 조건들이 얼마나 제대로 이행되고 있는지 현장에서 직접 하나하나 확인하고 돌아간 그의 치밀함에 박태준 사장이 감탄했음은 물론이다.

천수만 간척은 이처럼 철저한 사전 조사를 거쳐 크게 A, B지구로 나누어 진행되었다. 먼저 1982년 4월에 B지구 방조제 연결 공사가 진행되었고 이어 1983년 7월 주 A지구 공사가 착수되었다. 이 간척은 방조제 공사가 핵심인데, 이곳 급류가 초속 8미터로 흐를 정도로 물살이 워낙 세다 보니 쇠철망으로 엮은 바위를 부어도 한순간에 휩쓸려가버렸다.

다들 더 이상 공사를 하는 것이 불가능하다고 고개를 설레설레 저을 즈음, 정주영이 해결책을 제시했다. 그것은 고철로 사용하려고 사두었던 스웨덴 선박 워터베이호를 끌어다 방조제 앞에 가라앉혀 유속을 진정시킨다는 생각이었다. 길이 320미터짜리 선박을 270미터 방조제 앞바다에 가라앉히는 장관을 연출하며 물막이 공사는 성공적으로 마무리되었다.

그런데 이 과정에서 아찔한 순간이 있었다. 유조선을 방패 삼아 방파제를 만든다는, 세상 어디에서도 들어보지 못한 이 장관을 담기 위해 방송국 카메라가 설치되고 국내외 기자들이 몰려들었다.

유조선 방패는 이미 방파제를 막아 물막이가 거의 완성된 상태였고, 마지막으로 배를 방조제에 적절히 갖다 붙이는 일만 남았다. 이때 방조제에서는 정주영이 서서 워키토키로 지시하고 유조선 위에서는 권기태 부사장이 이를 수신하며 일을 진행했다.

한시라도 빨리 보고 싶어 하는 기자들의 성화에 정주영은 워키토키로 연신 독촉하는데 권 부사장은 물때가 이르다 생각해 계속 미적거렸다. 참다못한 정주영이 고함을 질러대자 나름 한 성미 하는 권 부사장은 아예 워키토키를 꺼버렸다.

머리끝까지 화가 치민 정주영이 배 쪽으로 달려오는 모습을 보면서 권 부사장은 서둘러 배를 띄웠고, 배는 한쪽 틈이 벌어진 채 방조제에 달라붙었다. 상심한 권 부사장이 '이제 내 월급쟁이 신세도 끝장이구나' 생각하며 체념했다. 그런데 웬걸, 정주영은 의외로 "오늘은 푹 쉬고 내일 다시 시작하자"며 그의 어깨를 두들겨주었다.

이렇게 해서 다음 날인 1984년 2월 27일, 세상을 떠들썩하게 한 유조선 물막이 공사가 마무리되었다. 이때의 공사 방식은 이후 '정주영 공법'으로 불리며 국내는 물론 해외에서도 유명세를 탔다. 그보다 정주영을 기쁘게 한 것은 공사 결과 3300만 평의 갯벌에 1400만 평의 담수호를 포함, 총 4700만 평의 땅이 생겨 우리 국토에 추가되었다는 사실이다.

물막이 공사에 이어 열흘에 걸쳐 방조제 작업을 마무리하고 이후 제

염 작업을 마치는 기간까지 포함해 전체 공사는 7년에 걸쳐 진행되었다. 1987년 드디어 서산 B지구 3만 5000평 시험답에 통일벼와 일반 벼를 심는 것으로 농사가 시작되었다.

서산농장은 총 공사비 6470억 원이 투입되어 만들어졌다. 항공기, 트랙터, 콤바인 등을 동원하는 현대적인 기계 농법을 적용해 경작했다. 영농 사원 1인당 관리 면적이 35만 평으로, 이는 당시 우리나라 일반 농가 80호가 짓는 농사 면적에 해당하는 규모였다.

이후 1993년도에 정주영은 서산농장에 '아산농업연구소'를 설립하고 당시 정부 산하 연구소에서 거의 손을 대지 못하고 있던 간척 농업에 대한 본격적인 연구를 시작했다. "우리 농업도 기계화하여 미국과 경쟁할 수 있다는 것을 보여주고 싶다"던 정주영의 꿈이 현실에 모습을 드러내기 시작한 것이다.

서산에 대한 정주영의 애착은 대단해서 그는 노후를 서산에서 보내고 싶어 했다. 한 인터뷰에서 앞으로 얼마나 더 현대를 이끌 생각이냐고 묻는 질문에 정주영은 "앞으로 10년간은 정력적으로 하려고 그래요. 그러고선 모든 데서 은퇴하고 서산 가야죠. 서산만 가지고도 내가 풍요롭게 여생을 끝낼 거예요" 하고 답했다.

회사가 크면 더 이상 내 것이 아니다
– 헨리 포드와 정주영의 차이

헨리 포드는 정주영이 태어나기 52년 전인 1863년 7월 30일 미국 미시간 주 디트로이트 근방 시골에서 태어났다. 그의 아버지는 남부 아일랜드에서 가난을 피해 미국으로 이민 와서 근면성실하게 일한 끝에 부농으로 자리 잡은 자수성가형 인물이었다.

포드는 어릴 때부터 기술에 남다른 관심을 보여 눈에 보이는 장난감은 모조리 분해하고는 해서 부모가 그의 눈에 띄지 않는 곳에 장난감을 감추느라 애를 먹을 정도였다.

타고난 농사꾼인 아버지는 아들 포드가 자라 자기와 같은 농부가 되기를 원했다. 하지만 기술이 보여주는 신세계에 일찌감치 눈을 뜬 포드를 그런 바람으로 설득할 수는 없었다. 그 와중에 사랑하는 어머니가 세상을 떠나자 포드는 방황하기 시작했고 3년 뒤 그의 나이 16세이던 1879년, 집을 떠나 걸어서 디트로이트로 들어갔다.

디트로이트에서 포드는 처음에 조선 회사에서 일하며 아르바이트로 시계 수리를 하기도 했다. 이후 1882년 웨스팅하우스의 농촌 공장에서 엔진 수리를 맡아 근 10년간 일하여 책임자의 자리에까지 올랐다.

자신의 20대를 엔지니어로 보내며 결혼까지 한 포드는 1892년 에디슨 조명 회사의 기계 기술 책임자로 이직했는데, 이때 자동차의 매력에 빠져 틈나는 대로 자동차 엔진 제작에 매달렸다. 주위에서는 그를 '일에 미친 기술자'라고 불렀다.

마침내 1896년 그가 만든 첫 자동차가 선을 보였는데 이 차는 요즈음으로 보면 사륜차에 해당하는 것이지만 당시로서는 '미국 최초의 자동차'라는 수식어가 붙을 만큼 획기적인 제품이었다. 이로써 탁월한 기술력을 인정받은 포드는 후원자들부터 1899년 자금을 지원받아 동업 형태로 디트로이트자동차회사를 세웠다.

그런데 한 해 만에 손해를 크게 보아 회사는 문을 닫았다. 후원자들은 다시 한 번 시도해보기로 하고 다음 해인 1901년 헨리포드자동차회사를 세웠다. 이번에는 포드의 고집이 문제였다. 투자자는 당장 팔릴 차를 원했는데 포드는 기술을 앞세워 경주용 자동차를 만드는 데 몰두했다. 의견 차를 좁힐 수 없다고 생각한 투자자는 포드를 내쫓고 말았으며 회사도 이내 문을 닫았다.

2년 뒤인 1903년 다른 사업가가 포드를 후원했다. 광산업자였던 맬컴슨을 중심으로 한 몇몇 투자자들이 그를 후원해 다시 포드자동차회사를 세웠다. 그런데 사업을 시작한 지 얼마 뒤 맬컴슨과 포드 사이에 의견 대립이 생겼다. 맬컴슨이 고급 차를 만들어 당장 큰 수익을 올리자고 한 반면, 포드는 값싼 자동차를 만들어 대중에게 특히 농민에게 공급해야 한다고 주장했던 것이다.

이번에는 포드가 이기고 맬컴슨이 쫓겨났는데, 그는 초기 3년 동안 세 종류의 자동차를 생산해 순조로운 출발을 보였다. 독립적인 대주주로 올라선 포드는 "말이 없는 마차를 농민에게 공급한다"는 모토를 세우고 성능 좋고 값싼 자동차를 만드는 데 골몰했다.

그는 밤낮으로 공장에 들어앉아 개발에 개발을 거듭한 끝에 1908년 야심작 '모델 T'를 내놓았다. 모델 T는 당시 주력 승용차 가격의 절반에도 못 미치는 825달러로 책정되었으며 최초로 4기통 엔진을 채택하는 등 품질 면에서는 기존 차량을 압도했다. 모델 T는 출시되자마자 폭발적인 인기를 얻었다.

포드는 거기서 멈추지 않았다. 최고의 엔지니어들을 기용하여 품질을 지속적으로 향상시켰으며, 차량 가격을 주기적으로 인하했다. 나아가 포드는 1910년 컨베이어 벨트 시스템을 채택한 과학적 공장 시스템을 가동하여 대량생산의 길을 열었다. 포드의 생산 시스템은 효율적인 인력 관리 시스템과 결합하여 공전의 위력을 발휘했다. 그로 인해 포드는 모델 T의 가격을 계속 인하, 1916년에는 출시 당시의 절반에도 못 미치는 345달러로 떨어뜨렸다.

모델 T의 판매고는 거의 매년 두 배씩 뛰었으며, 한때 전 세계 차량 수의 절반을 차지하기도 했다. 모델 T는 후발 자본주의 국가인 미국을 단숨에 세계 최강의 자동차 왕국으로 만들었으며 포드는 아메리칸 드림의 정상에 선 인물로, 미국을 대표하는 기업가이자 영웅으로 부각되었다.

포드는 모델 T의 성공에 힘입어 순식간에 미국 최대 부자의 반열에 올랐다. 그런 그가 1914년에 내놓은 '일당 5달러' 선언은 그에 대한 대중의 존경심을 결정적으로 높이는 계기가 되었다. 모델 T가 예상보다 빠른 속도로 팔려나가 기업 이윤이 날로 커지자 포드는 그 이윤의 일부를 종업원들에게 나누어주어야 한다고 판단했던 것이다.

그에 따라 포드는 최저 임금을 기존의 두 배인 5달러로 올리고, 근로 시간은 열 시간에서 여덟 시간으로 줄이며, 6개월 이상 근속자에게는 추가 보너스를 지급했다. 그런데 이 조치로 포드자동차의 판매고가 급상승한 덕에 포드사의 이윤은 더 늘어났다.

하지만 미 국민 영웅 포드의 신화는 더 지속되지 않았다. 1919년 포드는 거액을 들여 주식을 매수, 포드사를 가족 기업으로 재편하고 아들 에드셀을 사장에 임명했다.

그런데 포드는 아들의 경영 활동을 사사건건 방해했는데, 이유는 포드사가 여전히 자신의 회사이고 자신이 막후에서 회사를 움직여야 한다고 생각했기 때문이다. 이후 경영을 둘러싼 부자간의 갈등은 지루하게 이어졌다.

포드는 한발 더 나아가 자신의 말을 듣지 않는 회사 간부와 심지어 기술자들까지 내쫓기 시작했고, 베넷이라는 측근을 중용해 사실상 아들을 고립시키기에 이르렀다.

이런 상황에서 포드사의 창업 공신들이 하나둘 떠나갔는데 그들의 이탈은 포드사에 큰 충격을 안겼다. 특히 모델 T 개발에 결정적으로 기여했던 윌리엄 크눗슨은 제너럴모터스에 영입되어 향상된 시보레를 내놓았는데 그 차가 포드사에 치명상을 입혔다.

이 와중에 포드는 신문사를 인수해 운영하기도 하고 대통령 출마를 노려 상원의원에 나서기도 했으나 모두 실패했다. 경쟁사들은 계속해서 신차를 내놓는데 포드사는 판매가 날로 줄어드는 모델 T를 대체할 차종을 내놓지 못했다. 거기다 포드는 완강하게 노조 설립을 거부해 자신의 오른팔인 베넷을 움직여 물리력과 회유로 이를 막으려 했지만 그것은 포드사의 이미지만 훼손했다.

그럼에도 포드는 입장을 바꾸지 않았다. 사장인 아들을 무시하고 대주주의 전횡을 일삼는 자신의 경영 스타일도 바꾸지 않았다. 그러는 사이 미국 자동차 시장은 제너럴모터스가 주도하게 되었다. 1930년대 중반 무렵 포드는 후발 주자인 크라이슬러에도 밀려났다.

한번 왕좌에서 내려간 뒤 포드는 오늘날까지 미국 자동차 산업에서 1위의 자리에 오르지 못하고 있다. 1943년 포드의 전횡 속에 유령 사장으로 있어야 했던 아들 에드셀이 위암으로 쓰러졌고 그 충격으로 포드 자신도 예전의 의욕을 되찾지 못한 채 1947년 회사를 손자인 포드 2세에게 물려주고 눈을 감았다.

반세기를 앞서 살다 간 헨리 포드의 삶을 정주영과 비교하면 여러 면에서 성공한 기업가의 공통점을 찾을 수 있다. 포드처럼 정주영도 주어진 환경을 거부하고 자신의 꿈을 찾아 도시로 떠났다. 거기서 철저한 근면성실함과 일에 대한 열정, 기술에 대한 애착으로 사업가의 기반을 다졌으며 주위로부터 인정을 받았다.

포드가 미국 서민을 위한 자동차의 꿈을 가지고 모델 T를 만들어 미국의 산업화에 앞장선 것처럼 정주영은 전후 복구 시기에 건설과 조선에 뛰어들어 누구도 상상할 수 없는 방식으로 시장을 개척해 한국의 산업화를 이끌었다. 포드가 기업 이윤을 노동자에게 되돌려주어야 한다는 신념을 '일당 5달러' 선언으로 실천했다면, 정주영은 자신의 부를 사회에 환원해야 한다는 신념으로 아산재단을 설립했다.

무엇보다 포드는 자신이 혼신을 다해 뛰어든 자동차의 세계에서 '농민을 위한 최고의 자동차'를 만들고자 연구에 연구를, 개발에 개발을, 혁신에 혁신을 거듭했다. 그 결과 탄생한 모델 T는 미국 서민들을 위한 꿈의 자동차가 되었고, 미국을 세계 최강의 자동차 왕국으로 만드는 데 기여했으며, 이로써 포드는 미국 산업화의 영웅으로 남게 되었다.

그러나 포드에게는 전근대적인 기업가의 면모도 남아 있었으니 지나친 소유욕이 그것이었다. 자신이 만든 회사니 자기가 움직여야 한다는 생각을 버리지 못해 아들을 20여 년간 허수아비 사장으로 만들어 죽음으로 내몰았다. 변화하는 환경과 주위의 충고를 무시한 채 혁신을 망설이다 한때 세계 자동차 시장의 절반을 차지했던 포드사를 나락으로 떨어뜨렸다.

슘페터가 "창조적 기업가의 요건은 혁신에 있다"고 한 것처럼, 혁신의 중단은 쇠락의 조짐이자 시작이다. 포드는 최고의 혁신으로 미국을 이끌었지만 혁신을 거부함으로써 쇠락을 자초했다.

혁신을 대하는 태도에서 정주영은 포드와 달랐다. 그는 안전한 기업이란 없다고 말했다. 그에게 기업이란 가만 놓아두면 후퇴하는 존재다.

안전선을 쳐둔다고 해서 항상 안전한 것은 아니며, 기업에 있어서 제

자리걸음이란 후퇴와 마찬가지이다. 방어가 공격보다 반드시 더 쉬우라는 법도 없고 공격이 방어보다 반드시 더 어려운 법도 없다. 경제 전선에서의 경쟁도 전쟁과 똑같다. 실제 전쟁에서는 방어의 묘도 있긴 하지만 경제 전쟁은 선두에 서서 기선을 잡고 공격적으로 밀고 나가 먼저 터를 닦아야 한다.

—『시련은 있어도 실패는 없다』(제삼기획, 2009), 133쪽

기업의 소유권에 대한 인식에서 포드와 정주영은 더욱 확연하게 대비된다. 자신의 독선적인 경영 스타일을 지적하는 한 기자의 질문에 포드는 "내 회사니 내 마음대로 한다"고 답했다. 하지만 반세기 뒤 정주영은 같은 질문에 "회사가 크면 더 이상 내 것이 아니다"고 답했다. 이 지점에서 정주영은 포드의 한계를 뛰어넘었다. 이 작은 차이로 인해, 미국의 산업화를 이끌며 세계를 호령하던 포드자동차는 일찍이 그 지위를 잃었고, 한국의 산업화를 이끌었던 현대는 여전히 한국을 대표하는 회사로 남게 된 것이다.

물론 정주영에게는 특유의 욱하는 성질이 있었다. 서산농장에서 농사를 지을 당시 일이다. 정주영은 농장을 둘러보다 논둑이 너무 높이 올라간 것을 알았다. 그 즉시 담당 직원을 불러 호통을 쳤다.

"이게 뭐야? 둑은 조그맣게, 도랑은 깊게 하랬더니, 그런데 이게 뭐야! 멍청이처럼! 아, 이 땅이 아깝지도 않아? 대학 나온 게 그것도 몰라? 넌 그래 가지고 사람 노릇 못해! 딴 데 가서 해봐!"

한참을 그렇게 벼락같이 호통을 치고 돌아선 그는 저녁이 되자 미안한 마음이 들었는지 그 직원을 불러 술을 권하며 달랬다. 이 모습을 보고 누가 한마디 했다.

"회장님 성질이 저리 급하니 현대 사람들이 다 무섭다고 합니다."

그러자 정주영이 이렇게 답했다는 것이다.

"내가 원래 급해요. 한 번 말하는데 바로 알아듣지 못하면 야단부터 치고 보죠. 그런데 그게 금세 후회가 돼요. 그 생각이 머리를 떠나지 않거든요. 늘 짧은 시간 내에 일을 마치려 하는 게 버릇이 되어놔서 성질이 급해진 거 같아요. 선선 가르치고 타일러야 하는데, 그렇게 생각하면서도 먼저 욕부터 내지르고 보거든요. 그러고 나선 또 후회하는 거예요."

욕을 하고 바로 후회하니 미안한 마음이 생기지 않을 수 없다. 그래서 얼마 안 가 욕먹은 사람을 불러 이런저런 말로 달랜다. 일을 위해 야단을 친 거지 사람이 미워서 야단을 친 게 아니라고 하면서 오해를 풀어준다.

정주영 자신은 이런 울뚝 성질이 나쁜 버릇인 줄 알면서도 자신의 천성인 양 달고 다닌다고 말했다. 하지만 그 성격이 독선에서 비롯된 것이 아님을 주변 사람들이 모두 알고 있기에 수가 틀리면 씩씩대며 성질부터 내는 그를 미워할 수가 없는 것이다.

2. 서울올림픽 유치

1979년 박정희 대통령 시절 발표한 서울올림픽 유치 방침은 전두환 정부의 뜨거운 감자였다. 일본 나고야와 나란히 올림픽 유치 신청서를 제출했지만 결정권을 쥔 IOC 위원들의 분위기는 압도적으로 일본에 치우쳐 있어 해보나 마나 한 게임이라는 것이 중평이었다.

당시 이 논의를 이끌었던 남덕우 총리가 "투표에서 지는 것도 당연하고, 설사 이긴다 해도 올림픽 때문에 나라 경제가 파탄난다"고 주장했다는 소문까지 나돌았다. 남 총리가 일본에 밀사를 파견하여 우리 정부에 올림픽 유치 포기를 종용케 하고, 그것을 우리 정부가 받아들이는 방식으로 포기하는 시나리오를 짰다고도 했다. 이 일에 앞장서야 할 인물인 김 모 IOC 위원은 지인들에게 한국이 두 표는 얻을 것이라고 농담까지 하고 다녔다. 정부 최고책임자들이 이러는 판이니 유치 활동에 나서려는 사람이 있을 리 만무했다.

그러던 1981년 5월, 정부에서 느닷없이 당시 전경련 회장을 맡고 있던 정주영을 올림픽 유치추진위원장으로 결정해 발표했다. 원래 유치 도시

관할 시장인 서울시장이 맡아야 할 자리다. 하지만 기왕 안 될 일이니 면피도 할 겸 책임을 떠넘기려고 만만한 기업가인 정주영에게 위원장 직을 넘긴 것이다.

이러한 정부의 의도는, 유치를 위한 회의에 이규호 문교부 장관을 제외하고는 각 부 장관들과 IOC 위원, 서울시장 등 해당 위원 전원이 불참한 것으로 명백해졌다. 후일 이 모 전 KBS 사장은, 당시 대표단이 한국을 떠날 때 정부로부터 받은 훈령이 "창피만 당하지 않도록 하라"는 것이었다고 밝힌 바 있다.

이런 사태를 맞고도 정주영은 담담하게 대응했다. 그는 먼저 올림픽 유치를 위한 사전 계획과 프레젠테이션 자료를 면밀히 준비했다. 이때 걱정하는 주변 사람들에게 정주영은 다음과 같이 말한다.

"다들 안 된다고만 하는데, 망하게 계획하면 망하는 거고, 흥하게 계획하면 흥하는 법이다. 기왕 맘먹은 거 유치를 못하는 게 바보지, 유치만 한다면 얼마든지 손해 안 나게 치러낼 수 있다."

9월 15일 정주영은 영국으로 날아갔다. 18일에 정부 공식 유치단이 총회 개막 행사가 진행될 독일 바덴바덴으로 출국할 예정이었는데, 사전에 영국 측 분위기를 탐지해보기 위해서였다.

영국 IOC 위원들이 냉소로 맞이했지만 정주영은 오히려 당당하게 맞섰다. 경제 강국 일본과 '야만적인' 한국의 경쟁은 더 볼 필요도 없다는 그들의 말에 정주영은 "한 번 올림픽을 치른 일본이 다시 올림픽을 열게 되면 일본의 제철과 자동차 산업은 세계의 주도권을 쥘 것"이라고 응수했다.

영국이 두 산업 분야에서 일본에 밀리고 있음을 염두에 둔 말이었다.

이 대화로 영국 위원들의 분위기는 크게 바뀌었다. 이어 정주영은 벨기에, 룩셈부르크에서 관계자들을 설득한 뒤 거쳐 바덴바덴으로 향했다.

18일에 총회가 개막되었는데 일본 나고야 위원들은 모두 분주하게 뛰어다녔지만 한국 측 위원들은 개막일이 지나도 나타나지 않다, 23일이 되어서야 파리에서 독일로 왔다. 뒤늦게 도착한 한 관계자는 "한 표는 내 것, 한 표는 대만, 한 표는 미국"이라는 말을 공공연하게 떠벌리고 다녔다.

그러거나 말거나 정주영은 새벽 5시에 전화로 현대그룹의 업무를 챙기고 나면 바로 회의를 소집하면서 일정을 진행했다. 정주영 일행은 회의 직후부터 각국 위원들을 만나고 밤 11시가 되어서야 숙소로 돌아가는 강행군을 계속했다.

그런데 날이 갈수록 한국에 대한 관심이 커져가는 것을 대표단도 피부로 느낄 정도였다. 여기에는 정주영의 강행군이 주효했겠지만 그 개인의 유명세도 크게 작용한 것으로 보였다.

각국 기자들은 '한국 대표 기업가'인 정주영을 보고 싶어 했고, 그에 관한 일거수일투족을 기삿거리로 삼았다. 한국 대표단 특히 언론 대책반으로는 그보다 반가운 일이 없었다. 특별히 홍보하지 않아도 정주영을 보러 기자들이 몰려드니 자연스럽게 서울올림픽 유치가 자주 기사화되었던 것이다.

부정적으로만 보던 한국 위원들이 움직이기 시작했고 각국의 위원들도 귀를 기울이며 변화된 분위기를 보여주었다. 표결 날짜가 다가오자 일본 측은 IOC 위원 부부에게 당시 최고급 일제 시계를 선물했다. 정주영은 잘 단장한 꽃바구니를 위원들의 방에 보냈다. 이 일이 다음 날 내내 화제로 떠올랐는데, 이를 두고 후일 정주영은 "부담을 주지 않으면서 감동을 줄 수 있는 선물이 비싼 선물보다 낫다"고 회고했다.

그 밖에도 정주영은 수시로 아이디어 겸 홍보 전략을 내놓았다. 북한 측에 대한 대응 방안도 그중 하나였다. 당시 바덴바덴에는 북한 측 인사가 20여 명 나와 있었는데, 북한은 비동맹 국가의 회원으로 동구권 국가들과 가까운 사이였다. 당시 일본은 한반도가 남북 대치 상황이기 때문에 올림픽을 열 수 없다고 주장하고 북한도 이에 직간접적으로 동조하는 상황이었다.

이에 대해 정주영은 "이북 사람들에게 잘하자. 그들이 우리에게 욕을 해도 우리는 웃으면서 대응하자. 우리가 같이 싸우면 남북한이 긴장 상태라는 걸 IOC 위원들에게 보여주는 꼴밖에 되지 않는다"고 주문했다.

이런 제안에 따라 한국 측 사람들은 북한 기자를 만나면 대뜸 칭찬부터 했다. "이북에는 작년에 풍년이 들었지요?"라거나 "이북에는 명산대천이 많지요? 온천도 많고 해수욕장도 좋고" 하는 식으로 그들을 치켜세웠다.

이러니 북한 측에서 딴지를 걸기가 어렵게 되었음은 물론이다. 심지어 개표 당일날 대회장에 입장하는 정주영에게 북한 대표가 "한국은 세 표밖에 안 나옵니다" 하자 정주영은 "세 표면 됐습니다" 하고 웃어넘겼다.

이어진 29일의 신청 도시 프레젠테이션에서 준비에 준비를 거듭한 한국은 일본을 압도한 것으로 나타났다. IOC 위원들은 화면에 비치는 서울의 발전된 모습에 거듭 충격을 받은 모습이었고, 그들 사이에서 "서울은 도쿄와 별 차이 없는 세계적 도시"라는 말이 오갔다.

그런데 발표일인 30일 독일의 한 지방지가 88올림픽 개최지로 나고야가 결정된 것이나 다름없으며 나고야 대표단은 벌써 샴페인을 터뜨렸다고 보도했다. 투표장에 들어서는 정주영을 보고 북한 대표단이 이 기사를 언급하며 기대를 접으라고 말할 정도였다.

마침내 연단에 선 사마란치 IOC 위원장이 투표 결과를 발표하는 순간, 장내는 잠시 얼어붙었다.

"세울 52, 나고야 27!"

사마란치 위원장도 자신의 말에 놀랐는지 결과지를 살피고는 분명한 어조로 다시 말했다. 세울, 코리아!라고. 한국의 서울이 예상을 뒤엎고 그것도 거의 더블 스코어 차이로 일본 나고야를 누르며 88올림픽 개최지로 확정되는 순간이었다.

정주영으로서는 이때의 긴장이 주베일 항만 공사 입찰 결과를 기다리는 순간에 비해 더하면 더했지 덜하지 않았을 터이다. 열정의 승부사라는 애칭에 걸맞게, 그것도 기업 경쟁이 아닌 국가 간의 스포츠 경쟁에서 그만의 낙관과 헌신 그리고 담담함으로 보란 듯이 막강한 경쟁자를 물리친 순간이었다.

그 감격을 잊지 못한 KBS가 '정주영 스토리'를 기획했을 정도였다. 그의 노력과 성공 과정을 담아보자는 이 기획은 그러나 실현되지는 않았다. 어쨌든 정주영은 서울 유치가 확정된 다음 날 한국 관계자들과 함께 IOC 위원 전원을 초청하여 바덴바덴에서 가장 큰 식당을 빌려 자축 파티를 열었다.

정주영은 「아리랑」을 부르며 베를린 올림픽의 영웅 손기정과 함께 춤을 추며 기쁨을 만끽했다. 이 분위기는 한국에도 그대로 전해져, 당시 전두환 대통령조차 "이상하게도 올림픽 유치단 가운데 내가 잘했다고 나서는 분이 한 사람도 없다"며 푸념했다고 한다.

그해 11월 88올림픽의 서울 유치가 공식적으로 확정되자 정주영은 서울올림픽 조직위원회 위원에 선임되었고, 이어 서울올림픽 조직위원회 부위원장에 피선되었다.

이듬해에는 본인이 한사코 고사했지만 대통령이 고집하는 통에 한시적이라는 조건을 단 채 대한체육회장에 선출되어 86아시안게임과 88서울올림픽 준비를 함께 맡게 되었다. 그 뒤 올림픽 선수단 단장 선임 문제, IOC 위원 문제 등으로 청와대와 자주 마찰을 빚다, 서울올림픽 직전 무렵 대한체육회장 해임 통보를 받았다.

정주영의 번뜩이는 아이디어는 나이를 먹어서도, 국제 무대에서도 줄어들지 않았다. 1984년 정주영은 남덕우 무역협회장과 함께 '대통령 경제 사절단' 민간 측 교체 단장 격으로 미국을 방문했다.

당시 한미 간에는 무역을 둘러싼 갈등이 고조되는 중이었고, 미국이 이른바 '슈퍼 301조'를 내세워 한국에 개방 압력을 가하는 중이었다. 정주영 일행은 미국에 도착하기 바쁘게 '한국에 준비할 시간이 필요하다'는 논리를 들어 미국 경제계 인사와 관련 부처들을 설득하러 다녔다.

그러던 중 미국 상무부 장관 말콤 볼드리지를 만나던 백악관 방문 자리에서였다. 협의가 끝나고 볼드리지는 보좌관을 불러 정주영 일행을 모셔가게 했는데, 따라가보니 작은 회의실이었다.

거기서 미국 참모들은 정주영 일행에게 미국의 중국 진출 방안에 대한 의견을 물었다. 미국으로서는 한때 중국 시장 진출을 가시화한 적이 있으나 사실상 실패로 돌아가 대책 마련이 절실하던 때였다.

이때 정주영이 대뜸 큰 종이를 가져다 달라 했다. 백악관 참모가 영문을 모른 채 종이를 가져다주자, 정주영은 거기다 서해를 낀 한반도와 중국을 중심으로 동북아 지도를 크게 그렸다.

그리고 한반도 서해안을 짚으며, "이곳은 산도 별로 없고 노동력도 풍부하며 접안 시설을 만들기도 쉽다"고 말했다. 이어 산둥 반도 일대를 짚으며 "이쪽에 중국 경제의 중심이 다 모여 있다. 한국의 서해와 중국의 동해는 아주 가까워 바다라기보다 한나절 거리의 호수와 같다"고 설명했다.

요점은 한국 서해안의 입지 조건을 이용해 미국은 주로 첨단 기술을 요하는 물자의 생산을 맡고 한국은 인력이 필요한 조립을 맡는, 한미 합작 방식의 대(對)중국 수출 전진 기지를 만들자는 것이었다. 정주영은 "그렇게 할 경우 중국이 바로 우리의 문전옥답이 될 것"이라 말했다.

이 설명은 백악관 참모진에게 깊은 인상을 남겼다. 이 제안이 성사되지는 않았다. 후일 미국이 중국에서 유전 개발을 진행할 때 많은 양의 강관을 현대 계열사인 인천제철에서 사들였는데, 이것이 당시 정주영의 제안을 미국이 진지하게 받아들인 결과라고 관계자들은 추정한다.

3. 정계 입문과 소떼 방북

"운명은 시간이다."

정주영이 기업을 일으켜 일가를 이룬 뒤 자신의 삶을 차분히 바라
볼 여유를 가진다면, 사회에 첫발을 내딛는 젊은이들에게 어떤 말을 해
줄까? 한 번쯤 가져볼 만한 이런 질문에 정주영은 이미 답을 해두었다.
1990년 8월 14일 강릉에서 열린 현대건설과 '현대엔지니어링 신입 사원
하기 수련회에서였다.

이날 행한 강연에서 정주영은 지난날을 돌아보며 다듬어둔 자신의
인생철학을 담담한 어조로 쉽고 간결하게 풀어냈다. 현대그룹의 신입
사원들, 즉 사회에 첫발을 내딛는 젊은이들에게 정주영은 먼저 건강하
고, 더불어 진실한 정신을 가꾸기를 당부한다.

오늘 여러분에게 말하고 싶은 것은 첫째가 건강입니다. 물론 이것은
보편적이고 상식적인 이야기입니다. 우리가 사회에 나와서 많은 지식을
얻으려 애쓰고 물질적 풍요 속에서 생활하려 합니다. 그러나 만약 자기

뜻과 같이 지식을 얻지 못했다고 해서 큰 문제가 되지는 않습니다.

사회에서도 그렇습니다. 어떠한 물질을 얻는다고 해도 극히 적은 부분일 뿐입니다. 우리에게 가장 중요한 것은 건강입니다. 건강할 때 관리를 잘해서 생이 끝날 때까지 건강한 몸으로 사는 것만이 일생을 잘 관리한 것이라 할 수 있습니다. 지식이나 돈의 관리보다는 건강에 대한 관리를 가장 잘해야 합니다.

둘째는, 건강한 육체에는 올바른 생각이 깃들어야 한다는 것입니다. 진실이 내재하지 않는 사람은 가정이나 사회나 국가에서 큰일을 할 수 없고 성공할 수도 없다고 생각합니다. 온 세계와 국내를 다녀보며 느낀 것입니다.

이 지구에는 어리석은 사람도, 어리석은 나라도 없습니다. 다 똑똑합니다. 그런데 사람들은 자기들만 똑똑하고 상대방은 어리석다고 잘못 생각하고 사는 사람이 많아서 과오를 범하고 실패를 하는 것입니다.

건강한 육체에 올바른 생각을 가지라는 지극히 평범한 당부지만, 정주영은 이를 회사에서 한 사람의 진로를 좌우하는 지표로 재해석하여 다음과 같이 설명한다.

진실된 생각만이 직장에서 아랫사람이나 윗사람의 높은 신의를 받을 수 있고, 상대방을 설득시킬 수도 있고, 상대방의 공감도 얻을 수 있는 것입니다. 자기 나름대로의 요령이나 수단은 자기를 기만하는 것일 뿐 아무 효과도 얻을 수가 없습니다.

진실된 마음으로 상대방을 어떻게 도와줄까 하는 생각으로 살면 오히려 상대방의 도움을 받으면서 살 수 있습니다. 진실만이 평범한 인간 생활의 진리라고 생각합니다.

정주영은 이 생각을 더 심화시켜 진실을 인생의 성공 척도로 삼고 성실을 운명의 개척 수단으로 삼는다. 그리하여 그는 '운명은 시간'이라는 명제를 세우고 시간을 다스리는 사람은 자기 인생의 주인이 되어 스스로 자신을 위한 운명을 만들 수 있다고 말한다.

어떤 일이 잘 안 되면 자기는 운이 나쁘다고 생각합니다. 물론 운수나 운명은 있습니다. 운명은 시간입니다. 운수가 나빠서 교통사고가 나는 경우도 있습니다. 그 순간에 그 길을 건너지 않거나 그 장소에 이르지 않았으면 사고를 면할 수도 있을 것이라고 이야기합니다.

운명은 시간이기 때문에 누구에게나 있습니다. 살아가는 동안에 "자기는 운수가 나쁘다. 잘되는 사람은 운수가 좋다"고 하는데 운수, 운명, 시간을 각자의 노력에 의해 좋은 운으로 연결시켜 사는 사람이 있는가 하면 상대적으로 나쁜 운을 연결시키며 사는 사람도 있습니다.

정주영은 이처럼 시간을 잘 다스리는 사람이 곧 부지런한 사람이며, 자신의 삶에 비추어볼 때 부지런하면 어떤 불운도 피하고 극복할 수 있다고 힘주어 말한다.

부지런하고 성실한 사람은 일생 동안 좋은 운수만 만나고 살 수 있다고 생각합니다. 그것은 내 생애의 체험입니다. 천재지변, 전쟁 등 자기 힘으로 할 수 없는 일에 부딪히면 운명으로 돌립니다. 그러나 자기가 부지런하고 성실한 생활을 하면 그 불운을 피하고 극복할 수 있습니다 나는 제1공화국부터 현재 제6공화국까지 살아오면서 정치적 변화를 겪었습니다. 기업은 정치와 불가분의 관계에 있습니다. 정치가 흔들리면 경제도 흔들리고 후퇴할 수 있습니다.

그러나 '현대'는 간판을 내건 이후 무에서 유를 창조해왔으므로 한 번도 후퇴한 적은 없습니다. 심지어는 4·19혁명 때도 성장을 했고 어떤 정치 이변에서도 후퇴한 일이 없습니다. 어떠한 세계의 불경기가 있다 해도 '현대'는 후퇴하거나 퇴보한 일이 없습니다.

정주영은 '현대'가 정치적 격변이나 경기 불황 같은 외부 요인에 큰 흔들림 없이 수십 년간 성장해온 것은 자신과 함께 '현대인'들이 성실하고 진실하게 뭉쳐 일했기 때문이라고 말한다. 기업이 이럴진대 국민들이 진실한 정신으로 성실하게 뭉쳐 일하면 작고 약한 나라라 할지라도 얼마든지 강해지고 부유해질 수 있다는 것이 정주영의 주장이다.

이것은 '현대'인들이 정직하고 성실하게 단결했기 때문입니다. 초창기에는 작은 회사였으니까 한 해에 30~40%씩 성장을 했습니다. 금년에도 국내외 시장의 어려움을 극복하고 20% 이상 성장할 것을 확신합니다. 이것은 모든 사람이 성실한 자세로 부지런히 자기 일을 대처해나갔기 때문입니다.

집단뿐 아니라 개인도 그렇습니다. 개인의 일생에서 누구에게나 좋은 운수는 지나는 것입니다. 그때를 놓치지 않고 잡아 성공적으로 활용하면, 그다음에 불운이 와도 넘길 수가 있는 것입니다.

우리 삶에 있어 가장 중요한 것이 진실을 담은 정신입니다. 그런 진실과 정신이 직결되면 찬란한 그 나라의 문화를 창조해낼 수 있습니다. 우리나라가 아시아 대륙의 끝에서, 강국들 틈에서 오늘날까지 남아 있는 것은 우리 나름의 문화가 있었기 때문입니다.

이슬람의 고전 『아라비안나이트』에는 "나이를 먹으면 인생을 배운다. 정욕의 파도와 애욕의 불길이 어우러져 인생의 무늬를 만든다"는 가르침이 있다. 불굴의 사업가 정주영은 희수에 이르러 사업이 아닌 정치로 외도를 감행해 고배를 마셨다. 이후 김영삼 정부와 불편한 관계를 계속하는 등 그 여파가 쉬 가라앉지 않았으니 정계 입문의 대가는 매우 컸다.

하지만 그 또한 사업을 향한 정주영의 열정을 잠재우지는 못했다. 사실 정주영의 열정은 천성적인 질박함에서 비롯된 것으로 소년 시절부터 그의 몸에 밴 것이기 때문에 사업에만 국한될 수가 없었다.

정주영의 고향 통천에서 동갑내기 친구로 자라 서로의 우정을 금란지교라 부른다는 박용학 전 대농그룹 회장이 이런 일화를 전한다.

두 사람 나이 일흔이 지난 어느 해 함께 월정사에 가서 대웅전에 참배하게 되었다. 박 회장은 기독교인이라 헌수만 하고 나왔는데 한참을 기다려도 정주영이 나오질 않는 것이었다. 문을 열고 들여다보니 그때까지도 정주영은 계속 절을 하고 있었다. "적어도 내 나이만큼은 절을 해야 하지 않겠느냐"는 것이 이유였다.

그에게 열정이란 멈추지 않는 것, 매일 새로운 일을 생각하고 일이 손에 잡히면 미친 듯이 매달리는 것을 의미했다. 그에게는 하루도 새롭지 않은 날이 없었다.

매일이 새로워야 한다. 어제와 같은 오늘, 오늘과 같은 내일을 사는 것

은 사는 것이 아니라 죽은 것이다. 오늘이 어제보다 한 걸음 더 발전해
야 하고, 내일은 오늘보다 또 한 테두리 커지고 새로워져야 한다. 이것이
가치 있는 삶이며, 이것만이 인류 사회를 성숙 발전시킬 수 있다.

-『시련은 있어도 실패는 없다』(제삼기획, 2009), 98쪽

정주영에게 생각한다는 것은 곧 실천한다는 것이었고, 실천은 학식을
넘어서는 것이었다.

　아무리 훌륭한 생각을 가지고 있고 천하를 지배할 수 있는 학식을 가
지고 있다고 하더라도 활용되지 않고 실천하지 못한 것은 사장된 지식이
요, 사장된 능력이라고 생각할 수밖에 없다. 실현시켜서 그 실천 효과가
자기 기업과 관련 회사에 좋은 영향을 주도록 실천할 수 있는 능력을 가
진 자만이 사업을 운영할 수 있고 기업을 운영할 수 있다.

-1982년 9월, 사장단 회의에서

1998년 2월 25일 국민의 정부가 출범하면서 83세를 맞은 정주영은 다
시 한 번 세계의 주목을 받게 되었다. 당시 국민의 정부의 대북 햇볕 정
책에 맞춰 금강산 개발 사업 추진을 선언한 것이다. 이 선언을 뒷받침하
기 위하여 그는 소떼를 끌고 북한을 방문하겠다는 기상천외한 계획을
발표했다.
그해 6월 16일 정주영은 '통일소'라고 명명된 소 500마리와 함께 민간
인으로는 처음으로 판문점을 통해 북한을 방문해 국제적인 주목을 받
았다.
이날 정주영은 국내외 기자들 앞에서 재미있는 이벤트도 연출했다.

먼저 그는 임진각에서 열린 환송식장에서 '북송 대표'로 뽑힌 암소 한 마리에게 꽃다발을 걸어준 뒤, 고삐를 끌며 환송객들에게 손을 흔들어 답례했다.

그와 함께 500마리 소를 싣고 전날 미리 도착해 대기 중이던 트럭 행렬이 차례차례 북쪽을 향해 움직였다. 정주영은 판문점 경계선을 지나 정장 차림의 북한 여성들로부터 환영 인사와 꽃다발을 받았다. 뒤이어 북한 경비병들이 지켜보는 가운데 소떼를 실은 트럭 행렬이 군사 분계선을 넘어가는 장면은 그야말로 장관이었다.

정주영은 같은 해 10월 27일 2차로 소 501마리를 가져갔다. 그는 소떼와 함께 판문점을 건너 방북하여 김정일 국방위원장을 면담하고 남북 협력 사업 추진을 논의했다. 두 차례에 걸쳐 1001마리의 소떼와 함께 분단선을 걸어 넘어 올라간 정주영의 방북을 두고 프랑스의 문명 비평가기 소르망은 '세기의 이벤트'이자 '20세기 최후의 전위예술'이라고 평했다.

소떼 방북이 처음부터 순조롭게 진행된 것은 아니다. 정주영은 난색을 표하는 북한 측에 판문점 통과를 끝까지 주장하여 관철시켰다. 이로써 판문점을 남북 대치의 상징에서 화해와 평화의 상징으로 바꾸었다. 이어 김정일 위원장을 만난 정주영은 마침내 금강산 관광 사업에 관한 합의를 얻어 그해 11월 18일에 금강산 관광을 위한 첫 배가 출항했다.

금강산 관광 사업이 결실을 맺자 정주영은 대북 사업의 특수성을 감안해 1999년 2월에 현대아산을 설립했다. 사실 정주영은 그보다 훨씬 전인 1989년에 북한과 소련을 방문하여 금강산 공동 개발 의정서에 서명했는데, 이것이 9년 만에 현실화된 것이다. 당시 정주영은 원산과 평양을 둘러봤으며, 특히 자신의 고향 통천도 방문했다.

소떼 방북을 통해 김정일 위원장과 합의하여 만들어낸 금강산 관광은 정주영이 자신의 인생 종착점에 이르러 마지막 불꽃을 피워 성사시킨 사업이었다. 이는 일에 대한 그의 열정이 나이를 무색하게 하는 것임을 실천으로 보여준 쾌거이기도 했다.

일에 대한 열정에서 정주영은 타의 추종을 불허하는 인물이었다. 그가 보기에 인간은 다 비슷한 조건에서 출발한다. 그런데도 어떤 이는 잘되고 어떤 이는 잘 안 되기도 하는데 대개의 사람들은 출발이 비슷했다는 것도, 과정의 능력과 노력에 차이가 있다는 것도 까맣게 잊고 결과만 놓고 결과의 불균형에 대해서만 불평을 품는다. 열정이 부족한 탓이다.

『채근담』에 "일이 뜻에 어긋날까 근심하지 말며, 일이 마음에 흡족하여 기뻐하지 말며, 오래 편안하여 믿지 말며, 처음에 어렵다고 꺼리지 말라"고 일렀으니 이것이 곧 정주영의 생각이기도 했다. 현장에서 그를 직접 겪어야 했던 사람들에게 이 열정은 경이에 가까운 것이었다. 정주영의 열정이 특별한 것은 그것이 어린 시절부터 체화된 열정이자 날마다 눈을 뜨면 되살아나는 열정, 노년이 되어서도 꺼질 줄 모르는 열정이라는 사실이다.

나는 젊었을 때부터 새벽에 일찍 일어났다. 그날 할 일이 즐거워 기대와 흥분으로 마음이 설레기 때문이다. 아침에 일어날 때의 기분은 소학교 때 소풍 가는 날 아침과 같다.

또 밤에는 항상 숙면할 준비를 갖추고 잠자리에 든다. 날이 밝을 때 일을 즐겁고 힘차게 해치워야겠다는 생각 때문이다.

내가 이렇게 행복감을 느끼면서 살 수 있는 것은 이 세상을 아름답고 밝고 희망적으로, 긍정적으로 보기 때문에 가능한 것이다.

이 정도의 열정에 대해 설명하자면 빠질 수 없는 인물이 애플의 스티브 잡스다. 그의 열정에 관해서는 수많은 증언들이 나와 있고 때로는 거의 전설처럼 윤색된 사례도 있다. 애플에서는 물론이고 그가 관계한 다른 회사들에서도 마찬가지였는데, 그중 잘 알려지지 않은 사례로 픽사에 재직할 때를 들 수 있다.

1986년 1월 루카스필름에서 분리되어 나온 픽사 애니메이션을 인수할 당시, 스티브 잡스는 이 회사에 얼마나 오래 얼마나 많은 돈을 쏟아 붓게 될지 짐작도 하지 못했다.

처음에 잡스는 1978년에 벌어졌던 개인용 컴퓨터의 붐과 같은 그래픽 애니메이션의 붐을 픽사가 곧 몰고 올 것이라고 장담했지만 실제로는 그렇지 않았다. 그럼에도 그는 끈질기게 이 회사를 이끌었다. 사실 그 열정은 일반의 상상을 초월하는 것이어서, 직접 당하는 사람들에게는 거의 고문에 가까운 경험이 되곤 했다.

잡스가 열변을 토하며 자신의 아이디어와 회사의 전망을 이야기할 때면 픽사 직원들은 애플 직원들이 농담처럼 말한 '현실 왜곡의 장'을 생생하게 체험하곤 했는데, 픽사의 신임 경영자이자 2D 이미지 분야의 베테랑인 앨비 레이 스미스도 예외가 아니었다. 스미스의 말이다.

스티브가 한번 방문하고 나면 우리는 직원들에게 정신을 바짝 차리게 해야 했습니다. 그만큼 스티브는 카리스마가 넘쳤거든요. 스티브가 말을 하기 시작하면 듣고 있는 사람들은 넋을 잃습니다.

스티브가 입을 여는 순간 직원들에게서 판단력이 빠져나가는 모습이 눈에 훤히 보일 정도였어요. 직원들은 멍청히 앉아서 스티브를 그저 바라보기만 합니다. 사랑이라고밖에 말할 수 없는 어떤 감정을 눈에 가득 담고서 말입니다.

—데이비드 프라이스, 『픽사 이야기』(흐름출판, 2010), 174쪽

스티브 잡스가 열변으로 사람들의 혼을 빼놓았다면, 정주영은 고함으로 사람들의 혼을 빼놓았다. 건설 현장에서는 그가 수시로 나타나 고함을 쳐대는 통에 사람들은 정주영의 그림자만 봐도 머리끝이 주뼛거린다는 말을 했고, 공사장에서 잠시 졸다 정주영의 커다란 손에 뺨을 얻어맞고 정신을 번쩍 차린 직원들이 부지기수였으며, 일처리를 어리버리하게 하다 정주영에게서 "나가 죽어" 하는 소리를 들은 이도 셀 수 없을 정도다.

오죽했으면 직원들이 그에게 '호랑이'나 '불도저' 같은 별명을 붙여주었을까. 이런 열정은 그의 성격으로도 굳어져 가족들까지 벌벌 떨게 할 정도였는데, 가령 이렇다.

아버지는 커다란 열정을 가지신 분이었다. 그 열정은 타인을 휘두르는 것이 아니라, 안에서 타오르면서 자신을 밀고 가는 것이었다. 어떤 일이든 담담하게 보고, 자신을 돌아보게 하는 열정이었다.

(……)

어릴 적 아버지는 엄하고 무서웠다. 그래서 우리 형제들은 모두 아버지에게 드릴 말씀이 있으면 어머니를 통했다. 어머니는 우리가 한 말을 귀담아들으셨다가 아버지께 에둘러 말씀드리곤 했다. 우리 형제들은 큰 나무 밑에서 햇빛을 피하듯 어머니에게 기대어 자랐다.

어릴 때는 형제들끼리, 친구들끼리 남산을 따라 굽이굽이 이어지는 장충동 길을 잘도 뛰어다니며 놀았다. 그러다 밥 먹을 시간이 됐다 싶으면 총알같이 집으로 뛰어들어갔다. 밥때를 놓치면 영락없이 굶어야 하는 걸 잘 아는 터라 우리 형제들은 시간이 되면 스스로 알아서 집으로 들어갔다.

─정몽준, 『나의 도전 나의 열정』(김영사, 2011), 4, 22, 34쪽

소떼 방북은 정주영이 사소한 물욕에 집착하여 대의명분을 잃는 우를 범하지 않는 인물임을 보여준다. 이 점은 그의 인생 전체를 통해 거듭 입증되었다. 그것이 자유로운 삶에 대한 열정에서 비롯된 것임을, 그의 인생을 통해 거듭 확인할 수 있다.

물욕은 군자도 소인으로 바꾼다. 천만 가지 지식과 지혜를 지닌 사람도 물욕에 집착하는 순간부터 군자의 재능을 하나하나 잃어 어느 순간 하찮은 소인배로 전락한다.

그 행태는 몇 가지 전형으로 묘사할 수 있으니, 대략 살피자면 주위를 볼 때는 형체를 그물처럼 엮어 넘겨짚으니 명철하지 못하고, 주위로부터 들을 때는 말의 틀만 남긴 채 흘려버리니 총명하지 못하고, 안색은 복잡하고 조변석개하니 온화하지 못하고, 외모는 들뜬 듯 굳어 있으니 공손하지 못하고, 언변은 시위 떠난 살 같으니 충직하지 못하고, 일 처리는 성과에만 미혹되니 정중하지 못하고, 의문이 일면 결론부터 만들어내니 근본을 살펴 질문할 틈이 없고, 분노가 일어나면 끝장을 보려 하니 필히 곤경에 빠지며, 재물을 보면 번개 치듯 계산에 집착하니 의로움이란 털끝만치도 없다.

그럼에도 격물치지니 자리이타니 하는 허언에다 짐작하여 맞히곤 하는 일련의 우연한 성취를 내세워 불행히도 많은 지인을 희생시키다, 급기야 바닥이 드러나 벽을 보면 뚫으려 하고 담을 보면 타고 넘으려 용쓸 지경에 이른다.

그 뒤로는 가벼운 시비조차 분간하지 못하고 촌각의 앞일조차 내다보지 못하여 매 순간 말단의 감각으로 대처할 따름, 젊은 날 강산을 호령할 바람처럼 다녔다 할지라도 어느새 대처에 마구 자란 잡풀처럼 뒹굴게 마련인 것이다.

사마천이 전하는 부의 원리

2100년 전 『사기』를 쓴 사마천은 자신의 총평을 제외한 열전 마지막 '화식' 편에서 춘추 말기부터 한나라 초기까지 부를 쌓아 명성을 남긴 인물들의 사례를 풍부하게 남겼다. 이어 사람의 처지에 따라 부를 쌓는 방법이 다름을 밝히고, 마지막으로 부의 축적 과정에 대해 상세한 자기 견해를 서술했다.

화식(貨殖)은 재산을 늘리는 방법을 일컫는 말로, 이 편에 등장하는 사람들은 각자 나름의 비결을 지녔을 뿐만 아니라 많은 공통점도 지니고 있다. 그리고 이들을 하나하나 살피면 그 성공 요인들이 대체로 정주영의 사업 비결이기도 함을 알 수 있다.

강태공이라는 이름으로 우리에게 친숙한 태공망 여상은 주나라 무왕을 도와 은나라를 멸망시켜 천하를 평정하고, 그 공으로 봉지를 받아 제나라의 시조가 되었다.

처음 그가 제나라 땅에 갔을 때 그곳 땅은 소금기가 많고 인구가 적어 낙후된 곳이었다. 그러나 태공망은 낙담하지 않고 자신의 영지를 자세히 조사한 끝에, 먼저 부녀자들에게 길쌈을 장려하여 옷 만드는 기술을 높이게 하니 제나라 옷이 크게 인기를 끌었다.

그리고 소금 절인 생선을 나가 팔게 하니 다른 곳보다 월등히 오래 보관할 수 있게 된 생선을 주변국에서 앞다투어 사들였다. 이렇게 하여 백성들의 소득이 늘자 사방에서 사람들이 몰려와 인구가 크게 늘었다. 그리하여 제나라는 관과 띠와 옷과 신이 넉넉해지고 인근 제후들이 예를 갖추어 제나라로 가서 조회했다.

후일 관중이라는 명재상이 나타나 제나라를 패자의 국가로 만들었지만 그 기원은 강태공이 국부를 쌓은 데서 비롯한 것이다. 이를 두고 사마천은 "창고가 가득 차야 예절을 알고, 먹고 입을 것이 넉넉해야 영욕을 안다"고 평했다.

정주영은 궁벽한 시골의 빈천한 집안에서 태어났고, 그 부모는 누구보다 부지런히 일했지만 식구들은 가난에서 헤어날 길이 없었다.

정주영은 농사일로는 장래가 없다는 것을 일찍이 깨달아 과감히 가출하여 도시로 나갔다. 정주영은 닥치는 대로 일했지만 그가 부를 쌓을 수 있었던 것은 무엇보다 부모로부터 물려받은 근면성실함 덕이었다.

강태공이 여인들에게 길쌈 기술을 익히게 하고 생선을 소금을 절여 부를 쌓았다면 정주영은 주어진 일에 '최선의 최선을 다하여' 기술을 익혔고 맡은 일이 무엇이건 한결같이 부모로부터 물려받은 근면성실함으로 대했다. 둘 다 주어진 환경이 아무리 열악해도 그 속에서 해결책을 찾아내 그로부터 부를 쌓는 데 성공했던 것이다.

와신상담의 고사를 낳은 월왕 구천은 회계산 전투에서 오왕 부차에게 참패하여 죽음의 문턱에까지 갔다 간신히 살아나, 범려와 그 스승 계연을 기용해 부활을 도모했다.

이때 계연이 나서, 전쟁이 있을 때는 미리 방비해야 하고 때와 쓰임을 알면 그때 필요한 물건을 알게 된다고 간언했다. 계연은 특히 치부와 관련하여 "물건과 돈을 흐르는 물처럼 원활하게 유통시키라"고 조언한다.

구천이 자신은 건초 더미에서 잠자고 쓸개를 매달아 그 쓴맛을 보는 한편 계연의 말을 좇았는데 과연 10년이 지나자 나라가 부강해지고 병사들은 전장에서 물러서지 않고 싸워, 마침내 오나라를 쳐부수고 부차를 자결시키기에 이른다.

이런 구천을 범려는 믿을 수 없는 인물임을 간파하여 홀로 도망갔다. 도피처에서 구천은 시세의 흐름에 따라 물건을 내다 팔기도 하고 사들이기도 하여 큰 부를 쌓았다. 범려는 10년 동안 세 차례나 천금을 벌었는데 그것을 모두 형제와 이웃들에게 나누어주었으니, 사마천은 이를 두고 "부유하면 그 덕에 즐겨 행한다"고 칭찬했다.

정주영은 복흥상회에서 받은 월급과 경일상회에서 번 돈으로 일부는 고향에 땅을 사고, 일부는 다시 아도자동차서비스 공장을 인수하는데 썼는데 이때는 5000원을 빌려 더 큰 사업 기반을 만들었다.

공장이 강제 합병을 당하자 모아둔 돈으로 홀동광산의 물류업에 진출해 다시 큰돈을 벌었고, 일제가 망해 광산이 문들 닫자 그 돈을 기반으로 다시 현대자동차서비스라는 이름으로 더 큰 수리 공장을 열었다. 그러다 건설업자들이 큰돈을 벌어가는 것을 보고 곧장 현대토건사를 세워 건설업에 뛰어들었으니 이것이 현대건설의 뿌리가 되었다.

이후 낙동강 고령교 복구 공사에서 신용을 지키기 위해 벌었던 돈을 모두 잃고 빚더미에 올랐지만 그 신용을 바탕으로 다시 건설업을 일으켰고 이후 승승장구하며 현대자동차, 현대시멘트, 현대조선 등을 차례로 세우며 한국의 산업화를 이끌었고 특히 중후장대형 산업을 아우르는 현대그룹을 낳았다.

이후 정주영은 서산 간척으로 국토를 넓혔고 현대건설의 개인 주식 절반을 털어 아산재단을 설립했다. 이 과정을 보면 10년을 내다본 계연의 계책과 부를 쌓아 이웃을 도운 범려의 선행이 정주영에게서 유사하게 재현된 것을 알 수 있다.

공자의 제자 자공은 두 나라의 재상을 지냈고, 제나라가 노나라를 치려 하자 오월을 끌어들여 균형을 이끌어낼 정도로 정치력이 뛰어났던 인물이다.

그는 공자에게 배울 때 늘 겸손하여 자기를 낮출 줄 알았다. 하루는 공자가 자공에게 "너와 안회 둘 중 누가 낫다고 생각하느냐?" 하고 물었다. 자공은 "안회는 하나를 들으면 열을 알고, 저는 하나를 들으면 둘을 압니다" 하고 답했고, 이에 공자는 "너와 내가 그만 못하다" 하여 자공을 칭찬했다. 이로부터 하나를 들으면 열을 안다는 말이 나왔다.

자공은 또한 당대의 걸출한 사업가이기도 했다. 공자에게서 배우고 물러 나와 벼슬을 하는 동안 수천금의 재물을 모았는데, 그 방법은 대개 물자의 가격이 싸면 사들여서 비싸면 파는 식이었다.

자공은 이렇게 벌어들인 재물로 스승을 꾸준히 도왔는데 특히 공자가 여러 제후국을 다닐 수 있었던 데는 자공의 역할이 컸다. 때문에 사마천은 공자의 이름이 천하에 널리 알려지게 된 것은 자공이 공자를 모시고 다녔기 때문이라 말했으며, 이를 두고 "세력을 얻어 더욱 세상에 드러나는 일"이라 평했다.

정주영은 정치가는 아니었지만 정치적 판단의 중요성을 누구보다 잘 알고 있었고, 그 판단에 따라 경제에서 집중해야 할 곳을 찾아냈다. 경부고속도로 건설이 산업화의 필수 관문임을 간파한 그는 부산과 서울

사이를 수없이 답사하여 최적의 방법과 비용을 제시했다. 그는 공사를 시작하자 현장을 떠나지 않으며 진두지휘했고, 당재 터널과 같은 난공사에 부딪히자 비용을 무시한 채 인력을 대거 투입하고 조강 시멘트로 진흙땅을 뚫어 문제를 해결했다.

좁은 땅에서 바다를 이용할 필요성이 대두되어 박 대통령이 그에게 조선 산업 진출을 요청하자 맨손으로 해외로 날아가 아무 담보도 경험도 없이 8000만 달러 차관을 얻어내 그것으로 현대조선소를 세우고 이를 세계 최대의 조선소로 키워냈다. 그 결과, 그는 한국을 에워싼 3면의 바다를 더없이 귀중한 자원으로 만들어냈다.

천수만 간척의 필요성이 대두되자 두말없이 뛰어들어 이른바 '정주영 공법'으로 세계를 놀라게 하며 간척에 성공했다. 그 결과 그는 3300만 평의 갯벌에 1400만 평의 담수호를 포함한 총 4700만 평의 땅을 우리 국토에 추가시켰다. 러시아 볼셰비키 혁명가 레닌이 "정치는 경제의 집중"이라는 표현을 썼는데, 정주영이야말로 경제의 집중으로 국부를 창출해 정치의 안정에 기여한 것이다.

주나라 사람 백규는 풍년과 흉년의 이치를 살펴 물건을 미리 사고팔았는데, 해마다 그 물건을 사들이는 양이 두 배로 늘어났다. 그러면서도 농사를 연구해 좋은 종자로 수확을 늘릴 줄 알았다.

스스로는 안빈함을 즐겨 거친 음식을 달게 먹고 하고 싶은 일을 억누르며 옷을 검소하게 입으며 노복들과 고락을 함께했다. 또한 기회를 놓치는 법이 없어 시기를 보아 나아갈 때는 마치 사나운 짐승처럼 했다. 이렇게 하여 거부가 되었으니 사마천은 "천하에서 사업하는 방법을 말할 때 사람들은 백규를 그 원조로 보았다"고 말한다.

정주영이 새로운 사업을 시작할 때 늘 만반의 준비와 검토를 거쳤으며, 때로 주위 사람들이 전혀 이를 눈치채지 못할 정도로 철저했음은 잘 알려져 있다.

더불어 그는 일단 가능성이 생기면 번개 같은 속도로 뛰어들어 조금도 시간을 허비하지 않으니 마치 백규가 사나운 짐승처럼 행동한 것과 같다. 예를 들어 그는 조선업 진출을 위해 때가 오기까지 몇 년이고 기다릴 줄 알았다. 일단 때가 오자 적수공권으로 뛰어들어 이를 실현시켰는데 그가 움직인 무대가 미국과 영국을 거쳐 그리스에 이르기까지 한계가 없었다.

그리고 도로건 자동차건 배건 일단 그가 손을 대 만들기 시작하면 정주영은 항상 맨 앞에서 혼신을 바쳐 일했고, 무슨 일이건 신속함을 지상 과제로 삼았다.

그의 솔선수범하는 모습과 철저한 근면성을 익히 아는 주위 사람들은 당연히 그와 같은 자세로 일에 임할 수밖에 없었다. 주나라 거상 백규처럼 정주영은 동시대인들이 사업하는 방법을 말할 때 가장 먼저 떠올리는 인물 중 한 사람이 되었다.

사마천은 『사기』 화식 편을 쓰고자 중국 각지를 일일이 돌아다녔다. 그는 관중, 파촉, 천수와 농서, 북지와 상군, 하동과 하내, 양과 평양, 온과 지, 한단과 복상, 발해와 요동, 낙양, 임치, 추와 노, 양·송·월·초나라 등 중국 전역의 지형과 환경을 검토하고 그곳 사람들의 생활 습관을 일일이 조사한 뒤, "부라는 것은 사람의 본성이라 배우지 않아도 누구나 얻고 싶어 한다"고 썼다.

벼슬아치가 자신들에게 내려질 형벌을 감수하며 글을 꾸며 법을 농간하거나 문서를 위조하려 드는 것도, 농·공·상인들이 저축하고 이익을 늘리려는 것도 모두 재산을 불리기 위함이라고 파악했다.

그래서 재물이 없는 사람은 힘써 일하고, 재물이 조금 있는 사람은 지혜를 짜내고, 재물이 많은 사람은 이익을 좇아 시간을 다툰다는 것이다. 그중에서도 현명한 사람은 생활을 위태롭게 하지 않으면서 수입을 얻으려 하니, 농업으로 부를 얻는 것이 으뜸이고, 상업이 그다음이며 간악한 수단으로 부자가 되는 것이 가장 저급한 것이라 설명했다.

하지만 가난에서 벗어나 부자가 되는 길에는 농업이 공업만 못하고 공업이 상업만 못하니 이것은 상업이 곧 말단의 사람들에게 중요한 생업이라는 뜻이다.

이상과 같이 살피면서 사마천은 아래와 같이 결론을 내렸다.

생업을 다스리는 가장 바른 길은 아껴 쓰고 열심히 일하는 것이다.

부자가 된 사람은 반드시 기이한 방법을 사용했지만 그것은 재물을 버는 한 가지 일에 전심한 결과이므로 시샘할 이유가 없다. 사마천은 "그러므로 부유해지는 데는 정해진 직업이 없고, 오직 그렇게 되기 위해 바칠 능력만이 필요한 것이다"라고 적었다.

사마천의 이와 같은 분석은 정주영의 사업가적 삶에도 그대로 적용할 수 있다. 그가 아껴 쓰고 부지런히 일하는 정도가 보통 사람의 상상을 초월할 정도였음은 수많은 사람들의 보고와 증언이 있다.

나아가 그는 부를 쌓는 과정에서 사마천이 설명한 바와 매우 유사한 길을 걸었다. 소학교 시절 농사로 크게 일어설 수 없음을 알고 네 차례의 가출 끝에 도시로 나가 공사판 일을 시작했다.

막노동으로 돈을 벌기가 여의치 않자 이곳저곳을 살핀 끝에 쌀가게에 들어가 자리를 잡았고 이를 인수해 쌀장사, 즉 상업을 시작해 3년 만에 가난을 벗어나는 수준에 이르렀다.

일제에 의해 쌀가게를 접게 되자 그는 수중의 돈으로 사업을 시작하는데 이후 사마천이 말한 것처럼 어려운 상황에 직면할 때마다 대단히 기이한 해결책을 내놓아 주위를 놀라게 만들기도 하고 당황하게 만들기도 했다.

그가 자동차 수리업을 하다 맨손으로 토건업에 뛰어들 때, 세계 최고 기술력을 지닌 일본 교에이의 설계를 반대하며 소양강 댐을 사력댐으로 짓자고 우길 때, 경부고속도로를 전문가들과 정부가 내놓은 안보다 훨씬 싸게 건설할 수 있다고 주장할 때, 포드의 힘을 빌리지 않고도 국산 기술로 자동차를 만들 수 있다고 우길 때, 황량한 모래사장에 세계적인 조선소를 세우겠다고 발표할 때, 사우디 주베일의 초거대 공사를 수주하겠다고 외칠 때, 급물살로 유명한 천수만을 막아 국토에 편입시키겠다고 나설 때, 심지어 88올림픽을 유치하러 바덴바덴으로 날아갈 때, 소떼를 몰고 판문점을 넘어 북한으로 가서 금강산 관광을 성사시키겠다고 말했을 때, 그럴 때마다 그를 잘 안다는 주위 사람들이 무모하다며 말렸다. 그가 성공하면 많은 경우 '권력의 비호' 따위의 이유들을 만들어내곤 했다.

하지만 그런 비판이나 비난들은 얼마 안 가 사라지고 말았으니, 정주영이 자신의 일에 언제나 앞장서 전념했고, 어려움에 부딪히면 언제나 자신만의 방식으로 일을 마무리했기 때문이다.

사마천은 '화식' 편에서 부를 추구하는 사람을 일률적으로 다루지 않았다. 그는 똑같이 부를 추구하더라도 현명하게 재산을 모은 사람을 중시했고 그중에서도 후세의 모범이 될 사람들을 찾아 그들의 치적을 밝히고자 노력했다.

태공망에 대해서는 백성의 삶을 윤택하게 한 업적을 기렸고, 범려에 대해서는 "부를 말하는 사람은 모두 그를 일컫는다" 하고 칭송했으며, 자공에 대해서는 공자가 그에게 빚졌다고 적었다. 백규의 검소함과 오지 현 사람의 충성, 파촉 지방 과부 청의 정조를 높이 평가했다.

그는 현명하게 부를 쌓은 사람을 귀천으로 구분하지 않았다. 노나라 조 땅의 병씨는 대장장이로부터 일어나 거부가 되었지만 행상을 하며 누구에게나 돈을 빌려주었고, 제나라 귀족 조간은 노예를 신임하여 장사를 하게 이끌어 부자로 만들어주었으며, 주나라의 사사는 천하를 떠돌며 장사를 하여 거금을 모았고, 선곡의 창고 관리 임씨는 절약하고 검소하게 생활하며 부를 쌓아 마을의 모범이 되고 천자까지 그를 존중했다며 일일이 칭찬했다.

사마천은 그들이 사농공을 불문하고 다양한 방식으로 부를 쌓았지만 다들 법을 어기거나 악행을 하지 않고도 거부가 된 사람들이라면서 "모두 사물의 이치를 헤아려 행동하고 시세 변화를 살펴 그 이익을 얻고, 상업으로 재물을 쌓고 농업으로 부를 지켰다. 무로 모든 것을 이룬 뒤에는 문으로 그것을 지켰던 것이다"라고 평했다.

사마천의 말은 오늘날에도 시사하는 바가 크다. 사마천이 지적한 것처럼 사람은 누구나 본능적으로 부를 얻고자 하지만 현명한 사람은 부를 크게 쌓을 줄 알고 부를 크게 사용할 줄 안다.

사마천은 "1년을 살려거든 곡식을 심고, 10년을 살려거든 나무를 심고, 100년을 살려거든 덕행을 베풀어야 한다"면서 "덕이란 인물을 두고 하는 말이다" 했다. 이 점을 정주영의 행적으로 이해할 수 있다.

정주영은 1931년 열여섯 살 때 도시로 나가 근 20년을 노력한 끝에 겨우 자신의 사업을 운영하게 되었다. 여기까지는 사마천이 말한 것처럼 본능에 따른 행위라 볼 수 있고, 그때까지 그는 1년, 10년을 살려고 일한 사람 수준을 벗어나지 않았다.

그러다 전쟁을 맞아 모든 것을 잃을 순간에 미군 부대 일을 맡아 기사회생한 뒤 다시 기반을 쌓아 건설업에 뛰어들었고, 1953년 고령교 복구 공사로 빈털터리 신세가 되었지만 신용 하나로 다시 일어서 다시 부를 쌓아나갔다.

특히 전쟁을 거치고 전후 복구 현장을 직접 체험하면서 부에 대한 정주영의 생각은 크게 바뀌었다. 100년을 살고자 한 인물로 거듭난 것이다. 이전의 그가 가족을 위한 일념으로 돈을 버는 데 몰두했다면 전후에는 건설업을 통해 나라의 산업화와 근대화에 헌신하겠다는 일념이 그의 내면에 자리 잡고 있었다.

그로부터 정주영은 자신의 부가 아니라 국가의 부를 위해 사업을 일으킨다는 생각으로 일에 몰두했는데, 이는 그가 자신에 대해서는 조금의 사치를 허용하지 않고 조금의 나태함도 허용하지 않으며 세계 무대를 여일하게 호령하고 다녔다는 점으로 확인할 수 있다.

비범하고도 충성스러운 영웅 카밀루스

푸리우스 카밀루스는 로마 건국 초기의 위대한 전사다. 로마의 건국이 주로 로물루스의 신화적 행적에 힘입은 것이라면, 그 로마가 반석에 올라선 것은 주로 카밀루스의 인간적 성취에 힘입은 것이다. 카밀루스는 평생에 걸쳐 주변 세력의 위협으로부터 로마를 지켜냈으며, 그가 죽음을 맞이할 무렵 로마는 인근에 적수가 없는 강국으로 성장했다. 그럼에도 정치적으로 그는 한 번도 최고의 자리에 오르지 못했다.

무기를 수저처럼 들고 전장을 침상처럼 누볐던 그의 일생을 간단히 살펴보면 이렇다. 푸리우스가 성장할 당시 로마는 권력을 둘러싸고 귀족과 평민의 갈등이 해결되지 않던 공화정 체제하에 있었다. 평범한 귀족 출신이었던 카밀루스는 인근 부족과의 전투에서 거듭 공을 세운 덕에 자력으로 승진을 계속하여 감찰관의 지위까지 올랐다.

그가 전국적인 명성을 얻은 것은 10년에 걸쳐 이어진 경쟁 도시 국가 베이이와의 전쟁 덕이었다. 당시 베이이는 로마와 세력이 엇비슷해서 결정적인 승기를 잡지 못한 로마는 장수를 계속 바꾸었고, 전쟁 개시 7년쯤 지나 카밀루스가 지휘권을 넘겨받게 되었다.

카밀루스는 전임자들처럼 직접 공격하는 전략 대신 주변 도시들을 먼저 정복하여 한 뒤 포위하는 전략을 취했다. 그리하여 베이이를 고립시킨 다음 몰래 땅굴을 파고 들어가 일거에 점령하여 전쟁을 종결지었다.

하지만 자신의 승전 행진을 지나치게 화려하게 벌인 데다 전리품의 처리를 매끄럽게 하지 못한 탓에, 카밀루스는 충분한 자격이 있었음에도 여섯 명의 호민관 중 하나로 남을 수밖에 없었다.

이 무렵 로마는 북쪽 도시 국가 팔레리이와 전쟁을 벌여야 했고, 카밀루스는 군대를 끌고 나아가 승전을 거듭했다. 그러다 그의 명성을 일거에 높인 사건이 생겼다.

팔레리이의 한 교사가 부모들 몰래 아이들을 이끌고 로마로 넘어와 카밀루스에게 바치려 했는데, 카밀루스는 그것이 비열한 행위라 여겨 교사를 묶어 아이들과 함께 도로 돌려보낸 것이다. 잠시 비탄에 잠겼던 팔레리이는 카밀루스의 조치에 감동하여 항복을 선언했다.

이번에도 카밀루스는 영웅 대접을 받지 못했다. 그가 팔레리이에 지나치게 관대한 조치를 취하여 전리품을 얻지 못한 데다, 당시 평민들이 이주를 위해 시민 투표를 진행했는데 카밀루스가 노골적으로 이를 반대한 때문이었다. 그 와중에 로마는 전리품 착복 혐의로 그를 재판에 넘겼고 친구들마저 외면하는 것을 본 카밀루스는 홀로 로마를 버리고 유랑길에 올라야 했다.

카밀루스가 떠난 로마에는 영웅이 사라진 고대 도시가 대개 그러하듯 바람 잘 날이 없었다. 그중에서도 갈리아인들의 침공은 로마인들을 두려움에 떨게 만들었다.

이탈리아 서북부에서 맹위를 떨치던 갈리아인들은 인구가 불어나자 대대적인 남하를 개시하여 일거에 로마 북부 에트루리아 지방 대부분을 점령했고, 로마의 관문이라 할 수 있는 클루시움까지 넘보게 되었다.

클루시움의 영유권을 행사하던 로마가 나서서 갈리아와 협상을 벌였으나 결과는 더욱 악화되어 갈리아는 클루시움을 내버려둔 채 로마로 직접 진격하려는 계획을 세우게 되었다. 당시 로마는 여러 지휘관들이 전장을 나누어 맡고 있어서 통일적인 지휘가 이루어지지 않았다.

갈리아는 파죽지세로 몰고 들어가 로마를 점령했는데, 다만 신전으로 사용되던 카피톨리움에서만 로마군들이 포위된 채 저항을 계속했다. 대략 로마 건국 360년이 지난 때였다.

이탈리아 반도를 모두 삼키려 한 갈리아는 내친김에 남하를 계속하여 아르데아를 향해 진군했다.

마침 이곳에 카밀루스가 은둔해 살고 있었다. 적의 동태를 살펴본 카밀루스는 아르데아 젊은이들을 모아 성안에 결집시킨 뒤, 한밤중에 갈리아 진영을 습격했다. 그리하여 승리에 도취되어 먹고 마시느라 단잠에 빠진 갈리아인들을 철저히 도륙해버렸다.

로마의 카피톨리움에 고립되어 있다 뒤늦게 소식을 들은 원로원은 카밀루스를 다시 독재관으로 임명했다. 카밀루스는 열악한 전력에도 불구하고 자신의 명성으로 로마군의 투지를 불태워 기습전을 펼친 끝에 갈리아인들을 로마에서 내몰았으니, 도시가 점령된 지 7개월 만의 개가였다.

로마를 구했음에도 불구하고 선동가들은 도시의 이주는 생각하지 않고 재건을 강요한다며 카밀루스를 비난했고, 때문에 원로원은 그를 최고 지위인 집정관에 추대하지 않았다.

로마가 이처럼 전후 복구 문제로 내홍을 겪는 사이 아이퀴와 볼스키, 라티니 등 주변 부족들이 다시 로마로 쳐들어왔다. 그러자 원로원은 세 번째로 카밀루스를 독재관으로 임명했는데, 적군들이 거대한 목책을 쌓고 방비하자 그는 화공을 사용하여 제압했으며, 짓쳐 나아가 점령된 도시들을 모두 되찾아왔다.

세월이 흘러 노쇠해진 카밀루스는 관직을 버리고 쉬어야 할 나이가 되었다. 하지만 로마인들은 주변 부족의 위협이 커지면 어김없이 그를 불러냈고 그때마다 카밀루스는 부름에 응해 해결사가 되었다.

프라이네스티니족과 볼스키족이 쳐들어왔을 때는 전임 사령관의 오판으로 전멸할 뻔한 군대를 살려냈으며, 투스쿨라니족은 반란을 음모하다 이를 눈치챈 카밀루스가 진압에 나서자 즉시 계획을 접고 용서를 빌었다.

그가 여든 살에 이를 무렵 갈리아인들이 다시 쳐들어왔는데, 이때 카밀루스는 투구, 방패, 투창 등 병사들의 무기를 대대적으로 개조하고 적의 눈을 현혹하는 진법을 써서 상대방에게 괴멸에 가까운 타격을 입혔다.

마지막으로 카밀루스는 귀족과 평민들의 갈등을 조정하여 최초의 평민 집정관을 선출하는 것으로 로마 내부에 공고한 평화를 가져다주었다. 이 일을 마지막으로 카밀루스는 모든 공직에서 물러났으며 이듬해 로마를 뒤덮은 전염병을 피하지 못하고 파란만장한 생을 마감했다.

푸리우스 카밀루스는 보잘 없는 가문에 태어나 평생 로마에 충성을 바치며 전장을 누볐다. 이전까지 채 여물지 못했던 로마는 카밀루스의 시대를 거치며 인근 부족들을 완벽하게 제압해 지중해의 지배자가 되었고, 로마인들은 그에게 제2의 창건자라는 영예로운 칭호를 바쳤다.

전사로서 카밀루스가 보여준 비범한 창의력과 백전불굴의 의지, 멈출 줄 모르는 열정, 한계를 모르는 헌신은 사업가로서 정주영이 보여준 모습과 여러 면에서 닮아 있다.

4. 두 거인

박태준 전 포항제철 회장은 이병철과 정주영을 한국의 산업화 과정을 향도한 두 거인이라 부르면서, "외모상으로 이병철 회장이 경박단소형이라면 정주영 회장은 중후장대형"이고, 또 "이 회장을 섬세하고 깔끔한 구절판형 성품이라고 한다면, 정 회장은 걸쭉한 된장찌개형 성품"이라고 비교했다. 두 기업가의 주도 아래 각각 한국의 경박단소형 산업과 중후장대형 산업이 발전해왔음을 염두에 두고 내린 평가일 것이다.

사업에 관해 신념을 가지고 노력하는 사람은 많다. 그러나 정주영만큼 강한 신념을 가지고 투철하게 노력하는 경우를 보기란 쉽지 않다. 사업에서 그와 동시대 인물로 그와 비견될 인물은 이병철 정도다. 두 사람의 신념과 노력을 뒷받침한 내면의 정서에는 차이점만큼이나 유사점이 많다.

우직한 성찰로 삼성을 이끈 이병철

정주영이 평생 쉬지 않고 남보다 훨씬 많은 시간을 노동에 바친 근면성실의 표본 같은 존재였다면 이병철은 다가오는 기회를 놓치지 않고 사물의 핵심을 파악하는 데 천재적인 능력을 발휘한 인물이었다.

이병철도 정주영과 마찬가지로 일제하에서 어려운 어린 시절을 보냈다. 하지만 그는 의령의 유복한 가정에서 태어나 일제하에서도 크게 고생하며 살지는 않았다. 다만 소년 시절부터 자의식이 강해 학교를 네 번이나 중퇴했고, 뚜렷한 인생의 목표를 세우지 못한 채 와세다 대학을 중퇴하는 등 성인이 되어서도 한동안 소일하며 지냈다. 하지만 그런 가운데 내면의 성찰을 꾸준히 한 결과, 26세가 되던 어느 날 문득 '사업'이 자신의 길임을 깨닫고 여기에 삶을 바치기로 결심한다.

그가 사업에 뛰어들 것을 결심하는 데 특별한 외적 동기는 찾아보기 어렵다. 이병철은 자서전인 『호암자전』에서 사업을 결심하는 순간에도 구체적인 방도가 없이 막연하게 시작했으며, 단지 자신에게 사업이 성격상 가장 어울린다는 생각을 가졌을 정도였다고 술회하고 있다.

이후에도 그는 혼자 힘으로 생각하고 나아가기를 계속해, 모든 사업을 스스로 결정해 추진했지 누가 만들어준 일에 끼어든 적이 없었다. 이후 그는 아무리 어려운 상황에 직면해서도 사업을 그만둘 생각을 한 적이 없었는데, 이런 점에서 이병철을 사업의 길로 이끈 동기는 다름 아닌 우직한 성찰이었던 듯하다.

그가 사업에 나서겠다고 하자 부친은 아들의 뜻을 지지하고 물질적으로 뒷받침해주었다. 특히 유교 이념을 중시하던 부친은 공자의 인의에 지신 가운데 특히 신용을 강조하여, 아들 이병철에게 "비록 손해를 보는 일이 있더라도 신용을 잃어서는 안 된다"는 말을 유훈으로 남겼다.

사업가 이전에 효자였던 이병철은 이 말을 선친이 남긴 유훈 중 으뜸으로 삼아 이후 그가 일군 모든 기업 활동의 생명으로 삼았다. 예를 들어 삼성의 성장에 결정적인 계기가 되었던 1960년대 외자 도입 당시 이병철은 자신과 삼성 자체의 신용만으로 계약을 성사시켰고, 이를 그는 평생 자랑으로 여겼다.

이병철이 처음부터 순탄하게 사업을 키워나갔던 것은 아니다. 1936년도에 마산에서 첫 사업으로 시작한 '협동정미소'는 얼마 뒤 문을 닫았다. 하지만 그는 정미소에서 미곡 사업으로 두 번째, 세 번째 사업을 벌여나갔고 이어 운수 회사를 인수했다.

그는 돈이 모이는 곳을 스스로 찾아내 주저 없이 뛰어들었다. 혼자 힘으로 어려우면 동업을 당연하게 여겼다. 이런저런 실패 끝에 이병철은 남은 재산을 모아 1938년 대구에서 '삼성상회'를 세우는데, 이것이 오늘 '삼성'의 모체가 되었다.

삼성상회가 비교적 순조롭게 커가자 이병철은 다시 양조업에 손을 대어 고향에서도 꽤 큰 부자로 통할 정도가 되었다. 그러다 고향에서 해방을 맞은 이병철은 심사숙고 끝에 '사업 보국'의 뜻을 굳히고 이를 '제2의 각성'이라 부를 정도로 중시했다.

미 군정하의 대구에서 우여곡절을 겪으며 양조업을 계속하던 이병철은 자신의 신념에 걸맞은 일을 찾았고 그것은 무역이라 보았다. 그 결과 거처를 서울로 옮기고 이듬해인 1948년 '삼성물산공사'를 세웠다.

삼성물산은 설립 1년 만에 국내 무역업체 7위에 들 정도로 급성장했는데 얼마 안 가 전쟁이 터졌다. 이병철은 서울을 점령한 인민군에게 전 재산을 빼앗기고 달랑 트럭 한 대를 몰아 고향으로 낙향했다. 모든 것이 무너지는 것만 같았다.

하지만 대구에서 그를 기다리는 사람이 있었다. 그가 일찍이 운영을 맡겨둔 '조선양조장'이 있어 찾아가 신세를 부탁했더니 뜻밖의 대답이 돌아왔다. 그간 장사를 해서 모아둔 3억 원이 있으니 그것으로 재기하라는 말이었다.

직원들이 양조장을 지키며 재산까지 불려 바친다는 말에 이병철은 감동으로 가슴이 미어졌다. 이때의 경험으로 그는 『논어』계씨 편에 나오는 '익자삼우 손자삼우(益者三友 損者三友)'를 가슴에 깊이 새겼다. 이병철은 이를 두고 후일 "역경은 혼자 극복한 것이 아니었다. 믿고 지지해준 사람들이 있었기에 가능한 일이었다"고 술회했다.

이로운 벗이 셋이고 해로운 벗이 셋이다. 정직하고, 성실하며, 견문이 많은 벗은 이롭다. 편벽하며, 줏대 없고, 빈말하는 벗은 해롭다.

금쪽같은 돈으로 다시 설립한 삼성물산은 1년 뒤 출자금이 20배로 커졌고, 이병철은 이를 기반으로 1953년 제일제당을 설립했으니, 이는 대규모 생산 시설을 갖춘 전후 최초의 제조업체였다.

이후 삼성은 소비재를 중심으로 경박단소형 제조업 기반을 지속적으로 확장하여, 건설업을 중심으로 중후장대형 제조업 기반을 확장해나간 현대와 함께 한국의 산업 자본 형성을 주도하는 기업으로 커나갔다.

도전과 모험으로 일관한 두 거인

제일제당은 한국 산업 자본 형성의 출발점을 알리는 기업이었다. 그러나 당시는 우리 기술이 전무한 상황이어서 주 기계를 일본에서 수입했고, 수입처인 다나카 기계의 도움으로 조립 설치를 진행해야 했다.

그나마 공장장을 필두로 한 한국인 기술진으로 공장을 건설할 수 있었다는 것이 위안이라면 위안거리였다. 그 작업도 쉬운 일은 아니었으나 정작 완성된 원심분리기에 원당을 집어넣자 기계가 사정없이 흔들려 사람들은 아연실색했고, 한 용접공이 원당의 양을 조절할 것을 제안해 겨우 기계를 돌리기까지 한바탕 큰 소란이 일었다. 도전에 도전을 거듭한 끝에 얻은 성과를 기념하고자 이병철은 원심분리기에서 설탕이 쏟아져 나온 날을 제일제당의 창립일로 지정토록 했다.

이어 1954년 9월 이병철은 다시 제일모직을 설립했다. 그 역시 공장을 세우려면 외국 기계를 들여와야 했는데, 회사가 모직 공장 건설 허가를 신청하자 일본제 대신 서독제 기계를 도입하는 것을 조건으로 정부 승인이 났다.

이병철은 이 또한 여러 가지로 검토한 끝에 주요 기계만 서독제로 구입하고 나머지는 다른 나라들에서 나누어 구입키로 했다. 그 무렵 미국의 유명한 모직 기계 메이커인 화이팅의 임원이 자기네 기계를 팔겠다고 찾아왔다. 이를 거절하자 그 임원은 이병철에게 "한국이 자력으로 공장을 건설해 3년 내에 제대로 된 제품이 나온다면 나는 하늘을 날아 보이겠다"며 조소하기까지 했다.

이에 굴할 이병철이 아니었다. 애초 기계 판매사가 제안한 기술자 60명을 그는 네 명으로 줄여 받았다. 그리고 나머지는 모두 국내 기술진을 구해 맡겼다. 그렇다고 공장을 허술하게 지을 생각은 전혀 없었던 그는 매번 기술진에게 "결코 국제 수준에 떨어져서는 안 된다"며 신신당부했다.

마침내 공장이 완성되고 첫 모직 제품, 즉 복지가 짜여 나오는데 아니나 다를까 정상적인 모직이 아니었고 다시 회사 전체가 호들갑을 떤 끝에 프레스 결함을 고친 뒤 제대로 된 제품이 나오기 시작했다. 이때 생산된 제일모직의 양복 브랜드 '골덴텍스'는 그 후 거듭된 개선 끝에 국내 시장에서 외산 제품을 모두 밀어내게 된다. 제일모직은 국산 제품으로 수입 대체 효과를 실현한 대표적 기업이 되었다.

기업의 불모지였던 1950~1960년대에 우리 기술과 자본으로 일으킬 수 있는 산업은 거의 없다시피 했다. 어쩔 수 없이 외국 기술과 외국 자본을 들여와야 했지만 그것을 기반으로 우리가 할 수 있는 일이라면 비록 그것이 무모해 보일지라도 최대한 덤벼들어보는 것, 그 점에서 이병철과 정주영은 닮아 있다.

이병철은 제일제당에 이은 제일모직의 설립 과정에서 이러한 무모함을 보였고, 정주영은 현대조선과 현대차를 설립하는 과정에서 마찬가지의 무모함을 보였다. 그 무모해 보이는 도전과 모험들이 성공으로 이어졌기에 한국 사회가 조기에 산업 자본의 기초를 마련할 수 있었던 것이다.

게다가 이러한 사업 성공에 만족하지 않고 눈을 해외로 돌렸다는 데도 두 사람의 공통점이 있다. 이병철은 물산, 제당, 모직업을 연이어 안착시키고서도 국내 경쟁이란 애초 안중에 없었다면서 이렇게 말했다.

"자본을 축적하여 차례차례 새로운 기업을 개척함으로써, 선진 외국과 당당히 맞서서 이긴다, 그것이 내가 나아갈 길이다."

마찬가지로 건설, 자동차, 조선업에 차례로 진출해 한국 대표 사업가의 반열에 오른 정주영은 오일쇼크로 국내 경기가 침체에 빠지자 주저 없이 중동 진출을 결정했다.

당시 그룹 내 반대는 극심했는데 특히 믿었던 동생 정인영 부사장은 팔을 걷어붙이고 나섰다. 하지만 정주영은 동생을 전보 발령시키는 강수를 둘 정도로 의지를 굽히지 않았고, 직접 중동 현장에 뛰어드는 모험을 단행했다. 그 결과 이미 살펴본 것처럼 역사적인 주베일 산업항 공사 수주에 성공할 수 있었다.

당시 현대의 공사 수주를 방해하던 사우디 무기상이라는 사람이 "현대가 주베일 산업항 공사를 따면 내 오른팔을 내놓겠다"고 장담하자 정주영은 "무슨 일이든 할 수 있다고 생각하는 사람이 해내는 법이다. 의심하면 의심하는 만큼밖에는 못하고, 할 수 없다고 생각하면 할 수 없는 것이다"라며 코웃음 쳤다. 중동 진출이라는 대하드라마를 성공작으로 마무리하고, 당시의 거센 반대를 회고하며 정주영은 이렇게 말했다.

"기업에 있어 제자리걸음은 후퇴와 마찬가지다. 우물쭈물하다가 기선을 놓치면 모두 다 기득권을 가진 사람들한테 분할되고 고정된 시장에서 부스러기나 주워 먹을 수밖에 없다."

정주영과 이병철 두 사람의 대조적인 경영 스타일이 극명하게 비교된 경우가 있다. 한때 삼성은 당시 세계 5대 하드디스크 드라이브 업체였던 맥스터 인수를 놓고 2년 동안이나 연구 분석만 거듭할 뿐 결론을 짓지 못하고 있었다. 이 사실을 알게 된 현대는 곧 교섭에 들어가 단 두 달 만에 맥스터를 인수했다.

이처럼 빨리 결정한 이유에 대해 정주영은, 전언에 따르면 "삼성이 2년 동안 인수하려고 애쓴 회사라면 그것만으로 인수할 가치가 있다"고 답했다 한다.

어쨌든 이 사건은 정주영이 이병철을 높이 평가했음을 보여주는 대목이기도 한데, 실제로 두 사람이 만나 대화를 나눈 적이 있다. 정주영이 반도체 사업에 대해 이병철에게 자문을 구하고자 한 것이다.

당시 이병철은 정주영에게 "돈으로 다 되는 것이 아니다. 상당한 연구가 있어야 한다"며 사실상 반도체 사업 진출을 만류했다. 그러자 정주영이 은근히 부아가 치밀었는지 이렇게 중얼거렸다고 한다.

내가 내 돈 들여서 한다는데, 뭘.

－홍하상, 『이병철 VS 정주영』(한국경제신문사, 2004), 216쪽

좌뇌형의 이병철, 우뇌형의 정주영

광운대 이홍 교수는 정주영과 이병철의 뇌 활용 성향을 비교, 이를 두 사람의 기업 경영 논리에 접목하여 현대와 삼성 양대 기업의 차이를 밝히려고 시도했다. 그 내용을 담은 것이 2005년 간행된 『한국경영과학회지』 제30권에 실린 「뇌 활용 성향과 기업 경영: 이병철 회장과 정주영 회장을 통한 탐험적 추론」이라는 논문이다.

이 교수에 따르면 이병철 회장은 합리, 분석, 인과를 강조하고 낮은 위험 성향을 갖는, 즉 좌뇌형 경영자로서의 특징을 강하게 지닌 경영자다.

나는 반세기에 걸쳐 삼성을 경영하여 왔지만, 지금까지 경기 변동에 영향을 받아 삼성이 위험에 빠지는 사태는 한 번도 없었다. 결국 경영 계획이 합리 추구의 경영 이념에 기초를 두고 결정된 것이라고 생각한다.

－『호암의 경영 철학』(삼성경제연구소, 1989), 114쪽

이홍 교수는 "이병철의 합리성 추구 성향은 그의 높은 인과적 신념 추구와 밀접한 관련성이 있다"고 주장한다. 이를 뒷받침하는 대목으로 이병철의 다음과 같은 발언록을 든다.

자연이나 모든 세상사와 마찬가지로 기업 경영에도 이치가 있고 이치
에 맞도록 해야 한다. (……) 만사에는 선후가 있는 것이고 기업 경영에는
비약보다는 진보가 있다.

─『호암의 경영 철학』(삼성경제연구소, 1989), 102쪽

　　이병철의 경우 매우 논리적인 계획 과정과 분석을 중시한다. 이에 따
라 그는 다음과 같은 세 가지 사업 원칙을 내세웠다.

　　첫째, 신규 사업은 신중히 철저히 계획되어야 한다. 낙관적인 예측은
늘 함정일 수 있으니 경계하지 않으면 안 된다.

　　둘째, 사업은 장기적인 관점에서 착수해야 한다. 경기에는 늘 주기가
있으니 이를 예상하여 긴 안목에서 보아야 한다는 것이다.

　　셋째, 사업에 임해서는 철저히 경제성을 검토해야 한다. 사업을 추진
하는 데 여러 가지 타당성이 있을 수 있으나 경제성이 없는 사업이라면
벌여서는 안 된다.

　　특히 이 세 번째 원칙은 '사업성 검토 지침'이라는 매뉴얼로 삼성의 신
사업 추진 시 예외 없이 적용되고 있다. 그만큼 분석을 중시함을 알 수
있다. 분석에 따른 사전 계획의 중요성에 대해 이병철은 이렇게 말했다.

　　어떤 사업이건 실패의 위험은 뒤따른다. 그러나, 가장 위험한 것은 처
음부터 실패의 여지가 있다는 불안을 안고 착수하는 것이다. 100%의
자신이 없으면 애초에 착수하지 말아야 한다. 마음속에 불안을 품은 채
착수하면 주저하여 전력투구를 못하게 된다.

─『호암의 경영 철학』(삼성경제연구소, 1989), 123쪽

이홍 교수는 "그에 반해 정주영은 사업에서 직관, 전체성, 맥락을 중시하고 높은 위험 성향을 보이는 우뇌형 경영자로 볼 수 있다"고 주장한다. 정주영은 합리나 분석의 개념이 자칫하면 기업 경영에 부정적 영향을 줄 수 있다고 생각했다는 것이다. 이런 사례를 들 수 있다. 현대조선을 설립할 당시 정부 최고위층이 전문가적 분석 결과, 합리성과 논리성을 결여하고 있다며 부정적 입장을 표한 것을 두고 후일 정주영은 이렇게 말했다.

현대조선소에 무수한 난관을 극복하며 정열을 쏟을 때 당시 우리나라에서 가장 존경받는 경제학자이며 경제를 담당하는 부총리가 나를 불러, 현대조선소가 성공하면 내 열 손가락에 불을 붙이고 하늘로 올라가겠다며 절대로 불가능하다고 장담하였다. 그러나 오늘날 현대조선소는 세계 제일의 조선소가 되었으며 그는 아직 이 땅에서 살고 있다.

―『시련은 있어도 실패는 없다』(제삼기획, 2009), 머리말 중

이처럼 정주영은 사업을 추진할 때 분석이나 논리 또는 합리성보다 하면 된다는 신념이 우선한다고 생각했다. 이러한 생각은 사업 추진 시 인과성보다 직관성을 중시하는 입장으로 이어진다.

정주영은 특히 인과관계가 복잡하거나 불완전한 대상을 단순화시켜 파악하는 데 천부적인 능력을 발휘했다. 조선소 건설에 참고하고자 일본 조선소를 견학한 뒤 그는, 당시 상무로 대동했던 이춘림에게 "배를 건조하는 것이 배가 움직인다는 것만 제외하면 건물 짓는 것과 별다른 차이가 없다"고 말한다.

조선을 한다 해도 당장 설계하는 것은 어렵겠지만 철판을 용접하여 선각을 만들고 그 내부에다 보일러와 엔진, 발전기 등을 설치하고 프로펠러를 달면 되지 않겠는가.

—『아산 정주영과 나』(아산사회복지사업재단, 1997), 337쪽

조선소라는 것이 그동안 현대가 건설한 발전소나 정유 공장 등에서 탱크 공사나 기계 설치 공사를 하는 것과 비슷하다는 것이다. 이처럼 복잡한 대상을 단순화시켜 자신의 경험과 연결짓는 사고방식은 사물을 부분적으로 보기보다 전체적 맥락 속에서 파악하려는 성향으로 이어진다. 이런 생각을 정주영은 다음처럼 표현했다.

높은 산을 올라갈 때 산꼭대기만 쳐다보면서 그것을 목표로 허겁지겁 오르다가는, 얼마 못 가서 돌부리에 차이거나 부딪치거나 해서 주저앉고 말 것이다. 발밑과 주위를 살피면서 주의 깊고 차분하게 호흡을 조절하면서 (……) 꾸준히 오르는 사람이 용이하게 먼저 정상에 오른다.

—『시련은 있어도 실패는 없다』(제삼기획, 2009), 320쪽

이와 같이 직관성과 신념을 중시하는 입장이다 보니 정주영은 높은 위험 추구 성향을 보였고, 어떤 면에서는 위험 자체를 즐겼다. 그래서 그는 "나는 인간이 스스로 한계라고 규정짓는 일에 도전, 그것을 이루어 내는 기쁨으로 오늘날까지 기업을 해왔다"고 말한다. 그는 조선소를 설립하고자 영국에 차관을 빌리러 갔을 때 경험도 기술자도 없지 않느냐는 상대방에게 당당하게 말했다.

모든 일은 가능하다고 생각하는 사람만이 해낼 수가 있다. 만약 우리 나라의 조선 공사나 다른 선박업자가 이 일이 가능하다고 생각했다면 나보다 그들이 먼저 당신들에게 와서 돈을 빌리자고 했을 것이다. 그들 은 불가능하다고 생각하기 때문에 안 온 것이고, 나는 가능하다고 생각 하니까 온 것이다.

－『이 땅에 태어나서』(솔, 1997), 412쪽

이처럼 정주영에게 긴장 속에서 모험을 감행하며 일하기란 다반사였 고, 그것이 거대한 현대그룹을 움직이는 동력이 되었다. 그의 말처럼. "모험은 거대한 조직에 활력을 넣어준다. 그것이 현대라는 조직을 움직 이는 조화의 핵이 되어왔다."

직관과 전체성, 맥락을 중시하고 위험에 도전하기를 즐기는 정주영의 사고 성향은 당연히 현대그룹의 기업 성향으로 이어진다. 이홍 교수는 이를 "현대의 경우 위험 추구 성향은 삼성에 비해 월등히 높게, 의사 결 정 시 전문 스태프의 활용도나 표준화 및 공식화 정도는 삼성에 비해 낮게 나타났다"고 주장한다. 결과적으로 정주영과 현대의 이러한 성향 은 1960~1970년대 낙후된 여건 속에서 한국 경제의 산업화와 근대화를 이끄는 추동력이 되었음이 분명하다.

창조적 우위의 리더십

5Force 모델로 세계적인 권위를 인정받은 경영학자 마이클 포터는 이 른바 다이아몬드 모델을 도입하여 국가 경쟁력을 분석하는 데 상당한 기여를 했다.

이 모델은 학자들에 의해 또한 기업이나 개인의 경쟁력을 분석하는

데 활용되기도 하는데, 2012년에 간행된 『전문 경영인 연구』 제15권에 실린 논문 「다이아몬드 모델의 접근법을 활용한 경영인의 리더십 원천에 대한 고찰: 현대그룹의 정주영 회장과 삼성그룹의 이병철 회장에 대한 사례 연구」도 그중 하나다. 이 논문은 정주영에 대해 리더의 자질, 타기팅, 조직원 및 주변 여건, 전략 등의 네 측면에 걸쳐 평가를 시도했다.

먼저 논문은 정주영이 보여준 리더로서의 대표적인 자질이 '실행력과 신용'이라고 주장한다. 그가 생전에 자주 쓰던 "해보기나 했어?"라는 말은 정주영의 실행력을 상징적으로 보여주는데, 다른 리더들을 압도하는 실행력의 힘이 그로 하여금 숱한 난관을 극복하게 해주었다고 보았다.

한편 논문은 정주영이 실제 사업에서 고비마다 신용을 철저히 지킴으로써 이를 극복해냈는데, 이는 이병철이 보여준 주도면밀함과 세심함에 대비되는 정주영 특유의 자질이라고 보았다.

다음으로 논문은 타기팅의 측면에서 정주영이 시장 수요를 회사가 직면한 소비자 수요로 파악하는 데 그치지 않고 한국 사회 전체를 시장으로 파악하려 했다고 설명한다.

때문에 사업 초기에는 기업 발전을 최우선으로 삼았지만 사업이 확장됨에 따라 대한민국 전체의 발전에 큰 도움을 주는 것을 더 우선시했다는 것이다.

정주영은 이런 관점에서 1960년대에 건설업의 정상에 올랐지만 1970년대에 국가적으로 중화학 공업을 육성해야 할 필요가 커지자 과감하게 조선업에 뛰어들었고, 오일쇼크 당시에는 해외 시장을 개척하여 막대한 달러를 벌어들였다. 또 국가 기간산업의 중요성을 간파하여 현대자동차를 설립, 국산 고유 모델 포니 승용차를 생산하여 북미 자동차 시장에서 저가 모델로 입지를 굳히는 등 한국 자동차 산업의 기반을 만들기도 했다.

동구권을 새로운 시장으로 보아 수교 이전에 이미 중국과 소련을 방문하고 북한 지도자와 면담하는 등 그들의 개방에도 큰 관심을 가졌다. 이러한 노력에 힘입어 현대그룹은 이미 1970년대에 국내 기업을 넘어 세계가 인정하는 글로벌 기업으로 발돋움했다.

다음으로 정주영은 조직원 및 주변 여건을 활용하는 데 탁월한 감각과 안목을 보였다는 것이다. 젊을 때는 친구와 가족, 친지들이 그를 후원했고 그와 거래해본 쌀집 주인이 신용 하나만 보고 그에게 두 번이나 돈을 빌려줄 정도가 되었다. 해방 후에는 미군 공사를 맡으면서 꾸준히 신뢰와 성과를 쌓아 전후 무렵에는 정주영 이름 하나만으로 미군 토목 공사를 거의 휩쓸다시피 했다.

박정희 대통령이 정주영의 능력을 높이 평가하여 소양강 다목적댐이나 경부고속도로 건설 등 국가적 규모의 공사를 맡긴 일이나, 조선업을 육성하기 위해 정주영에게 특별히 당부한 일 등 박 대통령과의 숱한 일화가 남아 있다. 책임감, 돌파력, 헌신성 이런 면이 어우러져 주변 결정권자들과 굳건한 신뢰를 쌓은 결과라 볼 수 있다.

마지막으로 논문은 전략적 측면에서 정주영이 '신용제일주의를 기반으로 한 스피드 경영'을 초지일관 유지한 것이 최상의 결과를 낳았다고 주장한다. 국내의 경우는 말할 것도 없지만, 해외에서 가령 현대를 세계에 알린 태국의 파타니-나라티왓 고속도로 공사나 베트남 캄란 만 미군 군사 기지 건설, 이란의 반다르압바스 동원 훈련 조선소와 바레인 아스리 수리조선소 공사, 나아가 현대를 세계적 기업으로 발돋움하게 한 사우디아라비아의 주베일 산업항 공사 등에서 정주영은 한결같이 다른 해외 기업들보다 빨리 준공하겠다고 약속했다. 그리고 경우에 따라서는 막대한 손해와 위험을 감수하면서 그 약속을 지켜냈다.

그것이 쌓이면서 현대에 대한 해외 발주처들의 신뢰가 갈수록 높아졌음은 물론이다. 정주영은 또한 장기적인 안목에서 사업을 미리 준비하여 과감하게 실행하는 치밀함을 겸비하고 있었다. 현대조선이나 현대자동차, 서산 간척 등이 그러한 사색의 산물이었고, 크게 보면 소떼 방북 또한 장기적 안목의 산물이었다.

논문은 정주영이 이 네 가지 요소의 장점 즉 핵심 역량을 잘 결합한 결과, 현대그룹을 오늘날과 같이 키워낼 수 있었다고 주장한다. 즉 '실행력과 신용'을 기반으로 한 탁월한 개인적 리더십에 더하여, 국제적 안목에서 시장의 수요 변화를 정확히 파악하고 대비했으며, 조직원을 비롯한 주변 여건을 매우 우호적으로 활용할 수 있었다.

그는 이를 기반으로 '신용제일주의를 기반으로 한 스피드 경영'을 구사함으로써, 문어발식 사업 확장이 아닌 최적화된 사업 다각화를 이뤄낼 수 있었다는 것이다. 그러므로 정주영의 리더십은 개인적 리더십이 아닌 기업 경영 전반에 걸쳐 관철되는 '창조적 우위'의 리더십으로 볼 수 있다는 것이다.

5. 임종과 그 생전의 유머

평생을 사업에 바친 정주영은 자신이 펼친 사업으로부터 얻은 교훈을 "중요한 것은 성실함"이라는 말로 간단히 요약하곤 했다. 정주영은 이 생각을 더 밀고 나가 기업은 물론 사회와 국가에서도 가장 중요한 역할을 하는 사람은 성실한 사람이라는 결론을 내렸다.

1985년 8월 3일, 게이단렌(經團連)의 초청을 받아 일본 가루이자와 포럼에서 행한 연설에서, 정주영은 성실함을 중심에 두는 자신의 인생철학을 짧지만 명쾌하게 펼쳤다.

그는 일제 강점기에 평범한 시골 농부의 맏아들로 태어나 동시대의 다른 사람들처럼 힘들고 가난한 시절을 보내면서 이후의 성장 과정에 도움이 되는 교훈을 익혔다고 말했다.

그 교훈이란 한마디로 '자연의 섭리'라고 할까, '자연에 대한 경외'라고 할까, 그러한 것이다. 인간의 모든 능력은 자연의 섭리를 벗어날 수 없는 것이며 자연의 섭리 안에서 발휘되어야 하는 것이다.

인간만이 아니라 인간 사회에 작용하는 경제에도 자연의 섭리와 유사한 원리가 작용하는 것이라 생각했다. 마찬가지로 사생활에서나 기업을 경영할 때나 항상 자연의 섭리에 따르는 것이 옳다고 생각했다. 그 섭리를 따른 결과, 자신의 모든 업적이 가능했다는 것이다.

정주영이 자신을 사업가로 확신한 때는, 즉 본격적인 기업 경영자라고 생각한 때는 건설업에 진출하면서부터였다. 건설업은 인간이 직접 자연을 극복하고 그것을 개조하는 일을 업으로 삼는 것이다.

이 때문에 건설업에 뛰어들면서 정주영은 비로소 인간 능력의 무한한 가능성에 눈을 뜨게 되었다. 인간의 능력이 비록 '자연의 섭리'를 다 극복할 수는 없지만 자연을 개조하고 사업을 일으키는 과정에서 인간의 창의와 능력의 위대함을 새삼 체득할 수 있었기 때문이다. 건설업에서 얻은 자신감으로 그는 경제나 산업과 같은 거대한 분야를 장악하고 움직일 수 있게 되었다.

비록 경제 발전이 수많은 자본의 축적과 기술의 발전을 통해서만 가능한 것이지만 그 기초는 인간의 근면성과 성의 그리고 인내에 있는 것이다. 그는 이러한 생각을 평생 잊지 않았으며 기업에 대해서건 경제에 대해서건 근본적으로 중요한 것은 성실성이라는 평범한 진리를 늘 머리에 되새기며 임했고 매 순간 체험을 통해 확인했다.

기업이 인간 삶의 기본 터전인 이상, 그리고 자연의 섭리가 관철되는 장(場)인 이상, 그것은 단지 소득만을 창출하고 부의 증식만을 도모해주는 중개 기관이 아니라 인간 생활의 현장이자 인격의 수련장이며, 인간을 위한 인간의 단체라고 믿어 의심하지 않았다.

이러한 믿음 속에 정주영은 사업에 도전하여 국민 경제를 진흥하는 것이 자신에게 주어진 유일한 길이라고 믿었으며 그 길에 매진하는 것이 국민 경제 앞에 놓인 난관을 극복하는 첩경이라고 생각했다.

인생의 전 과정에서 그는 함께 일한 사람들에게 강한 유대감을 느꼈다. 인간이란 누구나 다 위대한 잠재력을 가진 존재라고 그는 믿었다. 기업에서도 이는 예외가 될 수 없었다.

가령 관리자들이 노동자들을 경시하는 일은 있을 수 없는 것이며, 기업이든 사회든 국가든 발전을 주도하는 것은 자본도 기술도 아닌 인간이다. 지식이 많고 교육을 잘 받은 인간이 아니라 성실하게 일하는 인간이다.

성실함은 인간 앞에 놓인 모든 장벽을 허물 수 있는 힘이다. 성실한 마음을 지니고 확신에 넘쳐 있는 사람은 정치의 벽이나, 국적의 벽이나, 기술의 벽 따위를 능히 극복할 수 있다. 성실하고 진취적인 기업가가 사회 발전에 근본적으로 중요한 역할을 한다는 명제야말로 그가 평생 믿고 따른 삶의 이치였다.

2001년 3월 21일, 정주영은 눈을 감았다. 아내 변중석이 입원해 있던 서울아산병원에 입원하여 치료를 받고 잠시 자택으로 옮겨 요양하다 병세가 악화되어 그해 1월 병원에 입원한 지 두 달 뒤. 사인은 폐렴으로 인한 급성 호흡부전증이었다. 향년 87세.

그해 5월에 그에게 제5회 만해상 평화상이 추서되었다. 5년 뒤인 2006년 11월에는 『타임』지가 그를 '아시아의 영웅'으로 선정하였고, 2008년에는 정부로부터 DMZ 평화상 대상이 특별 추서되었다. 그는 자신의 삶에 대한 평가를 후세에 맡긴 채 떠나야 할 때가 되자 편안하게 떠났다. 시인 김남조는 "휴화산의 적막, 거인의 침묵"이라는 말로 정주영의 영면을 안타까워했다.

정주영 부부가 살던 청운동 집 1층엔 맥아더의 기도문이 걸려 있었다. 다음은 정주영이 특히 좋아하는 부분이라고 한다.

바라건대 나를 쉬움과 안락의 길로 인도하지 마시옵고,

곤란과 도전에 대하여 분투항거할 줄 알도록 인도하여 주시옵소서.

이것을 다 주신 다음에 이에 더하여

유머를 알게 하여 인생을 엄숙히 살아감과 동시에

삶을 즐길 줄 알게 하시고,

자기 자신을 너무 중대히 여기지 말고

겸손한 마음을 갖게 하여 주시옵소서.

그리하여 참으로 위대하다는 것은 소박하다는 것과

참된 지혜는 개방적인 것이요,

참된 힘은 온유함이라는 것을 명심하도록 하여 주시옵소서.

정주영을 곁에서 지켜본 사람들이 그의 인물됨에 대해 몇 차례 언급했는데 하나만 인용한다. 정주영의 아도서비스 시절부터 기술자가 되어 현대중공업 사장과 현대엔진공업 사장을 거쳐 한국프렌지 회장에 이르기까지 60평생을 정주영을 모셨던 김영주는, 정주영과 자신의 관계를 두고 "나는 설립자의 그림자일 뿐이다. 그림자는 주인이 사라지면 조용히, 함께 없어지는 법이다"라고 말했다. 김영주 전 회장에게 정주영은 함석헌의 시에서 말하는 '그 사람'이었을 테다.

만 리 길 나서는 길

처자를 내맡기며

맘 놓고 갈 만한 사람

그 사람을 그대는 가졌는가?

온 세상이 다 나를 버려

마음이 외로울 때에도
'저 맘이야' 하고 믿어지는
그 사람을 그대는 가졌는가?
탔던 배 꺼지는 순간
구명대 서로 사양하며
'너만은 제발 살아 다오' 할
그런 사람을 그대는 가졌는가?

-함석헌, 「그 사람을 가졌는가」 중에서

평생 넘쳤던 유머 감각

누구보다 고단한 삶을 살다 간 정주영이지만 그를 기억하는 사람들은 한결같이 그의 넘치는 유머를 떠올린다. 영정 사진에 나타난 밝은 미소처럼 정주영은 평생에 걸쳐 넘치는 유머 감각으로 주위 사람들을 즐겁게 해주었다.

내면이 깊은 사람일수록 그 말은 맑고 아름답다. 대부분의 경우 이러한 사람들은 탁월한 유머 감각을 지닌다. 그래서 그 사람의 유머를 보면 그 사람의 내면을 짐작할 수 있는 것이다.

정주영이 인생의 고비마다 보통 사람의 상상을 뛰어넘는 면모를 숱하게 보였지만 그럴 때마다 그가 보인 유머 감각을 지나칠 수 없게 한다. 그는 일상생활에서 유머 감각이 탁월했을 뿐 아니라 그것을 사업 수완으로 활용하는 능력까지 겸비한 보기 드문 인물이다.

조선소 설립에 필요한 차관을 얻고자 달랑 사진 한 장 들고 영국 바클레이즈 은행 국제 담당 부총재를 만났을 때 그가 한마디 유머로 상대방을 감동시킨 일은 우리 기업사에서 기념비적인 사건이 되었다.

정주영의 유머는 일찍부터 몸에 밴 것이었다. 이에 관해 이런 일화가 전해진다. 정주영이 어린 아들에게 "옛날에 우리나라 부잣집 아들들이 왜 바보가 됐는지 아느냐?" 하고 물었다. 아들이 답을 못하자 정주영은 이렇게 설명했다고 한다.

> 그건 말이다. 부자들의 집은 크잖니? 그 큰 집에 가면 대청마루가 아주 넓지. 부잣집 아들이 대청마루에서 낮잠을 자다 잠에서 깨어나면 대들보가 한눈에 들어오거든. 그걸 보고는 저렇게 큰 대들보가 떨어지면 내가 죽겠구나, 하는 쓸데없는 걱정을 한단다. 그래서 부잣집 아이들이 힘이 없는 거지.
>
> −정몽준, 『나의 도전 나의 열정』(김영사, 2011), 128쪽

부자 2세들이 유약하고 어리석은 이유가 쓸데없는 걱정 때문이라는 설명은 옛이야기같이 구수하고 재미있으면서도 자식에게 두고두고 교훈이 되었던 것으로 보인다.

정주영은 옆에서 보기에 피를 말리는 상황에서도 유머 감각을 잃지 않았다. 1981년 9월 30일, 88올림픽 개최지를 발표하는 날도 마찬가지였다. 서울올림픽 유치준비위원장인 정주영은 바로 전날 독일 신문에서 "88올림픽은 일본 나고야로 결정된 것이나 다름없는데 한국 측은 아직도 로비를 하고 다닌다"는 기사를 보았다.

그가 발표장으로 들어가는데 북한 대표단 한 사람이 정주영에게 쓸데없는 짓 말고 돌아가라고 했다. 정주영이 결정되는 거나 보고 가야겠다고 대꾸하자 "벌써 결정 났습니다. 신문도 못 봤네까?" 하는 반문이 돌아왔다. 그러자 정주영이 무덤덤하게 대답했다.

"나는 독일어 몰라서 기사 못 봤습니다."

해외에서도 그의 유머는 늘 빛을 발했다. 1991년 정주영이 중국 시찰단을 이끌고 순회하던 중 베이징 대학을 방문했다. 당시는 중국이 개혁·개방의 길로 갓 들어선 때고, 그 지도자인 덩샤오핑이 사망한 지 얼마 되지 않아 기업가에 대한 중국 학계의 인상이 지금 같지 않은 때였다.

그 자리에서 베이징대 총장이 다음 기회에 한국 경제에 대한 강연을 해달라고 요청하자, 정주영은 "내가 여기서 강연을 하면 베이징대 학생들이 데모를 할지도 모른다"며 받아넘겼고, 좌중은 웃음바다가 되었다. 그 뒤 정주영은 베이징 대학에서 강연을 해 약속을 지켰다.

그는 보통 사람이라면 충분히 낙담할 만한 상황을 유머로 이겨냈다. 1992년 말 대통령 선거에서 낙선하여 위로하는 사람들에게 그는 이렇게 말하며 웃었다.

"실패가 아니라 그저 선거에 나가 뽑히지 못했을 뿐입니다."

이어 청와대에서 자신에게 현대그룹 명예회장 직을 내놓으라고 압력을 가한다는 말을 듣자, 정주영은 "그럼 이화여대에서 받은 명예박사는 반납하지 않아도 되나?" 하며 대수롭지 않게 넘겨버렸다.

그 업적을 놓고 볼 때 정주영을 20세기 세계 시장의 개척자로 불러 손색이 없는 몇 안 되는 한국 기업가라 할 수 있다. 세계적으로도 이와 같은 반열에 오를 수 있는 기업가는 손꼽힐 정도로 보인다. 그중 몇 사람의 행적을 살펴 정주영의 삶과 비교해보자. 먼저 벽촌 점포를 세계 최대 유통업체로 키운 샘 월튼을 들 수 있다.

(1) '상시 최저가'를 실현한 샘 월튼

1962년 미 아칸소 주에 자리한 로저스라는 마을에서 '월마트 디스카운트 시티'가 문을 열었다. 점포 주인 샘 월튼은 가게 앞에 '우리는 더 싸게 팝니다'라는 문구를 달고 손님을 맞이했다.

아칸소 주는 미국에서도 소득 수준이 낮은 곳이고, 더욱이 입점 지역인 로저스는 인구 5000이 채 못 되는 벽촌 마을. 여기서 매상이 오르자 월튼은 다음에도 마찬가지로 한적한 지역을 골라 매장을 냈다. 비슷한 시기에 다른 업체들은 인구 5만이 넘는 대도시로 몰려가고 있어서 심한 대조를 이루었다.

월튼이 한적한 지역을 택한 이유는 이내 밝혀졌다. 작은 도시이다 보니 월마트가 지역 주민의 공동체로 기능하기 시작, 순전히 구전만으로 지역 주민 전체가 월마트의 고정 고객이 된 것이다. 이 과정은 대도시로 진출한 타 업체들과 달리 홍보 부담을 덜게 했고, 그만큼 월마트는 싼값으로 제품을 공급할 수 있었다.

이러한 초기 경험을 바탕으로 이후 월마트는 오늘날까지 일관되게 적용해온 원칙을 개발하게 되었으니, 그것이 '상시 최저가' 정책이다. 경쟁 업체에 비해 항상 싼값에 제품을 공급하기 위해 월마트는 가장 값싼 원료, 가장 낮은 인건비, 가장 적은 물류비를 추구한다.

브랜드 전략과 저가 전략의 한판 승부

1995년 3월, 미국의 대표적인 할인점 중 하나인 K마트의 회장 조지프 안토니니가 회장 직을 사임했다. 그가 사임함으로써 30여 년에 걸친 월마트와 K마트 간의 주도권 쟁탈전은 일단 월마트의 승리로 끝이 났다.

1980년대 말만 하더라도 대부분의 미국인들이 월마트의 점포는커녕

이 회사의 광고도 본 적이 없을 정도였다. 그러나 샘 월튼은 이에 개의치 않고 본사와 각 점포를 연결하는 컴퓨터 시스템과 트럭 그리고 유통센터 건설에 많은 돈을 투자하며, 유통 센터를 중심으로 점포를 개설해나갔다.

이렇게 함으로써 월마트는 점포망을 더 잘 통제할 수 있게 되었을 뿐만 아니라 많은 비용을 절감할 수 있었다. 요컨대 K마트는 지속적으로 회사의 이미지와 점포 애호도를 높이려고 애쓴 데 반해, 월마트는 궁극적으로는 가격이 가장 중요한 요인이라 생각하고 원가를 낮추는 데 힘을 기울인 것이다.

K마트가 할인점에 대한 의존도를 줄이기 위해 브랜드 제품에 비중을 실은 반면, 월튼은 오히려 할인점의 비중을 높이고 분야까지 확장했다. 대표적인 사례가 그간의 공상품 중심이던 할인점에 식품점을 결합하여 슈퍼센터라는 새로운 매장을 만들어낸 것.

정반대를 향해 달린 경쟁의 결과, 1990년 월마트는 K마트의 매출을 추월하는 데 성공했다. 당시 최대 규모를 자랑하던 시어즈도 월마트에 위협을 느끼고 1989년부터 평균 25%에 달하는 할인 공세에 나섰으나 엄청난 수익 감소로 이를 철회, 이후 존폐 위기에까지 몰리게 되었다.

두 회사의 다음 승부처는 대도시였다. 당시까지 월마트의 본거지는 중소 도시였고, K마트는 대도시에 아성을 쌓고 있었다. 이미 대부분의 중소 도시에 진출해 있던 월마트가 대도시 진입을 서두르자 K마트는 대비를 서둘렀다. 그러나 여기서도 두 회사의 전략은 정반대를 향했다.

먼저 K마트는 대대적인 광고로 인지도를 높이고 점포 개조를 통해 고급 이미지를 심으려 했고 이로써 일시적으로 매출을 끌어올린 것은 사실이었다.

경쟁에 쐐기를 박은 IT 시스템

그사이 월마트는 당시까지만 해도 생소하던 전산 시스템을 도입했다. 월튼은 7억 달러를 들여 전산 센터를 건설하고, 40억 달러를 들여 리테일 링크라는 데이터 웨어하우스 시스템을 구축했다. 또한 자체 인공위성 세 대를 띄워 미 전역의 배송 상태와 전 세계 산지 가격 동향을 체크하기에 이르렀다.

월마트가 도시에 입점했을 때, 이미 바코드 시스템이 완벽하게 갖추어져 있었고 미 전역의 거래 및 물류 정보가 실시간으로 파악되고 있었다. 고객들은 가격을 물어볼 필요가 없었고 납품 업체는 어떤 물건을 언제까지 납품해야 할지 알고 있었으며, 본사는 트레일러가 지금 어디를 달리고 있으며 언제 매장에 도착할 지 실시간으로 파악하고 있었다.

월튼은 1992년 74세의 나이로 세상을 떠났지만 그의 자리를 물려받은 데이비드 글라스는 월튼의 방침을 그대로 따랐다. 월마트의 슈퍼센터는 대도시에 성공적으로 진입했고, 반대로 K마트는 할인점 시장을 빼앗기고 전문점의 수익성도 급격히 떨어지는 상황에 직면했다.

위기를 느낀 K마트가 1993년 슈퍼센터를 모방한 슈퍼 K마트를 개장했지만 이미 둘 사이에는 건널 수 없는 시스템의 장벽이 존재하고 있었다. 한때 월마트의 몇 배에 이르던 K마트의 시장점유율은 1995년이 되자 22.7%로 떨어졌고 월마트는 41.6%로 올라갔다. 결국 안토니니는 사임하고 K마트는 파산 신청을 냈다.

월튼이 경쟁 업체와 대결만 한 것은 아니다. 1980년 들어 생활용품의 강자인 P&G가 자신들의 가격체제와 관리 시스템을 주장하여 거래 중단을 선언했다. 그러자 월튼은 자체 전산망의 거래 정보를 넘겨주는 방식으로 동맹을 제안했고 결국 P&G가 이를 받아들여 거래는 지속되었

다. 이후 P&G가 자신들의 관리 시스템을 변경하기에 이르러 양사 관계
는 강력한 동맹 체제로 발전했다.

인센티브로 주식을 보유하는 '동료들'

월마트의 비용 관리와 물류 관리 체계가 뛰어나기는 하지만 다른 기
업들은 왜 이를 모방하는 데 실패했을까? 월튼 특유의 리더십에서 그
답을 찾을 수 있다.

월튼은 자신을 포함한 직원들을 '어소시에이츠'로 호칭하면서 상하 관
계를 파괴하려 했다. 어소시에이츠들은 매장을 자율적으로 구성할 권
한을 가지며, 그들이 참신한 아이디어를 내거나 목표 매출을 초과 달성
할 경우, 또는 예상 손실량을 줄인 경우, 정규직이나 비정규직을 막론하
고 금전적 보상이 따랐다.

1979년 월마트는 19호 스토어 개점을 앞두고 있었다. 그때 노동조합
이 다른 점포의 직원을 조직원으로 받아들이면서 일시 긴장이 조성되
었다. 그러자 월튼은 형식적인 보상을 넘어서는 실질적인 보상 체계를
구상했다. 그렇게 해서 나온 '이익 공유 제도'에 따라 월튼은 회사에 기
여한 직원을 위해 기금을 조성했다. 기금 액수는 1994년이 되자 20억
달러를 넘어섰는데 점차 직원들은 기금으로 회사 주식을 구입하기 시작
했다.

이 사실에 착안하여 더욱 발전된 형태로 만들어진 것이 주식 매입 할
인제다. 이제 '동료들'은 급여에서 공제하는 방식으로 시가보다 15% 싼
가격으로 회사 주식을 매입할 수 있었다.

월마트가 창업 이래 매년 매출 성장과 이익을 창출했으므로, 가령 한
직원이 주당 16.5달러로 100주를 산 다음 이후 계속 주어진 권리대로

주식을 매입하면 10년 뒤에는 5만1200주를 소유, 300만 달러의 재산을 보유하게 된다. 현재는 직원의 80%가 회사 주식을 보유, 사실상 사원 주주제의 형태를 갖추게 되었고, 이것이 직원들로 하여금 회사를 위해 모든 것을 바치게 만드는 원동력이 되었다.

다음으로 선택과 집중으로 초기 디지털 휴대전화 시장을 제패한 노키아의 올릴라를 들 수 있다.

(2) 휴대전화 대중화를 실현한 올릴라

핀란드 동화 작가 토베 얀손의 만화 「무민 마을 사람들 이야기」에 다음과 같은 장면이 있다. 이 마을에 사는 '무민'들은 반은 사람이고 반은 하마 같은 모습을 하고 있는데, 한 무민 젊은이가 오랜 실직 끝에 직업소개소를 찾는다.

그러자 상담사는 그에게 먼저 무슨 수단으로 상담료를 낼지 묻는다. 주인공 무민이 자신에게는 백만장자 고모가 있다고 말하자, 상담사는 침을 삼키며 내뱉는다. "당신은 보통 사람들과 다르군요! 그러니 매우 비싼 시험을 봐야 할 것 같아요."

동화처럼 자라난 기업

1980년대에 핀란드는 오랜 경기 침체로 시달리고 있었고, 그중에서도 장기화되는 실업 문제는 이 나라에 위기감을 심었다. 상황이 개선되었다는 1990대에 들어서도 실업률은 20%에 육박했고, 특별하게 국제 경쟁력을 갖춘 기업도 없었다.

그러던 중 노키아가 등장했다. 핀란드인들에게는 목재, 고무, 전선 등에 종사하는 전통 기업으로 알려져 있고, 유럽에서는 해외 진출을 위해 대륙으로 인수합병 쇼핑을 다닌다는 비아냥을 받는 기업이었다.

그런 노키아가 1994년 뉴욕 증시에 상장하면서 주가가 끝없이 치솟는 바람에 단숨에 전 세계의 이목을 집중시켰다. 이후 5년 동안 이 회사 주가는 4000배가 뛰었고 시가 총액은 2000억 달러에 달해 유럽 수위를 다투기 시작했다.

인터브랜드 조사에 따르면, 2003년도에 노키아 브랜드 가치는 294억 4000만 달러로 GE, 인텔에 이어 세계 6위를 기록했다. 『포천』지는 노키아를 2003년도에 BMW에 이어 유럽에서 둘째이자 세계에서 18번째로 가장 존경받는 기업으로 선정했다. 하지만 적어도 1992년 이전에 노키아가 이런 기업으로 성장할 것이라고 예상한 사람은 아무도 없었다.

1977년 노키아 회장에 취임한 카리 카이라모는 회사가 국내 전통 기업을 벗어나 글로벌 기업이 되어야 한다고 판단했다. 이를 위해 그는 해외의 첨단 분야 기업을 인수하는 방법을 선택했다.

1980년대 중반이 되자 카이라모는 아예 기업 인수차 유럽 순방을 떠났으며 거기서 회사 자금의 대부분을 썼다. TV, 전자오락기, 케이블, 유통업체 등을 거침없이 사들였다. 하지만 무리한 인수는 재무 구조를 악화시키고 기업을 적자 회사로 몰아갔다. 최대 규모의 인수 기업인 독일 SEL 지사의 경우 당해 연도에 최대 규모의 적자를 냈다.

더 큰 충격이 몰려왔다. 1988년부터 소련을 포함한 동구 붕괴가 현실화되었는데, 이것은 노키아가 자기 물건을 가장 많이 사줄 파트너를 잃는 것을 의미했다. 노키아는 점차 파산을 고려해야 할 처지에 몰리게 되었고, 그 와중에 카이라모 회장이 자살하는 사태가 벌어졌다. 노키아 경영진은 철저한 세대 교체만이 회사를 살릴 수 있다고 판단하고 적임자를 찾았다.

올릴라가 이끈 하이테크 부대

이에 앞서 1990년 2월 경영진은 올릴라를 휴대전화 부문 책임자로 임명하면서 6개월 안에 사업의 지속 여부를 보고하도록 한 바 있다. 올릴라는 작업을 시작한 지 4개월 만에 포기 상태에 있던 GSM 단말기 라인을 복구했다. 그리고 휴대전화 사업을 무조건 확장해야 한다는 보고서를 제출했다.

1991년이 되자 휴대전화 부문은 노키아에서 거의 유일하게 매출이 급신장한 부문이 되었다. 이듬해가 되자 노키아의 GSM 휴대전화와 네트워크는 수출 시장을 확대하기 시작했고, 비슷한 시기 유럽 국가들이 GSM을 표준 규격으로 채용하기 시작했고, 노키아는 이 규격에 맞는 휴대전화의 수요를 충족할 수 있는 몇 안 되는 회사였다.

선택의 여지가 없었다. 1992년 1월 감사위원회는 사장단의 부의장이자 절차상 내정되어 있었던 회장 후보 대신, 42세의 요르마 올릴라를 회장 겸 CEO로 지명했다. 취임사에서 올릴라는 회사가 나가야 할 방향을 '이동통신 산업을 기본으로 한 분야에 집중하면서 새로운 가치를 창조하고 세계화에 노력하는 것'이라고 요약했다. 그리고 지체 없이 인사 개편을 단행, 자신과 비슷한 시기에 합류한 40대 초반의 젊은 직원들로 새 경영진을 구성했는데, 이들이 오늘날까지 노키아 경영진의 핵을 이룬다.

앨빈 토플러는 1990년에 내놓은 역작 『권력 이동』에서 기존 관료제의 붕괴 과정을 칸막이 방의 해체에 비유하며 다음과 같이 묘사한 바 있다.

모든 관료 체제는 두 가지 기본적인 특징을 갖는다. 관료 체제는 칸막이 방이고 또 채널이기도 하다. 이 때문에 매일의 권력, 일상적인 통제권은 두 종류의 간부, 즉 전문가와 관리자가 장악하고 있다.

전문가는 칸막이 방 안에서 정보를 통제하며, 관리자는 채널을 통해서 정보의 흐름을 통제한다. 현재 각국 대기업에서 공격받고 있는 것은 관료 체제의 대들보인 이 권력 체제이다.

토플러가 말한 대기업은 굴뚝 산업으로 대표되는 전통 기업이었다. 그리고 올릴라가 입사할 당시 노키아도 그런 기업이었고, 보수와 혁신을 놓고 최고 경영진 사이에 첨예한 권력 투쟁이 전개되고 있었다.

그 투쟁은 1990~1991년간 정점에 달해 그룹 의장과 회장이 그룹 주력인 TV 부문의 매각을 둘러싸고 경영 공백을 일으킬 지경이 되고 있었다. 위기감에 빠진 이사들이 전격적으로 올릴라를 그룹 회장으로 선출하면서 노키아는 비로소 굴뚝 산업에서 첨단 산업으로 전환할 수 있었다.

헤라클레스가 강물을 끌어들여 아우게이아스의 외양간을 단숨에 청소했듯이, 올릴라는 일하는 사람 중심의 민주제를 끌어들여 노키아의 관료제, 즉 칸막이를 단숨에 걷어냈다. 올릴라는 취임과 함께 전통적 위계질서를 팀제로 전환했다.

이에 따르면 회사에서는 누구도 최상급자에게 직접 제안할 권리가 있었으며, 실제로 임원실의 칸막이는 사라졌다. 올릴라가 스스로를 '경리'라 부른 것처럼 이후 노키아에서는 상하와 신구를 막론하고 모든 직원이 문제 해결에 필요한 인적 네트워크를 직접 갖추어야 했다.

1991년 당시 노키아는 주 사업 부문만 28개를 거느린 전형적인 문어발 기업이었고, 그 전체가 한 해 동안 벌어들인 돈이 대략 30억 달러였다. 올릴라는 3년 만에 사업 부문을 휴대전화와 네트워크를 포함한 다섯 개 분야로 줄었다.

"떠난 직원들은 저를 배신자라고 비난했습니다. 제가 고무장화를 팔아버렸기 때문이죠. 하지만 시장에서 살아남으려면 우리는 시장의 요구에 100% 집중해야 했습니다."

1999년 독일 『한델스블라트』지와의 회견에서 올릴라 회장이 한 말이다.

미국 시장 진출의 교훈

노키아는 1995년 미국 시장에 본격적으로 휴대전화를 내놓았다. 그러나 첫해의 결과는 참담했다. 당시로서는 파격적인 사양의 디지털 휴대전화를 내놓았지만 미국 소비자들이 관심을 기울이지 않았기 때문이다. 미국에서 디지털 기기가 아직 시기상조임을 깨달았을 무렵, 노키아는 막대한 재고 물량을 떠안은 처지가 되었다.

소홀하게 취급한 물류 시스템이 문제를 일으킨 것도 이 무렵이다. 생산이 급증할 것을 예상하지 못해 반도체 공급이 중단되었고, 노키아 휴대전화 공장은 가동 중단 사태에 빠졌다. 그런 와중에도 부품 재고는 보통 3~4개월씩 창고에 쌓여 있었다. 1992년 이후 처음으로 매출 둔화가 나타났고, 12월 성과 보고를 마친 며칠 뒤 회사는 다시 이윤이 축소될 것이라고 발표했다. 주가는 하락을 계속해 9월 정점 대비 50%까지 떨어졌다.

물류 개선 노력이 2년에 걸쳐 진행되었고, 1997년이 되어서야 평균 재고 유지 일수가 9일로 줄었다. 이 문제를 계기로 올릴라는 이른바 '로테이션'이라 불리는 새로운 업무 원칙을 만들었다. 경영진으로 하여금 주기적으로 직책을 바꾸어 일하라고 지시한 것이다.

"지도 인력은 항상 임무를 바꾸어 건전한 상태를 유지해야 한다"는 것이 올릴라의 설명이었다. 이어 1999년 회사가 글로벌 리더로 부상했다고 판단하자, 올릴라는 회장 자리를 42세의 페카 알라피에틸라에게 넘기고 자신은 의장 겸 CEO 직책으로 새로운 사업 개발에 매달렸다.

휴대전화를 패션 상품화하다

노키아는 휴대전화를 사치품이 아닌 대중의 소비재로 만들었다는 점에서 당대의 유사한 기업과 근본적으로 구별된다. 노키아 이전에도 여러 종류의 휴대전화가 있었으나 그것은 너무 비싸거나 너무 무거운 것이었다.

예를 들어 1980년대 휴대전화는 무게가 보통 15킬로그램을 넘었기 때문에 이동성은 차를 탈 때만 보장되는 것이었다. 노키아 이전에 모토롤라, 에릭슨, 지멘스 등이 일반인을 위한 휴대전화를 출시하고 있었지만 대부분 동일하고도 단순한 디자인에 숫자판 번호만 박은 기기에 불과했다.

물론 이들 회사는 군수 물자 생산 전문 업체라는 공통점도 있었다. 특히 에릭슨은 휴대전화의 모든 기술을 가지고 있었지만 기술 회사라는 자부심으로 소비자용 휴대전화를 만들고자 하지 않았으며, 자사의 휴대전화 사업부를 장난감 가게라고 부를 정도였다. 더욱이 에릭슨은 한때 노키아 대주주로부터 휴대전화 부문 주식 인수를 제안받은 적도 있었으나 이를 거절, 절호의 기회를 놓친 전력도 있다.

1990년대 휴대전화 시장 최강자는 모토롤라였다. 1990년대 초만 해도 아날로그 휴대전화 시장점유율 1위를 기록하던 모토롤라는 디지털 기기로 전환하는 대신, 전 지구를 뒤덮는 인공위성 시스템인 '이리듐' 계획에 투자했으나 대규모 손실을 내고 퇴각했다. 그 결과 1998년 노키아에 휴대전화 시장 1위 자리를 내주었다.

결과적으로 개성을 지닌 보통 사람들의 안목으로 휴대전화를 디자인하고 다양한 버튼과 기능을 사용할 수 있게 만든 것은 노키아가 처음이었다. 그리고 그 선두에는 '휴대전화기는 패션 상품'이라는 구호를 만들어낸 올릴라가 있었다. 그러므로 1992년 11월 이 회사가 다양한 메뉴를 실행할 수 있고 한 손에 들어가는 475그램짜리 '노키아 1011' 휴대전화를 발표했을 때, 유럽 전역에 휴대전화 열풍이 불어닥친 것은 그다지 이상한 일이 아니었다.

올릴라는 이러한 열풍을 브랜드 이미지로 연결시켰다. 1994년 올릴라는 기존 노키아 휴대전화 상품명을 '노키아' 단일 브랜드로 통합해 출시할 것을 결정했다. 이해 발표한 '노키아 2011'은 세계 최경량이자 최소형이라는 장점 외에도 휴대전화 분야에서 처음으로 소비자 유형에 따라 네 가지 타입으로 만들어졌다.

그 인기는 회사 측도 미처 예상하지 못할 정도여서, 40만 대를 목표로 내놓은 이 기기는 2000만 대나 팔려 노키아 브랜드를 순식간에 지구촌 구석구석으로 전파했다. 이로써 노키아는 상품이자 기업 이름으로 기억되는, 아마도 가장 성공한 글로벌 브랜드의 하나가 되었다. 심한 경우 핀란드 대통령이 외국을 방문해서 '노키아가 있는 나라의 대통령'이라 설명해야 할 정도였다. 적어도 아이폰이 등장하기 전까지는.

세 번째로 창업 정신과 혁신을 공존시킨 도요타 가문이 있다.

(3) 세계 자동차 시장을 석권한 도요타

일본이 제2차 세계대전에서 패할 당시 후발 자동차 회사였던 도요타는 일대 위기를 맞았다. 차량 수요가 급격히 줄었으나 종신 고용제를 유지한 때문에 적자는 눈덩이처럼 불어났다. 그 와중에 노동조합이 결성되었고, 1950년 4월 회사는 최초로 인원 감축을 발표했다.

이에 파업이 3개월이나 지속되었고, 극적인 타협 끝에 노사는 1600명의 희망퇴직에 합의했다. 그 결과에 책임을 지고 창업자인 도요타 기이치로를 포함해 경영진 전원이 퇴진했다.

위기 속에서 도요타는 새로운 생산 방식을 시도했다. 당시까지만 해도 세계 자동차업계는 포드가 개발한 대량생산 방식을 원가 절감에 가장 적합한 것으로 인식하고 있었다. 그러나 도요타의 기술 책임자 오노 다이이치는 이것이 회사의 현실에 맞지 않다는 사실을 확신하고 각 공정마다 적정량의 부품을 적기에 공급하는 다품종 소량 생산 방식을 도입했다.

오노는 먼저 회사 여기저기 널려 있는 재고를 줄이는 데 몰두했다. 당시 회사는 대량생산 체제를 유지하기 위해 늘 필요한 자재 이상을 구비하고 있었다. 어느 날 슈퍼마켓에 들른 오노는 손님이 필요한 물건을 선반에서 가져가면 그만큼만 주인이 채워 넣는 것을 보았다.

오노는 이 방식에 착안하여 선반 대신 '간판'이라는 개념으로 자재를 적시에 가져가고 채우는 시스템을 개발했다. 1955년 도요타 모토마치 공장에서 시작된 이 방식은 꾸준히 확산되어 1967년에는 외주 공장에까지 적용되었다. 이것이 후일 JIT이라 불리게 된 최초의 도요타 생산 시스템이다.

도요타 생산 시스템이 대량생산 체제를 능가한다는 사실이 알려지면서 일본 자동차업계는 다투어 이를 모방했으며, 외국 기업들도 예외는 아니었다. 그렇지만 이는 도요타가 개발한 수많은 '가이젠(改善)'의 한 예에 지나지 않는다.

그 원동력은 다름 아닌 도요타의 임직원들이었다. 1951년 6월, 한국전쟁으로 간신히 기사회생한 회사는 생산성 향상의 한 방안으로 '창의적 제안 제도'를 발족시켰다. 이후 노사 협력 체제가 확립되면서 임직원들은 너나없이 무수한 제안을 내놓았다. 1984년까지 제안 건수는 1000만 건을 돌파했고, 제안 채용률 99%, 그리고 1인당 제안 건수 평균 10건을 상회하는 놀라운 결과를 낳았다.

명암 엇갈린 두 맞수의 경쟁

1933년 도쿄에 본사를 두고 설립된 닛산은 수십 년에 걸친 도요타의 경쟁자였다. 일본 최초의 국민차 닷토를 개발하며 자동차 산업에 뛰어든 닛산은 1930~1940년대에는 GM과 포드를 누르고 일본 최대의 메이커로 부상하기도 했다.

전후 미 군정이 닛산을 재벌로 규정하여 소그룹으로 해체해버리자, 닛산은 특유의 기술력으로 버티다가 한국전쟁을 맞아 미 군용 트럭을 납품하면서 전기를 맞게 되었다. 이어 1950~1960년대는 도요타와 닛산이 앞서거니 뒤서거니 하면서 일본 자동차 산업을 이끌었다. 닛산이 '블루버드'로 선풍을 일으키면 도요타는 '코로나'를 개발해 이에 맞서고 닛산은 다시 '서니'로 대치하는 형국이었다.

두 회사는 여러모로 대조적이었다. 닛산은 수도 도쿄에 본사를 두고 도쿄 대학 출신들을 대거 받아들이는 등 일본 최고 수준의 기술력을 자랑했으며 정부의 행정적 지원도 폭넓게 이끌어냈다.

이에 반해 도요타는 지방 아이치 현에 본사를 두고 인근 나고야 대학 등에서 인력을 모았다. 또한 수십 년에 걸친 '개선' 작업으로 기술력을 높이는 한편, 영업에 주력하여 일본 최대의 판매망을 구축했다. 이를 일본인들은 '기술의 닛산, 판매의 도요타'라고 불렀다.

그러나 1970년대 들어 판매 면에서 도요타는 점차 닛산을 누르기 시작했고, 이는 점차 기술력의 차이를 상쇄시켰다. 신제품에서 앞서 나가던 닛산은 1990년대가 되자 일본 경제의 장기 침체와 함께 적자 폭이 확대되면서 신차 출고 수를 점차 줄였다. 반면 도요타는 성장을 거듭하여 국내 시장점유율을 40% 이상으로 끌어올린 뒤에도, 항상 3개월분의 운영 자금과 직원 급여를 사내에 유보하는 등 수십 년에 걸쳐 자금 관리 원칙을 일관되게 유지했다.

마침내 닛산은 1999 회계연도 상반기에 3230억 엔이라는, 금융 기관을 제외한 일본 상장 기업 사상 최대의 적자를 내고 파산 직전에 몰렸다.

닛산의 구원자는 프랑스의 르노였다. 세계 메이저 자동차업체들이 활발한 인수합병을 전개하는 가운데, 군소 업체로 전락할 것을 우려한 르노가 5대 메이저 진입의 일환으로 닛산 인수에 관심을 보인 것이다. 이에 따라 1999년 6월 르노가 파견한 카를로스 곤이 닛산의 최고경영자로 앉게 되고, 닛산은 8800명을 감원하는 등 가혹한 구조조정 끝에 가까스로 회생할 수 있었다.

세계화를 상징하는 코드, 렉서스

1980년대 들어 도요타는 일본 최대의 업체이자 세계 시장에서 8%를 점한 강자였지만 미국에서는 여전히 싸구려 메이커 취급을 받고 있었다.

"고급 승용차는 회사의 브랜드 가치를 높여 안정적인 고객을 확보하는 데 결정적인 역할을 한다." 이러한 판단 아래 도요타 에이지 회장은 1983년 8월 주요 임직원들과 대책 회의를 가지고 그간의 저가 전략을 근본적으로 수정, 미국 시장을 겨냥한 새 프로젝트를 발족시켰다. 코드명 F1이라 불리는 렉서스 브랜드 개발 계획은 이렇게 시작되었다.

도요타는 당시 세계 고급 승용차 시장을 장악하고 있던 BMW나 벤츠를 넘어서는 모델을 원했고, 이를 위해 비용과 시간을 아끼지 않았다. 회사의 핵심 설계자와 디자이너 60여 명이 참여한 끝에 1985년 첫 테스트용 차가 만들어졌다. 다시 1400명의 엔지니어와 2300명의 기술자 그리고 200명의 보조 인력으로 구성된 24개의 엔지니어링팀이 구성되어 더 높은 수준의 기술과 품질을 연구했다.

이후 1000여 개의 엔진 시제품과 450대의 테스트용 차를 만들어 각국 기술진의 검증을 받았다. 핵심 마케팅 전문가들은 미국에 눌러앉아 주 고객층들의 생활 방식을 조사했고, 그들의 조사에 근거하여 디자인과 인테리어가 수정되었다. 예를 들어 내장용 가죽을 정하는 데 2년이 걸렸고, 24가지의 나무로 마감용 장식재를 만들어 비교했다.

미국에서 도요타가 처음부터 주력한 것이 '노화 방지 프로그램'이었다. 비싼 차일수록 한 번 구입하면 오래 소유하게 될 것이므로, 이를 위해 개발팀은 자동차의 내구성을 결정짓는 96가지 요소를 규명, 갓 출고된 차와 8만 킬로미터를 달린 차 사이에 외관 및 소음, 성능 면에서 전혀 구별이 가지 않도록 만들고자 했다. 이렇게 해서 개발 기간 5년 6개월을 거쳐 1989년 발표된 렉서스 LS430은 그해 미 자동차 비교 평가 기관인 AMCI에 의해 '최고의 럭셔리 카'로 선정되었다.

여기에 도요타 특유의 마케팅 전략이 가세했다. 도요타는 렉서스를 미국 시장에서 독립 디비전으로 출시하면서, 차체와 광고에 일체 도요타라는 사명을 사용하지 않았다. 판매망도 독립적인 렉서스 매장을 중심으로 진행했으며, 이 때문에 일반 미국인들은 도요타와 렉서스 사이에 아무런 관계를 찾지 못했다.

심지어 내수용과 수출용에도 각각 모델명을 달리함으로써 연관성을 최소화하고자 했다. 도요타의 저가 이미지가 렉서스의 고급 이미지를 희석시키지 않기 위한 이른바 역후광 효과 회피 전략의 일환이었다.

이렇게 출고된 렉서스는 미국 고급 승용차 시장에서 10여 년째 1위권을 고수, 도요타 경영진의 전략이 옳았음을 입증했다. 모회사의 이미지와 분리된 채 독립적으로 미국 시장을 주도함으로써, 렉서스는 세계화 시대를 상징하는 브랜드라고 회자될 정도가 되었다.

철저한 일본식 경영으로 세계 시장에 충격을 던진 이 회사는, 창사 이래 줄곧 도요타 가문의 창업 정신을 존중하는 동시에 능력 위주의 인사로 혁신적인 경영을 지속해왔다. 이와 관련, 『뉴스위크』지는 연말 특집호 '2004년의 이슈'에서 오쿠다 히로시 도요타 회장을 세계 경제에 가장 큰 영향력을 지닌 인물 8인 중 한 사람으로 선정했다.

정주영과 함께 이들은 20세기에 기업 경영을 현대적 개념으로 발전시킨 공통의 기여자들 중 일부이다.

기업에서 경영이라는 개념을 도입한 이는 미국의 석학 피터 드러커이고, 이보다 먼저 기업가라는 개념을 도입한 이는 오스트리아의 조지프 슘페터다. 하지만 기업이 발생한 이래 기업가와 그에 의한 경영은 어떤 식으로든 존재해왔다. 이 개념을 확립하는 과정에서 경영자들은 지속 가능한 기업을 만들기 위해 다양한 시행착오를 겪어야 했다.

기업인이라는 개념은 17세기부터 존재했다. 초기에는 상인들이 주류를 이루었고 점차 창업 기업가 일반을 지칭하는 개념으로 불리다가, 19

세기 들어 영국을 비롯하여 유럽에서 산업혁명이 본격적으로 진행되면서 창업자와 전문 경영자를 포괄하는 개념으로 발전했다.

당시까지만 해도 기업인들은 한 국가 안에서 서로 경쟁하고 있었으나 20세기 들어 세계를 무대로 경쟁하게 되었다. 그에 따라 기업인이 산업화에서 차지하는 비중도 커졌고, 현대에 들어와 그 역할은 국가 경제를 좌우할 정도로 중요해졌다.

정주영은 지난 세기 세계 시장의 위대한 개척자이자, 그 한 세기를 통틀어 우리나라에서 가장 중요한 역할을 해낸 기업인이었다.

- 제 5 부 -

결론

정주영이 중시한
삶의 덕목들

이 책 서문에 밝힌 동기에 따라 정주영의 삶의 궤적을 따라가보면, 그가 이룬 의미 있는 성취들은 대개 그 자신의 능력에 힘입은 것들이었다. 설사 외부 환경이 그에게 유리하게 작용하여, 예를 들어 일제 점령기에 경일상회나 아도서비스를 운영하는 데 다른 사람보다 유리한 조건이 주어졌다거나, 박정희 정부 시절 경부고속도로나 조선소, 자동차 산업을 일으키는 데 권력의 도움이 있었다거나 하는 점들도, 자세히 살피면 그가 주어진 환경을 남들에 비해 월등하게 잘 활용했던 측면에 비해 그리 큰 비중을 차지하지 않았다. 그가 이룬 커다란 성취 중 어떤 것도 그 자신의 노력에 힘입지 않고 저절로 굴러 떨어진 경우는 없었다.

때문에 정주영이 사업에서 이룬 성취는 대부분 그가 삶 가운데서 중시하여 내면화한 덕목들에 기인하는 것이라 보아야 할 것이다. 정주영은 그렇게 내면화한 덕목들로 인해 평생을 두고 흔들림 없이 자신의 가치를 추구했으며 그것이 정주영으로 하여금 불세출의 기업인으로 나아가게 한 동기라 할 것이다. 그 자신이 직접 언급했거나 그의 실천에 부합되는 여러 전거를 통하여, 우리는 정주영이 중시한 삶의 덕목들을 거칠게나마 다음과 같이 요약할 수 있다.

정주영의 사회적 성취는 그 출발점이 효심에 있다. 그리고 그 효심은 부모에 대한 공경에서 그치지 않고 사회에 대한 봉사와 나라에 대한 헌신으로 이어진다. 먼저 정주영은 가정에서는 화목을 유지했으며 점차 사회에 대해 책임을 다하려 했고, 특히 전쟁을 겪으면서 사업 보국의 뜻을 세워 평생 그 신념을 밀고 나갔다. 효는 정주영이 살아가는 동안 언제나 되돌아가 자문할 수 있었던 모든 판단의 출발점이자 기준이었다.

정주영의 기본 인성, 보통 천성이라 부르는 덕목은 성실, 검소, 신용으로 압축된다. 그가 세상에 뛰어들어 좌절하지 않고 버틸 수 있었던 것은 부모님으로부터 성실 검소하고 신용을 중시하는 기풍을 이어받았기 때문이다.

정주영의 사업가적 성정은 크게 신념, 견문, 도전으로 나눌 수 있다. 정주영이 한번 사업을 일으킨 이래 끊임없이 나아갈 수 있었던 것은 무엇이든 할 수 있다는 신념과 견문을 숭상하고 도전하는 마음가짐을 잃지 않았기 때문이다.

정주영의 인간적이고 인격적인 심성은 배려, 낙관, 순수 세 마디로 표현할 수 있다. 그는 늘 혼자 성공한 것이 아니라 자신과 함께 일해온 사람들이 믿고 따라주었기 때문에 성공할 수 있었다고 말했다. 성공한 사업가로서 그가 한결같이 이렇게 말할 수 있었던 것은 삶의 어느 시점에서 그의 내면에 배려하려 애쓰고 매사에 낙관하며 사물을 순수하게 바라보는 심성이 굳게 자리 잡고 있었기 때문이다.

사람들이 정주영을 두고 말하는 포부, 열정, 창의력, 진취성, 추진력, 유머 감각, 우직함, 솔선수범, 신속한 일 처리 능력 등이 대부분 이런 덕목을 달리 표현한 것이거나 이 덕목들에 기인하여 형성되었다 할 수 있다.

그가 이와 같은 덕목들에 얼마나 충실했는지 알기 위해서는 많은 연구가 필요하다. 그렇지만 정주영의 성취는 대개 이런 덕목들에 기반하여 이루어졌음이 분명하고, 때문에 오늘날 그와 같은 덕목을 우리 기업가들에게 기대할 수 있다는 것만으로도 그가 우리에게 커다란 즐거움을 유산으로 남겨주었음을 인정하기란 어렵지 않다.

1. 효

정주영의 부모는 말이 아닌 행동으로 자식들에게 모범을 보였다. 어린 정주영은 새벽 별을 보면서 부친을 따라 밭에 나갔고, 날이 어두워지면 별을 보며 집으로 돌아갔지만 가족을 위해 누구보다 앞장서서 헌신적으로 일하는 부친에게 아무런 불평도 할 수 없었다.

부친은 여러 형제 식구들을 책임지고 있었지만 그렇게 열심히 농사하여 얻은 소득을 형제들과 아낌없이 나누었다. 부친의 그런 모습을 보고 배운 정주영 역시 후일 동생 식구들과 숙식을 같이하며 번 돈을 나누어 썼고, 형제들과는 두고두고 깊은 우애를 나누었다. 부친이 보여준 말 없는 실천의 교훈 덕이었다.

또한 정주영은 부친에게 자립심의 중요성을 배웠다. 부친은 정주영에게 부를 쌓으면 장남이라고 해서 더 주고, 아들이라고 해서 더 주는 일은 없다고 말했으며, 다른 자식들에게도 누구나 자기 몫은 자기가 벌어서 해결하라고 가르쳤다.

이런 교훈을 새겨둔 터라 정주영은 부모가 자식에게 많은 재산을 물려준다고 가정의 평화나 행복이 보장되는 것이 아님을 알았다. 공부를 많이 시켜 학벌을 갖추어준다고 형제간의 우애를 지킬 수 있고 바람직한 가정을 만들어줄 수 있는 것도 아님을 알았다. 부친이 행동으로 보여준 모범을 통해 정주영은 일찍이 어릴 때 이를 깨달았다. 강한 책임감과 동시에 엄격한 자립심을 간직한 덕에 정주영은 성장한 뒤에도 집안의 대소사에서 늘 화목할 수 있었다.

정주영의 부친이 비록 학벌과 재산을 물려주지는 않았지만 그가 실천으로 보여준 근면성실함과 천직인 농사일에 대한 애정은 크나큰 본보기가 되었다. 이 무형의 가치들과 그 밑바탕에 놓인 효심으로 정주영은 이후의 무수한 고비들을 자신의 힘으로 넘길 수 있었고, 그 과정에서 다른 많은 가치 있는 덕목들을 길러낼 수 있었다.

정주영의 효심은 그의 전 생애를 통틀어 일관되게 유지되었다. 1984년 유명한 유조선 공법을 만들어내며 간척한 서산농장을 두고 "아버님께 바치는 나의 존경의 헌납품"이라 말한 데서 그 효심의 깊이를 짐작할 수 있다. 『소학』 명륜 편에서 "후세에 부모의 이름을 드러나게 하는 것이 효의 끝"이라 했는데, 서산 간척에서 이와 같은 효심을 읽을 수 있다.

효심이 깊어지면 그것은 단지 부모에 대한 공양으로 그치지 않는다. 정주영은 기업인이 되어 효심을 사회에 대한 봉사, 나라에 대한 헌신의 자세로 발전시켰다. 그는 기업인은 사농공상의 고루한 인습에서 벗어나야 하며 자기가 맡은 기업을 통해 사회에 봉사하는 긍지를 가져야 마땅하다고 생각했다.

정주영이 보기에 기업가 정신으로 사회에 봉사하고 나라 발전에 애쓰는 것은 가장 훌륭하고 효율적인 기업의 효심, 즉 기업 윤리의 표현이었다. 기업가는 자신이 속한 사회를 위해 자기에게 주어진 소임을 완수해야 한다. 아무리 국제화의 시대에 들어서 글로벌 기업으로 성장한다 해도, 기업 경영의 궁극적 목적은 우리 사회의 문화와 물리적 환경을 개선하는 데 있다. 그렇게 함으로써 한국 사회의 발전에 충실하게 봉사하는 것은 기업가의 당연한 책무다. 1998년 2월 출범한 국민의 정부가 대북 햇볕 정책을 발표하자 그해 6월 정주영이 83세의 노구를 이끌고 소떼 방북을 성사시킨 것도 이러한 책무와 사명감의 귀결이었다.

2. 성실

정주영은 1988년 한 언론과 가진 인터뷰에서 "옆도 뒤도 안 보고 그저 죽자고 일을 했더니 쌀가게 주인이 되었고 또 정신없이 일만 했더니 건설 회사도 만들게 되었고, 그렇게 평생을 살다 보니까 오늘에 이르렀다"고 말했다.

성실은 정주영이 평소 가장 강조한 덕목이다. 그는 "성실함에 내 삶의 모든 덕목이 묻혀 있다"고 말했다. 성실함으로부터 그가 지닌 모든 덕목이 시작되며 의미를 가지게 되었다는 말이다. 정주영에게 성실함이 없었다면 그가 보여준 검소함도 신념도 도전 정신이나 낙천성도 제대로 빛을 발할 수 없었을 것이다. 마치 "코끼리의 발자국은 그 크기가 동물 중에 으뜸이라, 모든 동물의 발자국이 다 코끼리의 발자국 속에 들어간다"는 사리붓다의 비유와 같다.

정주영은 "성실함은 노력하고 실천하며 노동하기를 즐기는 마음"이라 정의한다. 밝게 맑게 바르게 보면 누구에게나 할 일은 태산이다. 정주영은 날마다 더 많이 일하려고, 젊었을 때부터 새벽에 일어났다. 그리고 작은 경험을 확대해 더 큰 현실을 만드는 데 주저하지 않았다. 이런 노력으로 부자가 되자 그는 "나는 부유한 노동자일 뿐"이라고 말했다. 이 말은 1982년 5월 미국 조지 워싱턴 대학 명예경영학 박사 학위 취득 기념 만찬회 연설에 포함되어 오늘날 정주영의 성실함을 상징하는 말로 남았다.

그는 하늘에서 떨어진 부를 쥐어본 적이 없고 바라본 적도 없었다. 자신의 노력을 통해 성취한 결과로 쌓은 재물만이 진정한 생활의 기쁨을 주는 것임을 확신했기 때문이다. 또한 스스로 꿋꿋하게 독립되어 있어야만 남도 진심으로 도와줄 수 있으며 필요할 때 남의 도움도 쉽게 받을 수 있다고 믿었기 때문이다.

사람은 보통 적당히 게으르고, 적당히 즐기고, 적당히 편해지고 싶어 한다. 정주영은 그런 '적당히'의 그물 사이로 귀중한 시간을 헛되이 빠져나가게 하는 것처럼 우매한 짓은 없다고 말한다. '요만큼', '요 정도'라는 말은 그에게 있을 수 없었다. 더 하려야 더 할 게 없을 때까지 최선을 다하는 정신, 그에게는 이것이 자신의 인생을 엮어낸 기본이었다.

그는 "나의 사전에는 불가능이란 없다"고 한 나폴레옹의 말을 좋아했다. 무슨 일이 잘 풀리지 않을 때, 비록 그것이 개인이나 국가의 능력 부족에 크게 기인한다 하더라도, 스스로 더 노력해보지 않고 체념하거나 물러서는, 바로 그 순간부터 그 일은 불가능해진다고 보았다.

인간의 노력에는 한계가 없어서 노력하면 할수록 성과는 기하학적으로 집대성된다. 정주영은 자신의 경험으로 보아 인간은 더 바쁠수록 더 일할수록 힘을 내는 존재이며 그것이야말로 신이 인간에게 내린 축복이라고 생각했다. 그렇다면 오늘날 우리가 누리는 문명의 혜택은 성실한 인류에게 신이 내린 축복의 직접적인 결과인 셈이다.

왜 그럴까? 정주영은 이 세상에 무한한 것이 세 가지 있다고 생각했다. 하나는 시간이며, 또 하나는 공간이다. 나머지 하나가 인류 발전의 무한함이다. 하나의 개체로서 생명은 유한하지만 생명 자체는 무한한 것이다. 아버지를 아들이 이어가고 아들을 손자가 이어가며 발전을 거듭해온 것이 인류 역사이고 앞으로도 인류는 그렇게 해서 계속 발전할 것이다. 개인으로서 자기 자신밖에 모르는 사람은 현실에 안주할 뿐이다. 하지만 인간의 의지란 자기 자신을 넘어 영구히 존재하는 것이고 무한히 발전한다는 확신을 가질 때, 그는 인류 발전에 기여할 수 있게 된다.

인간 생명의 영속성을 강조하고자 정주영은 우공이산(愚公移山)의 고사를 즐겨 인용하곤 했다. 옛날 중국에 우공이라는 사람이 있었다. 그가 일을 하러 여강에 가려면 집 밖에 태행산과 왕옥산이 버티고 있어 수백 리를 돌아가야 했다. 참다못한 우공은 두 산을 없애버리기로 결심하고, 아들 손자를 동원해 삼태기에 흙을 져 날라 수백 리 떨어진 발해만에 내다 버리기 시작했다.

이를 본 지수라는 노인이 "이는 무모한 일이니 그만두게나" 하고 충고했는데, 우공은 "산은 커지지 않고 나는 자손을 볼 것이니 내가 못하면 내 아들이, 그다음에는 내 손자가 차례로 흙을 퍼다 날라 언젠가는 산을 없앨 것이네" 하며 멈추지 않았다. 이윽고 산신령들이 모여 "이러다가는 정말 산이 없어지겠다" 하고 서둘러 산을 다른 곳으로 옮겼다는 이야기다.

이 고사를 허황한 것으로만 볼 필요는 없다. 우공과 지수라는 이름을 대비시킨 데서 알 수 있듯이 우직한 성실함은 종종 계산된 지식을 능가한다. 사람이 대를 이어 부지런하고 성실하게 일하면 마침내 기적과

374

도 같은 일을 성취할 수 있다는 것이 이 고사에 담긴 진정한 교훈이기 때문이다.

내가 못다한 일은 내 자손이 해낼 것이라 생각하고, 우리 세대가 풀지 못한 숙제는 우리 다음 세대가 풀 수 있다는 확신을 가질 때, 그리하여 성취를 향하여 나아갈 때 우리는 인류 발전에 중추적으로 기여하게 된다. 그런 과정 속에 존재한다고 느끼는 인간만이 진정한 보람을 찾고 진정한 삶의 기쁨을 누릴 수 있다.

정주영은 또 자신의 경험을 들어 이를 설명한다. 그는 시골에서 가난한 농군의 아들로 태어나 도시에 나와서 비로소 서양 문물의 이치와 합리성을 배울 수 있었다. 정주영이 그 못지않게 중요하다고 생각한 것이 있으니 다름 아니라 부친에게서 물려받은 정신적인 유산이다. 부친은 마을에서 가장 부지런한 농군이었다. 부친이 땅을 고르고 풀을 주고 도랑을 파서 물을 대고, 객토를 실어 나르고 여기저기서 삼태기로 거름을 옮겨와 새 논밭을 일구어내고는 그렇게도 흐뭇해하시는 모습이, 정주영 내면 깊숙이 각인되어 있었다. 그가 도시에서 성공할 수 있었던 것은 실로 부친에게서 물려받은 근면성실함 덕이었다. 성실은 정주영이 가장 중시한 삶의 덕목이자, 멈추지 않고 사업에 매진할 수 있었던 근거이기도 했다.

성실하면 운명도 바꾼다.

성실한 사람은 그렇지 못한 사람에 비해 몇 배의 시간을 더 쓰는 사람이다. 거꾸로 성실한 사람은 그렇지 못한 사람에 비해 같은 시간을 몇 배나 아껴 일하는 사람이다. 정주영은 이처럼 시간을 아껴 일하는 것이 곧 성실함이며, 이 성실함이 좋은 운을 만들고, 나아가 인간의 운명도 바꿀 수 있는 것이라 보았다.

때문에 정주영은 작업 현장에서 시간을 허투루 보내는 사람을 가차 없이 질책했다. 세상에는 아무 생각 없이 60년을 사는 사람이 있는가 하면, 그런 사람의 열 배, 백 배의 일을 해내는 사람이 있다. 시공을 같이하더라도 정신적·육체적으로 고양된 삶을 사는 사람은 물질적으로나 정신적으로나 열 배, 백 배를 사는 성실한 사람이다. 그가 불성실한 사람을 질타하는 이유다.

자신에게 주어진 기회와 환경을 불행하다고 생각하면 모든 일이 불행하고 스스로 발전할 수 있는 기회라고 생각하면 모든 일이 행복한 계기가 될 수 있다. 사람에게 생명이 남아 있는 한, 불행의 연속이란 있을 수 없다. 모든 일에는 좋고 나쁜 면이 항상 공존하기 마련이며 그것은 또 항상 변하기 때문이다.

어떤 사람들은 다른 사람이 좋은 위치에 앉아 순조롭게 살아가는 것을 보고 운이 좋다고 말하며 반대로 순조롭게 살지 못하는 사람을 보고는 운이 나쁘다고 말한다. 하지만 정주영은 좋은 운과 나쁜 운은 누구에게든 공평하게 존재한다고 말한다.

정주영에게 운은 바로 때, 시간을 뜻한다. 그에 따르면 자기에게 주어진 좋은 때를 놓치지 않고 잘 붙들면 성공할 수 있고 좋지 않은 때가 와도 열심히 생각하고 노력하면 비켜나갈 수 있다. 흔히 출생한 때가 일생을 좌우한다고 말하는데 실은 그러한 때가 아니라 우리가 살아가는 모든 때에 우리가 대처하는 방식에 따라 일생이 좌우되는 것이다.

그러므로 성실하게 노력하는 사람은 좋은 때를 놓치지 않고 잘 잡으며 좋지 않은 때는 수습하면서 잘 비켜가는 것이다. 반면 게으른 사람은 좋은 때는 붙잡지 못해 보내고 나쁜 때는 피하지 못해 붙잡혀 산다.

그 나쁜 때에 얽매여 있다 보니 좋은 때가 와도 그냥 훌쩍 지나가게 하고 마니 그는 항상 불운 속에서만 사는 것이다. 이런 불운을 피하려면 모든 운을 따지지 말고 모든 생활에서 긍정적인 자세를 가지고, 모든 목표에서 낙관적인 생각을 가지고, 이를 성취하기 위해 노력을 집중해야 할 것이다.

정주영에게 운은 시간과 동의어다. 사람은 누구나 나쁜 운과 좋은 운을 동시에 가지고 있다. 그렇다면 하루 24시간 1년 사계절 내내 즐겁게 일하는 사람이 가장 좋은 운을 지닌 사람이다. 시간을 놓치지 않고 열심히 일하는 사람에게는 나쁜 운이 들어올 틈이 없다. 현대그룹도 마찬가지다. 사람들이 현대가 성공한 것은 운이 좋아서라고들 얘기하면 정주영은 현대가 성공한 주된 요인은 바로 때를 잘 맞춘 데 있다고 반박했다.

물론 개인마다 그 나름의 운명이 없다고는 할 수 없다. 하지만 정주영은 그 운명이 곧 때를 말하는 것이라고 풀이한다. 예를 들어 길을 가다 차에 치였을 경우 길을 건널 때는 조금만 늦추거나 당기면 불행한 운명을 피할 수 있는데 그 때를 맞추지 못했다는 것이다.

좋은 때, 나쁜 때는 항상 어느 정도의 간격을 두고 파상적으로 찾아오는데, 그것은 모든 사람에게 똑같이 일어나는 일이다. 다만 게으른 사람, 슬기롭지 못한 사람은 준비를 갖추지 못해 좋은 때를 놓치기 일쑤라서 항상 액운만 붙어 다니는 것처럼 보이는 것이다. 나쁜 때에 붙들려 제때 마치지 못하면 뒤이어 오는 좋은 때를 잡을 수 없어 다시 나쁜 때를 맞이하게 되는 것이다.

그와 달리 어떤 어려움이 닥쳐오더라도 대처할 수 있도록 미리미리 준비해두는 사람이 있다. 그들은 나쁜 운이 오면 가볍게 받아넘기고 좋은 운이 오면 그것을 확실히 붙잡는 여유를 가진다. 그러므로 때를 잘 맞추면 살고 때를 잘 못 맞추면 죽는 것이다.

심지어 사업을 하면서 때를 놓치면 그 일이 나중에 성취되었다 하더라도 그것은 실패를 의미한다. 예를 들어 공사를 하기는 했어도 때를 못 맞추면 공사를 끝내고도 적자만 남을 뿐이다. 이런 이유로 옛사람들이 시간은 돈이라고 했는데, 정주영은 시간은 생명이라고 말한다. 때를 놓치면 돈만 잃는 것이 아니라 일생의 모든 실적을 물거품으로 만들 수도 있고 심지어 생명을 잃을 수도 있기 때문이다. 시간을 아껴 일하는 마음, 즉 성실함은 정주영이 자신의 기업가적 성취 과정에서 가장 중시한 덕목이었다.

3. 검소

아리스토텔레스는 인간이 자신에게 필요한 것 이상을 소비하거나 소유하는 것을 부정한 일이라고 생각했다. 단사표음(簞食瓢飮)이라는 고사나 "거친 밥에 물 말아 먹고 팔 베고 자도 즐거움이 그 속에 있으며, 의롭지 못한 부귀와 명성 따위는 뜬구름처럼 여긴다"는 말이 있는데, 정주영은 평생 그와 같은 검소함을 지켜 부끄럼이 없었다고 자부한다.

검소함은 질박하고 청정하며 담담한 자세다. 정주영이 "열심히 아껴 모으면 큰 부자는 몰라도 작은 부자는 될 수 있다"고 말할 때, "하루 부지런하면 하룻밤 편안히 잠들 수 있고, 한 달 부지런하면 생활의 향상을 볼 수 있고, 1년 10년 부지런하면 누구나 모든 일에 자신과 신념을 가질 수 있다"고 강조할 때, 그는 성실과 검소의 중요성을 일깨우려 한 것이다. 대개 성실함 위에 검소함이 생겨나게 되니, 이 둘은 정주영의 청소년기에 형성된 덕목이다.

정주영이 소년 시절부터 만년에 이르도록 변함없이 보여준 근검의 자세는 그의 성취뿐만 아니라 현대그룹의 성장사에서도 결정적인 역할을 했다.

정주영은 열여덟 살 때부터 도회지에 나가 부둣가를 전전하고 건설 현장에서 돌을 져 나르는 등 어려운 생활을 했지만 동시에 무섭도록 절약했다. 밥 짓는 데 드는 장작비 10전을 아끼려고 저녁에 한 번 불을 지펴 밥을 지어 그걸로 아침도 먹고 점심도 먹었다. 담배나 커피는 거들떠보지도 않았다.

20대 시절에도 수입은 형편없이 적었지만 그는 부지런히 일하며 최대한 저축했다. 그가 처음으로 안정된 직장을 얻은 것이 정미소 쌀 배달 자리였는데 그곳이 집에서 꽤 멀었다. 전차삯 5전을 아끼려고 매일 한 시간 반을 걸어 다녔고, 구두가 빨리 닳지 않게 하려고 징을 박아 신고 다녔다. 양복도 춘추복 한 벌씩만 사서 겨울에는 그 안에 내의를 받쳐 입었다. 정미소에서 점심 한 끼를 얻어먹고 쌀 한 가마니를 월급으로 받았는데, 그 반을 떼내어 저축부터 했다.

그렇게 하여 사글셋방을 전세방으로 옮기고 나중에는 초가집이나마 집을 장만할 수 있었다. 저축이 늘어 생활이 안정되자 정신적으로도 안정되어 더 큰 목표를 세우고 일할 수 있었다. 그러다 보니 신용이 쌓여 다른 사람에게서 돈을 빌려 큰일도 벌이게 되었다. 그것이 현대자동차공업사가 되고 현대토건이 되어 종내 현대그룹으로 이어졌다.

이런 경험을 통해 정주영은 힘주어 말한다. 누구든 절약하지 않고는 생활을 안정시킬 수 없다. 쓰고자 들면 한이 없어, 아무리 벌어도 모자란다. 가난이란 자기 자신만 구제하는 것이다. 자기 자신이 가난을 벗기 위해 열심히 절약해야지, 그렇지 않고 버는 대로 다 써버리면 영원히 가난에서 헤어날 수 없다.

정주영은 치부를 위한 절약과 달리 부에 초연한 태도를 취하는 것이 검소함이라고 말한다. 부는 일의 결과이지 목적이 될 수 없다. 그러므로 부에 집착하면 사리 판단에 지장이 초래된다. 중국 춘추전국시대, 범려의 큰아들에 관한 고사가 이를 설명해준다. 월왕 구천을 도와 오를 멸망시킨 뒤, 범려는 도라는 지방에서 사업을 벌여 거부가 되었다. 그러던 중 범려의 둘째 아들이 초나라에서 사람을 죽여 옥에 갇히게 되었다.

범려가 셋째를 보내 구명하고자 했으나 장남이 굳이 가겠다고 우기므로 이를 못 이겨 보내게 되었다. 대신 초나라에 가거든 장생 선생을 만나 천금을 주고 동생의 석방을 부탁하라 신신당부했다.

천금을 받은 장생이 왕에게 대사면을 간하자, 그에 대한 신망이 두터웠던 초왕이 이를 약속했다. 그런데 영문도 모른 채 사면 소식을 알게 된 장남은 천금이 아까워 장생을 찾아가 주었던 돈을 도로 받아가고 말았다. 화가 난 장생이 다시 힘을 써, 왕은 둘째를 처형한 뒤 사면령을 내렸다. 범려가 일찍이 큰아들의 탐욕을 알고 셋째를 보내고자 했던 것이다.

성실함은 때로 사람의 수명을 좌우하기도 한다. 일찍이 사상체질론으로 동의학에 일대 전기를 마련한 이제마는 사람의 수명이 그 성정에 크게 달려 있다고 보았다. 그에 따르면 무릇 사람이란 공경하면 장수하고 태만하면 요절하는 법이니, 부지런하고 삼가면 반드시 장수하며 허세를 부리고 탐욕하면 반드시 요절한다.

음식은 능히 주림을 참을 정도로 해서 배부름을 탐하지 않는 것으로써 공경함을 삼고, 의복은 능히 추위를 참을 정도로 해서 더운 것을 탐하지 않는 것으로써 공경함을 삼고, 근력은 능히 부지런히 일해서 안일을 탐하지 않음으로써 공경함을 삼고, 재물은 능히 삼가고 성실하게 해서 구차하게 얻는 것을 탐하지 않음으로써 공경함을 삼는다.

−이제마, 『동의수세보원』(을유문화사, 2002), 256쪽

근면과 검소는 별개로 생각할 수 없는 성정이다. 양자는 서로 원인이자 결과가 되어 함께 나타나니 이를 근검이라 부른다. 큰돈을 모으고 부자가 되는 데 근면하고 또 검소하게 생활하는 것보다 확실한 것이 없다. 그러므로 정주영은 근검이 부의 원천이라고 말했다.

더 나아가 사람이 근면하고 검소하면 자연히 신용이 생기고 자신도 모르게 성취감이 쌓여 사회적으로도 큰일을 해낼 수 있게 된다. 정주영은 어린 시절 이런 예를 링컨에게서 보았다.

정주영은 회계 학원을 다니면서 위인전을 즐겨 읽었는데 그러다 접한 링컨 전기는 그에게 깊은 동질성을 느끼게 해주었고 막막하던 그의 삶에 큰 용기를 불어넣어주었다. 전기를 통해 정주영이 얻은 링컨의 인상은 무엇보다 성실하고 검소한 지도자라는 사실이었다.

링컨은 인색할 정도로 검소했으며 변호사 생활을 하면서도 외모에 거의 신경을 쓰지 않아 늘 복장이 단출했다. 식생활도 최소한의 음식으로 만족했으며 일하다 피곤할 때면 마룻바닥이건 카운터건 가리지 않고 잠을 청했다. 장래 미국 대통령이 되겠다는 큰 야망을 지녔으면서도 실로 검소한 그의 모습은 어린 정주영을 매료시키기에 충분했다.

정주영과 다른 환경도 있었다. 목수이자 농부인 링컨의 아버지 토머스는 글을 읽을 줄 몰랐고 아들에게 글을 가르치려고 하지도 않았다. 링컨에게 아버지는 거의 반면교사였다.

다행히 링컨은 어릴 때부터 머리가 비상해서 글을 알고 난 뒤부터 주변에서 구할 수 있는 책은 몇 번 읽고 모두 외울 정도였다. 비록 여덟 식

구가 단칸 오두막집에서 비좁게 살아 낮에는 일하느라 힘들었고 밤에는 글자를 분간하기 어려웠지만 링컨의 독서욕은 꺾이지 않았다. 링컨은 "석유 등불이 없을 때는 숲 속에서 히커리 나무껍질을 모아 집으로 가지고 와서 불을 밝혀 책을 읽었고, 등불이 있을 때는 벽 틈에 등불 손잡이를 끼워두고 책을 읽었다."

이 시절 링컨은 토머스 딜워스가 쓴 『영어의 새로운 길잡이』라는 책을 거의 외우다시피 했고, 그 뒤에도 쉬지 않고 수많은 책을 섭렵한 덕에 후일 자신의 이름으로 발표된 모든 글을 스스로 작성했으며 그 글들은 당대 최고의 명문이 되었다.

링컨에게 책을 통해 꿈을 불어넣어준 두 인물이 있었으니 조지 워싱턴과 벤저민 프랭클린이 그들이다. 워싱턴은 소통과 화합의 정신으로 미국을 구해낸 인물이었고, 프랭클린은 근면성실한 사람이 성공할 수 있음을 확인시켜준 인물이었다. 특히 링컨은 벤저민 프랭클린 자서전을 통해 검소함의 가치를 확신하고 이를 자기 생활의 지침으로 삼았다.

가난 때문에 어린 시절을 노동으로 보내야 했던 링컨은 매일 반복되는 노동에 지쳐 있었고, 그런 방식으로는 어떤 희망도 찾을 수 없다는 것을 알았다. 1931년 스물두 살이 되던 해에 링컨은 일생일대의 결단을 내렸다. 이사 가는 아버지를 따르지 않고 혼자 카누를 타고 집을 떠나 일리노이 주의 뉴세일럼에 도착해 첫 직장을 얻어 독립적인 삶을 시작한 것이다.

링컨은 뛰어난 정치 감각을 발휘하여 점원 생활을 접은 지 5년 만인 1836년 5월 지역구 의원이 되었다. 하지만 타고난 근면함과 검소함을 철저히 지켰고, 여가 시간이면 셰익스피어, 바이런, 번스와 같은 책을 읽으며 보냈으며, 대부분의 활동을 노예 제도와 같은 당대 정치 상황을 개선하는 데 집중했다.

정주영은 링컨의 생활 자세와 정신력에 용기를 얻었고, 가출을 통해 희망을 찾아 나선 그의 도전 정신에서 위안을 얻었다.

성실과 검소는 동전의 양면

근면성실하고 검소한 생활은 누구나 실천할 수 있는 일이고 아무나 가르칠 수 있는 일이지만 그 중요성을 알고 일상생활에서 지키기란 쉽지 않다. 어떤 면에서 이 단순한 실천이 정주영의 성공을 뒷받침하는 가장 큰 힘이었고, 사람들이 따라 하기가 가장 힘든 일이었다.

그러한 생활이 힘든 이유는 매일 매 순간 자신의 생각에서 조금도 후회하거나 변명함 없이 반복되어야 하는 일이기 때문이다. 근면성실과 검소함은 자기 내면의 유혹과 부단한 싸워 이겨야만 쟁취할 수 있는 결과물이다.

세상에서 자신과의 싸움만큼 어려운 일은 없다. 숱한 현자들이 이 문제를 지적하는 것도 우연이 아니다. 노자는 "남을 이기는 자는 힘 있는 자이나 자기를 이기는 자가 가장 강한 자"라 했고, 공자는 유명한 극기복례(克己復禮)라는 말로써 유교의 핵심 개념을 설명했다. 왕양명은 "산속에 있는 도적 무리를 깨뜨리기는 쉬운 일이나 내 마음속에 있는 도적을 깨뜨리기는 어렵다"는 말로 자신과의 싸움이 얼마나 힘든 일인지 밝혔다.

정주영의 어린 시절 우상이었던 나폴레옹은 이런 이야기를 남겼다. 어느 날 나폴레옹이 두 장교에게 적지 정탐을 맡겼다. 한 사람은 원래 용맹한 사람이었지만, 다른 한 사람은 그렇지 못했다. 두 사람이 무사히 정탐을 마치고 돌아와 보고하는데 나폴레옹은 두 번째 장교에게 별도의 상금을 주며 말했다.

"그대는 원래 겁이 많은 사람이다. 그럼에도 불구하고 이번 작전에서는 위험을 무릅쓰고 임무를 수행했다. 그대는 자기의 나약함을 이겨낸 참다운 군인이기에 이 상을 준다. 앞으로 그대는 어떤 어려운 일이라도 능히 해낼 수 있을 것이다."

노자에서 말하는 자승자강(自勝者强)이다. 정주영은 사업에서 그런 사람이 되려면 먼저 일상생활에서 근면성실과 검소함에 도전해보기를 권한다. 그러면 어떤 일에 부딪혀도 두려움을 갖지 않게 될 것이다. 정주영은 자신도 평생 이를 지켰기 때문에 조금이나마 성취를 이룰 수 있었다고 말한다.

생활의 모든 면에서 일관된 그의 검소함은 보통 사람이 감히 흉내 내기 어려운 면모이자 커다란 인간적 매력 중 하나였다.

4. 신용

신용은 나에 대한 상대방의 믿음이자, 상대방에 대해 정직하고 정성을 다하는 자세이다. 정주영은 사업을 하면서 신용의 중요성을 조금씩 알게 되었고, 그것을 내면화한 뒤부터는 사업 성공의 핵심 지표로 신용을 들었다. 특히 아도서비스를 설립할 때나 고령교 복구 공사를 마무리하는 과정에서 정주영은 신용의 중요성을 뼛속 깊이 새겨 넣었다.

아도서비스를 설립할 때 정주영은 약관 스물다섯의 가난한 청년이었다. 패기는 넘쳤지만 수중에 돈이 없었다. 하지만 사업에 대한 열정으로 친구 오인보에게 돈을 빌리고, 이어 정미소를 운영하던 오윤근 영감에게 3000원을 빌려 공장을 인수했다. 그런데 문을 연 지 닷새 만에 자신의 실수로 불을 내 공장은 잿더미가 되었다. 정주영은 그것으로 좌절하지 않고 오윤근을 찾아가 설득했다. 내가 망하면 영감님은 돈도 못 찾고 명예도 잃는다. 나는 반드시 성공해 갚아드릴 테니 나의 신용을 믿고 다시 한 번 돈을 빌려달라고.

오윤근은 그동안 정주영의 사람됨을 알고 있던 터라 그 말에 다시

3500원을 내주었고, 정주영은 사업에 재기해 빚을 다 갚을 수 있었다. 이 경험을 바탕으로 후일 정주영은 우리가 언제나 즐거운 마음으로 부지런히 일하면 반드시 그에 상응하는 평가를 받는다고 말했으니 그와 같은 사람들의 평가가 곧 신용이다.

1953년 4월에 맡은 낙동강 고령교 복구 공사나, 1965년 9월 사실상 처음 맡은 대형 해외 공사인 파타니-나라티왓 고속도로 공사는 아직 채 기반을 잡지 못한 사업가 정주영을 혹독하게 단련시킨 일들이다. 낙동강 고령교 복구 공사는 당시 최대 규모의 정부 발주 공사로 정주영은 부푼 기대를 안고 공사를 진행했다. 하지만 교량 복구 공사의 특성을 잘 몰랐던 터에 인플레까지 겹치면서 기대는 악몽으로 변했다.

남들이 이미 망한 일 빨리 손을 털라고 했지만 그는 집을 팔고 땅을 팔고 고리대까지 얻어 공기를 넘겨가면서 공사를 마무리했다. 계약 금액보다 적자가 더 컸고, 그동안 식구들의 집 네 채를 모두 팔아 동생과 매제들은 판잣집으로 나앉았다. 빚을 갚는 데까지도 상당한 시간이 흘렀다. 그럼에도 그가 이를 악물고 공사를 완공한 것은 '신용을 잃으면 사업 인생도 끝'이라는 생각 때문이었다.

파타니-나라티왓 고속도로 공사도 비슷한 양상으로 진행되었다. 당시 태국 공사 현장의 특성을 이해하지 못한 데다 폭우가 거듭되어 장비를 제대로 가동하지 못한 탓에 현대는 큰 손실을 볼 수밖에 없었다.

이때도 정주영은 중도 하차한다는 생각을 꿈도 꾸지 않은 채 손실을 감수하며 공사를 마무리했다. 하지만 두 공사는 정주영에게 다른 방법으로 활로를 터주었으니, 현대가 높은 신용을 얻어 그것이 이후 공사 발주 과정에서 큰 밑천이 되어주었던 것이다.

이런 경험을 바탕으로 정주영은 사업에 대한 조언을 구하는 사람들에게 먼저 신뢰를 얻으라고 말한다. 작은 일부터 큰 일에 이르기까지 신뢰를 받으면 자신도 모르는 사이에 대성할 수 있고, 이른바 권위자가 될 수 있으며, 어떤 일도 감당해낼 위치에 설 수 있다. 그러므로 사업에 나서거나 사회에 나가고자 하는 사람에게 가장 중요한 것은 신뢰를 받는 일이다. 개인이 아무리 큰 꿈을 가지고 있고, 마음속으로 아무리 사회를 좌지우지하더라도, 주위로부터 신뢰를 받지 못하면 아무것도 이루지 못할 것이며 그 생각은 허황된 망상에 그칠 뿐이다.

기업은 신용이 자본이다

이미 기업을 시작한 뒤라 해도 그 기업을 키워나가려면 먼저 공신력을 쌓아야 한다. 회사가 벌어들인 돈으로 공신력을 키울 수도 있다. 그러나 사람들 사이에 기본적인 정신 자세가 올바로 되어 있지 않아 공신력을 소홀히 하는 한 회사는 더 이상 성장하지 않는다.

흔히 사람들은 자본이 없어 사업을 시작하지 못한다고 말하는데, 정주영의 경험에 따르면 자본보다는 신용이 훨씬 중요하다. 자신의 사업계획과 과거 행실이 주위로부터 신뢰받을 수만 있다면 그 규모의 대소는 크게 문제 되지 않는다. 기업은 경제적 효율과 합리성을 중시하므로 이는 신용과 거리가 있는 것이라는 주장도 있다. 하지만 경제적 효율과 합리성은 올바른 도덕적 기반 위에서만 의미를 가지는 것인바, 그 도덕적 기반이 바로 정직과 신뢰의 인간관계, 즉 신용이라는 사실은 영원한 진리다.

돈을 모아서 일으켜야 하는 것이 기업이라면 기업을 할 수 있는 사람은 얼마 없을 것이다. 정주영도 물론 돈을 모아서 기업을 일으킨 것이 아니고 신용으로 기업을 일으켰다. 어떤 친구가 정주영에게 와서 돈이 없어 장사를 못한다며 도움을 청했다. 정주영은 그에게 이렇게 충고했다. 자네는 돈이 없는 것이 아니고 신용이 없는 것이다. 첫째, 과거 행적에 신용이 없고, 둘째, 계획에 믿음성이 없고, 셋째, 그 계획의 실행력에 대한 믿음성이 없어 돈을 구하지 못하는 것이다. 신용이 있다면 내가 아니라도 장사할 밑천은 어디서든 구할 수 있다.

정주영은 "기업을 하는 사람에게 가장 큰 자산은 신용"이라고 말한다. 금전적 자본보다 신용이 중요하며 신용이 곧 자본이다. 사업은 망해도 괜찮지만 신용을 잃으면 그걸로 끝이다. 신용은 나무처럼 자라는 것이어서 중소기업이 대기업으로 커나가거나 대기업이 세계적인 큰 기업으로 성장하는 열쇠는 바로 이 신용에 있다. 기업이 더 크게 성장하려면 반드시 이 공신력을 갖고 있어야만 한다. 공신력이 있으면 한 번 무너진 기업도 다시 일으킬 수 있다. 대기업도 마찬가지다.

예를 들면 제2차 세계대전 후 일본에 맥아더 사령부가 들어서서 미쓰비시, 스미토모 같은 세계적 군수업체를 완전히 해체했다. 맥아더 사령부가 떠난 뒤 미쓰비시에서 일했던 사람들이 다시 모여 미쓰비시의 간판을 내걸었다. 그러자 거짓말처럼 세계 각지에서 이 회사의 공신력이 회복되어 미쓰비시는 글로벌 기업으로 재기하는 데 성공했다. 미쓰비시라는 회사는 없어졌어도 이 회사의 공신력은 사라지지 않았고 그 직원들의 신용 또한 고객들의 기억 속에 오래 남아 있었기 때문이다.

정주영은 또한 기업 회계의 예를 들어 신용의 중요성을 설명한다. 기업 재무제표에서 부채는 자본 계정에 들어간다. 기업은 신용을 바탕으로 부채를 얻어 자기의 자본처럼 사용하는 것이다. 자신이 번 돈만 가지고 크는 기업은 성장하는 데 한계가 있다. 기업에 공신력이 있어서 그 신용으로 부채를 조달하기 때문에 크게 성장할 수 있는 것이다. 돈에는 한계가 있지만 신용이란 무한하기 때문에 공신력이 있는 기업은 무한하게 성장할 수 있다.

작은 부자가 되려면 돈을 모으고 절약하면 가능하다. 그러나 큰 부자, 대기업, 나아가 세계적인 기업이 되려면 공신력이 절대적으로 필요하다. 기업을 이끌어가는 사람이 올바른 생각을 하고, 올바른 계획을 하고, 모든 거래 업체들에 이익을 주려고 한다는 사실을 주위에서 인정할 때, 그 기업의 신용은 높아지고 이것이 기업의 공신력이 되고 성장의 진정한 발판이 된다.

신용은 분배할 수 없다. 설사 한 기업이 어떤 수단을 통해 자신의 신용을 다른 기업에 나누어줄 수 있다 해도 아무나 그 신용을 지킬 수 없다. 기업은 스스로 자활력을 길러 자신의 신용으로 발전하는 것이지 남의 신용을 얻어 발전할 수는 없기 때문이다.

개인도 마찬가지여서 우리가 사회에서 제대로 살아가는 데 가장 중요한 것이 신뢰를 받는 일이다. 기업에 속한 개인도 마찬가지다. 한 사람 한 사람이 성실한 인간성과 올바른 자세를 가져야 그 기업의 공신력이 높아지고 그 기업이 속한 나라의 공신력도 높아지는 것이다.

신용으로 발전하기는 개인이나 기업뿐만 아니라 국가도 마찬가지다. 그 나라의 외환 보유고가 얼마이고 재정 건전성이 어느 정도이고 하는 것은 국가의 신용, 즉 공신력을 말한다. 국가가 공신력을 기반으로 국제사회에서 인정받으면 그만큼 그 나라의 기업들도 해외 시장에서 인정받는다. 국가가 공신력을 잃으면 그 나라의 기업들이 해외 시장에서 인정받지 못함은 물론 자칫하면 그 나라의 경제가 하루아침에 몰락할 수도 있다.

5. 신념

정주영은 성실하고 검소한 바탕 위에 정직하고 정성을 다하는 과정에서 신용을 얻어 사업가의 길로 들어설 수 있었다. 이후 그는 탁월한 사업가적 성정을 발휘했으니 어떤 시련도 극복해낼 수 있다는 불굴의 신념이 그것이다. "해보기나 했어?" 하는 말은 정주영의 신념을 단적으로 드러낸 표현이다.

"인간의 근본 바탕은 초등학교에서 결정된다"고 한 그의 말처럼 그의 신념은 부친의 강인한 정신력을 물려받으면서 싹텄고, 네 차례에 걸쳐 끈질기게 가출을 시도하는 과정에서 단단해졌고, 온갖 궂은일을 마다하지 않으면서 사업에 뿌리를 내리려 한 청년기에 성숙해졌다. 해방 뒤 특히 전시 기간에 미 군정청에서 맡은 이런저런 난제를 독창적으로 해결하며 성공 가도를 달릴 수 있었던 것은 그가 사업가적 신념을 이미 완벽하게 내면화했음을 보여주고 있다.

정주영에 따르면, 올바른 신념이란 한번 세우면 움직이지 않는 것이다. 『채근담』에 이르기를 "군자는 마땅히 냉정한 눈을 깨끗이 닦아야 할 것이며, 마땅히 삼가서 굳은 신념을 가볍게 움직이지 말아야 한다"고 했다. 굳은 신념이란 어떤 것인가? 정주영은 사업 초기에 이와 같은 굳은 신념을 펼쳐 보인 적이 있다. 1947년 5월, 그가 세운 현대자동차공업사가 늘어나는 자동차 교통량으로 순풍에 돛 단 듯 순조롭게 커갈 때였다. 어느 날 관청에 들러보니, 자기는 기껏해야 30~40만 원을 받는 터에 건설업자들이 무려 1000만 원씩 받아가는 것이 아닌가. 정신이 번쩍 든 그가 토건업에 뛰어들겠다 하자 친구도 매제도 무리한 일이라고 말렸다. 하지만 "까짓거 견적 넣고 수리하고 돈 받기는 매한가지"라며 마음에 타산이 이미 선 정주영은 만류를 뿌리치고 새 회사를 차렸으니 그것이 후일 현대건설의 전신이 된 현대토건사였다. 당시를 회고하며 정주영은 굳은 신념에 대해 이렇게 말했다.

"나는 어떤 일을 시작하든 반드시 된다는 확신 90%에, 되게 할 자신 있다는 자신 10%를 가지고 일해 왔다. 안 될 수도 있다는 회의나 불안은 단 1%도 끼워 넣지 않는다."

정주영에 따르면, 신념은 목표를 향하여 결단하여 용기를 잃지 않는 것이다. 목표가 비록 남들의 눈에 모험으로 보일지라도, 모험이 없으면 발전도 없기 때문에 결단하는 것이다. 일단 일을 시작하면 성패는 일하는 사람의 자세에 달린 것이지 일 자체의 어려움에 달린 것이 아니다. 자신만 그럴 수 있는 것이 아니다. 인간의 능력이란 대개 비슷하므로 누구라도 신념에 노력을 더하면 무엇이든 해낼 수 있다. 어려움을 극복하고 성공하려면 적어도 그 정도의 신념을 가져야 한다.

신념이 강하면 자의식이 높아지며 매사에 자신에게 의지하지 남에게 의지하려 하지 않는다. 사실 모든 사람이 마지막에 의지할 곳은 자기 자신뿐이니 그 밖에 다른 무엇에 의지하려 함은 일시적인 위안에 그칠 뿐이다.

신념은 자의식과 주체성의 산물인데 이는 인간 본연의 속성에서 비롯한다. 그러므로 자의식이 강한 사람으로부터 그의 신념을 꺾기는 매우 어렵다. 독일 철학자 칸트는 인간이 자유로운 의지의 주체이자 그 개개인이 궁극적 목적이므로 결코 타인의 수단이 될 수 없다고 했다. 그래서 칸트는 모든 사람이 다음과 같은 자기 내면의 소리를 듣고 있으며 당연히 이를 따라야 한다고 주장했다.

자기 자신에 의해 스스로를 결정하라(Bestimmt dich aus dir selbst).

이처럼 자의식에 근거한 신념이 객관적 현실에 근거하여 어떤 올바른 실천으로 나타나는 것을 현대 중국의 건설자인 마오쩌뚱은 '자각적 능동성'이라고 말했으니 이는 대부분의 선구적 개혁가들에게서 나타나는 특징이기도 하다.

정주영은 많은 강의에서 특히 자라나는 청년 세대에게 신념을 가질 것을 강조했다. 젊은이들이 굳은 신념을 가지고 식견을 키워야 미래를 자기 것으로 만들 수 있으며, 그에 따라 우리 사회의 미래가 좌우될 것이기 때문이다.

이와 관련하여 정주영은 트루먼 미 대통령의 회고록에 나오는 일화를 소개한 적 있다. 트루먼이 젊은 시절 법대를 졸업하고 조그만 건설 현장에 일자리를 얻었다. 그는 종업원들의 출퇴근을 기록하고 그 기록에 맞춰 임금을 계산하는 일을 했다.

당시 노동자들은 임금을 주급으로 받았는데, 그 현장 책임자는 토요

일에 노동자들을 선술집으로 데려가서 주급을 지불했다. 사무실에서 지불하면 편하고 좋은 텐데 하필이면 술집으로 데려가나 하는 생각에 트루먼은 책임자에게 물어보았다.

그 물음에 책임자는, "이 사람들은 돈이 생기면 이튿날은 일하러 나오질 않으니 술을 먹여서 돈이 없게 만들려고 그러는 것"이라 답했다. 이처럼 안정된 직장 없이 하루하루 떠도는 노동자들의 생활 자세는 트루먼에게 많은 것을 생각하게 만들었다고 한다.

많은 젊은이들이 아름답고 거창하고 풍부한 것을 부러워하며 자신도 그런 것을 가지려 하지만, 반면 실제적인 도움이 되는 작은 역할, 괴로운 일, 어려운 일은 기피하고 소홀히 하는 경향이 있다. 그러나 중요하고 가치 있는 일은 예외 없이 남들이 꺼리는 과정을 겪어야 접근할 수 있다. 자신이 하고자 하는 모든 일을 세밀하게 파악하는 능력을 갖춘 뒤에 자신이 꿈꾸는 대범한 일을 할 수 있는 것인데 먼저 대범한 일만 하려 든다면 그는 그저 몽상가일 뿐이다.

젊은 때일수록 어려운 처지에 있는 사람들의 생활도 직접 겪어보고 힘든 일도 직접 견뎌보고 험한 현장에 나가서 직접 일도 해보고 하면서 식견을 키워야 한다. 그런 다음에야 큰일을 감당할 수 있는 식견이 생기는 것이고 주위에서도 이런 그를 인정해주는 것이다.

어려운 일을 스스로 맡고 힘든 지역에 먼저 가는 식으로 시련을 이겨내는 경험을 젊을 때 미리 쌓아야 한다. 그것이 젊은이들이 원하는 미래를 얻는 가장 확실한 자세이고 방법이다. 신념은 자신이 직접 경험하여 체득한 식견 위에서 단단하게 다져지는 것이다.

정주영은 젊은이들에게, 신용과 더불어 신념에 대해서도 조언한다. 정말 하고 싶은 일을 하려 할 때엔 결코 돈이 장애가 되지 않는다. 당신이

해내려는 신념이 있고 그 일에 대해서 신뢰한다면 만사형통할 수 있다. 옳은 일을 하고 있고 또 하려 하는데 왜 돈이 문제 되겠는가? 자신의 일에 신뢰를 갖는다면 타인 또한 그 일을 신뢰할 수 있는 법이다, 라고.

정주영이 보기에 기업의 성패 또한 기본적으로는 기업가의 신념에 달린 것이다. 인간사 모든 것이 마찬가지지만 기업에 있어서도 주위 여건이나 환경이 그 기업의 성패를 좌우하지는 않는다. 성패를 좌우하는 것은 투철한 기업가 정신과 그 기업에 종사하는 사람들의 끈기와 저력 그리고 개척 정신이다. 어떤 어려움이 닥쳐왔을 때 자기가 실패했다고 생각하면 패배하고 말지만 그것을 딛고 일어서고자 노력하면 실패는 없는 것이다. 그러한 마음가짐을 철두철미하게 갖고 기업 활동에 매진하는 것, 그것이 곧 기업가다운 신념이다.

6. 견문

　정주영은 소학교밖에 졸업하지 못한 자신의 처지를 비관하는 대신 평생 좋은 책 찾아 읽기를 게을리하지 않았다. 이를 바탕으로 그는 자신에게 첫째 스승이 부모님이었다면 둘째 스승은 책 읽기였다고 말했다. 사회에 나아가서는 언제나 적극적인 생각과 진취적인 자세로 누구에게나 무엇이든 필요한 것은 다 배운다는 자세로 살았으며, 그 배움을 바탕으로 작은 경험을 확대해 큰 현실을 만들어내는 데 주저하지 않았다.

　견문은 겸손하게 주위의 말을 경청하고 늘 학습하는 자세다. 배우려면 고정관념을 버려야 한다. 고정관념은 사람을 퇴보시키기 때문이다. 누구든 세상에 나아가 새로운 일에 도전하는데 견문을 중시하는 자세가 없으면 쉽게 낭패를 맛본다.

　견문을 중시한다는 것은 자신에게 부족한 것을 겸허하게 배우는 것이다. 배우려 하면 가르침을 받는 자세를 가져야 하고 가르침을 주는 상대를 스승으로 생각해야 한다. 정약용이 『목민심서』 '예전육조(禮典六條)' 편에서 "배움이란 스승에게 배우는 것이며, 스승이 있어야 배움이 있는 것이니, 학덕이 높은 사람을 초빙하여 선생으로 삼은 다음에야 학규를 논할 수 있다"고 적은 것이 이를 말한다.

스승은 높은 학식을 지니거나 대단한 경험과 기술을 지닌 사람만을 일컫는 것이 아니다. 정주영에게 스승은 자신의 부족함을 채워줄 수 있는 모든 사람이었다. 서울에서 얻은 첫 직장인 복흥상회의 선배 직원도 스승이라 생각했고, 처음 차린 자동차 수리 회사의 정비공도 스승이라 생각했다.

그에게 스승은 미군 기술자도 있었고, 건설 현장 책임자도 있었으며, 합작 파트너도 있었다. 그는 상대방이 누구인지 가리지 않고 먼저 겸허하게 받아들임으로써 배움을 온전히 자신의 것으로 만들었다. 이런 자세 없이 경험과 고집에 매달려 옛말처럼 가령 수군을 산골로 배정하고서도 전쟁에서 이기려 한다면 말이 되지 않을 것이니, 사업에서도 마찬가지인 것이다.

그러므로 배우는 과정은 자신의 잘못을 고치는 자세를 필요로 하니 이 또한 견문의 자세다. 정주영이 말한 것처럼, 누구든 착각하여 실수할 수 있으나 잘못을 깨달았다면 그 사실을 감추지 말고 얼버무리지 않아야 잘못을 바로잡을 수 있는 것이다.

많은 사람들이 물었다. 세상에 나아가 성공하려면 어떤 자세를 가져야 하는가? 견문이 그중 으뜸 가는 자세이니 이에 관해 선현들이 이미 많은 가르침을 남겼다. 동양 유교 사회에서는 대학에서 말하는 수신제가 치국평천하의 도리를 중시한다. 그런데 대학에서는 이를 위해 반드시 격물치지(格物致知)하는 자세를 갖추라 했다. 대개 이 말은 "사물의 이치를 끝까지 파고들어 노력에 노력을 거듭하면 어느 순간 그 사물에 대한 지식을 얻게 된다." 정도로 이해된다.

이에 관해 '격(格)'을 이른다는 뜻으로 본 주자와 물리친다는 뜻으로 본 육상산의 해석이 다르고, 다시 '물(物)'을 외부 세계라고 본 육상산과 사람의 마음이 향하는 대상이라고 본 왕양명의 해석이 다르다. '지(知)'에 관해서도 해석이 크게 나뉜다.

그러나 격물치지가 올바른 지식과 실천에 이르려면 모름지기 최선을 다해야 한다는 점을 일깨우는 말이라는 점에는 이의를 제기할 수 없을 것이다. 오랫동안 대학자들이 논쟁을 벌인 이유도 우리가 성공적인 삶을 살기 위해서는 반드시 격물치지의 자세를 취해야 한다는 데 동의하기 때문이리라. 정주영이 성공의 비결로 '최선의 최선을 다할 것'을 강조한 이유가 여기 있다.

격물치지의 자세로 다른 사람으로부터 배우지 않고 홀로 성공할 수 있는 사람은 없다. 공자도 견문을 중시하여 "세 사람이 길을 가면 그 가운데 반드시 나의 스승이 있다"고 말했거니와, 카를 마르크스는 "인간은 문자 그대로의 의미에서 사회적 존재고, 사회 속에서만 자기 자신을 개별화할 수 있는 존재"라고 말했다. 아인슈타인은 한 걸음 더 나아가 인간은 예외 없이 타인의 삶에 전적으로 의존하는 존재라며, 「나는 세상을 어떻게 보는가」라는 글에서 이렇게 말한다.

나는 타인들의 삶에 전적으로 의존하고 있다. 그리고 나는 나의 본성이 무리를 지어 사는 동물들의 본성과 모든 점에서 닮았다는 사실을 안다. 나는 사람들이 만든 음식을 먹고, 그들이 지은 옷을 입으며, 그들이 세운 집에서 산다. 내가 알고 있는 것과 생각하는 것 전부가 사람의 덕택이다. 그러나 만일 나의 사고하는 능력이 말을 사용할 줄 모른다면, 실제로 나는 무엇이 될까? 그렇다면 틀림없이 말 못하는 고등 동물에 불과

한 가련한 존재가 될 것이다.

그러므로 나는 인간의 공동체적 삶 안에서 내가 동물보다 더 누리고 있는 이점을 알고 있다. 만일 어떤 개인이 태어나자마자 자연에 버려진다면 그는 어떤 면에서나 도저히 회복할 수 없는 동물의 상태로 전락할 것이다. 나는 그런 모습을 상상할 수는 있으나 도저히 그런 것을 가정할 수 없다.

사람인 한, 나는 단지 개체적인 피조물로 존재할 뿐 아니라 나 자신이 커다란 인류 공동체의 한 구성원임을 깨닫는다. 바로 이 사실을 아는 데 나의 가치가 있다.

여기서 아인슈타인이 공존의 사상과 함께 인류 공동체 속에서의 견문을 강조하고 있음을 부연할 필요까지는 없을 것이다. 타자의 중요성을 강조하여 "주체는 결핍이요, 욕망은 환유"라고 한 자크 라캉의 선언도 그 연장선상에서 이해할 수 있다.

이제마는 "천하 사람들의 재능을 성인이 널리 배우고 자세히 물어서 이를 겸했으므로 그 덕이 성대했다" 하여 견문에는 성인도 예외일 수 없다고 말했다. 그는 사람의 성정이 질병과 화복에 미치는 영향을 연구한 끝에 견문이 건강과 수명에 결정적인 영향을 미친다고 보아, "무릇 인간의 간약·근면·경계·견문의 네 가지를 온전히 하는 자는 자연히 상수를 누리게 되고, 간약·근면·경계 또는 견문·경계·근면의 세 가지를 온전히 하는 자는 차수를 누리게 된다"고 적었다. 장수를 누리는 데 근면함이 으뜸이며 검소함과 견문이 그에 버금가는 중요성을 지닌다는 말이다.

교만을 버리고 격물치지의 자세로

비록 견문이 중요하지만 남에게서 배울 때는 옥석을 가려 들을 줄 알아야 한다. 정주영은 "말 많고 실천이 모자란 사람을 믿지 않는다"고 단언했다. 마찬가지로 다산 정약용은 『목민심서』 '이전육조(吏典六條)' 편에서 이렇게 말했다.

옆에 가까이하는 사람들이 하는 말을 그대로 듣고 믿어서는 안 된다. 그냥 부질없이 하는 얘기 같아도 모두 사사로운 의도가 들어 있다.

아첨하기 좋아하는 사람이 충성할 리 없으며 거리낌 없이 직언하는 사람을 배척해 이로울 리 없다. 잘 못 듣고 행하는 것이나 잘못 말하고 행하는 것이나 위험하기는 매한가지다. 담벼락에는 귀가 있고 숨은 도적은 바로 옆에 있다는 말이 이를 가리키는 것이다.

견문은 지혜의 바다로 나아가는 관문이다. 한 사람의 지혜는 견문을 통해 여러 사람의 지혜를 받아 더 큰 지혜로 나아간다. 지혜는 마음의 양식이니 반드시 세상의 지혜를 필요로 한다. 『장자』 '소요유' 편에 이르기를, 가까운 들판으로 가는 자는 세끼만 먹고 돌아와도 배가 여전하지만 백 리를 가는 자는 전날 밤부터 양식을 준비해야 하고, 천 리를 가는 자는 3개월 동안의 양식을 준비해야 하는 법이니, 그러므로 작은 지혜는 큰 지혜에 미치지 못하고 짧게 사는 자는 오래 사는 자에 미치지 못한다 했다.

견문을 중시하는 사람은 이처럼 큰 지혜를 얻어 성장하고 더 나은 삶을 만들 수 있다. 『템페스트』에서 셰익스피어가 사람들로 인해 이 세상이 아름답다고 말한 것도 그런 사람들이 세상을 더욱 풍요롭고 살기 좋게 만들기 때문일 것이다.

아, 이 세상은 얼마나 근사한가.
이렇게 다양한 사람들이 있다니!

견문을 경시하는 사람을 종종 교만하다고 말하는데, 사실 교만함은 자신의 무지를 알지 못하는 우둔함을 전제한다. "스스로 우둔하다 생각하는 사람이 총명한 사람이며, 스스로 총명하다 생각하는 사람이 우둔한 사람"이라는 중국 속담이 이를 말하는 것이다. 들뢰즈는 교만이 곧 우둔함에 지나지 않음을 전제군주에 빗대어 이렇게 말한다.

어리석음은 동물성이 아니다. 동물은 바보가 되지 않는다. 전제군주의 머리는 황소 머리에 그치는 것이 아니라 또한 배의 머리, 배추나 감자의 머리이기도 하다. 그 누구도 자신의 이익의 원천보다 우월하거나 그 원천의 바깥에 서 있을 수 없는 법이다. 가령 전제군주는 어리석음을 제도화하지만, 그 자신이 그 체제의 첫 번째 하인이자 그 제도에 의해 구속되는 첫 번째 사람이고, 노예들을 부리는 자는 언제나 어떤 노예이다.
—질 들뢰즈, 『차이와 반복』(민음사, 2004), 334쪽

정주영이 종종 언급한 것처럼 사람들의 능력 차이라는 것은 사실 대단한 것이 아니다. 『꿈의 해석』에서 프로이트는 모든 인간이 꿈 앞에서 평등하다는 생각을 펼치면서 자신의 생각과 일치하는 한 소설의 구절을 인용해, "내가 올바르게 생각하고 있다면 나는 모든 인간이 나와 같이 창조되었다고 거의 믿는다"고 말했다.

정주영은 이 사실을 국내외의 많은 현장을 다니면서 경험으로 깨쳤다. 그가 보기에 인간의 타고난 능력이란 국적과 인종을 불문하고 대개 비슷해서, 같은 노력을 들인다면 그 차이 또한 크지 않다. 그러므로 견문이 넓은 사람일수록 교만함에 빠지지 않아 더 큰 능력을 갖추게 되니 그것이 곧 올바른 배움의 자세이기도 하다. 올바른 배움의 자세에 대해 법정 스님이 이에 대해 적은 바 있다.

얼마만큼 많이 알고 있느냐는 대단한 일이 못 된다. 아는 것을 어떻게 살리고 있느냐가 중요하다.

무학이란 말이 있다. 전혀 배움이 없거나 배우지 않았다는 뜻이 아니다. 학문에 대한 무용론도 아니다. 많이 배웠으면서도 배운 자취가 없는 것을 가리킴이다.

―법정, 『무소유』(범우사, 1999), 91쪽

정주영은 견문의 중요성을 확장하여 교육의 필요성을 강조한다. 제도 교육이든 기업 내 교육이든 교육은 사회적인 차원에서 넓은 견문을 지닌 인재를 확보하는 방법이기 때문이다. 교육에는 다양한 층위가 있으니 그중 부모의 교육이 으뜸이다. 정주영은 동서고금을 막론하고 부모의 교육 의지가 얼마나 뜨거운가에 따라 그 민족이 흥하거나 쇠하거나 한다고 생각했다. 교육이란 부모, 사회, 학교가 삼위일체가 되어 이끌어야 온전한 성과를 거둘 수 있는데 그중에서도 부모의 교육 의지가 첫째라고 했다.

이어 그는 초등 교육의 중요성을 강조한다. 초등학교 때 배운 것들이 인격의 기틀을 만들고 사물을 판단하는 능력의 기본 방향을 형성하기 때문이다. 그 자신 초등학교 때 읽었던 동화를 오래도록 기억했고 그 시절 겪었던 추억이 상상력을 풍부하게 하는 데 큰 도움을 주었다고 말한다. 또한 어린 시절 배운 지식과 정신이 자신의 인생에 깊은 교양으로 남아 일생 동안 사물을 판단하고 시련에 대처하는 기준이 되었다고 생각했다.

나아가 그는 인재 양성이 사회와 기업의 성패를 좌우한다고 주장한다. 21세기 고도 산업 사회의 밝은 미래를 약속하는 것은 바로 지적 가치를 갖춘 인재를 길러내는 일이다. 지적 가치를 지닌 인재란 자율적이며 창조적이고 미래 지향적 의식 구조를 지닌 인재를 의미하며, 새로운 사회의 요구에 예리하게 부응하고 새로운 가치관과 사회 구조의 변화에 능동적으로 대처할 수 있는 사람이다.

정주영은 기업에서 이러한 교육이 효율적인 인력 개발과 더불어 진행되어야 한다고 말한다. 아무리 우수한 인재가 넘친다 하더라도 그 잠재력 능력을 현재화시킬 수 있는 효율적인 인력 개발 없이는 아무 의미가 없다. 우리 사회는 이런 능력을 지닌 인력을 갈수록 절실하게 요구할 것이며 그러한 인력은 견문을 중시하고 교만에 빠지지 않는 사람들 가운데 나타날 것이다. 정주영 자신이 그런 과정을 거쳐 성장했기 때문에 그의 말이 오늘날 더욱 큰 울림으로 다가오는 것이다.

7. 도전

정주영의 일생은 실로 드라마틱한 도전의 연속이었다. 그의 삶 전체가 세계를 무대로 펼쳐지는 거대한 도전의 총화로 구성되어 있다. 이는 그가 내면화한 강력한 신념과 견문의 자세가 마르지 않는 에너지의 원천이 되어 그로 하여금 불굴의 도전 정신을 갖게 해주었기 때문이다. 정주영 자신도 이 특별한 에너지를 잘 알고 있어서, "인간의 모든 능력의 한계, 인간 자신이 한계라고 생각하는 모든 것에 도전하는 것이 나에게는 기쁨이며 보람"이라고 말할 정도였다.

도전하는 자세란 개척하고 혁신하여 어려움을 극복하는 것이다. 어려운 일에 뛰어들지 않으면 결국 도태되는 법이다. 숱한 어려움 앞에서 정주영이 주저앉지 않은 것은 어떤 어려움도 극복하겠다는 신념과, 모르면 배워서 극복할 수 있다는 견문의 자세가 갖추어져 있었기 때문이다.

그러므로 그는 "길이 없으면 길을 찾고, 찾아도 없으면 길을 닦으면서 나가면 된다"고 말했으며, 누가 제 경험과 지식만을 바탕으로 할 수 없다고 말하면 대뜸 "불가능하다고? 이봐, 해보기나 했어?" 하고 반문했던 것이다. 그 질문은 곧 신념과 견문의 부재에 대한 질책이요, 불가능을 가능으로 만들고자 하는 정신력의 부재에 대한 질타였다.

도전 정신은 정주영이 어릴 때부터 지녔던 근검성실과 정직, 그가 자라면서 다져간 신념과 견문의 자세를 철저히 내면화한 결과가 빚어낸 또 하나의 성품이었다. 그러므로 그는 주위 사람들에게 성공하려면 자기 수양을 멈추지 말라고 말한다. "생각은 행동이 되고, 행동은 습성을 만들고, 습성은 성품을 만들고, 성품은 인생의 운명을 결정한다"는 유명한 말은 정주영이 집요한 자기 수양을 거쳐 도달한 통찰이다.

그러한 수양은 소학교밖에 나오지 않은 정주영이 자신의 처지를 극복하기 위해 선택한 길이기도 하다. 그는 이 사회의 뿌리 깊은 학벌주의를 극복하기 위해 부단한 노력과 도전 말고 다른 길이 없다는 것을 자신의 체험으로 알고 있었다. 그래서 그는 세상이나 남을 탓할 시간에 자기 운명을 스스로 개척해나가려 했다. 그렇지 않았더라면 보통의 성취도 힘들었다고 그는 말한다.

또한 무엇이든, 필요한 것은 모두 다 배워 자기 것으로 만들고자 했고, 목표를 세우고 그에 상응하는 노력만 쏟아부으면 무슨 일이라도 할 수 있다는 신념을 길렀다. 미미한 학벌과 집안을 가진 자신이 그렇게 하여 성공했으므로 다른 사람이라고 그렇게 하지 못하란 법이 없는 것이다. 정주영은 이를 일반화하여, 인간은 누구나 스스로 한계라고 규정짓는 일에 도전해서 그것을 이루어내는 기쁨과 보람으로 살 수 있다고 말했다.

그렇다고 정주영이 아무 일에나 덮어놓고 덤벼든 적은 없다. 자신이 학식은 없지만 그 대신 남보다 나은 머리가 있고, 남보다 치밀한 계산 능력이 있으며, 남보다 적극적인 모험심과 의지가 있다고 믿었다. 나머지는 살아가면서 보충하면 된다. 이렇게 하여 치밀한 계획과 확고한 신념이 뒷받침되어야 도전을 성공으로 이끌 수 있다. 도전은 모험을 배격하는 것이다. 사람들이 현대를 두고 모험을 즐기는 기업이라 말할 때면, 정주영은 "현대는 모험을 한 일이 없다"고 반박한다. 대신 어떤 난관 앞에서도 치밀한 계획과 확고한 신념 위에 불굴의 정신을 밀고 나가기 때문에 실패를 모르는 것이라고 말한다.

만일 누군가 스스로 규정한 자기 한계에 파묻혀 지낸다면, 정주영은 자신처럼 탈출하라고 권한다. 상식에 얽매인 고정관념의 테두리 속에 갇힌 사람에게서는 아무런 창의력도 기대할 수 없다. 반면에 어려움을 스스로 극복하고자 하는 굳센 의지를 가진다면 그는 반드시 자신의 잠재 능력과 창의성을 끄집어낼 것이며, 자기 내부의 엄청난 에너지가 그의 도전을 뒷받침해줄 것이라고 생각한다.

사업에 뛰어든 이후 정주영은 언제나 도전하는 지도자였다. 그는 훌륭한 도전 정신에서 훌륭한 리더십이 나온다는 사실을 경험을 통해 알고 있었다. 먼저 도전하지 못한다면 남을 이끌 수 없고 그런 사람이 지도자가 되면 부하들은 불행해지게 마련이다. 이런 지도자의 성품에 대해 일찍이 중국 송나라 때 명재상인 범중엄은 "근심은 남보다 먼저 하고, 즐거움은 남보다 나중에 한다"는 말을 남겼다.

물건 때문에 기뻐하지 아니하고
자기 때문에 슬퍼하지 아니하며,
조정의 높은 곳에 거하면
곧 그 백성들을 걱정하고,
강호의 먼 곳에 있으면

곧 그 임금을 걱정하니,

이는 나아가도 또한 걱정하고

물러나도 역시 걱정하는 것이다.

그렇다면 어느 때에 즐거울 것인가

반드시 이렇게 말할 것이다 :

세상 근심을 먼저 걱정하고, 즐거움을 뒤에 기뻐할 것이니라.

범중엄은 가난한 집안에서 태어났지만 어릴 때 소원이 이 세상에서 불행한 사람을 구제하는 것이었다. 일찍이 신동으로 소문나 재상감이라는 말을 들었던 그였지만 이런 생각에는 변함이 없어서 오히려 의원이 되려고 노력하기도 했다. 범중엄은 후일 천하를 다스리는 지위에 올라서도 그러한 생각을 잃지 않고 선우후락(先憂後樂)이라는 말을 남긴 것이다. 살펴보면 세상 근심을 먼저 하는 것은 어려움에 임해 먼저 도전하는 것이며 그것이 곧 올바른 지도자의 모습이다.

도전은 우선 행동하여 혁신하는 것

도전은 먼저 행동하기를 주저하지 않는 것이다. 정주영은 스스로 남보다 먼저 행동하여 모범을 보였을 뿐만 아니라 이를 사업에 적용하여 '우선 행동'이라는 현대그룹 특유의 기업 철학을 만들어냈다. 치열한 기업 간의 경쟁에서 남보다 먼저 행동하지 않으면 작은 성공도 보장되지 않는다는 뜻이다. "똑똑하다는 사람들이 모여 앉아 머리로 생각만 해서 기업이 클 수는 없다. 기업이란 현실이요 행동함으로써 이루어지는 것이다. 우선 행동해야 한다."

사업에서는 먼저 말하는 것보다, 먼저 생각하는 것보다, 먼저 행동하는 것으로 결과가 평가된다. 괴테가 파우스트 박사의 입을 빌려 내뱉은 다음과 같은 독백은 우선 행동이 지닌 보편적인 중요성을 생각하게 만드는 명대사다.

> 태초에 말씀이 계셨다.
> 여기서 벌써 막혀버린다.
> 누구의 도움을 빌려 계속할 수 있을까?
> 나는 언어라는 것을 그렇게 높이 평가할 수 없다.
> 내가 올바른 계시를 받고 있다면
> 달리 번역해야 한다.
> 이렇게 써본다: 태초에 뜻이 있었다.
> 경망스럽게 붓이 미끄러지지 않도록
> 첫 행을 잘 생각해야 한다!
> 만물을 창조하여 움직이게끔 하는 것은 과연 무엇일까?
> 이렇게 써야 하지 않을까: 태초에 힘이 있었다.
> 하지만 이렇게 쓰고 있는 동안 이미
> 이래서는 안 된다고 경고하는 자가 있다.
> 정령의 도움이다! 갑자기 좋은 생각이 떠올라
> 차분하게 이렇게 쓴다:
> 태초에 행동이 있었다.

오늘날 기업가에게 모든 행동은 도전의 연속이다. 행동은 곧 도전이고 생각의 실천이다. 아무리 훌륭한 생각과 천하를 논할 학식을 가지고 있다 하더라도 실천되지 못하면 죽은 생각이고 파묻힌 학식이다. 이 실천은 곧 난관을 혁신으로 극복하는 실천이다. 정주영은 독립심을 가지고 혁신을 지속하는 정신 자세가 기업가 정신의 핵심이라고 말한다. 이 자세를 지키는 기업은 살아남고 그렇지 못한 기업은 살아남지 못한다는 것이다.

더불어 정주영은 혁신을 통해 그 효과가 자기 기업과 주변에 좋은 영향을 미칠 수 있도록 하는 사람만이 사업을 운영할 수 있고 기업을 운영할 자격이 있다고 말한다. 현대가 한국을 대표하는 대기업으로 성장할 수 있었던 것도 정주영이 이런 사람들을 전면에 내세우고 신임했기 때문이다.

그는 전후 한국 경제를 돌이켜보면서 전부가 안 될 것, 할 수 없는 것뿐이었다고 말한다. 자본도 자원도 기술도 없고 제대로 배운 경영자도 없었으며 자기 자신부터 경험과 능력이 부족했다. 그런데도 산업을 일으킬 수 있었던 것은 오로지 기업가들의 사고와 자세가 남달랐기 때문이라 보았다. 기업가들이 자신에게 부족한 모든 것을 창의성과 진취적인 모험심으로 노력하면서 채워나간 결과라는 것이다.

정주영은 우리 중공업을 중심에서 이끌어온 제철 산업을 예로 들어 설명했다. 포항제철을 처음 시작할 때 일본이나 서구 기업들은 성공하기 어렵다고들 입을 모았다. 그런데 1976년 준공된 포항제철은 모든 어려움을 스스로 극복하여 고로(高爐)를 세웠고, 해외로부터 원자재를 들여와 철을 만들어 되팔았으며, 1980년에는 제철 강국 일본에 100만 톤의 철을 팔 정도로 성장했다. 이어 제2제철을 만들어 그것도 보란 듯이 성공시켰다.

그 제철소를 바탕으로 정주영이 조선소를 만들겠다고 나서니 마찬가지로 불가능하다는 말이 빗발쳤다. 1만 톤급 배도 제대로 만들어보지 못한 한국에서 26만 톤급 배를 만들겠다고 한다며 비웃었다. 하지만 정주영은 죽어라 일하고 창의적으로 기지를 발휘하며 치밀하게 계산하여 조선소와 거대 유조선 두 척을 동시에 만들었다. 그 뒤 다 아는 것처럼 오늘날 한국 조선업은 세계 최고 수준으로 성장해 있다.

정주영은 단언한다. 남이 하고 남는 일을 하려면 할 수 있는 일이 없다. 남은 부분이 있을 수도 없지만 그렇게 해서는 절대로 발전할 수 없다. 사업의 기회는 진취적인 기상으로 도전하는 자에게만 주어지는 것이기 때문이다.

많은 난관들이 단순한 도전만으로 극복되지 않는다. 난관을 극복하는 도전은 지푸라기 하나를 붙잡고도 놓치지 않는 사고, 치열한 상상력을 바탕으로 하는 도전이며, 그렇게 해서 일어나는 것이 혁신이다. 이론과 계획이 벽에 부딪힐 때 무작정 포기하는 대신 단 1%의 가능성이라도 보인다면 도전하는 정신이 필요하다. 그리고 도전을 시작했으면 최선의 노력과 더불어 최선의 사고, 최선의 상상이 필요하다. 때로는 한 사람의 상상력이 종종 극단의 위기에서 사업을 일으켜 더 큰 기회를 만들어내도록 해준다. "상상은 가장 약한 몸에서 가장 강한 힘을 발하는 법"이다.

이처럼 사업의 큰 성취는 도전으로 얻는 것이나 그것은 어디까지나 제 분수를 알고 행할 때의 일이다. 자신의 능력을 과신하고 돌아가는 이치를 알지 못한 채 무턱대고 달려들어 낭패를 보는 것은 우리 주변에 허다하다. 제대로 된 기업가의 도전 자세는 항상 현실에 발을 딛고 현장을 근거로 삼아야 한다.

정주영은 일본 도시바를 일으킨 한 경영자를 예로 든다. 그는 항간에 영업의 귀재로 알려져 있었지만 실은 시간만 나면 생산 라인에 들러 기능공이 일하는 자세를 살피는 인물이었다고 한다. 문제점이 있다고 생각하면 그 자리에서 교육 부서에 전화해 이러저러한 내용을 가르치라고 지시했다. 이처럼 그때그때 생산 라인에서 지시하니 사무실에서 지시할 일이 없었다. 생산성 향상이나 자질 향상, 정신 자세 등 모든 것을 일선에서 직접 봐서 문제점을 정확하게 파악하니 해결책도 쉽게 찾을 수 있었다. 후일 그는 자서전에서 "완벽한 경영자는 일선에서 지시한다"고 적었다. 이렇게 해야 제대로 된 도전이 가능하다는 것이다.

기업가라면 일이 잘되는 것만 믿고 근거 없이 더 큰 일을 탐내다 기왕에 쌓아둔 성취마저 날려버려 재기조차 불가능하게 되지 않도록 조심해야 한다. 『주역』에도 항룡유회(亢龍有悔)라 하여 하늘 끝까지 올라간 용은 후회할 일이 생기니 조심하라 하지 않았던가. 성취가 클수록 자신을 드러내지 않고 세상과 어울려 함께하는 화광동진(和光同塵)의 자세로 업을 보전하는 일이 중요해질 것이다.

정주영은 기업인들에게, 자연의 섭리를 받아들이되 자연에 도전하고, 자연에 순응하되 창의로써 자연을 극복하라고 권한다. 그럴 때 무에서 유를 창조하고, 불가능한 것을 가능하게 하며, 버려진 것을 유용한 것으로 만들어 끝없이 새로운 부를 창조할 수 있다는 것이다.

8. 배려

옛날 옛적에 어느 부잣집 주인이 머슴을 데리고 꿩 사냥을 갔다. 때
는 겨울이라 짐승들이 나다닐 때가 아니라서 오전 내내 잡은 것이 겨우
작은 꿩 한 마리였다. 시간이 되어 꿩고기를 굽게 되었는데 주인이 보기
에 저 혼자 먹어도 모자랄 판이었다.

해서 주인은 꾀를 내어 머슴에게 일렀다. 모처럼 흥이 나니 각자 시
한 수 짓는데, 꿩고기로 내기를 하자는 것이다. 그런데 산에 왔으니 반
드시 높을 '고'자를 네 번 써야 한다는 것이다. 눈칫밥으로 이골이 난 머
슴이 그 의도를 모를 리 없지만 그렇게 하겠다 했는데, 주인이 잠시 시
상을 가다듬는 사이에 이렇게 말하는 것이 아닌가.

"익었고 설었고 배고프니 먹고 보자."

이렇게 '고'자가 네 번 들어갔으니 자기가 이겼다 하고는 잘 익은 꿩고
기를 싹 낚아채갔다. 하지만 머슴은 꿩고기를 반으로 뚝 잘라 하나를
주인에게 내밀며 말했다.

"나리야 잡수실 자격이 안 되지만, 글 지은 사람 창자나 글 못 지은

사람 창자나 배고프기는 매한가지 아니겠습니까요."

이 이야기의 전반부는 제 꾀에 제가 빠지는 주인을 풍자하고 있지만 후반부는 익살스러운 말로 배려심을 보여주는 머슴을 칭찬하고 있다.

정주영은 사업을 위해 평생을 바쳤지만 사업을 통해 그가 추구한 것은 부가 아니었다. 자신이 사업에 뛰어든 것은 가족을 위하고 사회에 좋은 영향을 미칠 수 있는 그만의 방법이라는 것이다. "의식주를 얼마나 잘 갖추고 누리고 사느냐가 문제가 아니라 얼마나 많은 사람에게 얼마나 좋은 영향을 미치면서 사느냐가 중요하다고 나는 생각한다." 이를 가진 자의 변명이라 비판할 수도 있겠지만, 평생 근검절약을 극단까지 추구했고 사회 활동에 적극적이었던 그의 행적을 보면 변명이라 치부하기에는 어려운 면이 있다.

정주영이 말한 좋은 영향은 곧 배려하는 태도를 확산하는 것이다. 배려는 나눔의 자세이고 봉사하는 마음일진대, 정주영은 어렸을 때는 부친으로부터 가족에 대한 배려의 중요성을 배웠고, 자라서는 동료와 직원에 대한 배려심을 키웠으며, 장성해서는 사회와 민족에 대한 배려심을 길렀다. 그리고 노년이 되자 아산재단을 설립하는 등 생활의 많은 부분을 사회에 대한 봉사에 바쳤고 이어 소떼 방북과 금강산 관광을 성사시키는 등 민족 통일에 대한 헌신으로 배려심을 실천했다.

정주영의 배려심은 부모에 대한 효심에서 비롯한다. 헌신적인 노동을 통해 가족을 책임지려 한 부친의 배려심은 장남인 정주영에게 존경심과 더불어 깊은 인상을 남겼고, 후일 정주영이 자신의 배려심을 키우는 데 마르지 않는 원천이 되었다.

예를 들어 정주영이 자신을 고집스럽게 '노동자'라 부르는 배경에는 노동자에 대한 배려심이 있다. 정주영은 가출한 뒤 여러 노동판에서 노동자들과 어울려 일하며 힘겹지만 즐거운 추억을 만들었다. 사업을 시작하면서부터는 현장에서 노동자들과 함께 먹고 일하고 때로 배우며 어울렸다. 청춘을 노동판에서 노동자들과 고락을 함께한 경험은 그로 하여금 노동에 대한 남다른 애착을 키우게 했고, 사업을 확장하면서도 늘 현장에 머물러 있던 그에게 함께 일하는 직원들은 부하가 아니라 미래를 같이 짊어질 동반자였다.

후일 현대는 이런저런 노사 문제에 부딪히는데 그때마다 정주영은 노동자와 거리를 두려는 간부들을 질책했다. 현대의 임원이나 간부들이 노동자들을 두려워하고 직원을 가려 편애한다면 이는 자신의 뜻과 다른 것이다. 사람은 모두 평등하니 똑같이 평등하게 대해야 한다. 우리 사회가 모두 그렇게 평등한 노사 관계를 이룬다면 그 사회야말로 위대한 사회다. 당나라 시인 한유가 일시동인(一視同仁)이라 썼고 공자는 "큰 도가 행해지면 자기 부모만을 부모로 생각하지 않고, 자기 자식만을 자식으로 생각하지 않는다"고 했는데 모두 같은 말이다. 인간은 배려심을 가질 때 비로소 위대해지기 때문이다.

사회에 대해서도 마찬가지로 말할 수 있어서. 정주영은 배려심이 건강한 사회를 만드는 데 필수적인 요인이라고 주장한다. 예를 들어 그는 자녀들에게 공부하라는 말보다 정서에 호소하는 교육이 더 필요하다고 주장한다. 학교에 가서 청소라도 구석구석 잘하고, 외톨이가 되어 있는 아이에게 먼저 말을 걸고, 아픈 아이가 있으면 찾아가보라는 것을 먼저 가르치는 것이 배려심을 높이는 교육이다. 우리의 미래는 갈수록 기계화, 산업화되어갈 것이기 때문에 사람들은 더욱 이기적으로 되기 쉽다. 그러나 모두들 자기 이익만을 생각한다면 사회는 메말라버리고 그렇게 해서는 단합된 힘을 가질 수 없어서 국가가 발전할 수 없는 것이다.

『채근담』에 "남의 허물을 책망하는 데 너무 엄하게 하지 말라"는 경구가 있다. 상대방이 그 말을 받아서 감당할 수 없을 지경에 이르게 한다면 그것은 배려하는 자세가 아니기 때문이다. 또 이르기를 "남을 가르칠 때 선으로써 하되 지나치게 높은 것으로 하지 말라"고 했다. 가르치려 한다면 상대방으로 하여금 따를 수 있게 해야지 위압을 가하는 것은 역시 배려하는 자세가 아니다.

정주영은 사적 관계에서도 배려심을 잃지 않고자 늘 조심했다. 어느 날 그에게 한 교수가 항간에 떠도는 유명 인사의 치부를 자랑 삼아 전했다. 그 말을 듣고 정주영이 말했다.

"그런 얘기로 우리 귀 더럽히지 맙시다. 남이 쓰러졌을 때 짓밟는 것은 아주 나쁜 취미예요."

기업을 하면 경쟁을 하기 마련이고 그러다 보면 경쟁에 진 상대방이 쓰러질 수 있지만 그렇다고 밟을 것까지는 없다. 더욱이 잠시 어려움에 처한 기업이라고 싹을 자르려 드는 것은 조금의 배려도 없는 탐욕에 불과하니 정주영은 그런 식의 경영 행태를 극도로 싫어했다. 그는 늘 "기업 경쟁은 정당해야 하고 무리해서는 안 되며 수단과 방법은 합리적이어야 한다"고 주장했다.

그는 관권이 난무하던 5공 치하에서도 기업이 자유 경쟁을 통해 성장해야 함을 떳떳하게 주장했다. 스스로 잘 크는 기업이 잠시 어려움에 처했다고 그 틈을 타 인수합병하는 일을 경멸했다. 그것은 정당한 기업 활동이 아니기 때문이다. "승리를 좋아하는 사람은 문제가 정당한 것인가 하는 점은 개의하지 않고 오직 자신의 주장을 확신시키고자 애를 쓴다"고 소크라테스는 말했다. 개인이건 기업이건 이렇게 해서 배려심을 잃는다면 외부의 비난에 직면할 것이며 그 결과는 결코 바람직하지 않을 것이다.

9. 낙관

낙관은 멀리 내다보아 통찰하며 항상 희망을 가지고 가능성을 믿는 것이다. 정주영은 지칠 줄 모르는 도전과 그로 인한 성취로 말미암아 일찍부터 세상을 낙관적으로 보는 성격을 길렀다. 그런데 이러한 성격은 거슬러 올라가면 그의 어릴 적 생활에 뿌리를 둔 것이다.

어릴 적에 그는 물질적으로 가난했고 어려운 처지에 있었지만 자신이 불행하다고 생각한 적이 없었다. 우선 부모님으로부터 다행스럽게도 건강한 몸을 물려받아 아무 불편함 없이 일할 수 있었다.

소학교 시절에 아버지의 손에 이끌려 논밭으로 나가 손이 부르트게 일하면서도 그는 항상 즐거운 생각을 했다. 피곤하게 일하고 나면 밤에 잠을 달게 잘 수 있으니 그것이 좋다 생각했고, 배가 고프면 밥맛이 있어 좋았고, 긴 시간 일하고 산을 내려가면 온몸으로 시원하게 불어오는 바람을 즐겼다. 그는 지난날 자신을 돌아보면 이처럼 거의 매일이 희열과 흥분의 연속 같았다고 말했다.

그렇게 어린 시절을 나름대로 만족하고 행복하게 느끼며 살아왔던 그는 도회지로 나와서 늘 새벽에 일찍 일어나는 것으로 하루를 시작했다. 그날 할 일이 즐거워 기대와 흥분으로 마음이 설레었기 때문이다. 아침에 일어날 때의 기분이 소학교 때 소풍 가는 날 아침의 그것과 같았다고 한다. 또 밤에는 항상 숙면할 준비를 갖추고 잠자리에 들었다. 날이 밝을 때 일을 즐겁고 힘차게 해치워야겠다는 생각 때문이었다. 궂은일은 극복하는 즐거움이 있었고 좋은 일은 그 자체로 즐거움이었다.

장성한 뒤 그는 대한민국에 태어난 것을 행복하게 생각하며 살았다. 우리나라는 사계절이 뚜렷한데 여름은 여름대로 좋고 겨울은 겨울대로 좋다. 계절이 바뀔 때마다 느끼는 환희와 기쁨은 말할 수 없을 정도다. 그러면서 가정과 사회를 위해 조금이라도 보탬이 되려고 노력할 수 있으니 그 또한 즐거웠다.

그처럼 행복감을 느끼며 살 수 있었던 것은 그가 이 세상을 아름답고 밝고 희망적으로, 긍정적으로 보았기 때문이다. 같은 위치에서 같은 사물을 바라보면서도 어떤 사람은 골치 아프게 생각하고 어떤 사람은 기쁘게 생각한다. 세상을 부정적으로만 보는 사람은 태양 아래서 일할 때의 고통만 생각하지 그늘 밑에서 바람을 쐴 때의 행복감을 생각하지 않는다. 더우면 더워서 싫고 추우면 추워서 싫다. 정주영은 그 생각을 뒤집어보라고 권한다.

정주영은 사람에게는 한 생애를 살아가면서 긍정적인 사고를 지니는 것이 절대적으로 중요하다고 생각한다. 긍정적인 사고를 가져야 즐거울 수 있고 발전할 수 있다. 부정적이고 비관적인 마음은 성장과 발전을 가로막는다. 인간이란 누구나 자기 문제를 스스로 해결할 수 있는 능력을 가지고 있기 때문에 열심히 노력만 하면 어떤 문제라도 해결할 수 있다고 생각한다.

그런데 이를 해결하지 못하는 것은 세상을 부정적으로 보면서 불편과 원망, 증오로 시간을 허비하기 때문이다. 건강하게 태어난 사람이 불평이나 일삼고 무엇을 부러워하고 원망하는 것은 자신에 대한 자학일 뿐이다. 세상을 밝게 보고 사회에 보탬이 되고자 하면 할 일이 태산같이 많은데 남을 부러워하거나 원망할 사이가 어디 있겠는가.

정주영은 한 의사로부터 이런 이야기를 들은 적 있다. 하루는 사업을 하는 사람이 찾아와 자기는 귀가 못생겼으니 부처님 귀처럼 복스럽게 만들어달라는 것이다. 그래서 수술을 해주었더니 그 뒤로는 그 사람의 사업이 아주 잘되더라는 것이다.

그는 이런 변화가 생긴 것은 인공적인 수술이 그 사람의 관점을 바꾸어주었기 때문이라고 생각했다. 수술을 통해 긍정적인 생각을 하고 자신감을 가졌기 때문에 연구에 매진하고 더욱 노력하여 마침내 성공할 수 있게 된 것이다.

부정적으로 생각하는 사람들은 거들떠보지도 않는 일을, 긍정적으로 생각하는 사람들은 붙잡고 매달려 기어이 가능한 길을 찾아낸다. 정주영이 보기에 인류 역사의 발전도 이처럼 긍정적인 사고를 가지고 가능하다고 생각하는 사람들이 만들어나가는 것이다.

무슨 일이건 가능하다고 생각하지 않는 사람에게 가능한 일은 없다. 가능하다 생각하고 가능한 목표를 세우고 노력하는 사람만이 일을 성공으로 이끈다. 국가도 마찬가지다. 가능하다고 생각하는 민족만이 국가를 부흥시킬 수 있다. 그는 이것을 엄연한 진실이자 인류 생활 발전의 철칙이라 믿었다.

그러므로 일을 이루려면 낙관적인 자세로 가능성을 찾아 어떻게든 이룰 수 있다는 뜻을 가지는 것이 중요하다. 그와 같은 뜻과 신념을 가지고도 이루지 못할 것은 없다. 가능성에 대해 의심하거나 이유 없이 좌절하고 부정적인 생각으로 실망하지 않는다면 누구든 자기의 뜻을 이룰 수 있다. 이렇게 하여 "시련은 있어도 실패는 없다. 나는 생명이 있는 한 실패는 없다고 생각한다. 내가 살아 있고 건강한 한 나한테 시련은 있을지언정 실패는 없다. 낙관하자. 긍적적으로 생각하자"라는 정주영의 유명한 말이 탄생했다.

정주영은 사업가에게도 낙관적인 자세는 필수라고 말한다. 심지어 항상 낙관하는 자세야말로 사업가를 다른 사람들과 구별하게 하는 중요한 특징이라고까지 말한다. 정주영에 따르면, 미래에 대한 확신과 낙관은 기업하는 사람들에게 거의 본래적인 속성이다. 오늘 투자하면 내일 반드시 이윤을 낸다는 확신과 미래에 대한 신뢰 없이는 기업을 할 수 없다고 말한다.

그러므로 그에 따르면 한국 경제가 지난 20세기에 눈부신 속도로 발전한 것 역시 우리 기업가들, 나아가 우리 민족의 낙관성이 힘을 발휘한 덕이다. 이렇다 할 산업 기반도 경험도 없는 데다 그나마 있던 기반마저 전쟁으로 폐허가 된 것이 초기 한국 사회의 모습이었다. 제대로 된 것이라고는 눈 씻고 찾을 수 없는 산업의 폐허 속에서 우리는 전인미답의 산업화를 성취했다. 함께 시장 경제에 편입된 많은 후발 국가들의 부러움을 한 몸에 받은 성취였기에 더욱 빛난 것이었다.

이처럼 무에서 유를 창조한 경험이 있는 민족이므로 우리의 미래를 낙관적으로 생각할 수 있는 것이 지금의 현실이다. 그러므로 우리가 마음만 먹는다면 오늘 선진국들이 이룩한 발전상을 성취하지 못할 이유가 없다. 우리 각자가 자기 위치에서 원대한 이상을 가지고, 올바른 생각을 가지고, 자기 일에 성실하며, 남들보다 더 능률적으로 일하고, 보다 선한

방향으로 일을 하게 되면 얼마든지 가능한 미래이다. 그리하여 정주영
은 한국 사회의 구성원들에게, 자신이 그렇게 하여 성공한 것처럼 낙관
적인 자세를 가지고 뜻을 세워 밀고 나가기를 간절히 주문한다.

10. 순수

소설가 박경리는 정주영에게서 소년과 같은 순진함을 느꼈다고 평가한 적이 있다. 그 순진함에서 사물을 대하는 예리하고 풍부한 감성이 나오는데, 그것으로 그는 사물의 본질을 단박에 파악하는 능력을 갖추게 된 것 같다고도 했다.

분명 정주영에게는 그런 차원의 순수함이 있었다. 다만 그의 순수함은 기업을 일으켜 성공하고자 하는 욕망으로 이어졌고, 그는 이 순수한 욕망으로 인해 자신이 일군 기업의 성공을 위해 뒤도 옆도 돌아보지 않고 오직 앞만 보고 달렸다고 말할 수 있다. 그 결과 정주영은 한국에서 가장 순수한 자본주의적 기업가가 되었고, 자신의 모든 삶을 자신의 기업, 즉 현대그룹에 내던졌다.

박경리의 말처럼 그는 순진한 심성으로 사물의 본질을 파악하는 데 탁월한 능력을 가졌고 이 능력을 기업에 적용하여 기업의 본질을 누구보다 예리하게 꿰뚫었다. 이 순진함이 곧 기업을 대하는 그의 순수한 통찰이라 할 수 있다.

순수함은 사물의 잡다한 치장을 무시하고 그 근원에 직접 닿는 힘이다. 순수한 눈에는 사물이 온전히 그 자체를 드러내고 어지러운 눈에는 사물이 제 모습을 드러내지 않는다. 그러므로 순수함의 깊이는 사물의 전모를 파악하는 통찰력의 정도를 결정한다. 우리 마음이 순수함 대신 탐욕과 망상에 사로잡혀 있다면 사물의 본모습을 제대로 볼 수가 없다. 이에 대해 부처도 비유를 들어 질문한 바 있다.

"여기 통 안에 물이 있다. 하자. 그 물이 불에 데워져 부글부글 끓고 있다든지, 또는 이끼나 풀로 덮여 있다든지, 바람이 쳐서 물결이 일고 있다든지 하면, 그 통 안의 물은 사물의 모습을 여실히 비출 수 있겠는가?"

순수함은 불필요한 꾀를 내지 않고 사소한 유불리를 따지지 않기 때문에 때로 우직함으로 보이기도 한다. 정주영은 종종 자신은 순수함에서 우러나와 하는 일인데 남들로부터 우직하다는 말을 듣게 된다며 억울해하곤 했다.

그 우직함을 보여준 일화가 있다. 정주영이 통천 동향에다 나이까지 같은 대농그룹 박용학 회장과 설악산 오대산 월정사에 들렀을 때 일이다. 대웅전에 이르렀는데 박 회장은 밖에서 기다리고 그는 불단 앞에서 절을 시작했다. 30분이 지나도록 그가 나오지 않으니 기다리다 못한 박 회장이 대웅전 문을 열었다. 정주영은 그때까지 절을 하고 있었고, 한참을 더 절한 다음에 나왔다.

박 회장이 농으로 "부처님께 무조건 절 많이 한다고 좋은 줄 아는가?" 하고 물었다. 정주영은 "그래도 내 나이만큼은 해야 하지 않겠나" 하고 웃었다. 당시 그의 나이 일흔이었으니 박 회장은 그 정도 절한 줄 알고 "얼마나 많은 죄를 지었기에 그렇게 많이 하누? 그런다고 죽어서 천당에 갈 수 있을 것 같나?" 하고 물었다. 그러자 정주영은 "사실 나보다 자네가 극락에 갈 수 있도록 빌다 보니 이렇게 오래 걸린 게 아닌가." 하고 답했다. 두 사람의 나이를 합쳐 140배를 올렸다는 말인데, 따져보면 젊은 장정도 쉽지 않은 횟수였다.

지극한 순수함이 차분하고 평온한 마음에 이르면 사물을 관조하며 집중하여 생각함에 흔들림이 없게 만든다. 이러한 마음을 담담한 마음이라 하며 정주영이 특별히 좋아했다. 제갈량이 즐겨 쓴 담박함과도 통하는 이 말을 정주영은 스스로 정의하여 "담담한 마음이란 무슨 일을 할 때 착잡하지 않고 말이나 생각이 정직한 상태를 말한다. 담담한 마음을 가질 때 태도도 당당하고 굳세고 의연해진다"라고 했다. 실제 정주영은 중요한 의사 결정을 내릴 때면 지갑에 넣어둔 이 문구를 꺼내 들었고, 때로는 아래와 같은 친필 붓글씨를 써 사람들에게 선물하기도 했다.

淡淡한 마음을 가집시다.
淡淡한 마음은 당신을
굳세고 바르고 총명하게
만들 것입니다.

—아산 정주영

1970년대 중동 건설 현장에서도 이 문구가 어김없이 등장할 정도였으니 그가 담담한 마음을 얼마나 중시했는지 알 수 있다.

기업인 정주영이 아닌 개인 정주영을 만난 사람들은 그의 순수함을 달리 기억하기도 한다. 방송 작가 김수현은 정주영과 20년 동안 다양한 모임에서 만나 그에 대해 많은 기억을 남겼는데, 그중 이런 글이 있다.

설립자의 첫인상은 상상 이상이었다. 굉장히 재치 있고, 센스가 좋으시면서 유머 감각이 있으셨다. 머리 회전이 우리들보다 나으셨고, 순발력도 아주 뛰어나다는 인상을 받았다.

첫 만남에서 지금도 기억에 남아 있는 대화가 하나 있다. 그날 식사를 하면서 PD가 "열악한 환경에서 드라마 제작을 하고 있다"고 아주 장황하게 설명했다. 그 말을 듣는데 내가 짜증이 나서 "그런 말을 왜 여기서 하느냐? 그냥 밥이나 즐겁게 먹고 가자"고 쏘아댔다.

그랬더니 설립자가 "제가 돈이거든요" 하시는 거였다. 그 말씀을 들으면서 상당히 놀랐고, 솔직히 말하자면 그런 가식 없는 말투가 마음에 들었다.

난 설립자를 내성적인 분이라고 생각했다. 게다가 상당히 문학적이시다. 눈이 많이 오면 "눈 구경 갑시다" 하시며 갑자기 눈 쌓인 대관령 같은 곳으로 가곤 하셨다. 뭐라고 한마디로 정의가 되지 않는 분이시다.

–『아산의 향기』(아쓰사회복지재단, 2015 가을호), 39–40쪽

정주영은 기업도 기업 나름의 순수함을 유지해야 한다고 믿고 이를 실천하려 애썼다. 그가 말하는 기업의 순수함이란 곧 사회에 부끄럽지 않은 깨끗한 기업이 되는 것과 통한다.

나의 평생 좌우명은 '근면하고 깨끗하며 정직하게 살아야 한다'는 것입니다. 나는 기업을 경영할 때도 '큰 기업'에 앞서 '깨끗한 기업'이라는 평가가 내려지기를 진심으로 바랐습니다. 개인도 기업도 사회도 깨끗해

야 나라도 발전하고 번영하는 법입니다. 다 같이 깨끗하면 누구나 나라 발전에 보탬이 되고자 하는 순수한 의욕이 불타오르게 되며 이 의욕이 실천으로 옮겨질 때 비로소 알찬 결실을 거두게 된다는 것이 나의 확신입니다.

-부록-

정주영 소전기

아산 정주영은 1915년 11월 25일 강원도 통천군 송전면 아산리에서 부친 정봉식과 모친 한성실 사이의 6남2녀 중 장남으로 출생하였다. 어릴 때 조부로부터 한문을 배우면서 『천자문』, 『동몽선습』, 『명심보감』, 『소학』, 『대학』, 『논어』, 『맹자』 등을 익혔다. 1924년 송전소학교에 입학하여 1930년 3월 전교 2등으로 졸업하였다. 동네 구장 집에 배달되는 동아일보를 통해 세상 소식을 접했는데, 이광수의 『흙』에 특히 매료되었다. 집안의 가장으로 형제 가족들까지 돌보며 밤낮을 가리지 않고 일하는 부친의 근면성실함은 이후 삶에 결정적인 영향을 미쳤다.

1931년 7월 도시로 나가 성공해서 돌아오겠다고 결심한 끝에 가출하여 원산 고원 철도공사장에서 일했다. 하지만 두 달 뒤 그를 찾아낸 아버지에게 이끌려 집으로 되돌아갔다. 1932년 다시 가출하여 금화에서 일하다 되돌아왔다. 친구들과 서울로 향하던 도중 강을 건너야 했는데 뱃삯이 없었다. 무턱대고 배를 탄 일행은 사공에게 따귀를 얻어맞았는데 어쨌든 강을 건넜다며 좋아했다고 한다. 이어 부친이 소 판 돈 50원 등을 훔쳐 세 번째 가출하여 서울에 도착, 경성실천부기학원에 등록하고 기숙사에서 지내며 공부하였다. 이번에도 부친이 그를 찾아냈다. 부자는 함께 처음이자 마지막으로 동물원 구경을 하고 귀가했다.

1933년 네 번째로 가출하였다. 먼저 도착한 인천부두에서 등짐 지는 일을 했다. 당시 합숙소에서 생활했는데 빈대가 들끓었다. 빈대를 피하려고 탁자 위에서 자기도 하고 냄비에 물을 떠 탁자 다리를 그 위에 올려두고 자기도 했지만 빈대도 방법을 짜내 달려들었다. 이 일을 '빈대의 교훈'이라 하여 후일 자주 언급했다. 이어 서울로 옮겨 보성전문학교(현재 고려대학교) 교사 신축공사장에서 막노동하다 이어 풍전 엿공장에 취업하였다. 가출 당시 정주영의 소학교 친구이자 부농의 아들인 오인보가 그를 도왔는데, 오인보는 후일 '현대자동차공업사'의 창립멤버가 되는 등 평생 각별한 사이를 유지했다.

1934년 서울 인현동 쌀가게 복흥상회에 취업하여 처음으로 안정적인 직장 생활을 시작하였다. 1936년 1월 점원으로 일하던 중 고향으로 가서 송전면장의 장녀 변중석과 결혼하였다. 1938년 1월 복흥상회 주인이 불성실한 아들에게 실망하여 정주영에게 가게를 물려주었다. 가게 이름을 경일상회로 고쳐 재개업했으니 이것이 그의 첫 사업체이다. 1939년 12월 일본 총독부가 전시 체제령을 내려 쌀 배급제를 실시함에 따라 경일상회는 폐쇄 당하였다.

1940년 3월 합자하여 서울 아현동 애오개 고개의 자동차수리공장 아도서비스를 인수하였다. 얼마 뒤 화재로 공장이 전소되어 전 재산을 날리고 말았다. 당시 재력가인 오인보에게 돈을 빌린 처지였는데 다시 그를 찾아가 설득해 재차 돈을 빌려냈다. 신설동으로 옮겨 다시 개업했고 후일 약속한 대로 돈을 갚았다.

1943년 일본이 전시 체제의 일환으로 아도서비스를 일진공작소와 강제 합병하자 아산은 회사를 그만두었다. 이어 화물차 30대를 구입하여 황해도 수안군 홀동금광과 광석 운반 하청계약을 맺고 일했다. 1945년 5월 홀동금광 하청권을 인계하고 낙향하였다. 8월 15일 해방이 되었는데, 금광을 떠난 덕에 소련군에 끌려가는 화를 면할 수 있었다.

1946년 4월 서울 중구 초동 106번지에 현대자동차공업사를 설립하였다. 수금하는 과정에서 자동차수리업보다 토건업이 더 큰 돈을 벌 수 있음을 알게 되어 토건업에 뛰어들기로 마음먹었다. 1947년 5월 25일 결심한 대로 현대토건사를 설립하였다. 이후 건설업에 대한 애착은 매우 강해서 "건설업은 즉각적인 결정이 중요하다. 시간이 곧 돈이기 때문이다. 무리한 결정이라 할지라도 성공에 대한 확신이 있으면 나는 결정에 주저하지 않는다"는 말을 남겼다. 1948년 9월 대한자동차공업협회 이사로 피선되었다.

1950년 1월 10일 현대자동차공업사와 현대토건사를 합병하여 서울 중구 필동 1가 41번지에 현대건설을 설립했다. 6월에 6·25 전쟁이 터져 가족과 헤어져 손으로 보트를 저어가며 동생과 함께 부산으로 피란했다. 7월에는 현대상운주식회사를 설립했다. 통역관이 된 동생 인영의 소개로 미군 공사를 맡기 시작했다. 미군 10만 명을 수용할 막사를 성공적으로 지어 신임을 얻었다. 아이젠하워 방한에 맞춰 공구 상가에서 자재를 조달하여 서양식 숙소를 만들고, 한겨울에 미군 묘지를 잔디 대신 보리로 파랗게 단장하는 등 기지를 발휘하여 미군의 신임을 얻었다. 이후 미군 공사를 독차지하여 사세가 급성장했다. 1952년 4월 대한토건협회의 대의원과 이사에 피선되었다.

1953년 4월 낙동강 고령교 복구공사를 착공하였다. 1954년 8월 서울로 돌아와 소공동 삼화빌딩 사무실을 임대하여 현대건설 본사 사무실을 마련하였다. 그러나 고령교 공사에서 예상하지 못한 어려움에 부딪혀 일대 위기를 맞았다. 치밀한 계산이나 장비 없이 일을 시작한 탓에 공사 진척이 어려웠고, 물가가 치솟은 데다 화폐개혁까지 실시되어 비용을 감당할 수 없는 처지가 되었다. 동시에 진행하던 조폐공사 일도 적자를 내게 되었다. 가족들의 집과 공장 땅을 팔고 빚까지 내서 공사를 계속했다. 1955년 5월 당시로서 거금인 6500만 환의 손실을 내며 공기를 2개월 넘긴 채 낙동강 고령교 복구공사를 완공하였다. 이 일을 겪은 뒤 "사업은 망해도 다시 일어설 수 있지만, 인간은 한번 신용을 잃으면 그것으로 끝이다"라는 말을 강조했다. 고령교 공사를 완공한 덕에 현대건설의 신용이 올라가 이후 정부 수주량이 대폭 늘어났다.

1957년 9월 전후 최대 단일공사였던 한강 인도교 복구공사를 착공했다. 1958년 5월 제1한강교를 준공한 공로로 내무부장관 표창장을 수여하고 8월 금강스레트 공장을 설립하였다. 1959년 6월 건국 이래 최대 공사였던 인천 제1도크 복구공사를 착공하였다. 1961년 1월 중구 무교동

92번지 소재의 무교동 사옥을 준공하여 창사 14년 만에 사옥을 소유하고 8월 대한상공회의소 특별위원이 되었다. 1962년 6월 단양시멘트 공장을 착공하고 8월 대통령 산업포장을 수상하였다. 그 해 현대건설이 국내 건설업체 중 도급 한도액 1위를 차지하였다. 1963년 7월 전국경제인연합회 이사가 되고 10월에 한국건설공제조합 운영위원에 뽑혔으며 12월에는 건설 발전에 기여한 공로로 대통령 표창장을 받았다.

1964년 6월 연산 20만톤 규모의 단양시멘트공장을 준공하였다. 그가 사정없이 몰아붙인 결과 예정된 공기를 6개월 단축해 1964년 6월 준공식을 올렸다. 이 공장에서 호랑이표 시멘트를 내놓으면서 이후 그에게 '호랑이'라는 별명이 붙었고, 단양시멘트공장은 업계에서 '공기 단축'의 상징이 되었다. 이 회사는 1970년 1월 현대시멘트주식회사로 독립해 당시 최우수업체로 올라섰다. 1965년 2월 수출에 기여한 공로로 대통령 표창장을 받고 4월에 한국무역협회 이사에 뽑혔다. 9월 30일 국내 건설업체 최초의 해외진출 기록을 세우며 태국의 파타니 나라티왓 고속도로 공사를 수주하였다. 12월 제2한강교(현재 양화대교)를 준공하였다.

1967년 4월 소양강 다목적댐 공사에 착수하였다. 이 공사는 애초 일본 교에이사(社)가 제안하여 추진된 것인데, 교에이사는 콘크리트 중력댐으로 건설할 예정이었고 정부도 그 방침에 따라 발주 계획을 공포했다. 하지만 현대건설은 그럴 경우 댐이 충격에 약해지며 자재 수입으로 공사비 또한 막대하게 든다는 점을 들어 사력댐을 제안했다. 논란 끝에 박 대통령이 사력댐을 지지함에 따라 공사는 현대건설에 돌아갔다. 7월에 서울상공회의소 대의원, 이어 전국경제인연합회 부회장에 뽑혔다. 10

월에 세운상가 아파트를 준공하였고, 12월에 아시아건설업자 대회에서 우수건설상을 받았다. 12월 29일 현대자동차주식회사를 설립하였다.

1968년 2월 경부고속도로를 착공하고 5월 2일 태국 파타니 나라티왓 고속도로 공사를 준공하였다. 경부고속도로 건설을 선거 공약으로 내걸었던 박정희 대통령의 지대한 관심 속에, 그는 밤잠을 설쳐 가며 공사현장을 지휘했다. 옥천 공구의 당재 터널 공사 때는 흙벽이 계속 무너져 공기를 넘길 위기에 처했는데, 인력을 세 배로 투입하고 단양 공장에서 조강시멘트를 대량생산하여 위기를 넘겼다. 이와 같은 일련의 고비를 해결하면서 "길이 없으면 길을 찾아야 하며, 찾아도 없으면 길을 닦아 나아가야 한다"는 말을 남겼다. 이 무렵 포드사와 자동차 조립 기술협정을 체결하고, 11월 현대자동차 첫 승용차인 코티나를 생산하였다. 12월 경인고속도로를 준공한 공으로 대통령 표창을 받았다.

1969년 1월 현대건설 회장에 취임하고, 한국지역사회학교 후원회장이 되었다. 12월에 수출산업 발전에 기여한 공로로 대통령 표창을 수상하고 삼일고가도로와 문화방송국 사옥을 비슷한 시기에 준공하였다. 12월 31일 제3한강교(현재 한남대교)를 준공하였다.

1970년 1월 현대시멘트주식회사를 설립하고 2월에 울산공과대학을 설립하였다. 6월 27일 세계 고속도로 건설사상 가장 **빠른** 공기로 경부고속도로의 전 공정이 완료되었는데, 현대건설이 공정의 5분의 2를 맡았다. 8월 15일에는 남산 제1호 터널을 준공, 10월 9일 고리원자력 1호기를 착공하고, 이어 10일에는 서울타워를 준공하였으며, 12월 12일 경부고속도로 전 구간 준공식을 가졌다. 이 공로로 대한민국 동탑산업훈장을 받았다. 12월 20일에 호남고속도로를 준공하였으며, 31일에는 마포대교를 준공하였다. 1971년 2월 현대그룹 회장에 취임하고 6월 15일 금강개발주식회사를 설립하였다. 10월에는 미 알래스카 허리케인 교량 공사를 준공하고, 12월 5일 통일로를 준공하였다.

1972년 3월 23일 총 투자액 8천만 달러로 현대조선소(현재 현대중공업주식회사) 기공식을 가지고 제1호 유조선을 착공하였다. 7월 1일에 잠실대교를 준공하고 9월 30일 현대자동차 울산공장을 준공하였다. 조선소 설립은 박정희 대통령이 직접 불러 요청한 것인데 처음에는 가능성이 없다 보고 거절했으나 재차 요청을 받자 미포만 해변 사진과 외국 회사에 의뢰해 받은 설계도를 들고 구미 각국으로 자금을 구하러 다녔다. 영국 은행 측과 대면하여 거북선이 그려진 지폐를 보여주며 설득했다는 이야기는 너무도 유명한 일화다. 이어 선박왕 오나시스의 처남 리바노스와 대면하여 수주계약을 따냈고, 이를 근거로 영국으로부터 차관 도입을 성사시켜 조선소 건설과 유조선 제작을 시작했다. 조선소 건설 당시 특유의 뻘 지형으로 매립이 되지 않자 폐선 두 척을 착저시켜 공사를 계속할 수 있었는데, 이 방식은 후일 서해안 천수만 물막이 공사에 응용되었다. 현대조선소 건설로 그의 명성은 세계적으로 알려졌고, 그가 애용하던 "이봐, 해봤어?"라는 말이 대유행어가 되었다.

1973년 2월 창원종합기계공장을 준공하고 3월에 울산조선소 1호 유조선 기공식을 가졌다. 4월에 금탑산업훈장을 받았으며 9월 10일 남해대교를 준공하였다. 12월 15일 소양강다목적댐을 준공하고 28일 현대조선공업주식회사를 설립하였으며 31일 호남·남해고속도로를 준공하였다. 1974년 2월 11일 현대엔지니어링을 설립하고 26일 현대자동차서비스를 설립하였다. 6월 28일 26만 톤급 대형 유조선 2척을 건조함과 동시에 역사적인 울산조선소 준공식을 가졌다. 더불어 한·영 경제협력위원회 한국 측 위원장에 위촉되었다.

1975년 '중동 진출 원년'을 선언하고 사내에 아랍어 강좌를 실시하는 등 채비를 갖추었다. 당시 정부 관료들이 중동 환경이 열악하여 진출이 어렵다고 했는데, 그는 현지조사를 마치고 대통령에게 "중동은 비가 오지 않으니 1년 내내 공사를 할 수 있고, 건설에 필요한 모래자갈이 지천으로 널렸고, 낮에는 천막 치고 자고, 밤에 일하면 된다"고 보고했다. 당시 중동 진출을 반대하는 사내 여론이 강했는데 그는 인사조치를 단행할 정도로 고집을 굽히지 않았다. 후일 "나는 내 이름을 걸고 일하는 한 내 권한을 양보도 안하는 대신 다른 이에게 책임 전가도 안 한다"고 말한 데서 일에 임하는 그의 자세를 알 수 있다. 그 해 10월 바레인에서 조선소를 착공하고, 12월에는 사우디에서 해군 기지 공사를 시작했다. 같은 시기에 사우디의 주베일 산업항 공사 입찰에 뛰어들었다. 외국 기업들에 비해 훨씬 낮은 가격에 공사를 맡아 품질 면에서도 떨어지지 않자 수주량이 크게 늘었다. 현대의 중동 진출은 국내 건설업계의 중동 러시를 불러일으켰다. 4월 28일 현대미포조선을 설립하고 5월 경희대학교 명예공학박사 학위를 받았다.

1976년 1월 현대건설 사옥을 세종로 178번지 광화문 현대빌딩으로 이전하고, 한국 최초 자동차 고유 모델 '포니(PONY)'를 생산하였으며 한·

아랍친선협회장에 뽑혔다. 25일 국회의사당 준공식을 가졌다. 3월 16일 고려산업개발주식회사를 세우고 25일 아세아상선주식회사(현재 현대상선주식회사)를 설립했다. 6월 17일 당해 연도 국가 예산 절반에 달하는 규모인 공사비 9억3천1백14만 달러의 세계 최대 심해공사인 사우디아라비아 주베일 산업항 공사를 수주했다. 이 공사를 시작한 뒤 공기 단축과 비용 절감을 위해 모든 기자재를 울산에서 조달해 대형 바지선에 실어 1만2000킬로미터 바다를 건너 옮겼다. 10월 충남대학교 명예경제학박사학위를 받았고, 12월 8일 현대종합상사를 설립했다.

1977년 2월 전국경제인연합회장에 뽑혔다. 이후 그는 이 직에 1987년 2월까지 다섯 차례 연임되었다. 같은 달 24일 울산공업대학교 재단이사장에 취임하였다. 7월 1일 사재를 출연해 아산사회복지사업재단을 설립하고 이사장에 취임했다. 이와 관련 "사람은 의식주를 얼마나 잘 갖추고 누리며 사느냐가 문제가 아니라, 얼마나 많은 사람에게 얼마나 좋은 영향을 얼마나 미치면서 사느냐가 중요하다"는 말을 남겼다. 같은 달 현대정공주식회사를 세웠다. 10월 영국 여왕으로부터 대영제국 훈장 커맨더 장을 받았다. 11월 15일 쉐라톤 워커힐 호텔을 준공하였다.

1978년 2월 현대조선중공업주식회사를 현대중공업주식회사로 개명했고, 한국열관리협회장에 선출되었으며, 28일 남산 제3호 터널을 준공하였다. 4월 30일 고리원자력 1호기를 준공하였고, 6월 한국정신문화연구원 이사에 뽑혔다. 8월 서산간척사업을 착수하였고 9월 대통령 동탑산업훈장을 받았다. 1979년 2월 한·아프리카 친선협회장에 선출되고, 3월 제3대 과학기술진흥재단 이사장에 취임했으며 6월 세네갈공화국으로부터 공로훈장을 받았다. 10월 말레이시아 페낭대교 공사를 수주하였다.

1980년 전두환의 국보위가 기업 통폐합을 추진하면서 자동차 산업과 발전 설비 사업 중 하나를 포기하라고 종용해, 종이 각서 한 장 받아 들고 현대양행 소속의 창원중공업을 넘겨주었다. 당시 강연을 통해 자주 "민간 주도형 자유 시장 경제만이 살길"이라 주장하였다. 더불어 국내 기업의 잘못된 행태를 비판했다. "돈만을 목적으로 한 고리대금이라든지, 은행 이자만 타 먹으면서 재산을 불린다든지 하는 것은 진정한 자본주의가 아니다. 그것은 악성 자본주의이다"라는 말도 그중 하나다. 12월 31일 성산대교를 준공하였다. 정부와의 긴장 관계가 지속되고 한국 경제성장률이 마이너스 5.7%로 떨어진 가운데 현대의 총 매출은 전년도의 두 배에 이르는 1조506억 원을 기록했다.

1981년 4월 국민훈장 동백장을 받았고 5월 88서울올림픽 유치위원회 위원장에 뽑혔다. 9월 바덴바덴으로 날아가 올림픽 유치 활동을 펼쳤고, 30일 IOC 총회에서 제24회 올림픽 개최지로 서울을 확정짓는 개가를 올렸다. 당시 올림픽 유치를 신청한 경쟁 도시는 일본 나고야로 총회 시작 당시 대다수 외신들이 나고야의 압승을 예상하고 있었다. 악조건 속에서 유치단을 이끌고 치밀하게 IOC 위원들을 공략했는데, 특히 값비싼 시계를 선물로 제공한 일본의 물량 공세와 대조적으로 꽃바구니 등 정성을 다한 설득에 집중했다. 그 결과 최종 투표에서 예상을 뒤집고 52대 27표로 나고야를 제압하여 88올림픽 유치를 성사시켰다. 11월 88서울올림픽 조직위원회 부위원장이 되었다.

1982년 1월 현대그룹의 출발점이 되었던 한강교 공사를 다시 시공하였고, 3월 유전공학연구조합 이사장에 뽑혔으며, 5월 외국기업인 최초로 미국 조지워싱턴대학교 명예경영학박사 학위를 받았다. 이날 수락 연설을 하면서 "나는 쉬지 않는 부유한 노동자"라고 말했다. 27일 정부 과천 제2청사를 준공했다. 6월 미 AAA로부터 골든플레이트 장(아메리카 성취상)을 받았고, 7월 대한체육회장에 피선되고 자이레 대통령으로부터 자이레 국가훈장을 받았으며 서산B지구 방조제 최종 물막이 공사를 완료했다.

1983년 2월 23일 현대전자주식회사를 설립하고, 5월 한국정보산업협회장에 취임했으며, 9월 중화민국 경성훈장을 받고, 한국산업기술대학 이사장에 취임하였다. 10월 계동사옥을 준공하고 현대그룹 본사를 이곳으로 이전하였다.

1984년 2월 25일 서산 천수만 간척사업의 최종단계인 서산A지구 물막이 공사를, 후일 '정주영공법'이라 불리게 된 방법으로 최종 완료했다. 그 결과 4천7백만 평의 갯벌을 간척하게 되었고 당시 연산 5만 톤의 쌀을 수확하게 되었다. 9월 30일 88올림픽고속도로를 준공한 데 이어 10월 30일 프레스센터를 준공하였다. 1985년 2월 대한체육인동우회장에 취임하고 5월 연세대학교 명예경제학박사학위를 받았으며 8월 아시아 최장인 13.5km 길이 말레이시아 페낭대교를 개통하였다. 10월 룩셈부르크 월계관장을 수여했다. 1986년 5월 이화여자대학교 명예문학박사학위를 받고 11월 29일 한국도시개발과 한라건설을 합병해 종합건설기업인 현대산업개발을 설립했다.

1987년 1월 4일 아산재단 서울중앙병원을 착공했다. 1월 현대그룹 명예회장에 취임하고 2월 전국경제인연합회 명예회장에, 이어 5월 한국정보산업협회 명예회장에 추대되었다. 9월 재단법인 세종연구소 이사장에 피선되었다. 그 해 전국적으로 노동쟁의가 확대되면서 울산 현대그룹 노동자들이 파업에 앞장섰다. 이와 관련하여 "위대한 사회는 평등의식 위에 세워진다"는 말을 남겼다. 1988년 2월 국민훈장 무궁화장을 받고 3월 17일 남극 세종기지를 준공하였다.

1989년 1월 6일 구소련 정부 초청으로 모스크바를 방문하고 21일 북한을 방문하여 금강산 공동개발 의정서를 제시하고 원칙적 합의를 이끌어냈다. 3월 31일 아산재단 서울중앙병원을 준공하고 7월 한·소 경제협회장에 선출되었다. 1991년 5월 현대석유화학을 설립하고 현대석유화학단지를 준공하였다. 10월 19일 최초의 자서전 『시련은 있어도 실패는 없다』를 출간하였다.

1992년 2월 통일국민당을 창당하고, 3월 14대 국회의원(전국구)에 당선되었으며, 제14대 대통령선거에 출마하였으나 16.3%의 득표율을 기록하며 김영삼, 김대중에 이어 3위에 그쳤다. 1993년 2월 국회의원직을 사퇴하고 통일국민당을 탈당하였다. 당시 선거운동을 도왔던 두 아들 고몽헌, 몽준과 함께 비자금 관련 수사를 받는 등 정부의 노골적 압력을 받았고 현대그룹은 대출 규제와 세무조사 등으로 상당한 타격을 받았다.

1994년 1월 한국지역사회교육중앙협의회 이사장에 뽑혔고, 7월 14일

문화일보 사옥을 준공하였다. 1995년 3월 고려대학교 명예철학박사 학위를 받고 5월 미국 존스홉킨스대학교 명예인문학박사 학위를 받았다. 1996년 타임지 선정 '아시아를 빛낸 6인의 경제인' 중 한 사람에 올랐다. 1997년 두 번째 자서전 『이 땅에 태어나서』를 출간하였다.

1998년 6월 16일 소떼 500마리를 싣고 판문점을 넘는 역사적인 소떼몰이 방북을 실현하고, 10월 27일 소떼 501마리로 2차 소떼몰이 방북을 실현하였다. 그 직후 금강산 관광을 성사시켜 11월 18일 금강호가 첫 출항을 했다. 프랑스의 철학자 기 소르망은 소떼 방북을 "20세기 최후의 전위예술"이라 평했다. 1999년 8월 17일 현대건설 신입사원 금강산 하계 수련대회에 참석하였다.

2000년 2월 한국체육대학교 명예이학박사 학위를 받고, 5월 26일 현대건설 대표이사직과 현대중공업 및 현대아산 이사직을 사퇴하였다. 7월 평양 아산종합체육관 건설을 착공하였는데 후일 '정주영체육관'이라 불리게 된다. 건강이 악화되어 아내 변중석이 입원해 있던 서울아산병원에서 치료를 받았고 이어 자택에서 요양하였다. 2001년 1월 병세가 악화되어 아산병원에 다시 입원한 뒤 3월 21일 영면하였다.